U0791483

财政部“十三五”规划教材

高等财经院校“十四五”精品系列教材

JINGPIN XILIE JIAOCAI

保险学

（第二版）

孙秀清　刘素春　主编

Insurance

中国财经出版传媒集团
经济科学出版社
Economic Science Press

图书在版编目（CIP）数据

保险学/孙秀清，刘素春主编．--2版．--北京：经济科学出版社，2022.10

高等财经院校“十四五”精品系列教材

ISBN 978-7-5218-4096-4

Ⅰ．①保…　Ⅱ．①孙…②刘…　Ⅲ．①保险学-高等学校-教材　Ⅳ．①F840

中国版本图书馆CIP数据核字（2022）第185194号

责任编辑：宋　涛
责任校对：隗立娜
责任印制：范　艳

保险学（第二版）
孙秀清　刘素春　主编
经济科学出版社出版、发行　新华书店经销
社址：北京市海淀区阜成路甲28号　邮编：100142
总编部电话：010-88191217　发行部电话：010-88191522
网址：www.esp.com.cn
电子邮箱：esp@esp.com.cn
天猫网店：经济科学出版社旗舰店
网址：http://jjkxcbs.tmall.com
北京密兴印刷有限公司印装
787×1092　16开　25.25印张　460000字
2022年12月第2版　2022年12月第1次印刷
印数：0001—2000册
ISBN 978-7-5218-4096-4　定价：49.00元
（图书出现印装问题，本社负责调换。电话：010-88191510）

总 序

大学是研究和传授科学的殿堂，是教育新人成长的世界，是个体之间富有生命的交往，是学术勃发的世界。* 大学的本质在于把一群优秀的年轻人聚集一起，让他们的创新得以实现、才智得以施展、心灵得以涤荡，产生使他们终身受益的智慧。

大学要以人才培养和科学研究为己任，大学教育的意义在于它能够给人们一种精神资源，这一资源可以帮助学子们应对各种挑战，并发展和完善学子们的人格与才智，使他们经过大学的熏陶，学会思考、学会反省、学会做人。一所大学要培养出具有健全人格、自我发展能力、国际视野和竞争意识的人才，教材是实现培养目标的关键环节。没有优秀的教材，不可能有高质量的人才培养，不可能产生一流或特色鲜明的大学。大学教材应该是对学生学习的引领、探索的导向、心智的启迪。一本好的教材，既是教师的得力助手，又是学生的良师益友。

目前，中国的大学教育已从“精英型教育”走向“平民化教育”，上大学不再是少数人的专利。在这种情况下，如何保证教学质量的稳定与提升？教材建设的功能愈显重要。

为了全面提高教育教学质量，培养社会需要的、具有人文精神和科学素养的本科人才，山东财经大学启动了“十二五”精品教材建设工程。本工程以重点学科（专业）为基础，以精品课程教材建设为目标，集中全校优秀师资力量，编撰了高等财经院校“十二五”精品系列教材。

---

* 雅斯贝尔斯著，邹进译：《什么是教育》，生活·读书·新知三联书店 1991 年版，第 150 页。

本系列教材在编写中体现了以下特点：

1. 质量与特色并行。本系列教材从选题、立项，到编写、出版，每个环节都坚持“精品为先、质量第一、特色鲜明”的原则。严把质量关口，突出财经特色，树立品牌意识，建设精品教材。

2. 教学与科研相长。教材建设要充分体现科学研究的成果，科学研究要为教学实践服务，两者相得益彰，互为补充，共同提高。本系列教材汇集各领域最新教学与科研成果，对其进行提炼、吸收，体现了教学、科研相结合，有助于培养具有创新精神的大学生。

3. 借鉴与创新并举。任何一门学科都会随着时代的进步而不断发展。因此，本系列教材编写中始终坚持“借鉴与创新结合”的理念，舍其糟粕，取其精华。在中国经济改革实践基础上进行创新与探索，充分展示当今社会发展的新理论、新方法、新成果。

本系列教材是山东财经大学教学质量与教学改革建设的重要内容之一，适用于经济学、管理学及相关学科的本科教学。它凝聚了众多教授、专家多年教学的经验和心血，是大家共同合作的结晶。我们期望摆在读者面前的是一套优秀的精品教材。当然，由于我们的经验存在欠缺，教材中难免有不足之处，衷心期盼专家、学者及广大读者给予批评指正，以便再版时修改、完善。

山东财经大学教材建设委员会
2012 年 6 月

前　言

伴随着经济社会的发展，保险日益成为其重要的组成部分和不可或缺的保障力量，并将发挥越来越重要的作用。中国保险业自1980年恢复以来快速发展，迅速成为中国的朝阳行业，保险市场规模越来越大，其在我国经济和社会发展中的地位也日益显现，在促进经济增长和社会管理方面发挥着越来越重要的作用。但我国保险业还处于发展的初级阶段，保险密度和保险深度仍处于较低水平，人们的保险意识还需进一步提高。

随着保险业的快速发展，对保险专业人才的需求十分旺盛，但目前我国保险业在产品开发、展业、承保、核保、理赔、投资等各个环节的人才供不应求。人才匮乏已成为制约我国保险业进一步发展的重要因素之一。

作为培养保险专业人才的山东财经大学保险学院，我们的首要任务是让学生得到全面而系统的专业教育和严格的专业训练，深入而扎实地掌握保险的基本理论、基本方法和最新发展动态，为未来的就业或深造奠定基础。鉴于此，我们组织多年从事保险学课程教学、研究的教师，精心编写了这本《保险学》教材。

本教材主要有以下特色：

1. 针对性强

本教材本着循序渐进、由浅入深、重点突出的编写理念，针对高校本科教学特点及本课程学习目标，围绕保险原理与实务的基本要求来设计教材体系和教材内容，力求教材内容完整且针对性强。

2. 实用性强

本教材在保证保险学原理完整的前提下，侧重于理论的理解、运用和实务操作，并进行了教材编写体例的创新。本教材的编写体例主要包括本章提要、学习目标、章节内容、本章总结、练习与思考五方面内容。同时，在每一章中，均以专栏的形式，或者进行知识拓展，或者进行案例分析与思考，并在每一章的最后给学生一些思考与练习题，这样在提高学生学习兴趣的同时有助于引发学生的思考。

3. 结构完整，内容新颖

本教材的主要内容既包括保险概念、保险合同、保险原则等基本原理，又包括保险险种、保险经营等实务操作，以及保险市场、保险监管等，体系完整，结构合理。同时，力求反映保险政策法规和实践发展的最新动态。依据我国新《保险法》及其他有关保险业的最新规定、国际惯例等更新教材相关内容，使学生在学习掌握保险理论知识的同时又能了解国家最新的保险政策法规，从而提高学生运用保险专业知识分析和解决保险实践问题的能力。

4. 具有前瞻性

在教材编写过程中，将保险学的最新研究成果和保险实践的创新发展融入教材，有助于拓展学生的知识面，开阔视野。

本教材是由讲授多年保险学课程的教师集体合作的成果，具体分工如下：第一章、第二章、第四章、第五章由孙秀清教授编写；第三章、第六章、第九章、第十四章由刘素春教授编写；第七章、第十章由杨文生副教授编写；第十一章、第十二章由付红副教授编写；第八章、第十三章由丁德臣副教授编写。最后由孙秀清教授总纂修改并定稿。

本教材可作为保险学、金融及其他经济类专业本科生、研究生的保险学课程教材，同时也适用于非经济类专业本科生、保险公司从业人员及其他对保险知识感兴趣的广大读者学习使用。

在教材的编写过程中，得到了山东财经大学保险学院闫庆悦院长、仵颖涛副院长、赵霞副院长、吕萍老师以及其他领导、老师们的大力支持和帮助，在此一并致以诚挚的谢意。

同时，在编写本书的过程中参考了多种版本的保险教材、期刊，引用了有关保险专家的科研成果，在此对有关作者深表谢意！

由于时间、资料、编者水平以及其他条件的限制，对于书中的一些错漏和不足之处，恳请读者和同仁批评指正。

编　者

2013 年 7 月于泉城

第二版说明

《保险学》自出版以来，至今已近六年时间了。在此期间，中国保险业的发展环境更加复杂，并深刻影响着保险业的发展理念、模式和态势，也推动着中国保险业不断地改革和创新。2018 年中国银保监会成立之后，颁布和修订颁布了一系列有关保险业发展的政策法规，使保险市场的运行更加规范有序。为了更好地反映中国保险理论前沿、实践发展动态和行业政策法规，我们对教材进行再次修订。

本次修订，在保留教材原有框架体系、特点和风格的基础上，主要依据中国保险发展实践对相关章节内容进行了数据更新，增加了世界保险业发展概况及中国保险业在世界保险市场中的地位等内容，并结合最新政策法规对相关内容进行了修改。同时，以对国家保险业发展政策解读、专栏和练习思考等方式在教材内容中融入思政元素，以提升专业课程的价值引领。

本次修订得到了各位作者的大力支持，山东财经大学保险学院的于新亮、范红丽、马玉秀和史晓晨等老师也提出了很多很好的修改意见。正是他们的辛勤付出和积极参与，加快了修订进度，提高了修订质量。特别需要感谢的是经济科学出版社的宋涛编辑，正是他的专业、认真和敬业精神，保证了此次修订教材的及时出版。

尽管我们对教材进行了全面修订，但难免有一些错误和疏漏之处，期待读者批评指正。

孙秀清　刘素春

2022 年 9 月于泉城

目　录

第一章
风险与保险

本章提要

本章对保险的渊源——风险进行探讨。首先介绍风险的概念、要素及特征并揭示其对保险运行的意义；然后对风险进行分类，并引入风险管理的概念，介绍风险管理的程序和方法，分析风险管理与保险的关系；最后提出可保风险的概念，介绍其构成要件，并揭示风险与保险的关系。

学习目标

掌握风险的概念、基本特征和分类、构成要素及其相互关系。

掌握风险管理的概念、基本程序及风险的基本处理方法，理解风险管理与保险的关系。

掌握可保风险的概念和要件，理解风险与保险的关系。

第一节　风险概述

重点提示： 风险及其构成要素、风险特征的理解和掌握。

人们常说“天有不测风云，人有旦夕祸福”。在现实生活中，会有许多意料不到的事情发生，如自然灾害和意外事故，而且不论社会制度、社会文明程度和科技水平如何，都不可能从根本上完全避免和消除。这些意料不到的事情就是我们通常所说的“风险”。在保险学界，流传着这样一句话：“无风险，无保险”。这表明，保险与风险之间存在着密不可分的联系，因此对保险学的研究应首先从风险入手。

一、风险的含义

（一）风险的一般含义

一般认为，风险是指某种事件发生的不确定性。不确定性是风险最典型的特征。这种不确定性主要表现为某一事件发生与否、发生的时间和地点、发生的状况和结果等都是人们不能事先准确预测的。即在特定的客观条件下，特定时期内，某一事件的实际结果与人们的预期结果之间存在偏差，这种偏差即是不确定性。偏差越大，不确定性越大；不确定性越大，风险越大。例如人们进行股票投资，其动机和目的是赚钱，赚更多的钱，但投资的实际结果却存在三种情况：赚钱、赔钱和不赔不赚。赚钱与否、赚多赚少等经常会与人们的投资期望值之间存在着不一致，有时相差很大。因此，投资专家会告诫人们“股市有风险，投资须谨慎”。

如果用概率来描述的话，当某一事件发生的概率区间为（0，1），则表示存在着风险；如果发生的概率是 0 或 1 的话，就不存在不确定性，也就没有风险。

（二）风险的特定含义

从风险的一般含义可知，风险既可指盈利的不确定性，也可指损失发生的不确定性。引起损失的原因多种多样，但损失的发生会影响社会经济的顺利发展和人们生活的安定。而保险，作为人们处理风险的一种方法，通过其特有的风险处理机制对人们因特定原因造成的经济损失进行补偿，它所关注和研究的是损失发生的不确定性。因此，保险学中的风险有其特定的含义，是指某种损失发生的不确定性，包括损失是否发生、发生的时间和地点、发生的状况和后果等都是不确定的。

但是，风险的大小并不直接地表现为损失的大小，即并不是说损失越大风险越大。风险的大小主要取决于不确定性的大小，即损失的实际结果与人们的预期结果的相对变动程度（偏差）：变动程度越大，不确定性越大，风险也就越大；反之，则风险越小。

专栏 1－1

主观风险论与客观风险论

一般而言，风险是某种事件发生的不确定性，是在生产和生活中客观存在而人们又意料不到的事情。

但由于所面临的具体问题不同，每个人对风险概念的理解和描述也各不相同，同一个词汇可能被用来表达不同的意思，也就是说在人们的主观意识上，对风险有着不同的认识，从而形成了理论上风险的不同定义。概括地说，国内外保险学者对风险的定义，大体上可以分为主观风险论和客观风险论。

1. 主观风险论

主观风险论认为，风险是指损失的不确定性。而所谓的不确定性是指人们对某种事件发生所造成的损失在主观认识和估计上是不确定的，是指主观预期与客观实际之间的偏离性或差异性。如美国保险学者罗伯特·I·麦尔（Robert I. Mehr）在1986年出版的《保险概论》中认为："风险即损失的不确定性。" C. A. 克布（C. A. Kulp）和约翰·W. 贺尔（John W. Hall）在他们合著的《意外事故保险》一书中认为："风险是在一定条件下财务损失的不确定性。"

主观风险论的中心或实质在于，他们认为每种客观现象或意外事故所造成的损失在客观上是确定的，之所以具有不确定性，是因为人们对每次事故所造成的损失在主观认识或估计上存在偏差。

2. 客观风险论

客观风险论认为，风险是客观存在的事物，是可以用客观尺度加以衡量的，它在客观上存在着几种可能发生的结果，而这些结果的差异性即为风险。若差异性为0，则风险为0。如美国学者亚瑟·威廉姆斯和里查德·汉斯在其1981年合著的《风险管理与保险》一书中认为："风险是在给定的条件下一段特殊时间内所发生的可变动的结果。" 欧文·颇费尔在其1956年所著的《保险与经济理论》中说："风险是由客观或然率来度量的现象。"

客观风险论的实质在于：

第一，风险是客观存在的，其结果也是客观存在的，而且存在着多种客观结果。

第二，风险是可以用客观尺度测量其发生概率和损失大小的。

第三，由于各种客观因素的作用，风险的各种客观结果会存在着差异，其差异即为风险性。

资料来源：根据中国江泰保险经纪公司网站资料整理。

二、风险的构成要素

一般认为，风险由风险因素、风险事故和损失三个要素构成。

（一）风险因素、风险事故和损失的概念

1. 风险因素。风险因素也称风险条件，是指引发某一特定损失或增加其发生的可能性或扩大损失程度的原因或条件。因此，风险因素是就产生或增加损失频率、扩大损失程度而言的。风险因素是风险事故发生的潜在原因，是造成损失的间接原因。例如，对于建筑物而言，建筑结构和建筑材料等是风险因素；对人体而言，人的年龄、性别和健康状况等是风险因素。

按照性质不同，风险因素可以分为实质风险因素、道德风险因素

和心理风险因素三种类型：

（1）实质风险因素。实质风险因素是指某一标的本身所具有的足以引起或增加损失机会或加重损失程度的物质性条件。例如，建筑物的结构和建材、地理位置等，汽车的生产厂家、刹车系统等，自然界的异常变化，环境污染，疾病传播等，都属于实质风险因素。

（2）道德风险因素。道德风险因素是指与人的品德修养有关的无形因素，即出于个人的恶意行为或不良企图，故意促使风险事故发生，以致形成损失结果或扩大损失程度的原因和条件。例如，诈骗、纵火、毁坏财物、虚报损失、制造伪证等，都属于道德风险因素。在保险实务中，保险人对于道德风险因素所造成的损失，不负责赔偿或给付。

（3）心理风险因素。心理风险因素是指与人的心理状态有关的无形因素，即由于人们思想上的麻痹大意、漠不关心等，以致增加风险事故发生机会或扩大损失程度的原因和条件。例如，人的疏忽、过失、侥幸，投保后放松对投保财产安全应有的保护，发生火灾后不及时采取抢救措施以致损失扩大等，都属于心理风险因素。

2. 风险事故。风险事故也称风险事件，是指造成财产损失或人身伤害的偶发事件，是造成损失的直接或外在原因。如地震、洪水、飓风、病虫害等自然灾害以及火灾、爆炸、交通事故、飞机失事、家庭财产被盗等意外事故是常见的风险事故，其发生会不同程度地造成财产损失或人身伤害。

风险事故意味着风险因素即风险的可能性转化成了现实的结果，即风险因素通过风险事故的发生导致损失。

3. 损失。在风险管理中，损失是指意外的经济价值的减少，即经济损失。这一定义包含两个要素：一是“意外的”，即损失不能是故意的、预期的或计划内的，必须是“意外损失”；二是“经济价值的减少”，即损失必须是能用货币来衡量其大小的。二者缺一不可，否则就构不成损失。例如折旧、自然磨损、捐赠等，因属于故意的、计划的或预期的，故不能称之为损失；再如，精神损失、政治迫害等非经济损失，因无法用货币来衡量其大小，所以也不属于在此所说的损失。但是，如果发生车祸导致车辆的损毁，则可以称之为损失。

损失通常表现为两种形态，即直接损失与间接损失。直接损失是指风险事故导致财产本身的损失或人身伤害，是有形损失，也称实质损失；间接损失是指由直接损失进一步引发或带来的无形损失，包括额外费用损失、收入损失和责任损失。因此也可以直接将损失分为实质损失、额外费用损失、收入损失和责任损失四类。其中，实质损失通常指的是财产的损毁、灭失或人身伤害；额外费用损失是指由于风险事故的发生而额外支付的费用，如因疾病或意外伤害而必须支付的医疗费用、风险事故发生后因恢复生产经营而需要支付的高价原材料费用、租用经营场所和设施而支付的租金等；收入损失指的是由于物质财产的损毁无法继续盈利而导致的收入减少，或者人们由于疾病、意外伤害、衰老和其他原因引起丧失部分或全部工作能力或死亡所造成的经济收入的损失；责任损失是指由于人们的疏忽或过失，引起他人的人身伤害或财产损失，按照法律规定应当承担的经济赔偿责任，以及因无法履行契约责任而依法应负的赔偿责任。

（二）风险因素、风险事故和损失的关系

风险因素、风险事故和损失三者之间既相互区别，又密切联系。

风险因素是引发风险事故的原因和条件，是损失的间接原因。而风险事故则是将损失由可能性转化成了现实结果，是损失的直接原因。

从风险因素和风险事故的关系来看，通常风险因素的存在只预示着有发生损失的可能性但并不直接导致损失，只有通过风险事故的发生才会引发损失。如刹车系统失灵酿成车祸导致车毁人亡，其中刹车系统失灵是风险因素，车祸是风险事故，车毁人亡是损失。但如果刹车系统失灵并未导致车祸，则不会车毁人亡。

风险因素转化为风险事故需要一定的条件。例如，房屋建材是风险因素，房屋建材的物理性是可以燃烧的，这引发了火灾发生的可能性。但这种可能性并不是现实的火灾事故，由可能性的火灾成为现实的火灾还必须具备一定的条件，如火源、温度、风力等。有了这些条件，才使火灾由风险因素的可能性变为火灾事故的现实性。

对某一特定事件，在一定条件下，可能是风险因素也可能是风险事故。如下冰雹使得路滑而发生车祸，造成车毁人亡，这时冰雹是风险因素，车祸是风险事故。但若冰雹直接伤人，则是风险事故。

风险事故与损失之间的关系也很密切，风险事故是造成损失的直接原因，损失则是风险事故的直接后果。一般来说，有风险事故必然有损失结果。

从风险因素、风险事故和损失之间的逻辑关系来看，风险因素引发了风险事故，风险事故导致了损失。损失发生后，就需要经济补偿，从而使保险成为必要。

三、风险的特征

（一）客观性

风险是客观存在的，是不以人的意志为转移的。无论是自然界的

物质运动，还是人类社会的发展以及人的生老病死等，都是由其自身的客观规律决定的。如自然界的地震、台风，社会领域的战争、疾病和各种意外事故等，都是存在于人们的主观意识之外的不以人的意志为转移的客观存在。人们只能在一定条件下、一定程度上改变风险存在和发展的条件，以降低风险发生的频率和损失程度，但不可能从根本上完全消除风险。风险的客观存在，决定了保险的必要性。

（二）普遍性

风险无时不有，无处不在。在社会经济的发展过程中和人们的日常工作生活中随时随地会面临着各种各样的风险。在当今社会，风险渗透到了社会、企业和个人生活的方方面面。对社会来说，面临着战争、恐怖事件、政治经济制度变动等风险；对企业来说，面临着自然灾害、意外事故及市场风险、技术风险、国家风险等；对个人来说，面临着生、老、病、死、残等风险；在金融领域，存在着市场风险、流动性风险、信用风险等。而且随着科技的发展、社会的进步、生产力的提高和环境的变化等，又会产生新的风险。风险的普遍存在，决定了保险的必要性，同时为保险的发展提供了广泛的基础，使保险的发展成为可能。

（三）损害性

风险[①]会给人类社会带来危害，各种风险事故（如自然灾害和意外事故）的发生会造成社会财产的损毁或人身的伤害，从而使人类社会的利益受到损害，才使其成为风险。如地震，就其本身来说，它只是自然界寻求自我平衡的一种客观现象，无所谓好坏。只是由于地震会造成人们生命财产的损害或损失，才称之为“自然灾害”。因而，风险是一个社会范畴，离开了人，离开了人类社会，就无所谓风险。风险的损害性使保险成为必要。

（四）不确定性

风险的不确定性是就个体而言的，主要表现为风险是否发生、发生的时间、地点和结果是不确定的。

1. 是否发生不确定。风险是一种随机现象。就个体而言，其发生与否是偶然的，具有不确定性；但从总体来看，风险的发生往往呈现出明显的规律性，具有一定的必然性。

2. 发生的时间不确定。虽然从总体来说，有些风险是必然要发生的，但何时发生却是不确定的。如按照人的生命规律，人的最终死

① 这里所说的风险特指与保险有关的可保风险。

亡是必然的，但是一个人何时死亡则受很多因素的影响，具有不确定性。

3. 发生的地点不确定。一些自然现象（如地震、洪水等）的发生具有一定的规律性，但具体会发生在哪些国家或地区则是不确定的。

4. 产生的损失结果不确定。风险发生后，其损失程度如何具有不确定性。如沿海地区经常会遭受台风袭击，有时损失惨重，有时却影响甚微。

风险的不确定性使其构成了可保风险，使保险成为必要和可能。

（五）可测定性

个别风险的发生是偶然的、不可预知的。但从总体来看，风险的发生又有一定的必然性，呈现出明显的规律性。而且人们可以运用概率论与数理统计方法测算出风险发生的概率、损失程度及其波动性等，并据此采取一定的方法对风险进行预防和处理。例如，死亡对于个体来说是偶然事件，但是通过对某地区人口中各年龄人口死亡记录的长期观察，就可以相对准确地测算出该地区各年龄段人口的死亡率，进而根据死亡率确定寿险费率。因此，风险的可测定性使人们可以根据风险发生的规律来准确地厘定保险费率，从而使保险成为可能。

（六）发展性

随着社会的发展和科技的进步，人们预测和抵御自然灾害、意外事故等各种风险的能力大大增强，但同时也带来了新的风险，尤其是高科技的发展与运用使大量的系统性风险、巨额风险不断出现，使风险的发展性更为突出。如核能的发展和运用带来了核污染、核爆炸、核辐射等风险。风险的发展性为险种创新和保险发展提供了客观依据和方向。

四、风险的衡量

（一）风险单位及其划分

风险单位是指一次风险事故的发生可能造成的最大损失范围。一个风险单位所面临的风险性质、类别、程度及发生概率基本相同。在保险中，风险单位是保险人确定其可以承担的最高保险责任的计算基础。

风险单位的划分较为复杂，不同的业务有不同的风险单位。在实务中，风险单位的划分方法有三种：

1. 按地段划分。由于标的之间在地理位置上相毗邻，当风险事故发生时，受损失的机会是相同的，可将一个地段作为一个风险单位。

2. 按投保单位划分。将一个投保单位作为一个风险单位，把该单位的全部财产作为计算风险事故最大损失的基础。

3. 按标的划分。将一个标的作为一个风险单位。如一架飞机、一艘轮船等，将其价值作为计算最大损失的基础。

风险单位的划分并不是一成不变的，如两座建筑物之间本来没有通道，后来修建了天桥，将两者连接在一起，这样就把互相分割的两个风险单位变成了一个风险单位。

（二）风险的衡量指标

1. 损失频率。损失频率亦称损失机会，是指在一定时间内，一定数目的风险单位可能发生损失的次数，通常以分数或百分率来表示。用公式表示为：

$$\text{损失频率} = \text{损失次数} \div \text{风险单位数} \times 100\%$$

例如，根据统计资料得知，在过去一年中，某类房屋100万栋中有1000栋发生了火灾损失，则该类房屋的损失频率为0.1‰。

2. 损失程度。损失程度是指标的物发生一次事故损失的额度与标的完好价值的比率。用公式表示为：

$$\text{损失程度} = \text{实际损失额} \div \text{事故标的完好价值} \times 100\%$$

例如，假设某一类房屋每栋价值200万元，在一次火灾事故中，500栋该类房屋中有5栋被全毁，则损失程度为1%。

损失频率和损失程度是衡量风险大小的两个重要指标。损失频率表示风险事故发生的相对次数；损失程度表示风险事故发生后所致的经济损失状况。二者之间一般呈反向关系，即往往是损失频率很高，但损失程度不大；损失频率很低，但损失程度大。

3. 损失平均值。损失平均值是指一定时期内大量同质标的损失的一般水平。它是根据一定时期内所考察标的损失的算数平均数计算而得。计算公式为：

$$\overline{X} = \frac{1}{n}\sum_{i=1}^{n} X_i$$

4. 方差与标准差。方差与标准差反映了损失的波动幅度，即每次发生的实际损失与平均损失的离散程度。方差或标准差越大，损失的波动就越大。其中，标准差是方差的平方根。标准差的计算公式为：

$$\sigma = \sqrt{\frac{\sum_{i=1}^{n}(X_i - \overline{X})^2}{n}}$$

第二节 风险的分类

重点提示：按风险损害对象分类和按风险性质分类及其对保险的特殊意义。

一、按风险产生的原因分类

按照风险产生的原因分类，风险可以分为自然风险、社会风险、经济风险和政治风险。

（一）自然风险

自然风险是指自然力的不规则变化引起的种种现象给人类造成财产损失或人身伤害等实质性风险。如地震、飓风、海啸、雷电、水灾、风灾、雹灾、冻灾、旱灾、病虫害及各种瘟疫等均属于自然风险。自然风险具有形成的不可控性、周期性和事故后果的共沾性等特点。这类风险是财产保险和人身保险均予以承保的风险。

（二）社会风险

社会风险是指由于个人或团体在社会上的行为（包括过失行为、不当行为及故意行为）可能造成社会财产损毁或人身伤害的风险。如盗窃、抢劫、罢工、暴动、玩忽职守、故意破坏以及其他各种意外事故等的发生均可造成他人财产的损失或人身伤害，属于社会风险。

（三）经济风险

经济风险是指在生产和销售等经济活动中，由于各种市场因素和经济因素的变动给企业或个人带来的收入减少、亏损乃至破产倒闭的风险。如经营不善、信息不灵、预测不准、决策失误及市场变化等均属于经济风险。

（四）政治风险

政治风险又称为国家风险，是指在对外投资和贸易过程中，因政治原因或订约双方所不能控制的原因，使债权人可能遭受损失的风险。如由于政治矛盾、种族冲突、战争、国有化、进出口管制、汇兑限制等的发生会造成国外投资者的损失，属于政治性因素引起的风险。

二、按风险损害的对象分类

按照风险发生后损害的对象分类，风险可以分为人身风险、财产风险、责任风险和信用风险。

（一）人身风险

人身风险是指导致人的伤残、死亡、丧失劳动能力以及费用支出增加的风险。如人会因生理规律以及自然灾害、意外事故、疾病等原因而早逝、伤残和年老等。人身风险所导致的后果一般有两种：一是收入的减少；二是费用的增加。

（二）财产风险

财产风险是指导致一切有形财产毁损、灭失或贬值的风险。如房屋、设备等因遭受火灾、地震、爆炸受损，汽车行驶中因碰撞、倾覆受损，船舶因触礁、沉没受损，等等，均属于财产风险。

（三）责任风险

责任风险是指团体或个人因疏忽或过失造成他人的人身伤害或财产损失，依照法律、合同或道义应负经济赔偿责任的风险。如产品质量缺陷给消费者造成财产损失或人身伤害、机动车驾驶员不慎撞伤他人、医疗责任事故造成患者死亡或伤残等，依法应负经济赔偿责任的风险，属于责任风险。

（四）信用风险

信用风险是指在经济交往中，权利人与义务人之间，由于一方违约或违法行为给对方造成经济损失的风险。如进出口贸易中国外进口商因破产、单方面毁约等造成出口商货款损失的风险，债权债务关系中债务人不履行约定给债权人造成损失的风险等，属于信用风险。

三、按风险的性质分类

按照风险的性质分类，风险可以分为纯粹风险和投机风险。

（一）纯粹风险

纯粹风险是指只有损失机会而没有获利机会的风险。一般地，自然灾害和各种意外事故等均属纯粹风险。例如，房屋遭受火灾、工厂发生爆炸、汽车发生碰撞事故等，这些风险事故的发生，财产所有人只会遭到经济上的损失，不会获得任何利益。

（二）投机风险

投机风险是指既有损失机会又有获利机会的风险。如商业经营、买卖股票、炒外汇、炒房地产等活动，投资者可能会盈利也可能会亏损，这都是投机风险。

同一事物，有时同时面临着两种性质不同的风险。如房屋所有人面临的火灾风险，是纯粹风险；而房屋市场价格的涨落则是投机风险，因为房产涨价可给房主带来利益，而房产跌价则会给房主造成损失。

尽管如此，区别纯粹风险和投机风险仍是重要的，前者的后果总是不幸的，这种风险的发生会给人们带来损失，所以都为人们所畏惧和厌恶；而后者则不同，由于它可能给人们带来利益，具有一定的诱惑性，所以总是有人为了获得赚钱的机会而甘愿去冒这种投机性风险。

区别纯粹风险和投机风险对于保险的意义在于，通常只有纯粹风险才是可保风险，可以通过保险加以转移，而对于投机风险保险人是不予以承保的。

四、按风险结果影响的范围分类

按照风险结果影响的范围来分类，风险可以分为基本风险和特定风险。

（一）基本风险

基本风险是指影响整个社会或社会主要部门的风险。这类风险的起源与影响后果都不与特定的社会个体有关，是社会普遍存在的风险。基本风险的发生常常是由于经济失调、政治变动、特大自然灾害等所引起，如失业、战争、通货膨胀、地震等，其形成通常需要较长的过程，发生的原因及其蔓延一般很难控制，影响后果也十分严重。

（二）特定风险

特定风险是指仅影响少数企业或个人的风险。这类风险发生的原因、后果与特定的社会个体有因果关系且可由其采取措施加以控制。特定风险发生的原因多属个别情形，影响范围较小。如火灾、盗窃、疾病及对他人的财产损失或人身伤害所承担的赔偿责任等。

五、按风险的环境分类

按照风险产生的环境分类，风险可以分为静态风险和动态风险。

（一）静态风险

静态风险是在社会政治经济条件没有变化的情况下，由于自然力的不规则变动或人们的失当行为所引起的风险。静态风险一般与社会经济或政治变动无关，在任何社会形态下都是不可避免的，如雷电、地震、洪水、火灾、疾病、伤害、盗窃、纵火、诈骗等都是静态风险。大多数静态风险是纯粹风险，一般只对个体产生影响，在一定的条件下具有某种规律性。

（二）动态风险

动态风险是指由于经济、技术或政治等社会环境的变动而产生的风险。如生产方式和生产技术的变动、通货膨胀、政治经济体制改革、社会动乱、战争等引起的风险。动态风险总是投机风险，其影响范围比较广泛，无论对个体还是对整体而言均无规律可循。

第三节　风险管理

重点提示：风险管理的概念；风险管理的方法及比较；保险与风险管理的关系。

一、风险管理的概念

风险管理是指经济单位或个人通过对各种风险的认识、损害后果的分析和衡量、风险处理方法的选择和执行，以最小的代价达到最佳安全效果的管理方法。这一概念包含了三层含义：一是风险管理的主体是任何组织和个人，包括个人、家庭、企业、政府及其他组织；二是风险管理是一个有序的过程，包括从风险的识别和预测到对风险进行控制和处理以实现风险管理目标的整个过程，其中风险管理技术运用的前提是风险识别、风险估测、风险评价；三是风险管理的目标是以最小的成本达到最大的安全保障。

从国际上看，风险管理作为一门新兴学科，兴起于20世纪50年代的美国。1953年8月12日，美国通用汽车公司发生特大火灾，损失达5000万美元。这在当时的美国影响非常大，从而使美国一些大公司高层决策者开始认识到风险管理的重要性。之后，风险管理受到国家、社会、企业和家庭的极大重视，许多部门和单位都设置了专门的风险管理职能部门和专职人员从事风险管理工作，其管理方法也逐步在实践中形成。同时，对风险管理的研究逐步趋向系统化、专门化，风险管理逐渐成为一门独立的学科。

二、风险管理目标

风险管理的基本目标是以最小的成本获得最大的安全保障。具体可分为损失前目标和损失后目标。

（一）损失前目标

损失前目标是指通过风险管理消除或减少风险发生的可能性，从而为人们提供安全的生产和生活环境。具体包括：

1. 减少风险事故发生的机会。单位或个人充分考虑自身所面临的各种风险因素，并对这些风险因素可能引发的风险事故加以分析，从经济和技术的角度采取预防措施，降低风险事故发生的频率，从而减少损失。

2. 减轻或消除精神压力。风险因素的存在，对人们正常的生活和工作带来了各种各样的精神压力。通过各种风险管理计划的制订和实施来减轻或消除这种压力，有利于社会的稳定和发展。

（二）损失后目标

损失后目标是损失发生后及时采取措施减少损失及其影响程度，尽快恢复生产和经营，安定人们生活。具体包括：

1. 减少损失程度。损失一旦出现，风险管理者应及时采取有效措施予以控制和抢救，以防止损失的扩大和蔓延，减少损失。

2. 减轻损失的危害程度。损失发生后，受损企业可能会因此被迫中断生产和经营，家庭也可能会陷入经济困难，因此应及时进行补偿，以使企业获得资金尽快恢复生产和经营，个人重建家园，从而保证经济的顺利发展和社会生活的安定。

三、风险管理程序

风险管理的基本程序是风险识别、风险估测、风险评价、风险管理技术选择和风险管理效果评价。实际上风险管理就是由以上几个步骤组成的周而复始的过程。

（一）风险识别

风险识别是风险管理的首要环节，它是指对所面临的及潜在的风险加以判断、归类和鉴定风险性质的过程。风险识别是风险管理的基础，也是一项最为复杂和困难的工作。企业、单位和个人面临的风险是多种多样且错综复杂的，有现实的也有潜在的，有纯粹的也有投机的，有内部的也有外部的。风险识别所要做的就是要感知风险和分析风险。首先，要通过一定的方法或技术手段，全面认识到自身面临哪些风险（包括潜在的和客观存在的）；其次，对所面临的风险进行识别和分类，分析其产生的原因，这就要求将各种可靠的有关资料做彻底的、连续的、系统的分析。对风险的识别，一方面，要依靠感性认识、经验判断；另一方面，可利用实地调查法、财务分析法、生产流程分析法和风险列举法等加以分析和归类。在此基础上，鉴定风险的性质，从而为风险的估测做准备。

（二）风险估测

风险估测是指在风险识别的基础上，通过对所收集的大量详细损失资料加以分析，运用概率论和数理统计方法，估计和预测风险发生的概率和损失程度的过程。风险估测主要是预测各种风险事故发生的频率和可能造成的损失程度，即针对各种不同的风险因素和可能发生的风险事故，以及发生后可能对企业和家庭所造成的损失和影响进行估算和预测。风险估测不仅使风险分析定量化，而且为风险管理者进行风险决策、选择最佳风险管理技术提供了科学依据。风险管理者可以根据风险发生的频率、损失程度和自身的经济情况，分析其风险承受能力，从而有针对性地选择恰当的风险管理方法。

（三）风险评价

风险评价是指在风险识别和风险估测的基础上，对风险发生的概率、损失程度及其他因素综合考虑，评估风险发生的可能性及其危害程度，并与公认的安全指标比较，以衡量风险的程度，并决定是否需要采取相应的控制措施。具体而言，企业或家庭可以按照损失发生的可能性和严重性，将所面临的风险进行排序，分为致命风险、重要风险和一般风险。致命风险是那些风险事故一旦发生则损失很大，有可能会导致企业破产或家庭困境的风险；重要风险是那些损失的发生不会导致企业破产或家庭困境，但对企业或家庭有重大影响的风险，如企业需要大量举债才能维持正常经营的风险；一般风险是指那些损失的发生会对企业或家庭产生影响但不会引起经济上较大困难的风险。通常，企业或家庭应首先对致命风险加以处理。当然，企业或家庭也应把风险发生后所可能造成的损失，与其进行风险处理可能发生的成本相比较，从经济上来判断是否有必要采取某项风险管理措施。

（四）风险管理技术选择

风险管理技术选择是指风险管理者根据风险评价结果，为实现风险管理目标，选择最佳风险管理技术并付诸实施的过程。这是风险管理中最重要的环节。风险管理技术分为控制型和财务型两大类。控制型风险管理技术是那些能够降低损失频率和减少损失程度，重点在于改变引起意外事故和扩大损失的各种条件的方法；财务型风险管理技术是以提供基金或订立保险合同等方式，对无法控制的风险做财务上的安排。

（五）风险管理效果评价

风险管理效果评价是指对风险管理技术适用性及其收益性情况的分析、检查、评估和修正。最常用的方法是对风险管理效益进行分析。风险管理效益的大小取决于是否能以最小的成本取得最大的安全保障。同时，在实务中还要考虑与整体管理目标是否一致，具体风险管理技术实施的可行性、可操作性和有效性。

当然，随着社会的发展、科技的进步以及环境的变化等会不断出现新的风险或改变现存的风险，风险管理者必须关注这些环境的变化，并正确估计对经济单位的影响，重新审视和及时发现、纠正可能出现的错误，适时地对风险管理计划加以调整、修正，这应贯穿于风险管理的全过程。同时，应对风险管理的各个环节加强监控与评估，应用反馈机制进行调整，以实现风险管理的目标。

四、风险管理方法

风险管理方法即是风险管理技术，包括控制型风险管理技术和财务型风险管理技术两大类。

（一）控制型风险管理技术

1. 避免。避免是指设法回避损失发生的可能性，从根本上消除特定的风险单位或中途放弃某些既存的风险单位。即对某项风险直接设法回避，或者不去做那些可能使风险发生的事情。例如有人害怕溺水就不去游泳、划船、潜水，也不坐船等；有人害怕空难就不坐飞机等。避免风险是一种最简单易行的风险处理方法，同时也是一种消极的方法，存在很大的局限性。这是因为：首先，风险是不可能完全避免的，人们在设法避免某种风险的同时可能会面临着其他风险，如人们不乘飞机改坐火车，虽避免了空难风险，但又面临着火车碰撞或脱轨等风险；其次，人们在避免风险的同时可能会丧失一些利益，因而在经济上是不合算的，如人们为了避免在股市下跌时的损失，不进行股票投资或抛售手中持有的股票，则可能会失去股市上涨时的获利机会。因此，避免风险的方法通常在某特定风险所致损失频率和损失程度相当高时，或者在处理某风险时其成本大于产生的收益时采用。由于在人的一生中可能面临的风险有很多，所以采取避免风险的方法在很多情况下是不可取的。

2. 预防和控制。预防是指在风险损失发生前为了消除或减少损失，对可能引发损失的各种因素采取预防措施，以防止风险事故的发生。其目的在于减少发生损失的可能性，降低损失发生的频率。例如安装避雷针可以防止雷击，安装新式防盗门可以防止被盗，学习有关防火知识和加强防火意识可以减少火灾事故，改善路况和路灯可以在一定程度上减少车祸等，这些做法可以起到预防风险事故发生的作用。预防通常在损失频率高且损失程度高时采用。

采取预防措施并不意味就可以完全避免风险事故的发生，当风险事故发生后，应积极地采取施救措施，以控制损失的扩大。所以，控制是指在损失发生时或之后为防止事故蔓延和扩大损失而采取的各项措施。损失控制通常在损失程度高且风险又无法避免和转嫁的情况下采用。

预防和控制是较为积极的方法，并有较好的效果。但要求较高，它要求风险管理者掌握有关预防风险的知识和技术，而且要有先进的预防和施救设施。实践中，有时在技术上存在困难，有时技术上虽有可能但经济上不合算，使其使用范围受到了限制。

3. 集合或组合。集合或组合风险是指集合有同类风险的多数单位（或家庭），通过把风险损失分散到众多的单位，使每一单位所承受的风险较以前减少，或者把面临不同风险的单位组合起来，使之相互协作，以提高各单位应付风险的能力。在目前市场波动较大、竞争激烈的情况下，这种方法是极为有效的。例如，企业通过合并、联营或采用商品品种多样化经营的方式，分散或减轻可能遭到的风险；股民在进行股票投资时，尽量把资金分散在多种股票的组合上，以最大限度地分散风险。这种方法在人们进行风险管理时被普遍采用，而且效果较好。

（二）财务型风险管理技术

1. 自留风险。自留风险是指对风险的自我承担，即企业或单位自己承担可能发生的风险损失。自留风险有主动自留和被动自留之分。主动自留是在充分认识风险的基础上，把那些没有适当处理方法的风险，或者认为自己承担风险责任可能会比采用其他方法更加经济合算，或者此种风险很小，自己完全有能力承担损失后果的风险，自己保留下来的一种方法。被动自留是指由于没有意识到风险的存在，或虽觉察到风险存在却心存侥幸而未加处理的风险，一旦发生只能自己承担。自留风险方法的优点是可以节省开支、增加收益，提高企业或单位加强风险管理的积极性，但需要具备较高的风险管理能力和充足的后备基金。现代市场经济条件下，单纯依靠自留风险的方法往往不能满足企业或单位风险保障的需要。因此，这种方法通常在风险所致损失频率和程度低、损失短期内可预测及最大损失不影响企业或单位财务稳定性的情况下采用。

2. 转移风险。转移风险是指一些单位或个人为避免承担风险损失，采取各种方法将风险转移出去或转嫁给他人。转移风险的方法多种多样，归纳起来包括直接转移和间接转移。

（1）直接转移。直接转移是将与风险有关的财产或业务转移给其他个人或团体的行为，主要方法有转让和转包。

转让是把和财产所有权相关的各种风险转移给他人。如房屋出售，就把和房屋所有相关联的各种风险转移给房屋的购买者。

转包是通过签订转包合同的方式把某种业务及与业务相关的风险转移给他人。如某建筑企业通过与施工单位签订转包合同，将承包工程及可能遇到的材料涨价风险转移给了施工单位。

（2）间接转移。间接转移是只将与财产或业务有关的风险转移，而财产或业务本身并不转移，主要方法有租赁、保证和保险。

租赁是将财产（如房屋）出租，从而将因使用财产所发生的风险转移给承租人，只留下小部分无法转移的风险如房屋的折旧等仍由房主承担，但房屋所有权不变。

保证是通过签订担保合同，债权人将其可能遭受损失的信用风险转移给保证人承担。如债务保证中，保证人承诺若债务人到期不履行清偿义务时，由其代为赔偿债权人的损失。当然，保证人因债务人违约所致的损失可依法向债务人追偿。

保险是投保人向保险人缴纳一定的保险费，在约定的风险事故发生造成财产损失或人身保险事件发生时，保险人按照保险合同的约定进行赔偿或给付。这样，个人或企业就把自身所面临的风险通过保险转移给了保险人。

以上几种风险管理的主要方法，在实际工作中通常配合使用，以期达到更好的防灾减损效果。

专栏 1－2

风险管理的起源与发展

风险管理最早起源于美国。当时，由于受 1929～1933 年世界性经济危机的影响，美国约有40%的银行和企业破产，经济倒退了约20年。为应对危机，美国许多大中型企业都设立了保险管理部门，负责安排企业的各种保险项目。可见，当时的风险管理主要依赖保险手段。1931年，美国管理协会保险部开始探讨风险管理和保险问题。1932年，美国纽约的几家大公司组织成立了纽约保险经纪人协会，定期讨论有关风险管理与保险的理论和实践问题，后来逐渐发展成美国保险管理协会。该协会的成立标志着风险管理学科的兴起。

到20世纪50年代风险管理得到普遍重视。在这一时期美国发生了两起重大事件使美国公司高层决策者开始认识到风险管理的重要性，对风险管理的蓬勃发展起到了重要的促进作用。一是1953年8月12日美国通用汽车公司在密歇根州的一个汽车变速箱厂因火灾造成了高达5000万美元的巨额损失，成为美国历史上损失最为严重的15起重大火灾之一；二是美国钢铁行业因员工保险福利和退休金问题引发了长达半年的工人罢工，给经济发展带来了难以估量的损失。这两起事件发生后，风险管理在企业界迅速推广。其后，对风险管理的研究逐步趋向系统化、专门化，风险管理也成为企业管理科学中一门独立学科。在西方发达国家，各企业中均设有风险管理机构，专门负责风险的分析和处理工作，为企业最高领导层提供决策依据。

1960年，美国保险管理协会纽约分社与亚普沙娜大学（Upsala University）合作首次试验开设为期12周的风险管理课程。1961年，印第安纳大学赫奇斯教授（J. Edward Hedges）主持成立了美国保险管理协会的风险及保险学课程概念特别委员会，并发表《风险与保险学课程概念》一文，为该学科领域的培训与教育工作指明了方向。1963年，梅尔（Mehr）与赫奇斯合著《商业企业风险管理》（*Risk Management in Business Enterprise*）一书，后来成为该学科影响最为深远的历史文献。

近20年来，美国、英国、法国、德国、日本等国家先后建立起全国性和地区性的风险管理协会。1975年，美国保险管理协会更名为风险和保险管理协会，标志着风险管理从原来意义上的用保险方式处置风险转变到用真正风险管理的方式处置风险。1983年在美国召开的风险和保险管理协会年会上，世界各国专家学者云集纽约，共同讨论并通过了"101条风险管理准则"，成为各国风险管理的一般准则。该准则共分12个部分，包括：风险管理的一般准则；风险的识别与衡量；风险控制；风险财务管理；索赔管理；职工福利；退休年金；国际风险管理；行政事务处理；保险单条款安排技巧；交流；管理哲学等。各国视自身的经济情况和风险环境可对准则予以修正，用于指导本国的风险管理及其实务。"101条风险管理准则"的诞生，标志着风险管理已进入了一个新的发展阶段。

1986年，由欧洲11个国家共同成立的"欧洲风险研究会"将风险管理研究扩大到国际范围。1986年10月，风险管理国际学术讨论会在新加坡召开，风险管理已经由环大西洋地区向亚洲太平洋地区发展。

中国对于风险管理的研究开始于20世纪80年代，一些学者将风险管理和安全系统工程理论引入中国，在一些企业中试用并推广。但作为一门独立的学科，风险管理在中国还处于起步阶段。

从世界范围看，经过数十年的发展，风险管理已经形成了较为成熟的体系

和方法。目前，风险管理已经发展成企业管理中一个具有相对独立职能的管理领域，并从单纯转嫁风险的保险管理发展为以经营管理为中心的全面风险管理。在围绕企业的经营和发展目标方面，风险管理和企业的经营管理、战略管理一样具有十分重要的意义。

资料来源：根据 http：//www. amteam. org 提供的资料及黄守坤、孙秀清主编《保险学》内容整理。

五、风险管理与保险的关系

（一）联系

风险管理和保险无论在理论上还是在实务操作中，都有着密切的联系。从理论起源上看，先出现保险学，后出现风险管理学。保险学中关于保险性质的学说是风险管理理论基础的重要组成部分，而且风险管理学的发展在很大程度上得益于对保险理论研究的深入。同时，风险管理学后来的发展也在不断促进保险理论和实践的发展。二者的联系主要表现在以下几个方面：

1. 风险管理与保险的客观对象都是风险。风险管理是经济单位或个人在风险识别、风险估测、风险评价的基础上，选择适当的管理技术对风险加以处理，以最小的代价达到最佳安全效果的管理方法。风险是风险管理存在的前提，没有风险的存在也就不需要进行风险管理。而保险作为风险管理方法中的一种，是人们分散风险、转嫁风险、处理损失的重要手段，风险的存在是保险得以产生、存在和发展的客观原因与条件，风险是保险经营的对象，无风险，无保险。因此，风险管理和保险都是针对风险所采取的处理手段和措施，它们所管理的共同对象是风险。

2. 保险是风险管理的基础。首先，风险管理源于保险。从风险管理的历史上看，最早形成系统理论并在实践中广泛应用的风险管理技术就是保险。在风险管理理论形成以前的相当长时间里，人们主要通过保险的方法来管理企业和个人的风险。其次，保险为风险管理提供了丰富的经验和数据基础资料。由于保险起步早，业务范围广泛，经过长期的经营活动，积累了丰富的识别风险、预测与估价风险和防灾防损的经验和资料，提高了保险技术，探寻了许多风险发生的规律，制定了大量的预防和控制风险的行之有效的措施。所有这些都为风险管理理论和实践的发展奠定了基础。

当然，保险公司作为经营风险的企业，自身同样面临着经营风险，也需要进行风险管理。风险管理作为保险业务经营的重要环节，是保险公司降低赔付取得承保利润的重要手段。不仅如此，保险公司在向客户提供承保、理赔和理财等服务的同时，还能运用其掌握的风险管理技术为被保险人提供高水平的风险管理服务，可以有效地帮助保险公司提高竞争能力和经营效益。

3. 风险管理与保险都以概率论等数理统计原理作为分析基础和方法。保险作为长期以来人们处理风险的主要手段，在风险管理学科兴起以前就得到了深入研究和广泛发展，可以说，风险管理学的快速发展在很大程度上得益于对保险学的研究和运用。因而，在风险管理的发展过程中，概率论和大数法则等保险学的数理基础和方法被广泛地运用于各种风险管理技术中。

4. 保险是传统有效的风险管理方法。保险作为一种最早产生并在实践中被广泛应用的风险管理技术，是长期以来人们处理风险的最主要手段之一。风险管理从创立到发展至今，始终将保险作为其最主要的财务型风险管理技术，保险成为风险管理中最普遍而行之有效的方法。通过对各种风险管理方法的分析和比较可看出，各种方法中，避免风险是一种简单而消极的方法，其实际运用受到一定的限制；预防和控制虽然在一定程度上可以减少风险事故发生的机会或降低损失程度，但都不可能从根本上消除风险事故和损失的发生；集中或组合在一定程度上提高了单位应付风险的能力，或使风险更加分散，但也不能杜绝风险事故的发生；而直接转移风险则可能使企业或单位失去财产的所有权或相关业务从而丧失应有的利益。因此，需要寻找更好的方法，使在经济上有所准备。通常采用的经济准备方法中，自留风险不能充分满足人们的风险保障需求；而保险，对购买者来说是风险的转移，对经营者来说是风险的集中和承担，它集合了各种风险管理方法的优点，是集各种风险管理方法之大成，理所应当地被人们作为风险管理的主要手段。在现代市场经济条件下，保险是人们处理风险最普遍、最有效的方法。

（二）区别

1. 二者所管理风险的范围不同。虽然风险管理与保险的对象都是风险，但二者所管理风险的范围有很大差别：风险管理的对象是所有风险；而保险所处理的风险对象仅限于可保风险。

2. 风险管理比保险复杂得多。由于风险管理的对象是所有风险，而保险的对象只是可保风险，因而不管是从形态上还是管理的技术和手段上看，风险管理都远比保险要复杂得多。

第四节 可保风险

重点提示：可保风险的构成条件；风险与保险的关系。

一、可保风险的概念

保险虽然是当今社会人们处理风险的一种普遍且有效的方法，但这并不是说所有造成物质财产损失或威胁人身安全的风险都可以通过保险的方式来加以处理。由于经营保险业务的保险公司是自主经营、自负盈亏的经济实体，其经营要以盈利为目的，因此会有选择性地接受人们的投保，即只接受那些符合承保条件的风险，这类风险被称为可保风险。因此，可保风险是指符合保险人的承保条件、可被保险公司接受的风险，或可以向保险公司转嫁的风险。

二、可保风险的构成条件

一般而言，理想的可保风险必须具备下列条件：

（一）风险必须是纯粹风险

保险人所承保的风险，必须是那些风险事故一旦发生只有损失机会而无获利机会的纯粹风险。如自然灾害和意外事故的发生会给人们带来财产损失或人身伤害等实质损失，人们不会从中获利，属于可保风险的范围。而投机风险则不同，其发生既可能带来损失机会，也可能会带来获利机会，引发的不是社会的一种纯损失。如人们进行股票和房地产投资等行为，就有获利、亏损和不赔不赚三种结果，对这种有获利机会的投机风险保险人是不予以承保的。

（二）风险必须是偶然的

偶然性是针对个体风险而言的。一般来说，保险人所承保的风险必须是偶然的。这里的偶然性包括两层含义：一是有发生的可能性；二是发生的不确定性，即发生的时间、地点、原因和后果等都是不确定的。例如，某一幢建筑物，虽然存在着发生火灾的可能性，但什么时候着火，着火后又会遭受多大的损失等，事先都是不可预知的，一切有赖于偶然事件的发生。对于那些必然会发生的损失，如自然磨损、折旧等现象，保险人一般是不予承保的。

（三）风险必须是意外的

风险必须是意外的包括两层含义：一是风险的发生是人们意料之外的，无法进行准确预测；二是风险事故的发生必须是人们的非故意行为引起的。对保险而言，投保人或被保险人的故意行为所造成的损失，保险人是不予赔偿的。

（四）风险必须是同质的且大量标的均有遭受损失的可能性

同质风险是指风险单位在种类、品质、性能、价值等方面大体相近。概率论和大数法则是保险经营的数理基础。按照概率论要求，必须对同质风险进行观察、统计和分析，才能探寻风险发生规律，从而作为分析问题、解决问题的可靠依据。如果不是同质风险，那么风险事故发生的概率就不同，集中处理这些风险将十分困难。而标的数量越多，统计的基础越广泛，在此基础上通过概率论得出的预期结果与实际可能发生的结果的偏差越小。对保险而言，保险人只有对大量的同质风险进行分析和研究，才能得出相对准确的风险事故发生的概率，并据此来确定保险费率，保险业务才能得以开展。

从保险经营实务来看，只有大量标的都可能发生某种风险，保险人开办这一险种才可能吸引大量的投保人。投保人数量越多，保险人通过收取保险费而筹措的保险基金越雄厚，越能更好地发挥保险分散风险、补偿损失的功能。如果保险人承保的风险只是少数标的所面临的，那么一方面保险人无法准确预测该风险发生的概率，也就无法合理地确定保险费率；另一方面也无法筹措大量的保险基金，保险分散风险、补偿损失的物质基础就十分薄弱，一旦发生事故（尤其是巨额、巨灾风险事故）保险人可能会赔不起，保险就成为一句空话。因此，保险人只有承保大量的面临同质风险的标的，求出的概率才能体现出或接近于大数法则所揭示的风险规律，并据此确定准确、合理的保险费率。

（五）风险应有发生较大损失的可能性

保险人所承保的风险，必须有引起较大损失的可能性。这是因为，只有这种风险损失，经济单位或个人自己无力承担，才会有保险的需要。这里所说的较大损失，是指超过受害人自我承担能力的损失，即如果受害人自我承担的话，可能需要举债，或者会严重影响其以后正常的生活和生产经营活动，或者虽然能够承担但却会给他带来更大的损失。如果风险有发生损失的可能性，但风险事故发生后给人们造成的损失较小，经济单位或个人完全有能力自我承担，就不会参加保险。因为，如果这类风险通过保险来取得保障，对经济单位或个人来说在经济上是不合算的。

（六）风险不能使大多数标的同时遭受损失

保险的运行，是以多数人支付的小额保险费形成的保险基金来赔付少数人的大额损失为基础的。保险人根据以往损失统计资料计算的损失概率是保险人厘定保险费率、收取保险费的依据，也是保险人对未来事故发生可能性和损失赔付的一种预期。因此，如大多数标的同时受损，就会使保险人实际要承担的损失赔付远远超过其预期，出现承保亏损。这将动摇保险公司经营的财务稳定性，长此以往会使保险经营难以为继。当然，在实践中，存在着一些可能使大量标的同时受损的巨灾风险，如洪水、地震及一些农业风险等，保险人在经营这类风险时，或者要通过再保险的方式将风险转嫁，或者需要政府力量的介入。

世界经济的发展、科技的进步使风险的环境发生了巨大的变化，一些巨灾、巨额风险和系统性风险不断出现，这些风险大多不符合理想的可保风险的条件。但是，随着保险业资金实力的不断增强、保险技术的不断进步及保险企业基于市场竞争、实现利润等的考虑，保险人在经营中逐渐放宽承保条件，传统的可保风险的条件出现弱化趋势，一些传统意义上的不可保风险转化为可保风险。

三、风险与保险的关系

（一）风险是保险产生和存在的前提

保险产生和发展的过程表明，保险是基于风险的存在和对因风险发生所引起的损失进行补偿的需要而产生和发展的。风险是不以人的意志为转移的一种客观存在，时时处处威胁着人的生命和社会财富的安全。风险事故一旦发生就会造成物毁人亡，影响人们生活的安定和社会再生产的顺利进行，因而人们产生了对损失进行补偿的客观需要。可以说，如果没有风险的客观存在、没有损失的发生、没有经济补偿的需要，也就不会产生以补偿为职能的保险了。所以，风险的客观存在是保险产生和发展的自然前提。

（二）风险的发展是保险发展的客观依据

社会的进步和科技水平的提高，在给人们带来更多财富的同时，也带来了新的风险和损失。而新风险的增多对保险业提出了新的更高的发展要求，新风险的出现促使保险产品不断创新，新险种不断出现。从世界保险业的发展情况看，核电、卫星发射、石油化工、水上运输和武器研制等高风险系统的出现，带动了一系列相应险种的发展。可见，风险的发展是保险业发展的客观依据。

本章总结

1. 风险是指某种损失发生的不确定性，包括损失是否发生、发生的时间和地点、发生的状况和后果是不确定的。风险由风险因素、风险事故和损失三个要素构成，三者之间的关系是风险因素引发风险事故，风险事故导致损失。

2. 风险具有客观性、普遍性、损害性、不确定性、可测定性和发展性等特征。风险可以按产生的原因、损害的对象、风险性质、风险结果影响范围和风险的环境来分类。

3. 风险管理是指经济单位或个人通过对各种风险的认识、损害后果的分析和衡量、风险处理方法的选择和执行，以最小的代价达到最佳安全效果的管理方法。风险管理的基本目标是以最小的成本获得最大的安全保障，基本程序是风险识别、风险估测、风险评价、风险管理技术选择和风险管理效果评价等。风险管理方法包括控制型技术和财务型技术两大类。风险管理与保险既有区别也有联系。

4. 可保风险是指符合保险人的承保条件、可被保险公司接受的风险，或可以向保险公司转嫁的风险。可保风险必须具备纯粹风险、偶然的、意外的、同质且大量标的均有遭受损失的可能性、有发生较大损失的可能性、不能使大多数标的同时遭受损失等条件。风险是保险产生和存在的前提，风险的发展是保险发展的客观依据。

练习与思考

1. 风险及其特征有哪些？如何理解其对保险运行的意义？
2. 风险由哪些要素构成？这些要素之间的关系如何？
3. 风险如何进行分类？
4. 风险的衡量指标有哪些？
5. 风险管理的程序包含哪些步骤？
6. 风险管理的方法有哪些？
7. 风险、风险管理与保险之间的关系怎样？
8. 可保风险的条件有哪些？

第二章
保险概述

本章提要

保险是人类在防范、化解客观存在的风险过程中逐渐形成和发展起来的一种“我为人人，人人为我”的互助机制，并逐渐演变为商业公司的运作形式。商业保险为国民经济的发展和社会的安定起到重要的保障作用，其地位越来越重要。本章主要探讨商业保险的概念、构成要素及其特性，保险的职能与作用，保险的分类等，介绍保险发展的历史、世界及我国保险发展情况。

学习目标

了解有关保险定义的各种学说。
掌握商业保险及其商品属性、保险的构成要素。
掌握保险的特征，理解保险与其相似经济行为的区别与联系。
掌握保险的职能，了解保险的作用。
掌握保险的分类方法和种类。
了解保险产生和发展的简要历史及我国保险业的发展现状。

第一节 保险的概念与特征

一、保险学说

重点提示：保险概念及其理解；保险的构成要素；保险的商品属性；保险的特性。

保险学说即是人们对于保险定义的各种观点。对于“什么是保险”的问题，历来是见仁见智，至今没有统一的定论。日本园乾治教授将各国关于保险定义的不同观点归纳为三大流派，即“损失说”“非损失说”和“二元说”。了解这些不同的学说，有助于我们正确地理解保险的定义。

（一）损失说

损失说以损失概念作为保险定义的核心。很明显，损失说是从损失的角度来诠释保险的，把保险与损失结合起来，认为保险是针对损失而采取的一种措施或手段，保险产生的最初目的是解决物质损失的补偿问题。

损失说又分为损失赔偿说、损失分担说和风险转嫁说三种。

1. 损失赔偿说。该学说起源于海上保险，认为保险是一种损失赔偿合同。其主要代表人物是英国的马歇尔（S. Marshall）和德国的马修斯（E. A. Masius）。

英国的马歇尔认为："保险是当事人的一方收受商定的金额，对于对方所受的损失或发生的危险予以补偿的合同。"

德国的马修斯认为："保险是约定的当事人一方，根据等价支付或商定承保某标的物发生的危险，当该项危险发生时，负责赔偿对方损失的合同。"

该学说是从合同的角度对保险进行定义的。诚然，保险关系的建立需要签订保险合同，但保险与保险合同是两个不同的概念。保险属于经济范畴，是一种经济行为；而合同是一种法律行为，是经济关系赖以实现的形式。因此，不能把保险与合同等同起来。同时，该学说仅从合同角度来解释保险，不能涵盖保险的全貌。

2. 损失分担说。该学说强调在损失赔偿中，多数人互相合作的事实，把损失分担视为保险的性质，而且适合于各种保险。

该学说的代表人物是德国学者、柏林大学教授瓦格纳（A. Wagner）。他强调保险是由众多人互相合作，共同分担损失，并以此来解释各种保险现象。他认为："从经济意义上说，保险是把个别人由于未来特定的、偶然的、不可预测的事故在财产上所受的不利结果，使处于同一危险之中但未遭受事故的多数人予以分担以排除或减轻灾害的一种经济补偿制度。"并且"这个定义既能适用于任何组织、任何险种、任何部门的保险，同时也可适用于财产保险、人身保险，甚至还可适用于自保"。

损失分担说不再拘泥于对保险进行法律意义上的解释，而从经济学的角度，认为保险是多数投保人之间的相互关系，即多数人分担少数人的损失，从而阐明了保险的本质。但是，该观点既然认为损失分摊给多数人，又认为适用于自保，显然自相矛盾。因为"自保"只是某单位或个人自己提留准备金并用以补偿自身损失的一种方法，不存在损失的分担。

3. 风险转嫁说。该学说从风险处理的角度来界定保险，认为保险是一种风险转嫁机制，个人或单位可以通过支付一定的费用（即保险费）为代价将自身所面临的各种风险转嫁出去。即损失补偿是通过众多人把风险转嫁给保险组织来实现的，强调了保险组织在损失补偿中的地位和作用。

最早提出风险转嫁说的是美国学者魏兰托（A. H. Willett）。他认为："保险是为了赔偿资本的不确定损失而集聚资金的一种社会制度，它是依靠把大多数的个人危险转嫁给他人或团体来进行的。"

美国的另外一位学者克劳斯塔（B. Krosta）从保险人集散风险的角度进一步阐述保险的性质。他认为："被保险人转嫁给保险人的仅仅是风险，也就是损失发生的可能性，所以是可以承保的。保险人把这种共同性质的风险大量汇集起来，就能将风险进行分摊。"即在转嫁风险的同时也就实现了损失的分摊。因此，他将保险定义为"保险是以收受等价、实现均摊为目的而进行的风险汇集。"

风险转嫁说中的风险，主要是指遭受经济损失的可能性，风险的转嫁与损失的赔偿都是从损失分担说发展而来的，是损失分担说的有益补充，但也存在着与损失分担说相同的缺陷。但风险转嫁说仍是在美国学术界占有重要地位的风险管理理论的源泉。

综上所述，损失赔偿说、损失分担说和风险转嫁说都是以损失概念来阐述保险的性质。由于损失一词不能同时运用于财产保险和人身保险，因此损失说不能涵盖人身保险，存在着一定的缺陷。

（二）非损失说

非损失说力图摆脱损失概念而从其他一些角度来界定保险，主要有"技术说""欲望满足说""经济确保说""共同财产准备说"和"相互金融说"等。

1. 技术说。技术说从保险的技术特性对财产保险和人身保险做统一解释。该学说认为：不论财产保险还是人身保险，保费的计算、准备金的提取等都需要有特殊的技术，保险的特性就在于采用这种特殊的技术。保险是把可能遭受同样事故的多数人组织起来，组成团体，测定事故发生的比例（即概率），按照此比例进行分摊。

该学说的代表人物是意大利的商法学家费芳德（Cesart Vivante）。费芳德认为："保险不能没有保险基金，保险人在计算保险基金时，一定要使其实际支出的保险金和被保险人缴纳的净保险费总额相等，这就需要通过特殊技术来保持保险费和保险赔款的平衡。"

日本学者近藤文二在第二次世界大战后提出："所谓保险，就是集中风险的多数场合，形成大体上收支均等的共同准备金，并以此达到分散风险目的的技术。"

技术说对于保险在技术方面的特征较过去各种观点虽有显著的进

步，但是由于它只强调了保险的数理基础，而未考虑保险的经济价值和职能，不能说明保险的目的及其所具有的经济和法律性质，因而是片面的。实际上，除了保险之外，其他一些行业也需要这样的特殊技术，故不宜把技术作为保险的特性。

2. 欲望满足说。欲望满足说也称为“需要满足说”“偶发事件满足说”或“需要说”，是从人们的欲望和满足欲望的手段角度来解释保险，认为保险是投保人缴纳少量保费，发生损失后可以获得部分或全部补偿。由于缴纳的保费与赔偿金额严重不对等，由此可以满足人们的经济需要和金钱欲望。该学说的主要代表人物是意大利学者戈比（Gobbi）和德国学者马纳斯（A. Mnes）。戈比认为：“保险的目的是当意外事故发生时，以最少的费用满足该偶发欲望所需要的资金，并予以可靠的经济保障。”马纳斯主张：“保险是保障因保险事故引起金钱欲望的组织，如果发生保险事故，必须以引起金钱欲望为前提条件。”

欲望满足说的追随者维尔纳认为：“保险是多数人的团结互助的集体，其目的在于对意外事故引起财产上的欲望，以共同、互助的补偿手段为目的。”

欲望满足说是由损失赔偿说演变而来，以满足代替补偿，以需要代替损失，并且试图把财产保险和人身保险结合在一起。该学说虽然看到了保险的经济保障功能，但具有浓厚的唯心主义和功利主义色彩。

3. 经济确保说。该学说认为保险的目的是满足需要，即保险的目的在于对意外的灾害事故留有经济上的准备。其代表人物是奥地利商法教授约瑟夫·胡布卡（J. Hupka）。

在胡布卡看来，过去的各种学说把加入保险的人通过保险企业达到的目的和经济条件联系起来，只不过表示了投保人企图通过保险达到目的的一部分，保险的目的在于对意外的灾害事故留有经济准备。他认为：“保险契约者，由当事人之一方（被保险人）以能确实满足将来的需要为目的，对一定的事件及时间，约定对方（保险人）为给付的有偿契约。给付的提供及其范围，与反给付的关系，则由被保险人或第三者的财产及其身体有关不确定的事件决定。”

经济确保说倡导保险的目的在于确保经济生活的安定，具有积极意义。但该学说只着重强调保险的目的，不能揭示保险的本质属性。

4. 共同财产准备说。共同财产准备说认为只有储蓄货币作为财产准备，才能应付意外灾害事故的财产损失，保险人是受托经营管理的组织。因此，保险对于补偿意外事故所引起的经济损失是很有必要的。意外事故在单个具体事物中有偶然性，但在不特定的多数事件中则有必然性，这正是保险存在的基础。保险需要按照大数法则进行货币积累，建立共同财产准备。

该学说的代表人物是日本学者小岛昌太郎。他主张："保险是为了安定经济生活，将多数经营单位组织起来，根据大数法则集聚经济上的财富并留为共同准备的。"

该学说是从建立保险基金及其作用的角度来解释保险的，但不能解释无须建立保险基金条件下的合作保险形态。

5. 相互金融说。相互金融说从保险的融资功能来解释保险，认为在货币经济条件下，所有的经济活动都是用货币的收支来实现的。保险作为应对经济不安定的手段，也是通过货币的收支来收取保费和补偿。因此，保险是金融机构，是以发生偶然性事件为条件的相互金融机构。

该学说的代表人物是日本的米谷隆三。他认为，保险费的积累，在经济上是投保人的共同基金，保险的性质不在于财产的准备，而在于集体成员为相互通融资金而结成多数人的联系，进而强调保险不只是准备金融机构和辅助金融机构而是真正的金融机构。

该学说把保险和保险公司等同起来是错误的。因为保险公司是金融机构，是经济法人，而保险是经济范畴。另外，资金的融通，是以支付利息为返还条件的货币所有权的让渡，而保险行为中的保险费支出和保险金给付均不含有金融的特性。因此，保险与金融是两个不同的概念，不能把保险等同于金融。

除了以上的保险学说外，在西方经济理论中也有不少涉及保险的论述。例如，费雪在《历史方法的国民经济学讲义大纲》一书中写道："保险是将各个个人的巨大损失，分摊给多数人来负担的方法。它一方面有很大的刺激节约的作用，另一方面也打击那些属于过失的破坏或完全出于恶意的破坏。……保险措施在国民经济中的效用在于它极大地保证了信用。……为了使火灾保险的保险费做到合理，需要划分许多等级。不仅要看建筑物的种类、环境和它的用途，而且要看它的空间大小及该地区的文化发展状况。文化程度越高，危险的程度越小。"

此外，在《国富论》中，亚当·斯密写道："……保险费必须足以补偿普通的损失，支付经营的费用，并提供资本要用于一般经营所能取得的利润。"另外，亚当·斯密认为"保险业能给予个人财产以很大的保障，一种损失本来会使个人趋于没落的，但有了保险业，保险业者要想给予他人以保障，他自己就必须有很大的资本。"

非损失说中对于保险的各种解释都力图完全抛开"损失"一词来解释保险的特性。然而经济补偿总是针对损失而言的，回避了"损失"也就偏离了保险的本质。

（三）二元说

二元说认为，财产保险和人身保险是具有不同性质的保险，因此应分别以不同的概念进行解释。该学说的主要观点包括“否定人身保险说”和“择一说”。

1. 否定人身保险说。否定人身保险说是从人寿保险具有储蓄性的角度来否定人身保险的保险特性。该学说是由多数法学家所倡导的，有些经济学家也予以支持。他们认为，人身保险并不体现保险的性质，它是和保险不相同的另外一种合同。

经济学家科恩（G. Cohn）认为：“因为在人身保险中，损失赔偿的性质极少，它不是真正的保险而是混合性质的保险。”埃斯特（L. Elster）认为：“在人身保险中完全没有损失赔偿的性质，从国民经济来看，人身保险不过是储蓄而已。”威特（Johan De Witt）认为：“人身保险不是保险而是一种投资。”

实际上，人身保险是储蓄与保险的融合，是含有一定储蓄性的保险。

2. 择一说。择一说承认人身保险是真正的保险，但财产保险与人身保险具有不同的性质，前者以经济补偿为目的，后者以给付一定金额为目的。因此应对财产保险和人身保险分别进行界定和阐述。

该学说的代表人物是德国的保险法学家埃伦博格（V. Ehrenberg）。他认为：“保险合同不是损失补偿的合同，就是以给付一定金额为目的的合同。”二者只能择其一。

“择一说”对日本、德国、法国和瑞士等国家的保险立法影响较大，许多国家的法律都是对人身保险和财产保险分别予以定义的。但是，既然财产保险和人身保险都被称作为保险，二者必有共性，保险作为独立的经济范畴应该有一个统一的概念，所以“二元说”是不能接受的。

二、保险的概念

“保险”一词，在人们的日常生活中一般被认为是稳妥可靠或有把握的意思。但是，在保险学中，“保险”有其特定的含义、性质和内容。

（一）保险的含义

由于人们观察角度的不同，从而对保险产生了不同的理解。

1. 从经济角度看，保险是分摊灾害事故所致损失的一种经济补偿制度。从经济意义上说，人们（投保人）参加保险，实际上是通过缴纳一定的金额（保险费）将其所面临的不确定风险和可能发生的大额损失变成确定的小额保费支出。而保险人收取了保险费，实际上集中了大量的风险，建立了保险基金，对少数不幸发生事故的人（被保险人）遭受的损失进行补偿，从而少数被保险人的损失由所有参加保险的人共同分摊。这对投保人而言意味着风险的减少。

2. 从法律角度看，保险是一种合同行为。从法律角度看，保险是一方（保险人）同意补偿（或给付）另一方（被保险人）的一种合同安排。保险关系的建立是以合法的书面合同的形式实现，在合同中明确双方的权利和义务关系。保险合同一经签订，意味着投保人将其所面临的风险转嫁给了保险人，一旦发生合同约定范围内的事故损失或人身伤害，保险人按合同的约定进行补偿或给付。这对投保人而言意味着风险的转移。

3. 从社会角度看，保险是社会生产和生活的“稳定器”。保险通过对保险合同约定范围内的事故造成的财产损失或人身伤害进行补偿或给付，可以保障社会再生产过程的持续进行、经济的顺利发展和人们生活的安定，从而达到稳定社会的目的。

4. 从风险管理角度看，保险是单位或个人风险转移的一种方法。如前所述，保险是诸多风险管理方法中转移风险的一种方法，且与其他方法相比较，保险是一种传统有效的风险管理措施。

我国保险学界通常对保险从经济和法律两个角度进行理解。

（二）保险的定义

作为一种客观事物，保险经历了萌芽、产生、成长和发展的过程，并出现了互助保险、合作保险、商业保险和社会保险等形式。对保险的界定也经历了一个逐步演进的过程。

1. 广义的保险定义。广义的保险定义是就保险的自然属性而言的，认为保险是集合具有同类风险的众多单位或个人，以合理计算分担金的形式，实现对少数成员因该危险事故所致经济损失的补偿行为。① 此定义具有普遍的适用性，适用于各种保险。从以上定义中可看出：

（1）自然灾害和意外事故的客观存在是保险产生和发展的前提条件。

（2）保险属于国民收入的分配环节，是对国民收入的分配和再分配活动。

（3）保险分配采取价值形式，体现为保费的收取和保险金的赔付均采取货币形式。

---

① 魏华林、林宝清：《保险学》，高等教育出版社 2012 年版。

（4）保险分配遵循公平合理的原则，体现为投保人缴纳的保险费要与其所面临的风险程度相适应。

（5）为了实现充分保障，须有多数人参加保险。

2. 狭义的保险定义。通常，我们所说的保险是指狭义的保险，即商业保险。《中华人民共和国保险法》（以下简称《保险法》）第二条对商业保险的界定是："本法所称保险，是指投保人根据合同约定，向保险人支付保险费，保险人对于合同约定的可能发生的事故因其发生所造成的财产损失承担赔偿保险金责任，或者当被保险人死亡、伤残、疾病或者达到合同约定的年龄、期限等条件时承担给付保险金责任的商业保险行为。"本书所说保险专指商业保险。

（三）商业保险

商业保险是保险公司进行的以盈利为目的的各项保险行为。

1. 保险的商品属性。保险是一种商品。这是因为在市场经济条件下，保险基金的筹集和保险补偿（或给付）一般不可能采取直接摊派方式，而只能采取保险人出售保险单和投保人交付保险费的买卖方式实现，从而使保险的商品形态成为保险分配关系得以实现的一种形式。

与一般商品相比较，保险商品有其特殊性。首先，保险商品是一种无形商品。保险双方买卖的是保险人针对看不见摸不着的风险而"生产"的对消费者的一纸承诺，且承诺的履行还有赖于约定事件的偶然发生或约定的期限届满。因此其价值和使用价值不像一般商品可以真实地感受到。其次，保险商品是一种非渴求商品。或者是由于没有认识到风险的存在，或者是心存侥幸，除非有法律的强制性规定，人们通常不会主动去购买保险。最后，保险商品的消费和服务具有不可分割性。保险合同签订后，投保人获得了保险人对未来保险期限内有关保险赔偿或给付等方面的服务承诺，开始了保险消费的过程。因此，保险商品的消费过程即是保险服务的过程，二者具有不可分割性。

保险商品的这些特性，决定了保险必须进行推销才能完成其交易活动。

2. 保险商品的价值和使用价值。保险是一种商品，具有一般商品所具有的二重性，即价值和使用价值。

（1）保险商品的价值。保险商品的价值可以从质和量两方面来理解。

保险商品价值的"质"是物化于保险本身的劳动——物化劳动，是因危险损失引起的保险补偿过程中所必须消耗的那部分生产资料和生活资料的劳动，它形成了保险商品的价值实体。

保险商品价值的“量”是净费率或纯费率，取决于保险标的的平均损失率。因此，保险商品价值量的确定不受价值规律支配，而是由损失发生率决定的。

（2）保险商品的使用价值。保险商品的使用价值是为被保险人提供经济保障，具体表现为两个方面：一是免除恐惧，即人们参加保险后，由于将风险转移给保险人而获得了安全感并贯穿于保险期限的始终，此为观念上的消费；二是补偿损失，即保险人对被保险人在保险期限内因保险事故而遭受的损失进行补偿，此为实质上的消费。保险商品的消费主要是观念上的消费，体现着“人人为我，我为人人”的互助共济理念。保险商品使用价值的量表现为保险金额，它是保险人承担约定赔偿或给付保险金的最高限额。

3. 保险商品的等价交换。商品的等价交换原则是商品价值等量交换的原则，即参与交换的两种商品的价值量相等。而保险商品的交换，表面上看是投保人用少量的、固定的保险费支出换取了大量的、不确定的经济保障，不论是否发生事故，二者都是不相等的，因此保险商品的交换不是等价交换。实际上，保险商品的等价交换表现为一种“对价”交换，即保险人提供的经济保障由于具有不确定性使其在价值上就值投保人所缴纳的保险费这个价。

4. 保险商品交换的特点。保险商品自身的特殊性决定了保险商品交换也具有其自身的特点。

（1）契约性。保险商品的交换是以买卖双方签订保险合同的方式来进行的，保险合同是保险关系存在的唯一形式，双方保险权利和义务都要通过保险合同加以明确。

（2）期限性。保险合同的签订并不意味着保险交易过程的结束，而恰恰是被保险人享受保险保障和保险人提供保险服务的开始。在保险合同规定的期限内被保险人因保险责任事故而遭受经济损失或人身伤害，保险人应履行赔偿或给付义务。这说明，保险商品的交换不是瞬间完成的，而是一个有期限的交易过程。

（3）条件性。保险商品的交换是有条件限制的。对于购买者即投保人来说，首先，要具有完全的行为能力和权利能力；其次，对保险标的必须具有保险利益；最后，只能为那些符合条件的被保险人购买保险，如人身保险中的被保险人要符合年龄和健康条件要求，以死亡为给付保险金条件的人身保险中被保险人必须具有完全行为能力等。这些条件的规定是为了防止道德危险的发生。

（4）诺承性。一般商品的交易通常是实践性交易，当事人达成合意并交付标的物以后，合同才能成立，如保管合同。而保险商品交换具有诺承性，自双方当事人意思表示一致（即达成合意）时起保险合同即告成立。

三、保险的要素

保险要素是指保险关系的构成因素。通常保险由五大要素构成。

（一）可保风险的存在

风险的客观存在是保险产生和发展的自然前提，但这并不意味着所有风险都可以通过保险方式来处理，而是有一定的范围。通常，保险人予以承保的风险必须是具备一定条件的特定风险即可保风险。可保风险的存在使保险既成为必要又有了现实的可能性。

（二）大量同质风险的集合与分散

保险公司是经营风险的企业。保险的过程，既是风险集合的过程，也是风险分散的过程。保险人通过与投保人签订保险合同并收取保险费的方式将投保人所面临的风险集中起来，当发生保险责任事故时又通过补偿或给付的方式将少数人的损失分摊给所有投保人，实现风险的分散。

保险风险的集合与分散必须具备两个前提条件：

1. 同质风险的集合体。同质风险的要求是为了更准确地寻找风险发生规律，为分析风险、处理风险提供可靠的依据。如果风险不同质，则风险发生的规律不同，发生损失的概率也不同，风险就无法进行统一的集合与分散。同时，如果考察的风险是不同质风险，则损失发生的频率和程度是有差异的，进行统一的集合与分散，会影响保险公司的财务稳定性。因为以所有风险为考察对象而求出的规律性必然与某一类同质风险的规律性不同，或高或低。如果某类风险发生的可能性大于整体风险发生的可能性，则依据整体平均风险水平收取的保险费必然不足以赔付。

2. 大量风险的集合体。通常情况下，风险单位数量越多风险就越分散，因此大量风险的要求一方面是基于分散风险的考虑，另一方面也是概率论和大数法则原理在保险经营中得以运用的条件。依据概率论和大数法则，风险单位数量越多，统计基础越广泛，损失发生的概率就越准确并具有相对稳定性，据此确定的保险费率才更为准确合理，从而使保险人通过收取保险费形成的保险基金能满足未来赔付的需要。因此，大量风险的“量”是有限度的，即面临风险的多数人所缴纳的保险费能够抵补保险人对所承担风险造成损失进行补偿所必需的保险金和保险企业的经营管理费用开支。如果风险单位数量较少，大数法则难以有效发挥作用，损失发生的概率也就难以准确预测。

（三）保险费率的厘定

保险是一种商品，保险的买卖是一种商品交换行为，为保险商品制定价格即厘定保险费率就成为保险交换的基础。因此，保险费率的厘定成为保险的基本构成要素之一。

保险作为一种独特的经济制度，具有经济补偿或给付职能。保险人以收取保险费的形式筹集保险基金，对遭受事故损失或人身伤害的被保险人进行赔偿或给付。由此可见，保险人所支付的赔款，来源于千千万万面临风险的投保人所缴纳的保险费，保险人自身并未承担损失。归根结底，被保险人的经济损失实际上是由多数被保险人以负担保险费的方式予以分摊的。保险机制是通过提前收取保险分担金（即保险费）的方式来对未来的损失进行补偿。从保险经营的角度来看，保险机构所收取的保险费总额应当足够弥补保险期限内的损失和保险机构本身的经营费用。因此，保险人必须进行合理的计算，确定科学的保险费率，使其能反映出保险经营的等价交换原则。

概率论和大数法则是保险人厘定保险费率的数理基础。概率论是研究随机现象发生规律的科学。而风险是指损失的不确定性，属于随机现象，可以运用概率论的基本原理来寻找其发生的规律性，即损失概率，并以此为基础来确定保险费率。在进行概率计算时必须遵循大数法则。大数法则的意义在于，个别现象的发生可能是不规则的，但若集合众多现象来观察则又有相当的规律性。

保险将概率论和大数法则集合起来运用于保险经营。保险人在对某种业务的长期损失资料统计分析中，可以求出损失概率。依据大数法则，承保的单位数量越多，概率上的偏差就越小。即风险单位数量越多，从无限风险单位得出的预期损失结果就越接近实际损失结果。如财产保险的纯费率就是依据若干年（一般需要 5 年以上）的大量损失统计资料而计算的平均保额损失率来测算损失概率，并在此基础上附加稳定系数来确定的。

为了保障保险双方的利益，保险费率的厘定要遵循适度、合理、公平和稳定的原则。

（四）保险基金的建立

保险人履行其赔偿或给付义务是通过建立保险基金来实现的。保险基金是指用以对因自然灾害、意外事故和人体自然规律所致的经济损失和人身损害进行补偿或给付的专项货币基金。保险基金具有来源上的分散性与广泛性、使用上的专项性、总体上的返还性和运用上的增值性。

保险基金的建立对保险业的发展具有重要意义。一方面，保险基金是实现保险经济关系和保险业存在发展的现实经济基础；另一方面，保险基金制约着保险企业的业务规模。

保险基金来源于开业资金和保险费。开业资金是保险公司开业时所具有的资本金，是保险公司开业初期保险赔偿或给付的物质基础。我国《保险法》第六十九条规定，设立保险公司，其注册资本的最低限额为人民币二亿元。保险公司的注册资本必须为实缴货币资本。保险费是投保人为获得保险保障而支付给保险人的那部分费用，是保险基金的主要来源。

保险基金是以各种准备金的形式存在的。非寿险责任准备金主要包括未到期责任准备金、赔款准备金和总准备金；寿险责任准备金主要是未到期责任准备金。

（五）保险合同的订立

投保人参加保险之后，保险事故是否发生、何时发生、损失程度如何等均具有较大的随机性，因此就要求投保人和保险人以法律的形式来约定其权利和义务，并在其约束下享受权利、履行义务。这种法律形式就是保险合同。保险合同是约定保险双方权利和义务关系的协议，是保险经济关系存在的形式，也是保险双方权利与义务的依据。如果不以保险合同的方式来明确双方的权利和义务，保险关系则难以成立。

四、保险的特性

保险的特性表现为保险本身所具有的特征及与其他相类似经济行为相比较而具有的特殊性。

（一）保险的特征

1. 互助性。保险具有“我为人人，人人为我”的互助性。表面上看，投保人之间是毫无关系的个体，但实际上他们通过保险人这个媒介建立了一种间接关系，即互助关系。这种互助关系是通过保险人用所有投保人缴纳的保险费而建立的保险基金对遭受经济损失或人身伤害的少数被保险人进行补偿或给付来实现的。离开了多数人的经济互助，保险就无从发挥其作用。从本质上说，保险就是一种社会互助的经济保障制度，保险的互助性是其得以存在和发展的社会思想基础。

2. 商品性。保险体现了一种等价交换的商品经济关系，即投保人通过缴纳保险费购买保险和保险人出售保险提供经济保障的关系。

这种经济关系直接表现为个别投保人与个别保险人之间的交换关系，间接表现为一定时期内全体投保人和全体保险人之间的关系。

3. 经济性。保险的经济性主要表现在以下几个方面：首先，保险给人们提供的是经济保障，即当人们因保险事故发生而使其经济利益受损时提供经济上的帮助，表现为补偿或给付；其次，保险保障的对象是社会再生产中的两大经济要素——财产和人身；再次，保险保障的手段即补偿或给付都是采取货币形式进行的；最后，保险保障的根本目的是推动经济发展。

4. 契约性。保险体现了一种法律关系。保险关系的建立表现为保险合同的签订，保险双方的权利和义务要通过保险合同加以明确，并受法律的保护和规范。

5. 科学性。概率论和大数法则等是现代保险产生和发展的数理基础，而概率论和大数法则是寻求某种随机现象规律性的科学。在保险业的发展过程中，从市场调查、数据统计、产品开发到费率的厘定，从准备金的提取到再保险的安排等，都以精确的数理计算为基础，体现了其科学性。

（二）保险与其相类似经济行为的比较

在现实经济生活中，存在着一些与保险在某些方面具有一定相似性的经济行为，从而引起了人们对于保险的一些模糊认识和误解。将保险与这些经济行为加以比较，有助于加深对保险的正确理解，对推动保险的发展也深具意义。

1. 保险与赌博。就单个保险合同而言，投保人能否获得保险金、保险人是否要承担赔偿或给付责任均依赖于在保险期间是否发生保险事故，具有随机性；而且无论发生保险事故与否，投保人所支付的保险费和被保险人获得的保险金在数量上总是不相等的，一旦发生保险事故被保险人可获得多丁保险费数倍、数百倍的保险金。就赌博而言，赢输也是不确定的，具有偶然性，赢了会获得额外利益，输了则会损失赌资；不管输赢，参与者所下的赌注和最终获得的钱财在量上也是不等的。因此，保险与赌博有相似之处，二者都是基于偶然事件的发生，且支出与所得不对等。实际上，最早的保险就是一种赌博行为。如在英国海上保险发展的初期，人们经常会为一些与自己毫无经济利害关系的远洋船舶买保险，如果船舶中途灭失就会获得一笔保险金，如果船舶安全归来也不能要求保险人退还保险费。这很容易引发道德风险。因此，为了防止这种赌博性的保险行为，英国以法律的形式规定人们只能为与自身有经济利害关系的标的买保险，形成了保险利益原则。

尽管如此，从根本上来讲，保险与赌博有着本质的区别。

（1）二者的目的不同。保险的目的是通过补偿或给付保障被保险人的经济利益，以谋求经济社会的安定，利人利己，其作用是减少已有的风险；赌博的目的在于不劳而获、侥幸获利，损人利己，制造不安定因素。

（2）条件（对象）不同。保险的投保人或被保险人必须对保险标的具有保险利益，当保险标的受损时会遭受经济损失；而赌博的当事人则没有利益要求。

（3）机制（或技术手段）不同。保险是运用概率论和大数法则等科学方法来预测总的损失，制定合理的保险费率；而赌博完全依赖偶然机会的出现，冒险获利。

（4）社会后果不同。保险是将未来不确定的风险化为固定的、小额的保险费支出，是风险的转移或减少，而且灾害事故发生与否一般与行为人的意志毫无关系；赌博是将固定的资财化为赌注，变安全为风险，是风险的创造和增加，而且是出于行为人的自愿和故意。

（5）利益结果不同。保险只赔偿其损失的部分，且赔偿金额不能超过其实际损失，不允许被保险人获得额外利益；而赌博除赌本外尚可获得额外的侥幸利益。

2. 保险与储蓄。保险与储蓄都是以现在的剩余做将来的准备，都体现了一种有备无患的思想，尤其是有些人寿保险如生存保险带有长期储蓄的性质。但二者属于不同的经济范畴，存在着明显的差异。

（1）对象要求不同。保险的对象必须符合保险人规定的承保条件，如保险利益条件、年龄和健康条件等，只有符合条件的保险人才予以承保；而储蓄的对象没有任何条件限制，可以是任何单位和个人。

（2）行为性质不同。保险是用多数人缴纳的保险费建立的保险基金对少数人的损失进行赔偿或给付，是一种互助行为；而储蓄则系自存自用，是一种自助行为。

（3）使用条件不同。保险积聚的保险基金是全体被保险人的共同财产，专门用于补偿或给付，个人不得任意使用；而储蓄纯属单位或个人的单独财产准备，是使用权和所有权暂时分离的后备资金，可以自由领取使用。

（4）所付和所得对等关系不同。保险中，投保人所缴纳的保险费与被保险人将来可能获得的保险金在数量上总是不对等的，且具有不确定性；而储蓄中储户的本金加利息与其预期所得在量上是对等的，不存在不确定性。

（5）受益期限不同。保险通过保险合同确定受益期限，但具体何时受益则取决于保险事故的发生情况，只要是在保险有效期限内，无论何时发生事故，保险人都予以赔偿或给付；而储蓄所能得到的只是本金和利息，而且要想获得预期的收益必须经过一定时期的等待。

(6) 计算技术不同。保险需要运用特殊的分摊计算技术使面临同质风险的多数人分摊少数人的损失，且采用复利计息；而储蓄的计算采用本金加利息的公式，无须特殊的计算技术，且采用单利计息。

3. 保险与救济。保险与救济都是人类为抗御灾害事故而实行的一种补救办法，都是借助他人安定自身经济生活的手段，在谋求社会经济生活安定方面都发挥着有益的作用。但二者的根本性质不同。

(1) 提供保障的主体和行为性质不同。保险保障是由商业保险公司提供的，是一种商业行为；而救济是由政府、民间组织或个人提供的，属于社会行为。

(2) 资金来源不同。保险保障的资金来源于投保人缴纳的保险费，与投保人所面临的风险程度相适应，其计算有科学的数理基础；而救济的资金来源于国家财政，或救济方自身的财力，不必采用科学方法进行计算和分摊，从而使救济的时间、地区、数量和范围受到了某种程度的限制。

(3) 可靠性不同。保险的补偿或给付，其范围和金额受合同的约束并受到法律的保护，因而对被保险人来说能得到及时充分的保障；而救济作为无偿的赠与一般没有什么限制，救济与否或救济多少，由有关部门或个人根据自身财力或意愿决定。

(4) 权利义务不同。保险是一种社会经济互助行为，保险人和被保险人之间要求权利和义务相对等，即被保险人所能获得的保障水平高低取决于投保人缴纳保险费的多少；而救济是政府部门、社会团体或个人单方面的行为，不要求权利和义务的对等关系，即被救济方无须承担任何义务。

第二节 保险的职能、功能与作用

一、保险职能

职能是由某一事物的本质决定的其特有的某种社会功能。正确认识保险的职能，对于制定正确的保险工作方针政策，端正业务指导思想和经营作风等，具有重要的指导意义。由于人们认识和分析问题的出发点和角度不同，有关保险职能的问题成为国内外保险学术界和实务界一直在探讨和关注的问题，也是争议最大、最多的问题之一。

重点提示：保险基本职能；保险三大功能及其关系；保险社会管理功能。

（一）保险职能的不同观点

迄今为止，我国保险界对保险职能问题存在着诸多不同的观点。

1. 单一职能论。这种观点主张保险的唯一职能是经济损失补偿（或给付），认为补偿或给付是保险产生的原因和目的。在再生产过程中，由于自然灾害和意外事故的发生引起了生产资料和生活资料的短缺，从而形成了“短缺与需要”之间的矛盾。保险通过用过去的积累补偿现在的短缺或用现在的积累补偿将来的短缺以保障社会再生产过程的顺利进行。

2. 双重职能论。这种观点是从财产保险和人身保险分别论述保险的职能，认为财产保险具有补偿职能，人身保险具有给付职能。但一般认为，保险作为一种经济制度，不管是财产保险还是人身保险，由保险本质决定的职能应该是统一的，所以普遍认为双重职能是不恰当的。

3. 基本职能论。该观点认为保险具有分散风险和经济补偿两大基本职能，两个职能是相辅相成的，分散风险是手段，补偿损失是目的。

4. 多职能论。该观点认为保险不仅具有分散风险和经济补偿两大基本职能，还具有积累资金、融通资金、储蓄、防灾防损等多项职能。

5. 基本职能和派生职能论。该观点认为保险具有分散风险和经济补偿两大基本职能，还有融通资金和防灾防损两大派生职能。

（二）保险的基本职能

1. 保险基本职能的内容。本书认为保险的基本职能是经济补偿，表现为财产保险的补偿和人身保险的给付。

（1）财产保险的补偿。财产保险的补偿是指保险人通过收取保险费，建立保险基金，当发生保险事故造成保险标的损失时，在损失金额内给予经济上的补偿，以保障社会生产的持续进行和社会生活的安定。

损失补偿是建立保险基金的根本目的，也是保险产生和发展的原因。在社会再生产过程中存在着风险对生产力的破坏和怎样恢复原生产力的矛盾，人们通过保险的方法筹资补偿来解决这一矛盾，这是保险机制运动的特殊形式。纵观保险发展历史可以发现，在人类社会发展过程中，当出现了剩余产品，人们就意识到应采取一种补偿方法，来保证经济活动不因灾害事故的发生而中断，于是产生了以海上保险为代表的财产保险。随着社会生产力的进一步发展，财富急剧增加，风险也相对集中，客观上要求补偿的领域进一步拓宽，于是各种形式的商业保险相继出现。可见，作为一种经济补偿制度，保险从一产生就担负着经济补偿的责任。

(2) 人身保险的给付。人身保险的保险标的是人的生命或身体，不能用货币来衡量其价值大小。所以在人身保险中，保险人对被保险人支付保险金的行为，不属于损害赔偿范畴。医疗保险以外的人身保险是定额给付性保险，保险金额大小取决于被保险人的人身风险保障需要和投保人的缴费能力。因此其职能表述为，在确定的保险条件下给付保险金。

2. 保险基本职能的实现。保险经济补偿职能是通过分散风险和补偿损失（或给付保险金）来实现的。

(1) 分散风险。保险把集中于某一单位或个人身上的因偶发的灾害事故或人身事件所致经济损失，通过收取保险费的办法平均分摊给所有参加者，从而使每个人所面临的风险相应减少。保险标的数量越多，保险人可能筹集的保险基金就越多，用于补偿的资金实力越雄厚。同时，风险也能在更大的范围内进行分散。

(2) 补偿损失。保险把集中起来的保险基金用于补偿被保险人因合同约定的保险事故所致经济损失，或对人身事件的发生给付保险金。

分散风险和补偿损失是手段和目的的统一，是保险本质特征的最基本反映。其中，分散风险是手段，补偿损失是目的。

二、保险的功能

2006 年《国务院关于保险业改革发展的若干意见》中指出，保险具有经济补偿、资金融通和社会管理三大功能。

（一）经济补偿功能

经济补偿功能是保险最基本的功能，是保险自身所特有的、最能体现保险本质属性的功能。保险的经济补偿功能包括财产保险的补偿和人身保险的给付。

财产保险的补偿是在保险有效期内发生保险合同约定责任范围内的事故造成财产损失时，保险人在保险金额内按实际损失进行补偿，从而使被保险人的财产恢复到受灾前的状态，以保证社会再生产的顺利进行。人身保险的给付是在保险合同约定的保险事故发生或达到约定的年龄或保险期限届满（统称为保险事件）时，保险人按照合同约定的金额给付保险金。

（二）资金融通功能

资金融通功能是指将在履行保险经济补偿职能过程中形成的暂时

闲置资金再投入到社会再生产过程中所发挥的金融中介作用。保险的融资功能一方面增加了社会的生产性资金，另一方面也保证了保险资金的保值与增值（这称为保险资金运用，详见第十章）。但是，保险资金的融通应以保证保险的补偿或给付为前提，同时坚持安全性、流动性和收益性的原则。

（三）社会管理功能

保险的社会管理功能是指通过保险的内在特性，促进经济社会的协调以及社会各领域的正常运转和有序发展。保险的社会管理功能主要体现在社会保障管理、社会风险管理、社会关系管理和社会信用管理等方面。以保险的社会保障管理功能为例：目前，我国已经建立了包含城镇职工养老保险、城乡居民养老保险和城镇职工医疗保险、城乡居民医疗保险的“全民养老”“全民医疗”社会保险体系，但“广覆盖、保基本”的发展情况并未能充分满足人们的养老、医疗保障需求，需要建立“多层次”的社会保障体系，在以社会保险为主导的基础上充分发挥商业养老保险和医疗保险的补充作用。为此，国家陆续颁布了一系列推动商业养老保险和医疗保险发展的相关政策，如《关于加快发展现代保险服务业的若干意见》（以下简称《新国十条》，2014）、《关于加快发展商业健康保险的若干意见》（2014）、《“健康中国2030”规划纲要》（2016）、《国务院办公厅关于加快发展商业养老保险的若干意见》（2017）、《关于促进社会服务领域商业保险发展的意见》（2020）、《“十四五”国家老龄事业发展和养老服务体系规划》（2022）和《关于推动个人养老金发展的意见》（2022）等。这些政策有力地推动了商业养老和医疗保险的发展，有助于“老有所养、病有所医”目标的实现，使商业保险的社会管理功能得到了进一步发挥，也体现了中国共产党“为人民谋幸福”的初心与使命、责任与担当。

保险的三大功能是一个有机联系、相互作用的整体。其中，经济补偿功能是保险的最根本功能；资金融通功能是在经济补偿功能基础上而产生的派生功能；社会管理功能是在保险业发展到一定程度且其在社会经济发展中有了相当地位并不断增强之后而衍生的一项重要功能，只有在经济补偿功能和资金融通功能实现的基础上才能充分发挥。

三、保险的作用

（一）保险的微观作用

从经济生活的微观方面来看，保险对家庭、企业单位有重要影响。

1. 有利于保护家庭财产，保障生活稳定。对家庭而言，保险有利于保护家庭财产、减少责任损失并在家庭重要成员伤亡之后尽快恢复正常生活。家庭通过购买商业财产保险，就可以通过缴纳少量保险费，获得在规定时间以内（通常1年）的财产保障，即如果发生了约定的保险事故，从保险公司取得财产损失的补偿。家庭也可以购买一些责任保险，比如汽车的第三者责任险，当在使用汽车的过程中对第三者产生了民事损害赔偿责任，就可以通过保险公司向第三者支付本来应由自己承担的巨大赔偿。就人身保险而言，通过为家庭重要成员购买寿险或者意外伤害保险，当该被保险人死亡或者伤残，就可以得到保险公司的定额给付。对受灾家庭而言，保险给付金将有利于其迅速恢复正常的经济生活。

2. 有利于企业及时恢复生产活动。对于企业而言，由于拥有更多的财产、面临更危险的环境，因此，通过保险来转嫁风险损失将有利于其尽快恢复生产。企业可以通过购买企业财产险，转嫁由于火灾、雷击、洪水、暴风雨等灾害造成的损失。有的时候，因工厂停工造成的利润损失企业也可以获得补偿（通过购买利润损失险）。

如上所列的这些保险中，受灾的参保单位所缴纳的保费要远远小于其可能从保险公司取得的赔款或者给付金。因此，通过保险的方式，参保人以现在确定的小额成本换取了未来不确定的高额损失补偿。

（二）保险的宏观作用

从宏观经济方面来看，保险对于促进整个经济的正常运行作用显著。

保险业通过为其他行业提供保障，促进了经济的健康运行。经济社会是一个相互联系的系统体系，彼此相互关联。如果在某个环节上出现了问题，经济链条就有可能中断。但风险事故是客观存在的，它直接影响或者破坏某些环节的健康运行。通过保险的方式提前安排，就可以将不确定的损失进行分散化解，这对于促进经济健康发展非常重要和必要。

另外，作为金融业的三大支柱之一，保险业在国民经济中的地位越显重要。首先，保险解决了大批人员的就业问题。2019年底，我国保险从业人员为912万人。2020年银保监会发布《保险代理人监管规定》后，加强了对保险从业人员的监管力度，使2021年保险从业人员数量减少，但也达到了590.7万人。其次，保险参与金融市场交易，有利于金融市场的稳定与繁荣。保险公司作为中国资本市场上重要的机构投资者，对于中国资本市场的稳定发展也发挥着重要作用。

第三节 保险的分类

重点提示：财产保险、人身保险、责任保险、信用保证保险；共同保险、重复保险。

面对形形色色的保险和众多的服务对象，为了便于管理和分析，人们从不同的角度对保险进行了分类。

一、按保险的实施方式分类

（一）强制保险

强制保险是指国家对一定的对象以法律、法令或条例规定其必须投保的一种保险。强制保险的保险关系不是产生于投保人与保险人之间的合同行为，而是产生于国家或者政府的法律效力。比如，我国机动车辆保险中的“机动车交通事故责任强制保险”（以下简称“交强险”）就是一种强制保险。

（二）自愿保险

自愿保险也称之为合同保险或任意保险，是保险双方当事人通过签订保险合同，一方缴纳保险费，另一方提供保险保障的保险。我们通常见到的大多数商业保险都是自愿保险。

二、按保险对象分类

（一）财产保险

这里是广义的财产保险，是指除了人身保险以外的一切保险，包括财产损失保险、责任保险和信用保证保险。

（二）人身保险

人身保险是以人的生命或身体为保险标的，当发生保险事件时，保险人履行给付保险金责任的一种保险。

我国《保险法》中将保险分为财产保险和人身保险。《保险法》第九十五条规定了保险公司的业务范围包括财产保险业务和人身保险业务。其中，财产保险业务包括财产损失保险、责任保险、信用保证保险等；人身保险业务包括人寿保险、意外伤害保险和健康保险。

三、按保险标的分类

（一）财产保险

这里是狭义的财产保险，即财产损失险，是指以有形的财产物资及其利益为保险标的，保险人对因保险事故发生导致的财产损失给予补偿的保险。财产保险包括企业财产保险、家庭财产保险、运输工具保险、货物运输保险、农业保险和工程保险等。

（二）人身保险

人身保险是以人的生命或身体为保险标的，当发生保险事件时，保险人履行给付保险金责任的保险。人身保险包括人寿保险、人身意外伤害保险和健康保险。

（三）责任保险

责任保险是以被保险人依法应承担的民事损害赔偿责任或经过特别约定的合同责任作为保险标的的保险。责任保险的主要险种有公众责任险、雇主责任险、产品责任险和职业责任险等。

（四）信用保证保险

信用保证保险是以人们的信用行为为保险标的的保险。信用保证保险是一种担保性质的保险，其保险标的是合同权利人和义务人约定的经济信用，以义务人的信用危险为保险事故，对义务人（被保证人）的信用危险给权利人导致的损失，保险人（保证人）按照合同的约定提供经济损失的补偿。按照担保对象的不同，信用保证保险可分为信用保险和保证保险。

四、按保险技术分类

（一）寿险

寿险是指以人的生命（或寿命）为保险标的的人身保险。

（二）非寿险

非寿险泛指人寿保险以外的各类保险，包括广义的财产保险和人身保险中的意外伤害保险、健康保险。

五、按保险承保方式分类

（一）原保险

原保险是指投保人和保险人之间直接签订合同，确立保险关系，投保人将风险损失转移给保险人的保险。这里的投保人是指除了保险公司以外的其他经济单位和个人。企业、家庭及个人与保险公司之间的保险关系就是一种原保险。

（二）再保险

再保险也称为分保，是指保险人将其承保的保险责任，全部或部分转移给其他保险人的保险。再保险的投保人本身就是保险人，称为原保险人，或者再保险分出人；再保险业务中接受投保的保险人称为再保险人，或者再保险分入人。再保险是风险在保险人之间的二次转移分散，是纵向转移，可以有效降低保险行业的偿付风险。

（三）共同保险

共同保险是由两个或两个以上保险人联合直接承保同一保险标的、同一风险、同一保险利益，且保险金额不超过保险标的价值的保险。在保险实务中，可能是多个保险人以某一保险人的名义签发一份保险合同，也可能是多个保险人分别与投保人签订保险合同。共同保险是保险人对风险的横向转移。

（四）重复保险

重复保险是投保人以同一保险标的、同一保险利益、同一保险事故分别与两个以上保险人订立保险合同且保险金额总和超过保险标的价值的保险。与共同保险相同，重复保险也是对风险的横向转移。

六、按投保单位分类

（一）个人保险

个人保险是指以自然人或家庭为投保人，以自身或他人的身体或生命，或其家庭财产为保险标的与保险公司签订保险合同确立保险关系的保险。

（二）团体保险

团体保险是指以团体为投保人，与保险公司签订保险合同，由保险人向团体内的成员提供保障的保险。如企业、机关、事业单位等采取集体投保的方式，为职工投保团体人身保险或家庭财产保险等。在团体保险中，单位是投保人，保费由单位来缴纳。

七、按盈利与否分类

（一）商业保险

商业保险是指由保险公司开办的、以盈利为目的的各类保险。一般的财产保险和人身保险多为商业保险。

（二）政策性保险

政策性保险是政府为了一定的政策目的，运用一般的保险技术而开办的保险，如社会保险、农业保险和出口信用保险等。

第四节 保险的产生与发展

一、保险产生与发展的条件

重点提示：保险产生与发展的条件的理解；共同海损的概念；保险的形成、发展过程；中国保险业的发展现状。

保险是在一定的生产方式下经济发展到一定阶段的产物，其产生与发展须具备一定的条件。

（一）风险的客观存在是保险产生和发展的前提条件

无风险，无损失，也就无保险。风险是保险产生和发展的前提，保险是人们分散风险、补偿损失的一种方法。

（二）剩余产品的增多是保险产生和发展的物质条件

剩余产品的存在，是人们用来储备以防不测的物质基础，只有当生产出来的产品不仅能满足社会的基本生活需要，而且还有一部分剩余时，才有可能用于物质财富的损失补偿。保险作为一种分散风险、补偿损失的方法和手段，实际上是一种后备制度，而后备制度的建立只能是在人们满足了当前的需求后仍有剩余才能实施。

（三）商品经济的发展是保险产生和发展的经济条件

虽然人类社会的任何历史阶段都存在着保险产生的前提条件，但这并不意味着任何阶段都具备保险产生的物质条件和经济条件。保险的产生、形成和发展，是和社会商品生产的发展、商品交换活动的频繁以及生产日益社会化紧密联系在一起的。保险关系是保险人和投保人之间的交换关系，保险是以众多投保人所缴纳的保险费形成的保险基金来补偿少数被保险人遭受的经济损失。因此，在社会范围内集合起大批被保险人是保险的内在要求。很明显，在分散、封闭的小生产经济条件下是无法满足这一要求的，只有在生产社会化以及商品经济高度发展的条件下，生产者之间形成了普遍的社会经济联系后，他们才有可能为寻求保障而集合起来。因此，商品经济的发展产生了对保险的极大需求，是保险基金形成的必要条件，是保险产生和发展的经济条件。

二、保险的起源与发展

（一）古代保险的产生

风险作为一种不确定的事件，客观地存在于人类社会，并且随时可能发生，不以人们的意志为转移，它存在于任何社会制度下。在古代，为了防范或减少风险造成的损失，人类发明了多种方式来处理风险。这些方式虽然不是现代意义上的保险，但有些方式体现出了保险的“互帮互助”思想，类似于现代的人寿保险和意外伤害保险。如公元前 4500 年左右，古埃及的一些石匠组织了一个互助基金会，通过提前向会员收取会费的方式对部分死亡会员支付丧葬费用和遗属生活费。

地中海沿岸，由于地理位置优越，在古代时期就成为商业发达地区。海上运输成为商人们发财的途径，但是由于海上风浪较大，再加上运输工具简陋，所以从事海上运输也是危险的行业。在长期的运输过程中，商人们采取多种方法防范和补偿风险损失。在公元前 2000 年左右发明了一种处理海上风险的做法，即当船舶遭遇海难，船长可以决定通过将一部分货物抛弃入海从而使得整船货物损失减少到最低程度，而抛弃入海的这一部分货物损失则由船、货等受益者共同分摊。

在中世纪的欧洲出现了一种“基尔特”制度。按照该制度，相同职业的个体组成一个团体，团体除了维护整个行业的利益，还要对其会员的死亡、火灾、疾病或盗窃等灾害损失进行帮助。

（二）近现代保险的发展

1. 海上保险。海上保险是最古老的保险，是以海上财产（船舶或货物）为保险标的的保险。

（1）共同海损分摊原则是海上保险的萌芽。近代保险业的发展是从海上保险开始的，这与海上贸易的发展和海上运输风险较大的缘故是分不开的。公元前18世纪前后，是一个海上贸易兴起的时代，从事海上运输是当时的生财捷径，当然也伴随着极大的风险。当时，地中海东岸的腓尼基人，以擅长航海闻名于世。不过那时的腓尼基人，所驾驶的船只构造非常简单，抵御风险的能力很低。为了减少损失，腓尼基人从古巴比伦人的海上保险意识中得到了启发，他们抛弃部分货物，减轻船体重量，抵御突起的风浪。为了使抛弃的货物损失能得到合理补偿，其损失由全体受益者共同承担。当时，地中海沿岸的商人们，已共同墨守着一个原则："我为众人，众人为我"。到了公元前916年，腓尼基人将这种共同海损的做法在《罗地安商法》中作了明确规定："凡因减轻船只载重而投弃入海的货物，如为全体利益而损失的，须由全体来分摊。"有了法律的保护，腓尼基人航海贸易的信心更足了。在公元前7世纪，腓尼基人居然驾着三艘双层的划桨船，进行了为期三年的环非洲大陆航海贸易，创下了人类航海史上最初的辉煌业绩。

（2）海上借贷是海上保险的雏形。随着海上贸易的发展，在古巴比伦和腓尼基时代，海上贸易中流行着海上借贷、冒险借贷和无偿借贷等，这些做法被看作是海上保险的原始形态。

①海上借贷。海上借贷或称船货抵押借款，是船主或货主在出海之前，以船舶或货物为抵押，向当地的资本主借一笔钱作为航海资金。双方约定：如果船舶和货物安全抵达目的港，则债务人需偿还本金及利息；若船舶、货物遭遇海难，则视其损失程度，可免除部分或全部债务责任。由于在这种借款关系中，债权人承担了船舶或货物航行的风险，因此船货抵押借款的利息大大高于一般借款的利息。当时一般借款的法定利息为6%，而船货抵押借款的利息高达12%。高出的部分称为"溢价"，相当于借款人为得到资本主的损失保证而支付的保险费。海上借贷基本上具备了现代保险的一些要素，因而成为海上保险的雏形。

②冒险借贷。由于海上航行风险很大，海上借贷的做法也有所变化，出现了冒险借贷。冒险借贷的做法与海上借贷有所相似，但利率很高，甚至高达本金的1/3，而且规定无论船货是否安全抵达目的

地，船主或货主都必须向资本主支付商定的利息。这种冒险借贷在公元1100年左右盛行于意大利，但由于其借贷的条件过于苛刻，遭到罗马教皇的明令禁止。此后，冒险借贷被无偿借贷取代。

③无偿借贷。无偿借贷实际上是一种虚拟的借款契约，为躲避教皇的禁令，资本主与船主或货主串通起来，在航行前，由资本主以借款人的身份，名义上向船主或货主借入一笔款项，条件是若船货安全抵达目的港，则借款人不再偿还“借款”；如船货在航行中遭到损失，则借款人有偿还“借款”的义务。双方在签订的契约中不提及借款利息的内容，由船主或货主在契约外向资本主支付一定的风险负担费。

（3）现代海上保险发源于意大利。起初的海上保险是口头缔约，后来出现了书面合同。世界上最早的保险单是1347年10月23日由热那亚商人乔治·勒克维伦出立的一张承保从热那亚到马乔卡的船舶保险单，但并未明确保险人所承担的保险责任。从形式到内容与现代保险几乎完全一致的最早的保单是1384年3月24日出立的一份从法国南部城市阿尔兹到意大利比萨间的四大包纺织品的货物运输航程保单，历史上称为“比萨保单”。书面保险合同的签发标志着现代海上保险的出现。

（4）现代海上保险形成于英国。美洲新大陆发现以后，世界贸易的中心逐渐由地中海转移到大西洋沿岸，如西班牙、法国、英国等。随着海上贸易中心的转移，海上保险自意大利经葡萄牙、西班牙，于16世纪初传入荷兰、英国和德国。1523年，佛罗伦萨在总结以往海上保险的基础上，率先制定了一部完整的保险条例并规定了标准保单格式。1563年安特卫普通过一部法令，对海上保险及保单格式作了规定。此后，海上保险在英国步入正轨，发展为现代海上保险。1568年伦敦市长批准开设了第一家皇家交易所，1575年，英国女王伊丽莎白特许在皇家交易所设立保险商会，办理保险登记和制定标准保单。1601年，伊丽莎白女王颁布了第一部有关海上保险的法律——《英国海上保险法》，使英国真正成为当时海上保险和保险法律的中心。1683年，伦敦泰晤士河畔的劳埃德咖啡馆由于地理位置优越，成为海上保险交易的中心。1720年，英国议会通过立法，特许伦敦保险公司和皇家交易保险公司作为公司法人经营海上保险业务。1774年，劳埃德咖啡馆发展成为劳合社——专营海上保险业务的保险市场。1906年英国颁布了《1906年海上保险法》，进一步规范了海上保险，使其步入法制化、正规化的发展轨道。

2. 火灾保险。火灾保险是财产保险的前身。火灾保险的起源可以追溯到1118年，当时冰岛出现了火灾互助社，人们自发组织起来，在火灾发生后帮助受灾的成员。但现代火灾保险起源于德国。在16世纪初，德国出现了许多火灾保险的互助组织——火灾合作社。为了充实资金、增强实力，1676年由46家火灾合作社联合起来，在汉堡市成立了世界第一家政府火灾保险组织——市营公众火灾合作社。此后，德国颁布法令，在全国推广这一做法，一些城市也逐步出现了火灾保险组织，到18世纪初又在全国实行了强制火灾保险的特别条例，开创了世界公营火灾保险的先河。

真正意义上的火灾保险产生于英国，是在伦敦大火后发展起来的。1666年9月2日凌晨，伦敦一家面包店突然失火，火势迅速蔓延，五天五夜的大火使13200座房屋、400条街道、80座教堂化为灰烬，20多万人无家可归，受灾面积达整个伦敦城的83.26%，经济损失达1200多万英镑。灾后余生的伦敦人对火灾保险有了强烈的要求。1667年，医学博士兼房地产商尼古拉斯·巴蓬在伦敦开办了一家火灾保险事务所，开始经营房屋火灾保险。1680年，他与他人合作成立了第一家火灾保险公司——凤凰火灾保险公司，这是世界上第一家专业火灾保险公司。在收费标准上，巴蓬采取了差别费率，即以租金和建材结构计算，规定木质结构的房屋收取相当于砖瓦结构房屋两倍的保险费。正因为使用了差别费率，巴蓬被称为“现代保险之父”。18世纪末到19世纪中期，英、法、德、美等国家相继完成了工业革命，机器生产代替了手工操作，物质财富大量集中，使人们对火灾保险的需求也变得更加迫切。这一时期火灾保险发展异常迅速，而且火灾保险组织以股份公司形式为主。

3. 人身保险。人身保险起源于海上保险。15世纪末奴隶贩子将其贩卖的奴隶作为货物投保海上保险，由于这种海上保险是以人的生命为保险标的，被称为人寿保险，成为人身保险的起源。

最早提出人寿保险的是英国人马丁。1536年，马丁提出将保险从海上保险业务扩展到人的生命保险，并当即开始尝试。1536年6月18日，马丁为一位叫吉明的英国人保了2000英镑的人寿保险，保期12个月，收取保费80英镑。但不幸的是在保险合同即将到期的1537年5月29日吉明死亡，马丁只得照章赔偿。

1583年，伦敦皇家交易所的16个属于保险行会的商人共同签发了世界上第一份人身保险的保单。但这个保险行会并不是真正的人寿保险组织，只是兼营而已。

1693年，埃德蒙·哈雷编制了世界上第一张生命表，精确计算了每个年龄的人的死亡率，奠定了现代人寿保险发展的数理基础。

1699年，英国孤寡保险社成立，明确了社员的健康和年龄条件，并规定了缴费的宽限期。

18世纪初，托马斯·辛普森依据生命表，制作成依年龄增加而递增的费率表。

1756年，詹姆斯·多德森按照辛普森的理论，根据哈雷的生命表，计算了各年龄组的人投保定期寿险的保险费，并在此基础上提出了均衡保费理论。

1762 年，辛普森和多德森发起组织了“伦敦公平保险公司”，首次将生命表运用于计算人寿保险费率上，使用均衡保费法计算了终身寿险的保险费率。这标志着现代人身保险的形成。

工业革命以后，机器的大量使用及各种交通工具的发明和推广使用使人身职业伤亡和意外伤害事故增多，这为广泛开展人身保险开辟了市场。

4. 责任保险。责任保险是对无辜受害人的一种经济保障。它是在 19 世纪工人阶级为了获得保障而进行斗争，迫使统治者制定保护劳动者的法律以后兴起的。责任保险起始于法国，在拿破仑法典中有了民事赔偿责任的规定。1857 年，责任保险在英国步入正轨，当时英国铁路旅客保险公司向曼彻斯特、设菲尔德和林肯铁路系统提供了意外责任事故责任保险。此后，各种责任保险相继问世：1870 年，出现了建筑工程责任保险；1875 年马车第三者责任保险产生；1880 年成立的雇主责任保险公司开始向雇主提供责任保险；1885 年职业责任保险——药剂师过失责任保险产生；1886 年产生了承包人责任保险。此后，从 1888 年到 1948 年逐步产生了升降梯责任保险、制造业责任保险、业主房东住户责任保险、汽车第三者责任保险、医生职业责任保险、契约责任保险、产品责任保险、运动责任保险、航空责任保险、会计师责任保险、个人责任保险、农户及店主责任保险等一系列责任保险的险种。第二次世界大战后，责任保险的险种越来越多，几乎达到了无所不保的地步。20 世纪 70 年代以来，责任保险更是获得了全面、迅速的发展。

5. 信用保证保险。信用保险是随着资本主义商业信用的普及、道德风险的频繁出现而产生的，其发展历史并不长，最早产生于 19 世纪中叶的欧美国家，当时称为商业信用保险，业务仅限于国内贸易。第一次世界大战后，信用保险得到了发展。最早的信用保险机构是 1919 年英国成立的出口信用担保局，建立了一套完整的信用保险制度，并在发展过程中由政府逐渐介入出口信用保险。随着 1934 年英国、法国和西班牙等国信用保险机构联合发起的“国际信用与投资保险人协会”的成立，各国保险机构间的交流与合作不断加强，标志着信用保险的发展进入了一个新的时代。

保证保险出现于 18 世纪末 19 世纪初，它是随着商业信用的发展而产生的。该险种最早产生于美国，首先出现的是忠诚保证保险，由一些商人或银行开办；后又出现了合同担保，为从事建筑和公共事业的订约人提供担保。1901 年美国马里兰州的诚实存款公司首次在英国提供合同担保，后英国几家公司相继开办此项业务，并逐步将其推向了欧洲市场。

从最早的海上保险制度形成至今，保险业的发展已经历了几百年的历史，从当前来看，保险业已相当发达。但随着商品经济的发展，随着金融制度和金融工具的不断创新，以及科学技术的不断进步，人们生活的世界越来越变幻莫测，人们所面临的风险也将越来越多，风险事故发生后给人们带来的损失也越来越大。因此可以想象，在今后的经济发展过程中，人们对保险的需求会越来越大，而且呈现出多方面、多层次的趋势和特点，这必将极大地促进保险业的进一步发展。

（三）世界保险业的发展概况

保险业的发展受到自然、经济和社会等外部环境的深刻影响。近年来，世界范围内的经济震荡和低速增长、自然灾害和气候变化驱动的次生灾害频发以及 2020 年以来的新冠肺炎疫情等，都影响着全球保险业的发展。

1. 全球保费收入。如图 2－1 所示，2012～2021 年，全球保费收入总体呈增长趋势，从 2012 年的 4.6 万亿美元增加到 2020 年的 6.86 万亿美元。但从保费增速来看，呈现较大波动趋势，其中最低年份 2015 年为－4.2%，最高年份 2018 年为 24%。

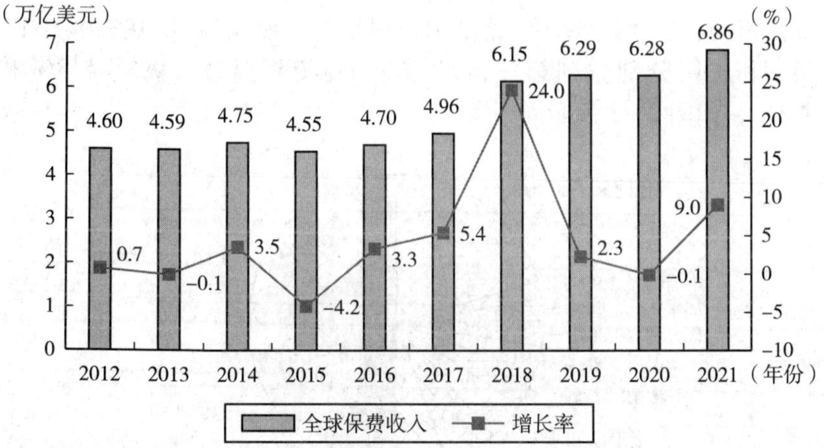

图 2－1　2012～2021 年全球保费收入及增长率

资料来源：https://www.qianzhan.com/analyst/detail/220/210309－258edac2.html，瑞士再保险 Sigma 2022 年第 4 期。

2. 全球保费收入分布格局。按照各大洲的分布，世界保险市场被划分为北美洲、拉丁美洲与加勒比海地区、欧非中东发达市场、欧非中东新兴市场、亚太发达市场、亚太新兴市场六大市场。2021 年，六大市场保费收入的市场份额分别为 41.98%、2.21%、25.84%、3.20%、13.28%和 13.49%（见图 2－2），其中北美洲、欧非中东发达市场、亚太新兴市场三大市场的保费收入份额达到了 81.31%，亚太新兴市场的保费增长强劲。

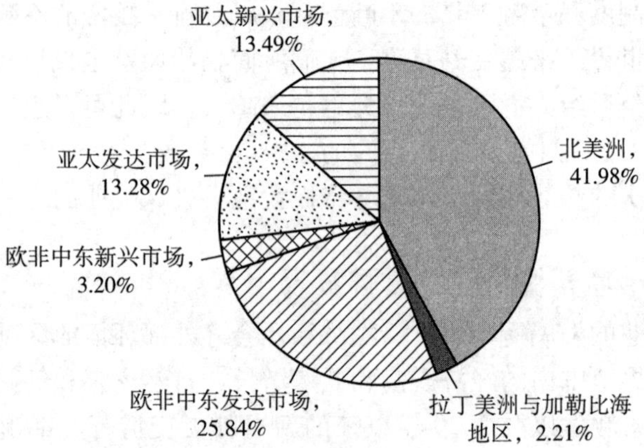

图 2－2　2021 年全球保费收入地区分布格局

资料来源：瑞士再保险 Sigma 2022 年第 4 期。

从全球保费收入市场份额的国家分布来看，2021 年市场份额前 10 位的国家分别是美国、中国、日本、英国、法国、德国、韩国、意大利、加拿大和印度，共计 79.6%。其中，美国是世界上最大的保险市场，份额是 39.6%；中国位居第二，份额为 10.10%；日本、英国和法国分别位列第三、四、五，份额分别是 5.9%、5.8% 和 4.3%，如图 2－3 所示。

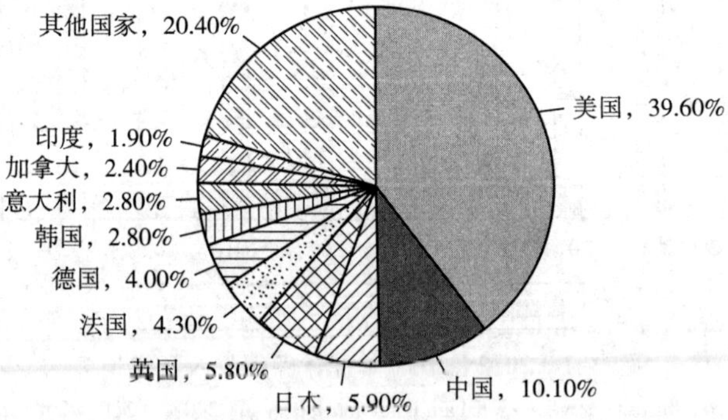

图 2－3　2021 年全球保费收入前 10 个国家的市场份额

资料来源：瑞士再保险 Sigma 2022 年第 4 期。

3. 全球保险密度。保险密度是按一个国家或地区人口计算的人均保费（保费收入/总人口），反映了当地保险业的普及程度和发展水平。2012～2021 年，全球保险密度总体呈起伏性缓慢增长趋势，从 2012 年的 633 美元/人增加到 2020 年的 671 美元/人，2021 年略有降低（661 美元/人），但各年度相差不大，其中最低年份为 607 美元/人，最高年份为 671 美元/人（见图 2 –4）。

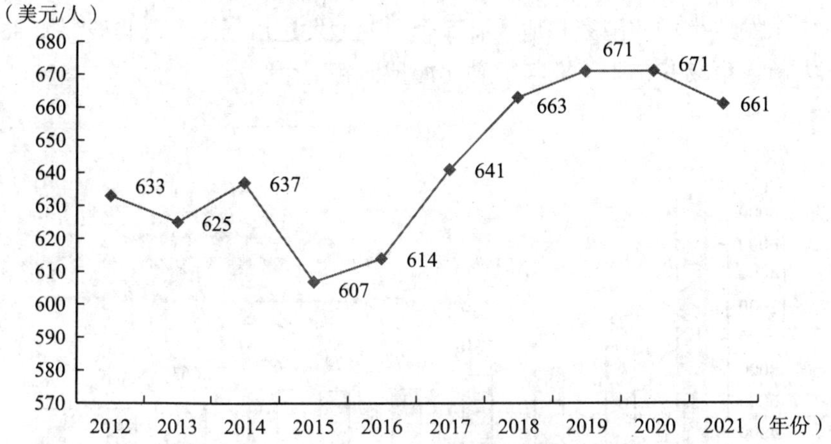

图 2 –4　2012 ~2021 年全球保险密度

资料来源：《2022 中国保险发展报告》。

从地区来看，六大地区保险密度差距较大。2021 年，北美洲、拉丁美洲与加勒比海地区、欧非中东发达市场、欧非中东新兴市场、亚太发达市场、亚太新兴市场的保险密度如图 2 –5 所示。数据显示，北美洲保险密度最高，为 7782 美元/人，说明北美洲的保险业相对其他地区较为发达；拉丁美洲与加勒比地区、欧非中东新兴市场、亚太新兴市场的保险密度低于全球平均水平，分别为 231 美元/人、92 美元/人和 232 美元/人，分别只是北美洲保险密度的 2. 97% 、1. 18% 和 2. 98% 。

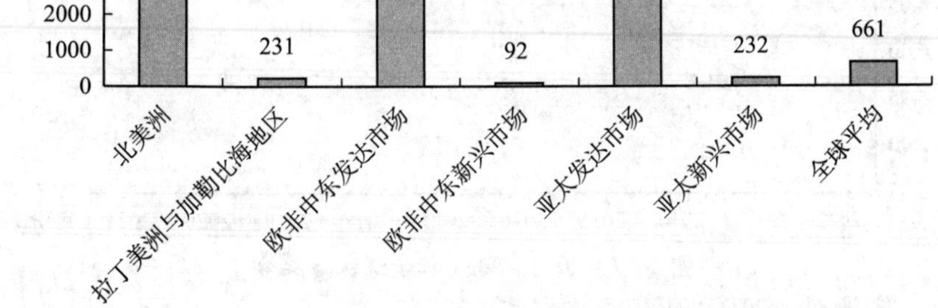

图 2 –5　2021 年全球各地区保险密度对比

资料来源：瑞士再保险 Sigma 2022 年第 4 期。

从国家和地区来看，2021 年，全球保险密度最高的前 10 个国家和地区如图 2 -6 所示。其中，最高的是开曼群岛为 19177 美元/人，其次是中国香港为 9556 美元/人。10 个国家和地区中，分布在欧非中东发达市场的国家和地区有 5 个，亚太发达市场 2 个，北美洲、亚太新兴市场和拉丁美洲与加勒比海地区各 1 个。

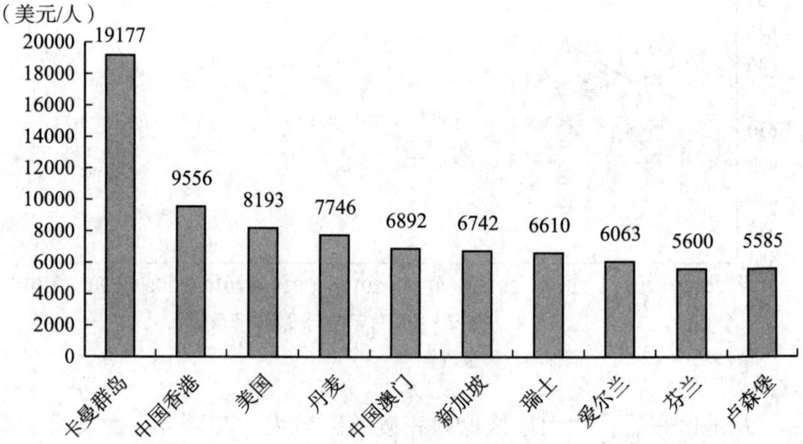

图 2 -6　2021 年全球保险密度排名前 10 的国家和地区

资料来源：瑞士再保险 Sigma 2022 年第 4 期。

4. 全球保险深度。保险深度是保费收入与 GDP 的比例，反映了一个国家和地区保险业在国民经济中的地位。2012 ~ 2021 年，全球保险深度总体呈小幅波动趋势且先升后降，2013 ~ 2016 年小幅上升，2017 ~ 2021 年则趋于降低。但各年度相差不大，介于 5. 96% ~ 6. 15%，最高与最低之间仅为 0. 19 个百分点（见图 2 -7）。

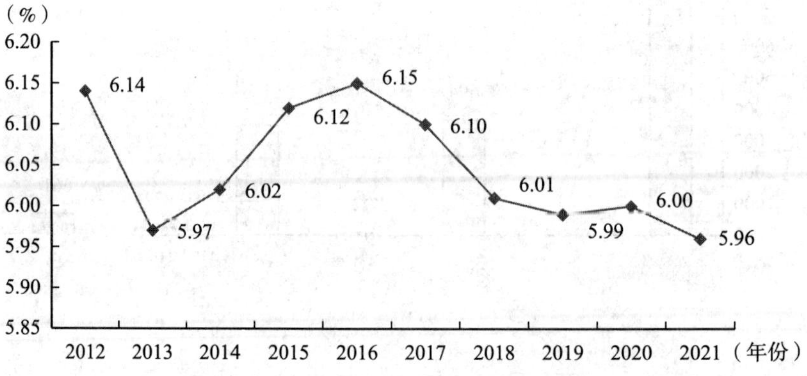

图 2 -7　2012 ~ 2021 年全球保险深度

资料来源：《2022 中国保险发展报告》。

从地区来看，六大市场保险深度差距较大。2021 年，北美洲、拉丁美洲与加勒比海地区、欧非中东发达市场、欧非中东新兴市场、亚太发达市场、亚太新兴市场的保险深度如图 2－8 所示。数据显示，北美洲保险深度最高，为 11.4%；欧非中东发达市场和亚太发达市场与北美洲差距不大，分别为 8.0% 和 9.0%；而拉丁美洲与加勒比地区、欧非中东新兴市场、亚太新兴市场的保险深度低于全球平均水平，分别为 3.0%、1.6% 和 3.7%，与北美洲的差距分别为 8.4 个、9.8 个和 7.7 个百分点。

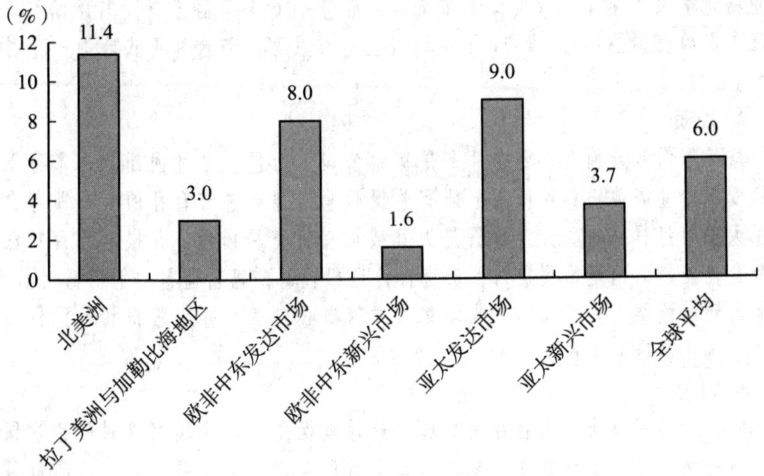

图 2－8　2021 年全球各地区保险深度对比

资料来源：瑞士再保险 Sigma 2022 年第 4 期。

从国家和地区来看，2021 年，全球保险深度最高的前 10 个国家和地区如图 2－9 所示。其中，最高的是老挝为 113.4%，其次是开曼群岛为 21.0%，第十位是芬兰为 10.3%；前 10 个国家和地区中，分布在欧非中东发达市场的国家有 3 个，亚太发达市场 3 个，其他四个地区各 1 个。

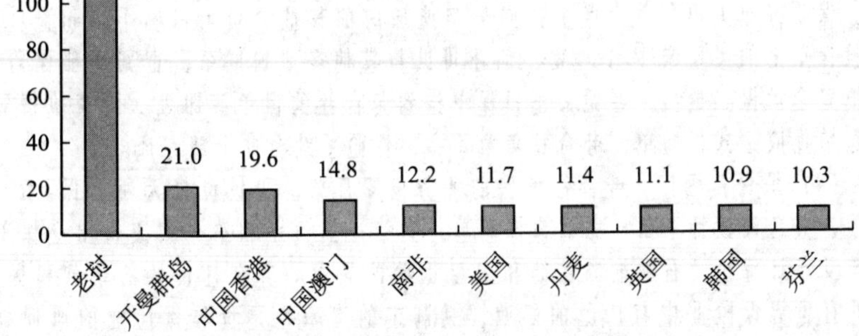

图 2－9　2021 年全球保险深度排名前 10 的国家

资料来源：瑞士再保险 Sigma 2022 年第 4 期。

专栏 2－1

英国劳合社

1. 劳合社的由来

劳合社是由劳埃德咖啡馆演变发展而来的，又称为“劳埃德保险社”。17 世纪的资产阶级革命为英国资本主义发展扫清了道路，英国的航运业得到了迅速发展。由于劳埃德咖啡馆临近海关、海军部和港务局等机构，遂逐渐成为经营航运的船东、商人、经纪人、船长及银行高利贷者经常会晤交换信息的地方。保险商也常聚集于此，与投保人接洽保险业务。1691 年后逐渐成为船舶、货物和海上保险交易的中心。1871 年英国议会通过法案，劳合社正式成为一个社团组织。

2. 性质

就其组织性质而言，劳合社不是保险公司，而是一个社团组织，本身不直接接受保险业务或出具保险单，所有的保险业务都通过劳合社的会员即劳合社承保人单独进行交易。劳合社只是为其成员提供交易场所，并根据劳合社法案和劳合社委员会的严格规定对他们进行管理和控制，包括监督他们的财务状况，为他们处理赔案，签署保单，收集共同海损退还金等，并出版报刊，进行信息搜集、统计和研究工作。

3. 特色

（1）个人承保人。劳合社的会员（或称承保人）以个人名义对劳合社保险单项下的承保责任单独负责，会员之间没有相互牵连的关系。劳合社的每名社员至少要具有 10 万英镑个人资产，并缴付 37500 英镑的保证金，同时每年至少要有 15 万英镑的保费收入。

（2）无限责任。劳合社的社员要对其承保的业务承担无限的赔偿责任。

（3）通过保险经纪人开展业务。劳合社的承保人按承保险种组成不同规模的组合，即承保辛迪加。每个组合中都设有承保代理人，承保代理人代表一个组合来接受业务，确定费率。劳合社的承保代理人代表辛迪加不与保险客户即被保险人直接打交道，而只接受保险经纪人提供的业务。经纪人在接受客户的保险要求以后，准备好一些投保单，上面写明被保险人的姓名、保险标的、保险金额、保险险别和保险期限等内容，保险经纪人持投保单寻找到一个合适的辛迪加，并由该辛迪加的承保代理人确定费率，认定自己承保的份额，然后签字。保险经纪人再拿着投保单找同一辛迪加内的其他会员承保剩下的份额。如果投保单上的风险未“分”完，他还可以与其他辛迪加联系，直到全部保险金额被完全承保。最后，经纪人把投保单送到劳合社的保单签印处。经查验核对，投保单换成正式保险单，劳合社盖章签字，保险手续至此全部完成。

（4）承保范围广。劳合社承保的业务包罗万象，可以说是无所不保。在历史上，劳合社设计了第一张盗窃保险单，为第一辆汽车和第一架飞机出立保单，近年又是计算机、石油能源保险和卫星保险的先驱。劳合社设计的条款和保单格式在世界保险业中有广泛的影响，其制定的费率也是世界保险业的风向标。劳合社对保险业的发展，特别是对海上保险和再保险作出的杰出贡献是世界公认的。劳合社市场位于英国伦敦，在包括欧盟、美国、南非、新加坡、中国香港等世界60多个国家和地区有营业许可，在全球水险和航空航天保险中独占鳌头，全世界远洋船舶保险中有80%直接或间接与劳合社有关。

4. 发展变化

在20世纪90年代，劳合社出现了严重的承保能力危机，面临严峻的生存压力，自1994年起进行了重大改革：一是接受有限责任的法人组织作为社员，并允许个人社员退社或合并转成有限责任的社员。1997年底至1999年底的统计数字显示，劳合社个人会员的数目分别为6825名、4503名和3317名，而公司会员的数量分别为435名、660名和885名。二是无限责任的特色逐渐减弱。三是劳合社的国际化趋势十分明显。在国际保险市场的资产重组和并购热潮中，劳合社也进行了较大程度的整合。经过整合，劳合社约54%的公司承保能力来源于英国的管理代理公司，剩余46%主要来源于设在美国或百慕大的保险公司，并由美国资本提供资金。

资料来源：根据www.lloyds.com相关资料整理。

三、中国保险业的发展

中国作为一个古老的文明古国，在风险管理和保险实践方面也积累了大量的经验。在公元前三四千年前，中国商人就学会将货物分批装载于多艘船上，这种分散风险的做法在历史上得到了长期使用。另外，14世纪的永乐年间，中国出现了负责押运货物和安全保卫的镖局，商人需要交付相关的费用（运输费和保险费），而镖局通过承揽大量的生意防范风险。这实际上是一种原始的商业保险形式。

在中国，“储粮备荒，赈济灾民”等原始保险形式古已有之。但现代形式的保险业却是随着英帝国主义的入侵而传入的。

（一）旧中国的保险业

旧中国的保险业是在先进国家金融资本的入侵和压制下艰难发展起来的。

1805年，英国商人麦格尼克在广州设立了“广州保险公司”，这是中国历史上出现的第一家保险公司。从此，中国保险业的帷幕在外国资本的入侵过程中徐徐拉开。1835年英国商人在中国香港设立了保安保险公司，这是当时最为活跃的一家公司。其他来华设立分支机构较早的有英国太阳保险公司和巴勒保险公司。1840年鸦片战争爆发，1842年《南京条约》签订后，中国割让香港，同时开放广州、上海、福州、宁波、厦门为通商口岸。帝国主义打开了中国的大门，随后纷纷在中国设立保险公司。保安保险公司在广州和上海设立了分公司，1846年英商又在上海设立了永福、大东亚两家人寿保险公司。

1856年，第二次鸦片战争爆发，战后各帝国主义国家对中国进行大肆掠夺，纷纷在中国开设企业、航空公司、银行、保险公司等各种机构。从19世纪70年代起，英国商人陆续在上海设立了扬子保险公司、香港保险公司、中华保险公司、太阳保险分公司、巴勒保险分公司等，同时还在太古、怡和两家洋行设立了保险部。20世纪以后，美国、法国、德国、瑞士、日本等国的保险资本相继进入中国，先后在中国设立保险公司、分公司和代理机构，经营各类保险业务。直到新中国成立以前，外国资本控制着中国保险市场，一切保险条款、保险费率等都由外国保险公司确定。

外国资本的入侵，摧毁了中国的封建经济，在一定程度上促进了民族资本经济的发展。为了与外国保险资本相抗衡和反抗外商保险公司对中国新兴航运事业的高额保费（如当时外商保险公司对中国船舶要收取10%的高额保费），1885年轮船招商局在上海创办了“仁和”和“济和”两家保险公司，1887年这两家保险公司合并为“仁济和”保险公司，承保招商局所有船舶、货栈和货物运输保险业务，从此中国有了第一家民族资本保险公司。1905年由黎元洪等官僚投资创办了中国第一家人寿保险公司“华安合群人寿保险公司”。在这一时期，由于中国民族资本发展缓慢，民族保险业的发展也很缓慢，到1911年民族资本的保险公司只有7家。

第一次世界大战开始以后，中国民族保险业获得了较快发展。特别是1926年以后，中国银行业开始投资于保险业，设立保险公司。1926年，交通银行、金城银行、中南银行等六家银行投资开办了平安保险公司；1929年金城银行独资开办了太平保险公司；1933年上海四明银行投资开办了四明保险公司；1933年在上海成立了旧中国唯一专营再保险业务的华商联合保险股份有限公司；1943年，上海银行投资开办了丰盛保险公司。

在此期间，1936年10月，由国民党官僚资本成立了中央信托局保险部，官僚资本开始大量进入保险市场。

在旧中国，虽然民族保险业获得了较快的发展，但外国保险资本更为强大，占据着旧中国保险市场的主导地位。由于当时正处于半殖民地半封建社会，国民党对民族保险业保护和支持不够，致使民族保险公司自留业务能力较低，自留业务量很小，不得不依靠洋商保险公司分保，因而在业务经营上无法摆脱洋商保险公司的控制与支配，实际上成为洋商保险公司的买办。

在旧中国保险业发展的过程中，上海成为中国保险业的中心。

（二）新中国的保险业

1. 保险业的建立。新中国成立后，政府开始着手整顿保险市场，取缔外国资本保险公司，接管和清理官僚资本保险公司，整顿和改造民族资本保险公司等。经过几年的努力，旧中国的各类保险公司基本上都退出了历史舞台。

1949 年 10 月 20 日由中国人民银行报经中央人民政府政务院财经委员会批准，在北京成立了中国人民保险公司，开辟了中国保险业的新纪元。新成立的中国人民保险公司以“保护国家财产、保障生产安全、促进物资交流、增进人民福利”为基本任务，积极拓展保险业务范围，先后开办了火灾保险、人身保险、农业保险、国家机关和国营企业财产强制保险、物资运输险和运输工具险以及铁路、轮船和飞机旅客意外伤害强制保险。与此同时，根据国家对外贸易和对外经济交往的需要，陆续开办了各种对外保险业务，如出口货物运输保险、远洋船舶保险、国际航线的飞机保险以及在华外国人财产保险和汽车保险等。

从 1949 年中国人民保险公司成立到 1958 年的 10 年间，全国保险机构发展到了 4000 多个，职工 50000 多人，保险费收入 16.2 亿元。在此期间，保险公司共支付保险赔款和保险金 3.8 亿元（不含国外业务），还向有关部门拨付防灾补助费 1300 余万元，向国家上缴 5 亿元，积累保险基金 4 亿元。实践证明，保险业为国家经济的恢复和发展提供了极大的经济保障和资金支持作用。

2. 国内保险业务的停办。中国保险业的发展并不是一帆风顺的。1958 年 10 月，在西安召开的全国财贸工作会议上通过了《关于农村人民公社财政管理问题的意见》，其中提出“人民公社化以后，保险工作的作用已经消失，除国外保险继续办理外，国内保险业务应立即停办”。这样，从 1959 年起，中国人民保险公司停办了全部国内保险业务，改为专营涉外保险业务的机构。全国各地保险职工逐步减少到了 200 余人，总公司一度只剩下 9 个人的编制。

国内保险业务停办以后，涉外保险业务虽然没有停办，但也受到了极大的冲击。特别是在“文化大革命”中，在极“左”思潮的影响下，涉外保险业务逐步萎缩，如对外有再保险关系的国家从原来的 32 个减少到 17 个，有业务往来的公司从 67 家减少到 20 家，业务合同从 219 份减少到 49 份。

3. 保险业的恢复与发展。党的十一届三中全会后，作出了把全党工作重心转移到经济建设上来的伟大决定。1979 年 4 月，国务院批转的《中国人民银行分行行长会议纪要》中明确指出：“开展保险业务，为国家积累资金，为国家和集体财产提供经济补偿……要逐步恢复国内保险。”同年 11 月，中国人民银行召开全国保险工作会议，决定从 1980 年起，恢复停办达 20 年之久的国内保险业务，同时在原有基础上大力发展涉外保险业务。从此，中国保险事业枯木逢春，获得了快速而全面的发展，保险市场主体不断增加，市场规模不断扩大，行业实力不断增强，保险法律逐步完善，对社会经济发展和人民生活的保障作用也随之增大。

（三）中国保险业的发展现状

1. 保险市场主体日益多元化。1980 年恢复国内保险业务时，只有中国人民保险公司一家保险机构。之后，随着保险业改革开放进程的不断加快，保险市场主体不断增加，到 2012 年达到 164 家。2012～2021 年，保险公司数量又从 164 家增加到 235 家（见图 2－10），其中，保险集团公司 13 家，保险资产管理公司 33 家，寿险公司 75 家，产险公司 87 家，再保险公司 7 家，养老保险公司 9 家，健康保险公司 7 家，出口信用保险公司 1 家，其他机构（农村保险互助社）3 家，形成了多元化的保险市场竞争体系①。

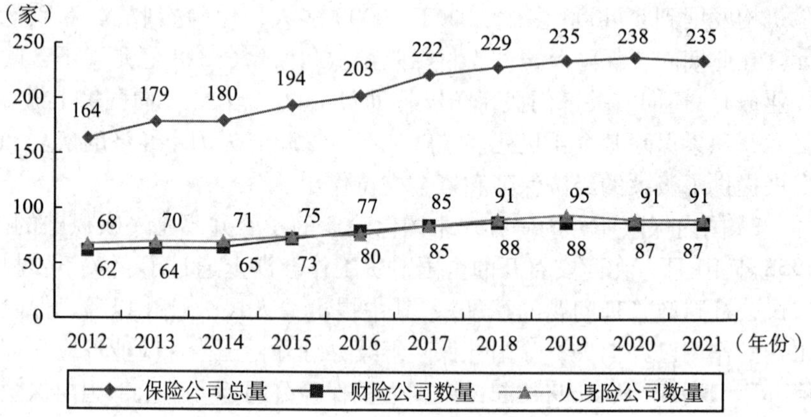

图 2－10　2012～2021 年保险公司数量

注：图中人身险公司包括人寿保险公司、养老保险公司和健康保险公司。
资料来源：《2022 中国保险发展报告》。

与此同时，中国保险中介市场渐趋完善，保险专业中介机构数量从 2012 年的 2529 家增加到 2021 年的 2610 家，其中，保险代理公司 1698 家，保险经纪公司 513 家，保险公估公司 399 家（见图 2－11）。2021 年保险兼业代理机构达到 20000 余家。2019 年、2020 年和 2021 年，通过保险中介渠道取得的保费收入占全国总保费收入的比例分别为 91.24%、92.80% 和 87.95%，保险中介成为中国实现保费收入的主渠道。

① 资料来源：https://www.sohu.com/a/532329110_114984。

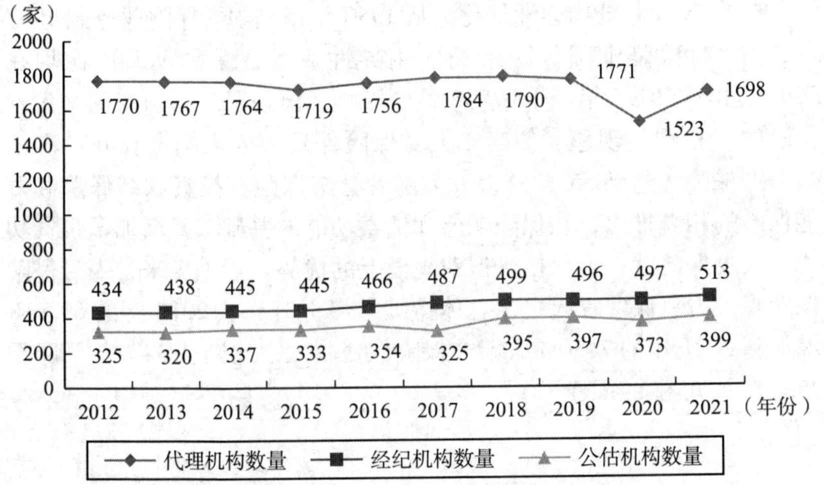

图 2－11 2012～2021 年保险中介机构数量

资料来源：《2022 中国保险发展报告》。

2. 保险业务规模稳步扩大，增速大幅波动。在保险市场体系逐步完善的过程中，保险公司不断进行险种创新和服务创新，保险业务品种不断增加，营销渠道逐步拓宽，保险业务得到了快速发展。图 2－12 显示，2012～2021 年，保险业累计实现原保费收入从 15488 亿元增加到 44900 亿元，保险业务规模总体呈稳定增长趋势。其中，2021 年，由于疫情常态化和车险综合改革的较大影响，原保费收入递增的态势被打破，相较 2020 年下降了 357 亿元。同时期，保费增速先升后降，大幅波动，呈现出周期性特征，从 2012 年的 8.0% 快速上升到 2016 年的 27.5%，之后快速下降到 2018 年的 3.9%，然后从 2019 年的 12.2% 快速下降至 2021 年 －0.79% 的负增长。

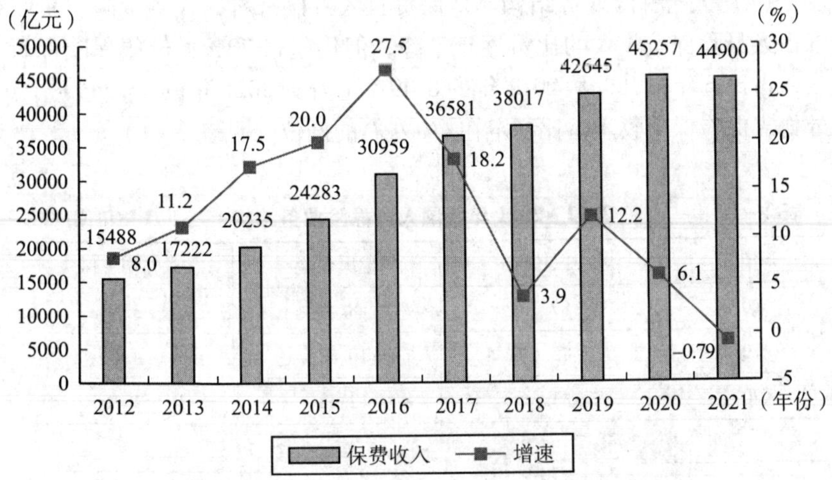

图 2－12 2012～2021 年原保费总收入及增速

资料来源：根据 2013～2021 年《中国保险年鉴》及银保监会数据整理。

3. 保险业务结构逐渐优化。从1980年恢复国内保险业务到1997年，财产保险是中国保险市场的主导性业务，保费收入占比均在50%以上①。1997年，受降息政策的影响，出现了对高预定利率人寿保险的“抢购”现象，使当年人身保险保费收入大幅增长并首次超过财产保险，达到55.33%。此后随着分红保险、投资联结保险和万能保险的相继推出，在保障功能和储蓄功能的基础上又增加了投资功能，人身保险就一直保持着保费规模上的优势。近十年来，人身保险保费收入占总保费收入之比总体持续缓慢上升，从2012年的65.6%增加到2021年的74.0%，财产保险保费收入占比则从34.4%下降至26.0%（见图2－13）。

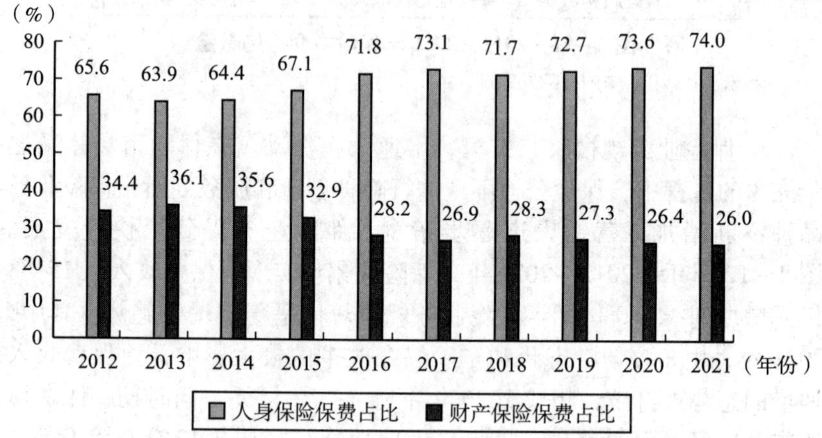

图2－13　2012～2021年人身保险、财产保险保费收入占比

资料来源：根据2013～2021年《中国保险年鉴》及中国银保监会数据整理。

（1）人身保险业务结构。从保费收入占比来看，人寿保险保费收入占人身险保费收入的比重逐年下降，但仍超过70%；健康保险保费收入占比逐年提升，从2012年的8.49%上升到2021年的25.34%；意外伤害保险保费收入占比稳定在4%左右的低位（见表2－1）。

表2－1　2012～2021年我国人身保险业务结构　单位：%

年份	人寿保险	健康保险	意外伤害保险
2012	87.70	8.49	3.80
2013	85.61	10.02	4.19
2014	83.66	12.18	4.16

① 1980年，我国财产保险与人身保险保费收入之比为100:0，1985年为83:17，1990年为62.5:37.5，1996年为52.83:47.17。

续表

年份	人寿保险	健康保险	意外伤害保险
2015	81.30	14.80	3.90
2016	78.45	18.18	3.37
2017	80.22	16.41	3.37
2018	76.06	20.00	3.95
2019	73.41	22.80	3.79
2020	71.96	24.52	3.52
2021	70.73	25.34	3.63

资料来源：依据2013~2021年《中国保险年鉴》及中国银保监会数据整理。

(2) 财产保险业务结构。从业务结构来看，2012~2021年财产保险保费收入结构呈现较大变化。其中，汽车保险保费收入占比呈大幅下降趋势，从75.22%下降至66.60%；企业财产保险保费占比持续低位走低，从6.56%降低至4.46%；责任保险和农业保险保费占比稳步提升，分别从3.39%和4.52%上升至8.72%和8.36%；保证保险保费占比先升后降，从1.74%增加到2019年的7.25%，后又降至2021年的4.46%（见表2-2）。

表2-2　　2012~2021年我国财产保险业务结构　　单位：%

年份	机动车辆保险	企业财产保险	责任保险	农业保险	保证保险
2012	75.22	6.56	3.39	4.52	1.74
2013	76.09	6.11	3.46	4.93	1.93
2014	76.62	5.49	3.55	4.29	2.78
2015	77.50	4.91	3.79	4.69	2.60
2016	78.38	4.47	4.18	4.83	2.11
2017	77.22	4.13	4.72	4.92	3.85
2018	72.82	4.04	5.54	5.37	5.99
2019	70.29	3.98	6.46	5.77	7.25
2020	69.12	4.11	7.55	6.84	5.78
2021	66.60	4.46	8.72	8.36	4.46

资料来源：根据2013~2021年《中国保险年鉴》及中国银保监会数据整理。

4. 保险深度小幅波动，保险密度显著提升。2012~2021年，中国保险深度先快速增长后小幅波动，从2012年的2.91%上升到2017年的4.46%，后小幅下降，2020年再次回升达到4.45%的高值，2021年再次明显下降至 4.15%。同时期，中国保险密度总体呈上升趋势，从 2012 年的 1257 元/人增加到 2021 年的 3360 元/人，10 年增长了 1.67 倍。其中，2012 ~ 2020 年呈增长态势，2021 年受新冠肺炎疫情和车险综合改革的影响，保险密度略有所下降，如图 2 – 14 所示。

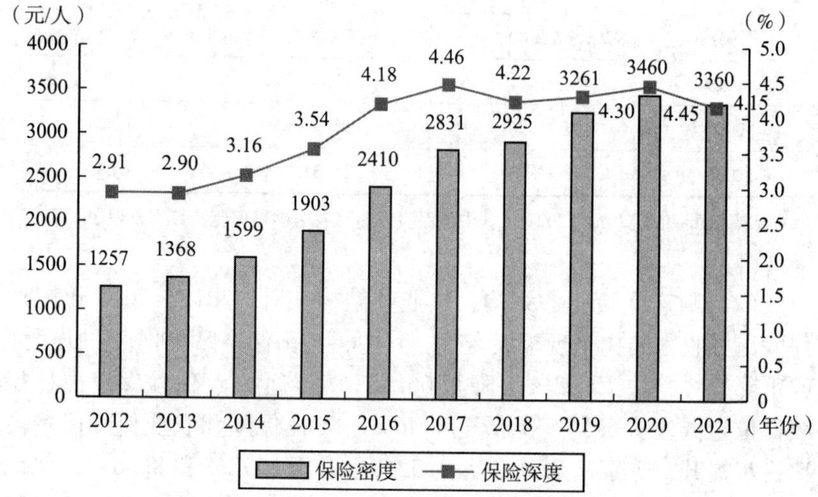

图 2 – 14　2012 ~ 2021 年保险密度及保险深度

资料来源：《2022 中国保险发展报告》。

5. 保险行业实力不断增强，增速趋缓。近 10 年来，随着经济的不断发展，中国保险业资产规模不断扩大，从 2012 年的 73546 亿元增加到 2021 年的 248874 亿元（见图 2 – 15），增长了 2.38 倍。但总体而言保险资产规模增速趋缓，并呈现先增后降趋势，各年波动较大。其中，2012 ~ 2016 年，除了 2013 年外的其他年份，增速均在 21%

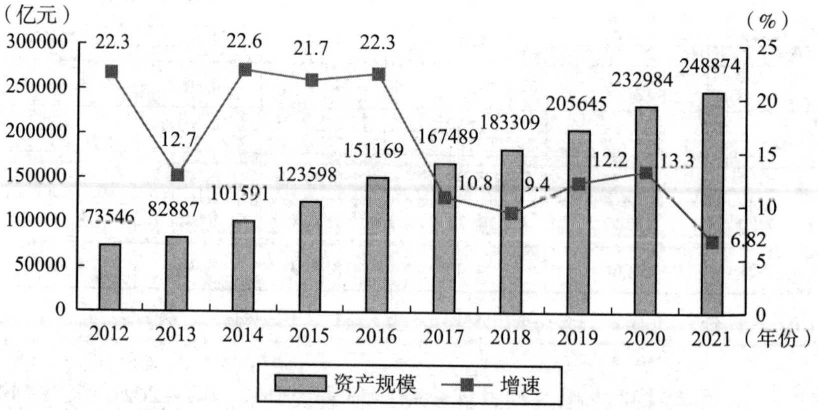

图 2 – 15　2012 ~ 2021 年保险业资产规模及增速

资料来源：《2022 中国保险发展报告》。

以上，最高年份的 2014 年为 22.6%；2017 ~ 2021 年，增速均低于 13.3%，最低年份的 2021 为 6.82%。

6. 保险业服务经济社会的作用不断增强，赔付增速先高后低。随着保险业务发展和行业实力的增强，保险业为社会经济发展和人民生活的安定发挥了极大的保障作用。如图 2 – 16 所示，近 10 年来，中国保险业赔付支出规模从 2012 年的 4716 亿元增加到 2021 年的 15609 亿元，增长了 2.3 倍。但赔付增速先高后低，呈波动性趋势。其中，2012 ~ 2016 年，除 2014 年为 16.1% 以外，其他年份增速均在 20% 以上，最高年份的 2013 年达到 31.7%；2017 ~ 2021 年保险赔付增速趋缓，但 2019 ~ 2021 年持续上升，从 4.9% 增加到 12.2%。与保费增速相比较，近两年保险赔付增速均高于保费增速，保险公司的经营压力增大。

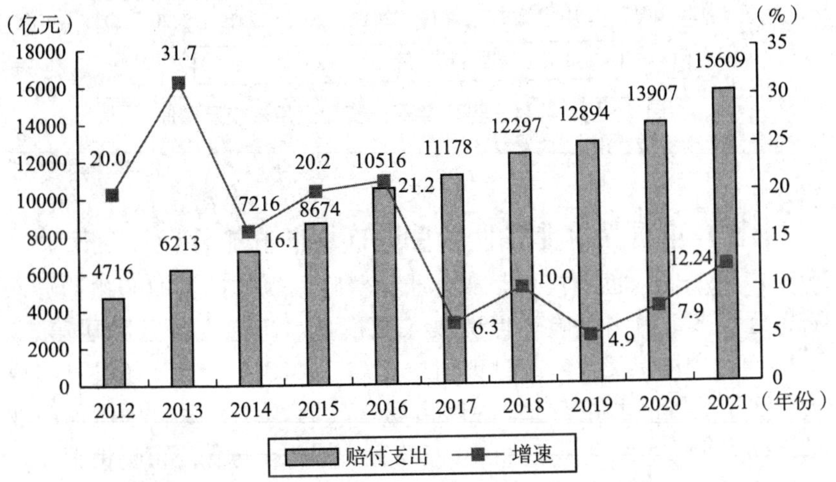

图 2 – 16　2012 ~ 2021 年保险赔款支出及增长率

资料来源：《2022 中国保险发展报告》。

7. 保险资金运用规模不断扩大，增速呈波动状态。2012 ~ 2021 年中国保险资金运用规模变动情况如图 2 – 17 所示。数据显示，2012 ~ 2021 年，中国保险资金运用规模从 68543 亿元增加到 232300 亿元，10 年增加了 2.39 倍。在此过程中，保险资金运用规模呈现波动性增长趋势，2012 ~ 2016 年多在 20% 的高速增长，2017 ~ 2021 年则增速缓慢，2021 年只有 7.15%，为历史新低。

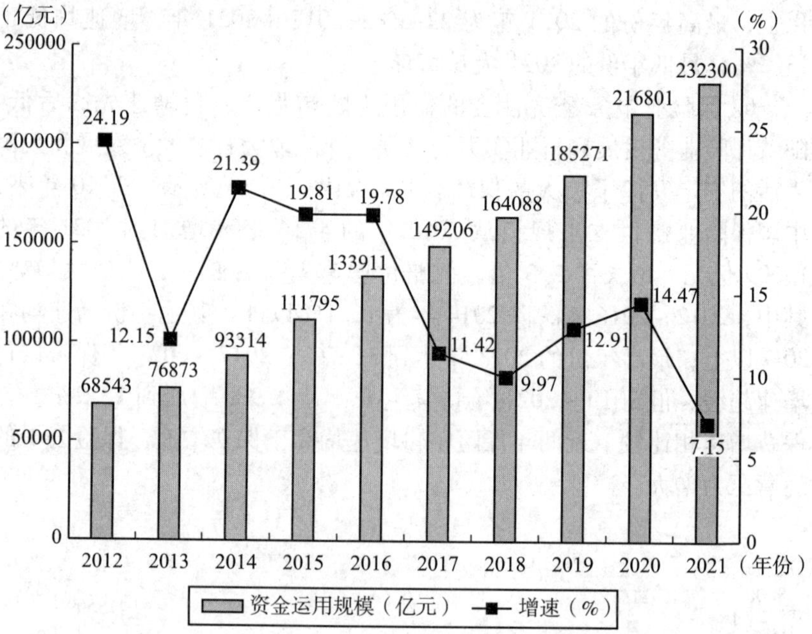

图 2－17　2012～2021 年保险资金运用规模及增速

资料来源：《2022 中国保险发展报告》。

（四）中国保险业在世界保险市场中的地位

1. 保费收入世界排名。从全球保费收入规模排名的变化趋势来看，近年来，中国保险业保费收入规模排名不断上升且稳居第二。2015 年，中国保费收入超过英国位居第三；2016 年，又超过日本成为仅次于美国的世界第二大保险市场。截至 2021 年底，中国保险业已连续 6 年位居全球第二保险市场份额，成为全球保险市场保费收入的增长引擎（见表 2－3）。

表 2－3　2015～2021 年全球保费收入规模排名前 10 的国家或地区

排名	2015 年	2016 年	2017 年	2018 年	2019 年	2020 年	2021 年
1	美国	美国	美国	美国	美国	美国	美国
2	日本	中国	中国	中国	中国	中国	中国
3	中国	日本	日本	日本	日本	日本	日本
4	英国	英国	英国	英国	英国	英国	英国
5	法国	法国	法国	法国	法国	法国	法国
6	德国	德国	德国	德国	德国	德国	德国
7	意大利	韩国	韩国	韩国	韩国	韩国	韩国

续表

排名	2015 年	2016 年	2017 年	2018 年	2019 年	2020 年	2021 年
8	韩国	意大利	意大利	意大利	意大利	意大利	意大利
9	加拿大	中国台湾	加拿大	加拿大	加拿大	加拿大	加拿大
10	中国台湾	加拿大	中国台湾	中国台湾	中国台湾	中国台湾	印度

资料来源：瑞士再保 Sigma、网络数据整理。

2. 中国与全球保险密度对比。如图 2－18 所示，2012～2021 年，中国保险密度持续快速增长并向全球平均水平靠拢，从 2012 年的 199 美元/人增加到 2021 年的 520 美元/人，与世界平均水平的差距由 437 美元/人下降到 141 美元/人（见表 2－4）。但相较于全球平均保险密度，中国仍有较大的上升空间，说明中国保险业仍有较大的发展潜力。

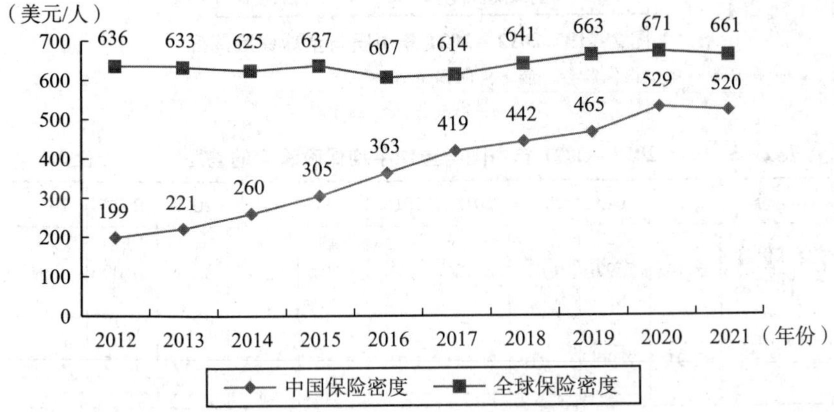

图 2－18 2012～2021 年中国与全球保险密度对比

资料来源：中国银保监会、瑞士再保 Sigma。

表 2－4 2012～2021 年中国与全球平均保险密度的差距 单位：美元/人

年份	2012	2013	2014	2015	2016	2017	2018	2019	2020	2021
全球保险密度	636	633	625	637	607	614	641	663	671	661
中国保险密度	199	221	260	305	363	419	442	465	529	520
差距	437	412	365	332	244	195	199	198	142	141

资料来源：依据中国银保监会、瑞士再保 Sigma 数据计算。

3. 中国与全球保险深度对比。2012～2021 年，全球平均保险深度总体呈现小幅平稳下降趋势，从 6.14% 下降至 5.96%。而中国保险深度则是先快速增长（2012～2017 年：2.90%～4.46%）到波动性起伏（2018～2021 年：介于 4.22%～4.15%），如图 2－19 所示。中国保险深度与全球平均水平的差距总体呈逐渐缩小趋势，从 2012 年的 3.23 个百分点下降到 2021 年的 1.81 个百分点（见表 2－5）。

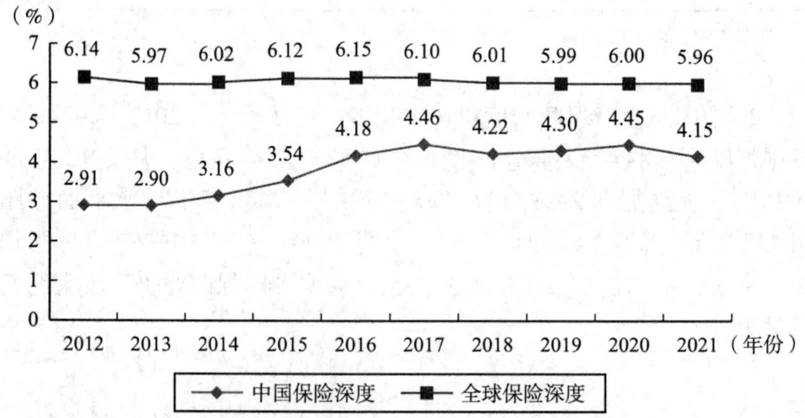

图 2－19　2012～2021 年中国与全球保险深度

资料来源：中国银保监会、瑞士再保 Sigma。

表 2－5　2012～2021 年中国与全球平均保险深度的差距　单位：%

年份	2012	2013	2014	2015	2016	2017	2018	2019	2020	2021
全球保险深度	6.14	5.97	6.02	6.12	6.15	6.10	6.01	5.99	6.00	5.96
中国保险深度	2.91	2.90	3.16	3.54	4.18	4.46	4.22	4.30	4.45	4.15
差距	3.23	3.07	2.86	2.58	1.97	1.64	1.79	1.69	1.55	1.81

资料来源：依据中国银保监会、瑞士再保 Sigma 数据计算。

本章总结

1. 对于保险的定义有许多不同的观点，概括地说有损失说、非损失说和二元说三种观点。

2. 保险是指投保人根据合同约定，向保险人支付保险费，保险人对于合同约定的可能发生的事故因其发生所造成的财产损失承担赔偿保险金责任，或者当被保险人死亡、伤残、疾病或者达到合同约定的年龄、期限等条件时承担给付保险金责任的商业保险行为。可见，保险实际上是一种互助机制，其基本要素包括可保风险的存在、大量同质风险的集合与分散、保险费率的厘定、保险基金的建立及保险合同的签订。保险具有互助性、经济性、商品性、契约性、科学性等特征。

3. 关于保险的职能，学界并不统一。有单一职能论、双重职能论、基本职能论、多职能论、基本职能和派生职能论。本书认为保险的基本职能是经济补偿，包括财产保险的损失补偿和人身保险的给付，是通过分散风险和补偿损失（或给付保险金）来实现的。保险具有经济补偿、资金融通和社会管理三大功能。

4. 保险可以按不同的标准进行分类。按实施方式分类，可分为强制保险和自愿保险；按保险对象可分为财产保险和人身保险；按保险标的可分为财产保险、责任保险、信用保证保险以及人身保险；按保险技术可分为寿险和非寿险；按经营目的可分为商业保险和政策性保险；按风险转移方式可分为原保险、再保险、共同保险和重复保险等。

5. 风险及其造成损失的客观存在是保险产生和发展的前提条件；剩余产品的增多是保险产生和发展的物质条件；商品经济的发展是保险产生和发展的经济条件。最早产生的保险是海上保险，在此基础上又逐渐出现了人身保险、责任保险和信用保证保险等。

练习与思考

1. 保险的定义及其含义是什么？
2. 保险的构成要素及其特征有哪些？
3. 保险与赌博、储蓄和救济相比较有哪些相同点和不同点？
4. 如何理解保险的职能和功能？
5. 保险如何进行分类？
6. 保险产生和发展的条件有哪些？如何理解我国保险业的发展？

第三章
保险合同

本章提要

保险体现为一定的民事法律关系，其具体形式是保险合同。本章从静态和动态两个方面分析保险合同。静态的分析包括保险合同的概念和特征，保险合同的主体、客体和内容；动态的分析指保险合同的订立、履行、变更、终止、争议及争议处理。

学习目标

了解保险合同的一般法律特征，掌握保险合同特有的特征。
掌握保险合同的主体、客体和基本内容。
了解保险合同的订立和履行程序，掌握保险人和投保人各自的义务。
了解保险合同变更、终止的内容。
掌握保险合同的解释原则，了解保险合同争议的解决方式。

第一节　保险合同概述

重点提示：保险合同的概念；保险合同的特征。

一、保险合同的概念

合同又称契约，《中华人民共和国民法典》第四百六十四条规定："合同是民事主体之间设立、变更、终止民事法律关系的协议。"《中华人民共和国保险法》（以下简称《保险法》）第十条规定，"保险合同是投保人与保险人约定保险权利义务关系的协议"。

根据保险合同规定，投保人需要向保险人缴纳保险费；而保险人需要向被保险人提供经济保障，并在合同约定的事故或事件发生造成保险标的损失或人身伤害时承担赔付保险金的责任。

二、保险合同的特征

（一）保险合同的一般法律特征

保险合同具有一般合同共有的一些法律特征。

1. 合同当事人必须具有民事权利能力和民事行为能力。合同是双方或多方当事人之间达成的协议。当事人订立合同，应当具有相应的民事权利能力和民事行为能力。保险合同的当事人是保险人和投保人。其中，保险人应是法人。《中华人民共和国民法典》第五十七条规定："法人是具有民事权利能力和民事行为能力，依法独立享有民事权利和承担民事义务的组织。"第五十九条规定："法人的民事权利能力和民事行为能力，从法人成立时产生，到法人终止时消灭。"投保人可以是法人，也可以是自然人。当投保人为自然人时，从出生时起到死亡时止，具有民事权利能力，依法享有民事权利，承担民事义务。但自然人具有完全行为能力，必须具备两个条件：一是年龄条件。《中华人民共和国民法典》第十七至二十三条规定：十八周岁以上的自然人为成年人，不满十八周岁的自然人为未成年人。成年人为完全民事行为能力人，可以独立实施民事法律行为；十六周岁以上的未成年人，以自己的劳动收入为主要生活来源的，视为完全民事行为能力人；八周岁以上的未成年人为限制民事行为能力人……；不满八周岁的未成年人为无民事行为能力人……。无民事行为能力人、限制民事行为能力人的监护人是其法定代理人。二是精神条件，即公民能够正确理解法律规范和社会公共准则，能够理智地实施并辨别自己的行为。如智障者或患有精神疾病的人，即使已年满 18 周岁，也不属于完全民事行为能力人。

2. 合同当事人的法律地位平等。依据《中华人民共和国民法典》第四、第五、第六条的规定，民事主体在民事活动中的法律地位一律平等；民事主体从事民事活动，应当遵循自愿原则，按照自己的意思设立、变更、终止民事法律关系；民事主体从事民事活动，应当遵循公平原则，合理确定各方的权利和义务。《保险法》第十一条也明确规定："订立保险合同，应当协商一致，遵循公平原则确定各方的权利和义务。除法律、行政法规规定必须保险的外，保险合同自愿订立。"

（二）保险合同的特征

1. 保险合同是最大诚信合同。任何合同的签订和履行都要求当事人能够"重合同、守信用"，遵守诚信原则。但保险合同在这方面的要求更甚，要求最大限度地“重合同、守信用”，在保险活动中要求遵守“最大诚信原则”。最大诚信的要求源于保险经营的特殊性，因此要求保险双方当事人在签订和履行保险合同时要坚持最大诚信原则，保持最大限度的诚意和信用。

2. 保险合同是射幸合同。射幸是碰运气、赶机会的意思。射幸合同是指合同的效果在订约时不能确定，即合同当事人一方的履约有赖于偶然事件的发生。在民法中，与射幸合同相对应的是交换合同，交换合同的基本特点是当事人所得到的报酬应与所付出的费用具有相等的价值，即交换合同是等价交换合同，而射幸合同则不同。在射幸合同中，当事人的付出与所得报酬不具备等价交换的特点。保险合同即是这样一种合同，在保险合同中，投保人所缴纳的保险费只相当于他可能获得的保险补偿金额的很小的比例；保险人是否履行赔偿义务取决于约定的事件是否发生。保险合同的射幸性是由风险事故发生的不确定性所决定的，在不同的险种中射幸特征的强弱程度不同，财产保险合同的射幸特征强，人身保险特别是长期的寿险业务，由于保险人给付保险金的义务是确定的，并带有一定的储蓄性，所以其射幸特征弱。

3. 保险合同是双务合同。双务合同是合同双方当事人都享有权利和承担义务的合同，一方的权利是另一方的义务。与双务合同相对应的是单务合同，即合同的一方承担义务，而另一方享有权利。保险合同是双务合同，因为在保险合同中，双方的权利和义务是相对应的，是互为因果的。如投保人的义务是按时缴纳保险费，而只有按时缴纳保险费才能实现其获得经济保障的权利；保险人的义务是向投保人提供经济保障，而这与收取保险费的权利是相互对应、互为因果的。

4. 保险合同是附和性合同。经济合同可以分为协商性合同和附和性合同。从合同的签署过程来看，协商性合同是双方经过充分的讨价还价、经过多次协商，取得一致后才签订的，所以在合同签订的过程中，双方可以把自己的意见和想法充分地表达出来，合同的条款内容也是在双方协商的基础上由双方共同拟订的。附和性合同，是指一方当事人就合同的主要内容，事先印好标准合同条款供另一方当事人选择，另一方当事人只能作取与舍的决定，无权拟订合同的条文。保险合同是典型的附和合同，在保险合同的签订过程中，由保险人提出保险合同的主要内容和合同条款，事先印制好投保单和保险单，投保人依照该条款，或同意接受，或不愿投保，却无权修改合同的内容和条款。如果有必要修改和变更合同的某项内容，也只能是经保险人同意后采用保险人事先准备的附加条款或附属保险单，而不能按照自己的意思规定保险单的内容，这是由保险业的特殊性和保险业的迅速发展所决定的。保险制度自产生后，几百年来，特别是在第二次世界大战后获得了飞速发展，使得保险的业务范围越来越大，保险人所面临的保险客户也越来越多，在这种情况下，传统的合同签订方式已经不能满足保险业发展的需要，而事先拟订好标准的保险单就能满足保险业飞速发展的要求。相比较而言，商务保险[①]合同的附和特征弱于个人保险合同。个人保险业务中投保人完全处于附和的地位；而商务保险合同往往通过保险经纪人签订，经纪人可以根据投保人的要求，与保险人讨价还价，就保险合同的条款和保险价格进行协商，从而使之具有了一定的协商性合同的特征，减弱了其附和特征。

5. 保险合同是条件合同。保险合同的条件性是指，只有在合同所规定的条件得到满足的情况下，当事人一方才履行自己的义务，反之则可以不履行其义务。作为投保人，其可以不去履行合同所要求做的事情，如果投保人没有满足合同的要求，他就不能要求保险人履行其义务。比如，保险合同通常规定，被保险人或受益人必须在损失发生后的某一规定的时间内向保险人报告出险情况。没有人强迫被保险人或受益人必须这样做，他完全可以不做。但如果被保险人或受益人没有这样做，他就不能指望或强迫保险人赔偿其损失。

6. 保险合同是诺成合同。诺成合同是与实践合同相对而言的，实践合同是指订立合同的双方当事人意思表示一致，达成协议的同时双方交付合同中的标的物，合同始为成立。诺成合同是指合同双方当事人意思表示一致，即达成协议时合同即告成立。保险合同是诺成合同，保险合同是否成立，主要看保险合同当事人对合同条款是否达成协议，并不以投保人缴纳保费作为合同成立的条件。

《保险法》第十三条规定："投保人提出保险要求，经保险人同意承保，保险合同成立。保险人应当及时向投保人签发保险单或者其他保险凭证。"

第二节 保险合同的要素

一、保险合同的主体

重点提示：保险合同的当事人与关系人；保险合同的主要内容。

任何民事法律关系都具备主体、客体和内容三个要素。主体是民

① 商务保险是以工厂、商店等经营单位的财产、责任等为保险标的的保险。孙祁祥：《保险学》，北京大学出版社2009年版，第48页。

事法律关系中享有权利或承担义务的人。保险合同的主体是在保险合同中享有权利或承担义务的人，包括保险合同的当事人和关系人。

（一）保险合同的当事人

保险合同的当事人是直接参与保险合同签订的人，保险合同经他们协商一致、签字同意后成立。保险合同的当事人包括投保人和保险人。

1. 投保人。投保人也称为要保人，是保险合同的一方当事人。按照《保险法》第十条的规定，“投保人是指与保险人订立保险合同，并按照保险合同负有支付保险费义务的人”。投保人可以是法人，也可以是自然人。但无论是哪一种，要成为投保人必须具备一定的条件：

第一，必须具有完全民事权利能力和民事行为能力。只有具有完全民事权利能力和民事行为能力的法人和自然人才能作为投保人向保险人投保。具有完全民事权利能力，可以享受合同赋予的权利；具有完全民事行为能力，才能履行合同要求的义务。

第二，必须对保险标的具有保险利益。不具有保险利益的合同是无效的合同。如果保险合同不要求具有保险利益，保险与赌博无异。尤其在人身保险中，投保人对被保险人具有保险利益是保险合同生效的前提条件（详见第四章第一节“保险利益原则”）。

第三，必须承担缴纳保险费的义务。按时缴纳保险费是投保人的一项基本义务，他只有按时缴纳保险费，才能享有获得经济保障的权利，而保险人只有在收到保险费后，才对被保险人承担提供经济保障的义务。如果投保人没有缴纳保险费的能力，则不能充当投保人来买保险。

2. 保险人。保险人也称为承保人，根据《保险法》第十条的规定，“保险人是指与投保人订立保险合同，并按照合同约定承担赔偿或者给付保险金责任的保险公司。”该法第六十七条规定：“设立保险公司应当经国务院保险监督管理机构批准。”第七十七条规定：“经批准设立的保险公司及其分支机构，凭经营保险业务许可证向工商行政管理机关办理登记，领取营业执照。”由此可见，保险人是经政府有关部门批准的、允许经营保险业务的企业法人机构。

（二）保险合同的关系人

在一般的民事合同中，当事人订立合同的目的是实现自己的某种经济利益，所以合同只对当事人产生约束力。而保险合同却不完全如此，在有些保险合同中，投保人是以他人（即被保险人）的财产或人身而投保的（需要经被保险人同意），也有的是为第三人（即受益人）的利益而投保的。在上述情况下，合同的法律效力就不仅仅约束当事人的行为和利益，而且对被保险人和受益人同样产生效力。在这里，被保险人和受益人就是保险合同的关系人，他们在当事人之外，但对于保险合同所规定的利益享有独立请求权。

1. 被保险人。根据《保险法》第十二条的规定，“被保险人是指其财产或人身受保险合同保障，享有保险金请求权的人。投保人可以为被保险人”。在不同的保险合同里，被保险人有所不同，但一般来说，被保险人有着一些共同的特点。

第一，当保险事故发生时，被保险人是受害人。如我国《保险法》中所言，被保险人是受保险合同保障的人，实际上他们是保险标的的所有者，他们对保险标的具有实际的保险利益。所以当保险事故发生时，他们的财产，或身体，或健康，或经济收入会因受到损害而遭受损失，也就是说他们对保险标的的保险利益会遭到损失。

第二，根据保险合同的规定，被保险人在保险合同的签订和履行过程中，享有一定的权利。从保险合同签订的过程来看，投保人与被保险人之间的关系有两种情况：一种是投保人为自己的财产或人身投保，这时投保人即是被保险人；另一种是投保人为他人的财产或人身投保，此时投保人与被保险人就不是同一个人。但无论是哪一种情况，即无论被保险人是否参与了保险合同的订立，根据保险法规和保险合同的规定，他都享有一定的权利。

具体来说，被保险人所享有的权利主要有：第一，保险金请求权。由于在保险事故发生时，被保险人是受害人，其对保险标的的保险利益会受到损害，而被保险人又是保险合同中所规定的受保险合同保障的人，因此当保险事故发生时，被保险人享有保险金请求权。如果被保险人在保险事故中死亡，请求权就由其指定的受益人取得；若没有指定受益人，则由其法定继承人继承。第二，同意权。这主要适用于投保人与被保险人不是同一人的情况，在此情况下，保险合同的订立必须经被保险人同意才能有效。如《保险法》第三十四条规定：“以死亡为给付保险金条件的合同，未经被保险人同意并认可保险金额的，合同无效。按照以死亡为给付保险金条件的合同所签发的保险单，未经被保险人书面同意，不得转让或者质押。父母为其未成年子女投保的人身保险，不受该限制”。第三十九条规定：“人身保险的受益人由被保险人或者投保人指定。投保人指定受益人时须经被保险人同意。投保人为与其有劳动关系的劳动者投保人身保险，不得指定被保险人及其近亲属以外的人为受益人。被保险人为无民事行为能力人或者限制民事行为能力人的，可以由其监护人指定受益人。”第四十一条规定：“被保险人或者投保人可以变更受益人并书面通知保险人。保险人收到变更受益人的书面通知后，应当在保险单或者其他保险凭证上批注或者附贴批单。投保人变更受益人时须经被保险人同意。”

2. 受益人。《保险法》第十八条规定：“受益人是指人身保险合同中由被保险人或者投保人指定的享有保险金请求权的人。投保人、被保险人可以为受益人。”在保险事故造成被保险人死亡后，受益人有权向保险人提出索赔并领取保险金。受益人的这项权利是根据保险合同的规定而取得的，因此受到保险法规和保险合同的保护。但这项权利的取得是有条件的，必须是在保险事故发生造成被保险人死亡时，受益人仍然活着，否则将失去这一权利，保险金由被保险人的法定继承人继承。《保险法》第四十二条规定：“被保险人死亡后，有下列情形之一的，保险金作为被保险人的遗产，由保险人依照《中华人民共和国继承法》[①] 的规定履行给付保险金的义务：（一）没有指定受益人，或者受益人指定不明无法确定的；（二）受益人先于被保险人死亡，没有其他受益人的；（三）受益人依法丧失受益权或者放弃受益权，没有其他受益人的。受益人与被保险人在同一事件中死亡，且不能确定死亡先后顺序的，推定受益人死亡在先。”

二、保险合同的客体

民事法律关系的客体是民事法律主体的权利和义务所共同指向的目标（对象）。没有客体，权利和义务就会失去目标，从而就会落空。在此，有必要区分保险的客体与保险合同的客体，二者既有区别又有联系。区别在于：保险的客体是保险标的，是保险合同中载明的投保对象，即作为保险对象的财产或者人的生命和身体；保险合同的客体是投保人或被保险人对保险标的（保险的客体）所具有的经济利益，即保险利益。二者的联系表现为：保险标的与保险利益互为表里、互相依存。保险标的是保险利益的有形载体，保险利益是保险标的的经济内涵，是投保人转嫁风险的经济额度，同时也是保险人确定其承担最高责任限额的重要依据。

在保险关系中，投保人或被保险人以自己的财产或人身等保险标的向保险人投保，但他们所要求保障的不是保险标的物本身，而是其对保险标的所具有的经济利益即保险利益，而保险人向被保险人提供保障的也是保险利益。因此，保险利益是保险合同当事人或关系人的权利和义务所共同指向的对象，是保险合同的客体。

---

① 《中华人民共和国民法典》第一千一百二十七条规定：“遗产按照下列顺序继承：（一）第一顺序：配偶、子女、父母；（二）第二顺序：兄弟姐妹、祖父母、外祖父母。继承开始后，由第一顺序继承人继承，第二顺序继承人不继承；没有第一顺序继承人继承的，由第二顺序继承人继承。”

三、保险合同的内容

保险合同的内容，是指保险合同主体在签订和履行保险合同过程中所具有的权利和义务。保险合同是明确保险双方权利和义务关系的书面协议，保险合同一经签订，双方的权利和义务也就明确了，双方必须认真履行合同所规定的义务，只有这样才能享有合同所规定的权利。一般来说，双方的权利和义务在保险合同中是以保险条款的形式表现出来的。

按照《保险法》第十八条的规定，保险合同的内容主要包括以下方面：

1. 保险人的名称和住所。保险合同应明确保险人的名称（如中国人寿保险股份有限公司山东省分公司），以及保险人的详细地址。

2. 投保人、被保险人的姓名或者名称、住所，以及人身保险的受益人的姓名或者名称、住所。

3. 保险标的。保险标的是保险合同中所载明的投保对象，是保险事故发生所在的本体，是投保人申请投保的财产及其相关利益、责任、信用或者人的寿命和身体。

4. 保险责任和责任免除。保险责任是在保险合同中载明的对于保险标的在约定的保险事故发生时，保险人应承担的经济赔偿和给付保险金的责任。在保险实践中，明确保险责任的方式主要有两种：一是列举式，即在保险合同中列举各种属于保险责任的原因和损失；二是定义式，即规定一个确认保险人责任的原则。

责任免除是指保险人不负赔偿和给付责任的范围，主要包括原因除外、损失除外和标的除外等情况。原因除外是在合同中规定保险人对何种原因造成的损失不负责任，即损失原因免除；损失除外是在合同中规定保险人对何种损失不负责任；标的除外即是规定合同不予承保的标的，包括绝对不保标的和特约承保标的。

5. 保险期间和保险责任开始时间。保险期间是指保险合同的有效期限，即保险合同从开始生效到终止的期间。保险期间有三种不同的规定方式：按日历时间来确定，这是最常用的一种方式，绝大多数的财产保险和人身保险是按日历时间来确定；按航程确定，如海上货物运输保险；按工程期或生长期确定，如建筑工程和安装工程保险按工程期确定，农作物保险则按生长期确定。

保险责任开始时间是指保险人开始承担保险责任的时间。在我国保险实务中通常采用“零时起保制”。

6. 保险金额。保险金额是保险人承担赔偿或者给付保险金责任的最高限额。财产保险和人身保险确定保险金额的方法不同。财产保险的保险金额根据保险标的实际价值确定；人身保险则根据被保险人的经济保障需要与投保人支付保险费的能力由保险双方当事人协商确定。

需要注意的是，保险金额只是保险人负责赔偿的最高限额，实际赔偿金额在保险金额内视情形而定。

7. 保险费以及支付办法。保险费是指投保人向保险人购买保险所支付的价格。保险费的多少是由保险金额的大小和保险费率的高低以及保险期限等因素决定的。

保险费率是指保险人在一定时期按一定保险金额收取保险费的比例，通常用百分率或千分率来表示。

财产保险的保险费一般在订约时一次缴清。人寿保险既可以一次缴清保费（称为趸缴保险费），也可以分期缴费，由投保人来选择。

8. 保险金赔偿或者给付办法。保险金赔偿或者给付办法是指发生保险事故（事件）后，保险人进行补偿或给付的具体方式，包括货币支付、修理等。

9. 违约责任和争议处理。违约责任是指保险合同当事人因其过错致使合同不能履行或不能完全履行，即违反保险合同规定的义务而应承担的责任。

争议处理是在保险合同的履行过程中对保险双方因保险赔偿或给付等而产生的争议的解决方式，包括协商、调解、仲裁和诉讼等方式（详见本章第五节）。

10. 订立合同的年、月、日。订立合同的年、月、日，通常是指合同的成立时间。

保险合同的内容除上述法定内容外，投保人和保险人还可以约定与保险有关的其他事项。这主要是为了使保险合同中与保险标的有关的事项得到更充分的保障，避免因保险而产生消极因素，而在保险合同中规定的当事人双方必须遵守的义务。这些事项一般包括：关于加强防灾的规定；关于积极施救、抢救，以及减少物资损失的规定；事故发生后，被保险人应尽快通知保险人的规定；关于第三者责任追偿的规定。

专栏3－1

被保险人、受益人同时身故如何处理

2021年5月，钱女士为2岁的儿子亮亮投保了一款长期人寿保险，保险金额为20万元，指定钱女士为受益人。2021年8月，钱女士与丈夫王先生离婚，亮亮跟随母亲一起生活。王先生按月支付抚养费和教育费，钱女士也没有再婚，同自己的父亲即亮亮的外公一起生活。

2021年12月2日，亮亮和母亲在旅游途中发生了交通意外，母子俩都在这场突如其来的事故中遇难。事后，亮亮的父亲和外公均去保险公司申请领取亮亮的身故保险金，并产生了争议。

分析：

本案中，被保险人在保险期间因交通事故身亡属于保险责任，保险人应给付保险金。但保险金应支付给亮亮的父亲还是外公，关键是确定母子二人死亡的先后顺序，并由此决定母亲是否有权领取保险金。

我国《保险法》第四十二条规定："被保险人死亡后，有下列情形之一的，保险金作为被保险人的遗产……：（一）没有指定受益人，或者受益人指定不明无法确定的；（二）受益人先于被保险人死亡，没有其他受益人的；（三）受益人依法丧失受益权或者放弃受益权，没有其他受益人的。

受益人与被保险人在同一事件中死亡，且不能确定死亡先后顺序的，推定受益人死亡在先。"

由此可以推定，受益人钱女士先于被保险人亮亮死亡，丧失了受益权。因此，亮亮的外公作为钱女士的法定继承人无权领取保险金。

由于保险合同中没有其他受益人，被保险人的保险金应由其法定继承人来领取。亮亮的第一顺序法定继承人为其父母，而母亲已死亡，故其父亲作为唯一的第一顺序法定继承人，有权领取20万元保险金。（根据《中华人民共和国民法典》第一千零八十四条的规定，父母与子女间的关系，不因父母离婚而消除。离婚后，子女无论由父或者母直接抚养，仍是父母双方的子女，父母与子女之间的权利和义务关系包括继承与被继承依然存在）。

资料来源：依据"蒲成毅、潘晓君：《保险案例评析与思考》，机械工业出版社2004年版"资料整理。

第三节 保险合同的分类

一、按照保险合同的性质分类

重点提示：不同分类标准下各类保险合同的理解。

按照保险合同的性质不同，可以将保险合同划分为补偿性合同和给付性合同。

（一）补偿性保险合同

补偿性保险合同又称为"评价保险合同"，是指保险事故发生后，保险人的责任以补偿被保险人的经济损失为限，并不得超过保险金额的合同。在补偿性保险合同中，保险事故发生后，由保险人对被保险人的财产损失进行评价，并在保险合同所规定的保险金额范围内予以补偿，使被保险人的财产可以恢复到受损前的状态。财产保险合同（广义）、健康保险中的医疗保险、收入保障保险和长期护理保险合同均属于补偿性保险合同。

（二）给付性保险合同

在给付性保险合同中，保险金额由双方事先约定，在保险事件发生或约定的期限届满时，保险人按合同规定金额给付，不得增减，也不用再行计算。

人寿保险合同、意外伤害保险合同和健康保险中的疾病保险合同都是给付性保险合同。

二、按照保险合同所保障风险的范围分类

按照保险合同所保障风险的范围，保险合同可以分为单一风险合同、综合风险合同和一切险合同。

（一）单一风险合同

单一风险合同是只承保一种风险的保险合同。在该种保险合同中，保险人的责任范围是单一的。

（二）综合风险合同

综合风险合同是承保两种或两种以上的特定风险责任的保险合同。在该种保险合同中，保险人的责任范围较大，可能需要对多种风险事故造成的损失承担赔付责任。综合风险合同必须把承保的风险责任在保险合同中一一列举。

以上两种保险合同有一个共同的特点，就是都属于特定保险合同，即保险人所承担的责任范围要在保险合同中列明。

（三）一切险合同

一切险合同是除了保险合同中所列明的责任免除（即除外责任，也就是保险人不负赔付责任的范围）范围外，保险人需要承担其他一切风险责任。该种保险合同的特点是保险人的责任范围没有明确列出，其承保范围比较大。

三、按照保险价值分类

按照保险价值在投保时是否预先确定，保险合同可以分为定值保险合同和不定值保险合同。

（一）定值保险合同

在订立保险合同时，投保人和保险人事先约定保险标的的价值（即保险价值）作为保险金额，并将二者都载明于保险合同中；在保险事故发生时，不管实际价值发生变化与否，无论其现价是高于还是低于保险合同中所注明的保险价值，保险人均以保险金额作赔偿的依据。

定值保险合同的赔偿可以分为以下两种情况：

第一，保险事故发生后，保险标的全部损失，这时保险人无须对保险标的的损失金额进行估算，按照合同所注明的保险金额进行赔偿即可。

第二，保险事故发生后，保险标的发生部分损失，尚有部分残值，在这种情况下保险人需要先计算保险标的的损失比例（损失程度），该比例与合同中所注明的保险金额的乘积，即为保险人应赔偿的保险金数额，也无须对保险标的的实际损失进行估算。

需要说明的是，保险标的的价值是由双方协商确定的，这个金额有可能高于或低于保险标的在发生损失时的实际价值。但在发生保险事故后，除非保险人能够证实投保人或被保险人确实有欺诈行为，否则，保险人不得以保险价值与发生损失时保险标的的实际价值不相符为由而拒绝赔偿。

在保险实践中，定值保险合同多适用于一些不易确定价值的财产，如工艺品、名人字画、古董、矿石标本等。另外，在货物运输保险中，由于保险标的在不同的地点、不同时间价值会有很大差异，所以也多采用定值保险合同。

定值保险合同的优点在于，保险金额容易确定，避免发生纠纷，而且可以简化理赔手续。但其缺点也很明显，在确定保险价值时如果保险人不认真把握，很容易发生被保险人故意抬高保险价值的现象。所以，此类保险合同多数保险人不愿采用。

（二）不定值保险合同

在订立保险合同时并不约定保险标的的价值（即保险价值），只列明保险金额作为赔偿的最高限额；当发生保险事故时，由保险人核定财产的实际价值，并与保险金额相对照，在实际损失范围内按照保险金额与实际价值的比例即保障程度计赔。

四、按照保险合同所保障的保险标的是否特定分类

按照保险合同所保障的保险标的是否特定，保险合同可以分为特

定式保险合同和总括式保险合同。

（一）特定式保险合同

又叫分项式保险合同，是指保险人对所保的同一地点、同一所有人的各项财产，均逐项列明保险金额，发生损失时对各项财产在各自的保险金额限度内承担赔偿责任的保险合同。如某保险公司为某家庭承保家庭财产保险，在保险合同的保险金额一栏列明：彩电 10000 元、冰箱 8000 元、电脑 7000 元、家具 35000 元、衣物 10000 元、各种厨具橱柜 50000 元等，就是特定式保险合同。在这种合同中保险人的责任非常明确，但也比较烦琐，保险人需要对每一样财产的价值逐一进行核对。

（二）总括式保险合同

总括式保险合同是保险人对所保的同一地点、同一所有人的各项财产，不分类别，确定一个总的保险金额，发生损失时不分损失财产类别，只要在总保险金额限度以内，都可获得赔偿的保险合同。前例中，如果该保险公司在承保这一家庭财产保险时没有将每一项财产的价值单独列出来，而是总起来承保 120000 元，那么保险公司就为该家庭承保了一份保险金额为 120000 元的家庭财产保险，如果发生了保险事故，只要损失金额在 120000 元之内，保险人就要进行赔偿。该种保险合同运作起来比较简单一些。

五、按照保险人是否转移保险责任分类

（一）原保险合同

原保险合同是保险人与投保人签订的保险合同，合同直接保障的对象是被保险人。

（二）再保险合同

再保险合同是保险人为将其承保的保险责任转移给另一保险人或为接受另一保险人转移来的保险责任而订立的保险合同，合同直接保障的对象是保险人。

除上述分类方法外，保险合同还可以按照保险标的的不同分为财产保险合同、人身保险合同、责任保险合同和信用保证保险合同。

第四节 保险合同的订立、履行、变更和终止

一、保险合同的订立

重点提示：保险合同的订立；保险合同的形式；保险合同的履行、变更、终止。

保险合同的订立是指保险人与投保人在平等自愿的基础上就保险合同的主要条款经过协商最终达成协议的法律行为。订立合同应该遵循一定的原则，履行一定的程序。

（一）保险合同订立的原则

我国《保险法》第十一条规定：“订立保险合同，应当协商一致，遵循公平原则确定各方的权利和义务。除法律、行政法规规定必须保险的外，保险合同自愿订立。”

（二）保险合同订立的程序

《中华人民共和国民法典》第四百七十一条规定：“当事人订立合同，可以采取要约、承诺方式或者其他方式。”保险合同的订立也包括要约和承诺两个步骤。

1. 要约。要约是一方当事人向对方提出的订约提议。《中华人民共和国民法典》第四百七十二条规定：“要约是希望与他人订立合同的意思表示，该意思表示应当符合下列条件：（一）内容具体确定；（二）表明经受要约人承诺，要约人即受该意思表示约束。”根据这一要求，要约人在向对方提出要约时，需要将自己希望签订合同的意思表达明确，提出订立合同的主要条件，如果要约人只表示订立合同的意图，而没有提出主要条件，那么即使对方同意，也不能认为合同成立。要约人一经提出要约，就要受其约束，只要对方在要约的有效期内承诺，要约人的撤销和反悔均属无效，合同应视为已经成立。

保险合同是一种具有标准格式的合同，是一种附和性合同，因此其订立过程不同于一般合同。在订立保险合同的过程中，保险合同的各种组成文件都是由保险人事先印制好的，保险的基本条件如保险费率、缴费方法以及双方的权利和义务等也都是事先定好，投保人在投保时只需按照投保单要求的内容如实地填写即可，无权提出其他条件，也不能更改投保单和保险合同其他文件的内容。在此，保险人的这种行为属于要约邀请，“要约邀请是希望他人向自己发出要约的意

思表示”（见《中华人民共和国民法典》第四百七十三条），即邀请投保人按照既定的条件向自己发出订立保险合同的要约。而投保人填写投保单，认可保险人提出的条件，并将投保单交给保险人的行为，就构成了要约。所以，在保险合同的订立过程中，投保人是要约人，他通过填写投保单向保险人发出要约。

2. 承诺。《中华人民共和国民法典》第四百七十九条规定：“承诺是受要约人同意要约的意思表示”。承诺不能带有任何附加条件，也不能要求修改要约，只能无条件地接受。如果受要约人对要约提出修改或附加条件而拒绝原要约，则认为是受要约人向对方提出了新要约，此时受要约人与要约人的地位就颠倒过来了。在合同的订立过程中，要约人和受要约人的地位是反复变化的，这也就是双方讨价还价和谈判的过程。要约一经承诺，合同即告成立。

在保险合同的订立过程中，投保人是要约人，而保险人是受要约人，所以承诺是保险人的行为。投保人填好投保单后，将投保单交给保险人，就向保险人提出了要约，保险人要对投保单进行认真审核，看对方所填写的内容是否符合自己承保的条件，若符合应及时向对方作出承诺。

（三）保险合同的成立与生效

1. 保险合同的成立。保险人审核投保人填具的投保单，并在投保单上签章表示同意承保时，即意味着保险合同的成立。但是，保险合同的成立并不一定标志着保险合同的生效。

2. 保险合同的生效。保险合同的生效是指依法成立的保险合同条款对合同当事人产生约束力。在合同没有特别约定的情况下，合同一经成立即生效，双方便开始享有权利，承担义务。但在合同有特别约定的情况下，当实现了约定的条件时，合同才开始生效。《保险法》第十三条第三款规定：“依法成立的保险合同，自成立时生效。投保人和保险人可以对合同的效力约定附条件或者附期限。”

（四）保险合同的形式

《保险法》第十三条规定，投保人提出保险要求，经保险人同意承保，并就合同的条款达成协议，保险合同成立。保险人应当及时向投保人签发保险单或者其他保险凭证，并在保险单或者其他保险凭证中载明当事人双方约定的合同内容。

一般认为，保险合同从订立到履行所需要的文件形式和凭证有以下几种：

1. 投保单。投保单是投保人向保险人申请订立保险合同的书面要约。投保单包含了保险人所需要了解的投保人、被保险人和保险标的的重要信息，这些重要信息会影响保险人决定是否予以承保和以怎样的条件承保，所以投保人在填写投保单时应根据所要求的内容如实、全面、完整地填写。

2. 暂保单。暂保单也称临时保险单，是指保险人在签发正式保险单之前，出立的临时保险凭证。

暂保单的内容较为简单，一般只包括被保险人姓名、保险标的、保险金额、保险费率、保险责任范围等保险合同的主要内容，通常在下述情形下使用：

（1）保险代理人在争取到保险业务，而又尚未向保险人办妥正式保险单时，向投保人出立。

（2）保险公司的分支机构接受某些需要由其总公司批准的保险业务后，在总公司尚未批准前向投保人出立。

（3）投保人与保险人已就保险合同的主要条款达成协议，但还有一些具体问题尚需协商时，保险人应出立暂保单。

（4）出口贸易结汇时，保险人可出具暂保单作为结汇凭证之一，以证明出口货物已办理保险。

暂保单具有和正式保险单同等的法律效力，但有效期较短，通常不超过 30 天。当正式保险单出立后，暂保单就自动失效。如果保险人最后考虑不出立保险单时，也可以终止暂保单的效力，但必须提前通知投保人。

暂保单不是保险合同的必备凭证，也不是订立保险合同的必经程序，而只是在正式保险单签发前出立的临时保险凭证。

3. 保险单。亦称“保单”，是保险人与投保人之间订立保险合同的书面证明，主要载明保险合同双方的权利、义务及责任。

保险单必须完整地记载保险合同双方的权利义务及责任，保险单记载的内容是保险合同双方权利与义务的依据。保险单的内容主要包括如下内容：

（1）声明事项。即将要保人提供的重要资料列载于保险合同之内，作为保险人承保风险的依据。如被保险人的姓名与地址，保险标的名称、坐落地点，保险金额，保险期限，保费数额，被保险人对有关风险所作的保证或承诺事项等。

（2）保险事项。即保险人应承担的保险责任。

（3）除外事项。即保险人对除外不保的风险所引起的损失，不负赔偿责任。

（4）条件事项。即合同双方为享受权利所需履行的义务，如事故发生后被保险人的责任，申请索赔的时效，代位求偿权的行使，保单内容的变更、转让、取消，以及赔偿选择等。

（5）其他事项。如解决争议的条款、时效条款等。

根据《保险法》第十三条的规定，签发保险单是保险人的义务之一，保险单是保险合同成立的证明，但不是保险合同成立的要件。

4. 保险凭证。保险凭证也称“小保单”，是保险人向投保人签发的证明保险合同已经成立的书面凭证，是一种简化了的保险单。其法律效力与保险单相同，只是内容较为简单。实践中，保险凭证没有列明的内容，以同一险种的正式保险单为准；保险凭证与正式保险单内容相抵触的，以保险凭证的特约条款为准。保险人使用保险凭证：一是为了简化单证手续而以保险凭证代替保险单。例如，在货物运输保险业务中，保险公司与外贸公司根据预约保险合同，将保险凭证印制在外贸公司的发票上，当外贸公司定制发票时，保险凭证也就同时办妥，保险人无须另行签发保险单；汽车险及第三者责任险也可以使用保险凭证，以简化单证手续，便于携带及有关部门查询。二是保险单以外签发保险凭证。主要是指团体保险，在主保险单之外，对参加团体保险的个人再分别签发保险凭证。

二、保险合同的履行

（一）投保人或被保险人的义务

在不同的保险合同中，投保人或被保险人应承担的义务有所不同。但一般来说，投保人或被保险人均应承担以下基本义务：

1. 如实告知。在保险合同的订立和履行过程中，投保人和被保险人应将对保险标的及其风险有影响的情况如实向保险人告知。我国《保险法》第十六条明确规定，订立保险合同，保险人就保险标的或者被保险人的有关情况提出询问的，投保人应当如实告知。相关内容详见第四章第二节“最大诚信原则”。

2. 缴纳保险费。缴纳保险费是投保人最基本的义务。收取保险费、建立保险基金是保险人进行保险赔偿的基础，若不能及时收取保险费，就无法建立雄厚的保险基金，当风险事故发生后保险人就无法及时进行赔偿。因此，投保人按时缴纳保险费，是保险合同成立后保险人承担保险责任的一个重要条件，也是保险人进行保险金赔付的一个重要条件。《保险法》第十四条规定：“保险合同成立后，投保人按照约定交付保险费，保险人按照约定的时间开始承担保险责任。”

3. 风险增加的通知。保险合同订立后，若保险标的所面临的风险比合同订立时增加了，投保人或被保险人应及时通知保险人，以便保险人做出是否继续承保或是否改变承保条件的决定。这是最大诚信原则的基本要求，否则在保险事故发生后保险人可以此为理由拒绝赔偿。

4. 出险通知。当保险事故发生后，被保险人应及时通知保险人，这也是被保险人的重要义务。在保险事故发生后为了能尽快地对事故现场进行勘查，及时地调查事故发生的时间、原因、损失的程度、损失金额，便于保险人及时、准确地确定赔偿责任，保险合同要求被保险人在事故发生后应及时通知保险人。通知可以采用口头方式，也可以采用书面形式，但为了事后有案可查，最好采用书面形式。

5. 出险施救。保险事故发生后，投保人或被保险人在向保险人发出出险通知的同时，应及时采取一定措施和手段，尽一切努力抢救受损财产，或对损后财产进行整理、修复，以减少损失。在各国保险法里一般都把出险施救作为投保人或被保险人的基本义务加以规定，其目的在于促使投保人和被保险人稳妥、谨慎地管理保险财产，避免发生心理风险事故。《保险法》第五十七条规定："保险事故发生时，被保险人应当尽力采取必要的措施，防止或者减少损失……"

6. 防灾防损。加强安全、防灾防损是保险经营的一项重要内容。《保险法》第五十一条指出："被保险人应当遵守国家有关消防、安全、生产操作、劳动保护等方面的规定，维护保险标的的安全。保险人可以按照合同约定对保险标的的安全状况进行检查，及时向投保人、被保险人提出消除不安全因素和隐患的书面建议。投保人、被保险人未按照约定履行其对保险标的的安全应尽责任的，保险人有权要求增加保险费或者解除合同。保险人为维护保险标的的安全，经被保险人同意，可以采取安全预防措施。"坚持防灾防损、防患于未然，对于保险人和被保险人以及整个社会，都具有非常积极的意义。在保险经营的实务中，保险人为促进投保人和被保险人防灾防损工作的开展，一般在保险合同中规定，防灾防损有成效者可在保险费方面享受一定的优惠。

7. 提供单证。保险事故发生后，被保险人或受益人在向保险人提出索赔时，要向保险人提供与事故责任和损失金额有关的单证，以便于保险人来准确核定保险责任和赔付金额。《保险法》第二十二条规定："保险事故发生后，按照保险合同请求保险人赔偿或者给付保险金时，投保人、被保险人或者受益人应当向保险人提供其所能提供的与确认保险事故的性质、原因、损失程度等有关的证明和资料。"

8. 协助追偿。在补偿性保险合同中，当保险标的因保险事故造成损失，且是第三者责任时，被保险人在获得保险人的赔偿后，应将向第三者追偿的权利转让给保险人，并协助保险人实现追偿（详见第四章第五节）。

（二）保险人的义务

1. 解释保险合同条款。保险合同是附和性合同，按照《保险法》的规定，保险人在订立合同时需要向投保人或被保险人解释合同条款。《保险法》第十七条规定，订立保险合同，采用保险人提供的格式条款的，保险人向投保人提供的投保单应当附格式条款，保险人应当向投保人说明合同的内容。因此，恰当解释保险合同条款成为保险人的基本义务。

2. 及时签发保险单。《保险法》第十三条规定：“投保人提出保险要求，经保险人同意承保，保险合同成立。保险人应当及时向投保人签发保险单或者其他保险凭证。保险单或者其他保险凭证应当载明当事人双方约定的合同内容。当事人也可以约定采用其他书面形式载明合同内容。”可见，保险单是保险合同的重要组成部分，是投保人与保险人之间订立正式保险合同的书面凭证。一般由保险人在保险合同成立后签发，并将正本交由投保人（被保险人）收执，表明保险人已经接受投保人的投保申请。保险单是保险双方当事人享有权利与承担义务的最重要的凭证和依据。所以，合同成立后保险人应及时向投保人签发保险单。

3. 赔偿或给付保险金。人们通过缴纳保险费向保险人购买保险的根本目的是在保险事故发生对财产或人身造成损失或危害后，能及时地从保险人处获得经济补偿。因此保险人的最基本义务，就是向投保人或被保险人提供经济保障，并且在风险事故发生后，能按照保险合同的规定，及时对被保险人的损失给予经济补偿，以使被保险人能够及时地恢复生产和生活。

4. 支付有关费用。保险人应支付的有关费用主要包括施救费用、查明和确定保险事故的性质、原因等的费用和支付仲裁或诉讼费用。如《保险法》第五十七条规定：“……保险事故发生后，被保险人为防止或者减少保险标的的损失所支付的必要的、合理的费用，由保险人承担；保险人所承担的费用数额在保险标的损失赔偿金额以外另行计算，最高不超过保险金额的数额。”《保险法》第六十四条规定：“保险人、被保险人为查明和确定保险事故的性质、原因和保险标的的损失程度所支付的必要的、合理的费用，由保险人承担。”《保险法》第六十六条规定：“责任保险的被保险人因给第三者造成损害的保险事故而被提起仲裁或者诉讼的，被保险人支付的仲裁或者诉讼费用以及其他必要的、合理的费用，除合同另有约定外，由保险人承担。”

三、保险合同的变更

保险合同订立以后，保险双方应该按照保险合同的规定来承担义务、享受权利。但是，如果主客观条件发生了变化，也允许双方依据法律规定的程序和条件，对原合同的有关内容进行修改和补充。保险合同的变更，主要包括保险合同主体的变更、内容的变更和效力的变更等。

（一）保险合同变更的内容

1. 保险合同主体的变更。保险合同主体的变更包括投保人、被保险人、受益人和保险人的变更。

（1）保险人的变更。保险人的变更，主要是指保险企业因破产、解散、合并和分立而发生的变更，经国家保险管理机构的批准，将其所承担的全部保险合同责任转移给其他保险人或政府有关基金承担。

（2）投保人、被保险人和受益人的变更。在保险实践中，投保人、被保险人和受益人的变更比较常见，但其在财产保险和人身保险中的变更有所不同。

①财产保险投保人或被保险人的变更。在财产保险合同中，投保人和被保险人的变更，主要是由于买卖、让与、继承等法律行为的发生而使保险标的所有权发生变化而产生的。如某人将已购买机动车辆保险的汽车转让给他人，就会引起该合同投保人和被保险人的变更。由于保险单是保险合同的主要形式，因此财产保险合同中投保人或被保险人的变更会涉及保险单的转让。我国《保险法》第四十九条规定："保险标的转让的，保险标的的受让人承继被保险人的权利和义务。保险标的转让的，被保险人或者受让人应当及时通知保险人，但货物运输保险合同和另有约定的合同除外。"

②人身保险合同投保人和受益人的变更。在人身保险中，由于保险标的是被保险人的生命或身体，所以被保险人的变更属于保险标的的变更，而保险标的的变更一般会导致保险合同的终止。特别是在个人人寿保险中，一般不允许变更被保险人。所以，人身保险合同主体的变更主要是投保人的变更和受益人的变更。

一般地，只要新的投保人对被保险人具有保险利益，愿意并能够缴付保险费，可以变更投保人。变更投保人无须征得保险人同意，但须告知保险人。但是，以死亡为给付保险金条件的保险合同，须经被保险人本人书面同意，才能变更投保人。

在保险合同有效期间，被保险人或者投保人可以随时变更受益人，无须经保险人同意，但必须书面通知保险人。投保人变更受益人时须经被保险人同意。

2. 保险合同内容的变更。保险合同内容的变更，是保险双方权利和义务的变更，表现为保险合同条款及事项的变更。《保险法》第二十条第一款规定："投保人和保险人可以协商变更合同内容。"这说明投保人和保险人均有变更保险合同内容的权利。保险人变更保险合同的内容主要是修订保险合同条款。由于保险合同具有保障性和附和性的特点，一般不允许保险人擅自对已经生效的保险合同条款进行修订。如果保险人对某一险种的合同条款进行修订，其修订后的条款只能约束新签单的投保人和被保险人。

因此，保险合同内容的变更主要是投保方的原因引起的，包括投保人根据自己的实际需要提出合同内容的变更和投保人必须进行的变更。这些情况主要包括：

（1）因保险标的的数量、价值增减而引起的保险金额的变化。

（2）保险标的的种类、存放地点、使用性质、航程等的变更等，这些变更会引起保险标的风险程度的变化，从而导致保险费率的调整。

（3）保险期限的变更。财产保险合同一般不允许变更保险期限，如要延长保险期限视为续保，要缩短保险期限视为退保；人身保险可以变更保险期限，如定期寿险变更为终身寿险。

（4）人寿保险合同中被保险人职业、居住地点变化的变更。

（二）保险合同变更的程序和方式

由于保险合同的变更与合同双方的权利和义务密切相关，因此变更保险合同需要经过合法的程序，采取合法的方式。我国《保险法》第二十条第二款规定："变更保险合同的，应当由保险人在保险单或者其他保险凭证上批注或者附贴批单，或者由投保人和保险人订立变更的书面协议。"

在保险实务中，如果是由投保方的原因引起的变更，通常由投保人在原保险合同的基础上提出变更保险合同事项的书面申请，保险人出具批单，注明保险合同变动的事项，变更完成。

保险人若要变更主要险种的基本条款或费率，须报保险监督管理部门审批，获准后将变更的条款作为特约条款，通知投保人及被保险人。

四、保险合同的终止

保险合同的终止是指保险合同成立后，由于法定或约定的事由出现，使合同双方权利和义务关系不再继续，合同法律效力完全消灭的事实。

（一）自然终止

自然终止是指保险合同因期限届满而终止。每一份保险合同都约定了有效期限，保险合同达到规定的期限后，其效力趋于消灭。自然终止是保险合同最常见的一种终止原因。

（二）义务已履行而终止

在保险合同有效期内，因保险事故发生，保险人已按照保险合同的规定向被保险人或受益人支付了全部的保险金，如无特别约定，保险合同的效力终止。

（三）因保险标的全部灭失而终止

由于非保险事故发生，造成保险标的灭失，保险标的已实际不存在，保险合同效力终止。在保险合同有效期内，因保险合同所规定的保险责任范围之外的原因导致保险标的灭失时，由于引起事故发生的原因（近因）不在保险责任范围之内，所以保险人不必承担赔偿责任，同时由于保险标的的灭失使得投保人转移风险的载体已经不存在了，所以保险合同终止。如人身意外伤害保险的被保险人在保险期间因某种疾病而致身亡时，疾病是意外伤害保险的除外责任，故保险人不负责给付死亡保险金。同时，由于被保险人已经身亡，虽然该份保险合同并未到期，但因被保险人的身亡而终止。

（四）因解除而终止

保险合同的解除是指在保险合同期限尚未届满前，依据法律或约定或者经一方当事人提议，解除原有的法律关系，提前终止保险合同效力的法律行为。

1. 保险合同解除的方式。保险合同解除的方式包括以下几种：

（1）约定解除。双方当事人在订立保险合同时约定解除合同的条件，一旦出现所约定的条件时，一方和双方均可行使合同解除权，使合同效力终止。

（2）任意解除。或称协商解除，在保险合同的履行过程中，出现了某种在订立合同时未曾预料到的情形，使合同当事人无法继续履行其义务或无须继续履行义务时，双方通过友好协商，解除保险合同。

（3）裁决解除。当保险双方产生合同纠纷，依据合同约定或法律提请仲裁或向人民法院提起诉讼时，仲裁机构或人民法院裁决解除保险合同。

（4）法定解除。法律规定的原因出现时，合同一方当事人依法行使解除权，消灭已经生效的保险合同关系。

2.《保险法》对保险双方当事人解除合同权限的规定。保险合同依法订立后即具有了法律约束力，一方当事人解除合同可能会损害另一方当事人的权利，因此，我国《保险法》对于保险合同的解除做了一些特别规定，这些规定对投保人和保险人解除保险合同的限制力度有所不同。

《保险法》第十五条规定："除本法另有规定或者保险合同另有约定外，保险合同成立后，投保人可以解除合同，保险人不得解除合同。"这表明，保险合同成立后，投保人在《保险法》规定或保险合同特定约定以外的情形下，一般可以行使合同的解除权，即退保。如《保险法》第五十条规定："货物运输保险合同和运输工具航程保险合同，保险责任开始后，合同当事人不得解除合同。"所以，对投保人而言，按照《保险法》的规定，除了货物运输保险合同和运输工具航程保险合同以外的其他险种，如果保险合同中没有特别约定，都可以行使合同的解除权，即退保。

由于保险合同成立后，保险人行使合同的解除权涉及保险人对合同义务的履行与否，甚至可能损害被保险人或受益人的利益，因此对保险人能否行使合同的解除权，《保险法》进行了严格而明确的规定。

3.《保险法》对保险人解除保险合同的规定。对于保险人在什么情况下有权解除保险合同，《保险法》进行了明确的规定。

（1）投保人未履行如实告知义务。《保险法》第十六条第一款、第二款规定："订立保险合同，保险人就保险标的或者被保险人的有关情况提出询问的，投保人应当如实告知。投保人故意或者因重大过失未履行前款规定的如实告知义务，足以影响保险人决定是否同意承保或者提高保险费率的，保险人有权解除合同。"

（2）投保人未按约定履行支付保险费义务。按照《保险法》第三十六条、第三十七条的规定，长期人身保险合同约定分期支付保险费的，投保人支付首期保险费合同成立后，未按约定或法定期限支付当期保费的，保险合同效力中止。自合同效力中止之日起满两年双方未达成复效协议的，保险人有权解除合同（详见第五章第二节"复效条款"的内容）。

（3）投保人、被保险人未尽维护保险标的安全义务。《保险法》第五十一条规定："投保人、被保险人未按照约定履行其对保险标的的安全应尽责任的，保险人有权要求增加保险费或者解除合同。"投保人、被保险人未履行对保险标的的安全的保护义务必然会加大保险标的的风险，从而增加了保险人赔付的可能性。因而《保险法》赋予了保险人解除保险合同的权利。

（4）保险标的危险程度增加。《保险法》第五十二条规定："在合同有效期内，保险标的的危险程度显著增加的，被保险人应当按照合同约定及时通知保险人，保险人可以按照合同约定增加保险费或者解除合同。"在财产保险中，保险标的的危险程度可能会由于使用性质或周围环境的变化而显著增加，被保险人应将保险标的的危险程度增加的事实通知保险人，保险人依据危险程度增加的情况及自身承保能力来决定是否要求增加保费或解除合同，否则对保险人而言有失公平。

（5）人身保险中投保人申报年龄不真实。按照《保险法》第三十二条的规定，人身保险中，投保人申报的被保险人年龄不真实，并且其真实年龄不符合合同约定的年龄限制的，保险人可以解除合同。但根据《保险法》第十六条的相关规定，保险人的此项合同解除权需在可抗辩期内行使（一般是合同生效两年内）。

（6）被保险人或受益人欺诈索赔。《保险法》第二十七条第一款规定："未发生保险事故，被保险人或者受益人谎称发生了保险事故，向保险人提出赔偿或者给付保险金请求的，保险人有权解除合同，并不退还保险费。"

（7）投保人、被保险人故意制造保险事故。按照《保险法》第二十七条第二款的规定，投保人、被保险人故意制造保险事故的，保险人有权解除合同，不承担赔偿或者给付保险金的责任，也不退还保险费。但投保人已交足两年以上保险费的，保险人应当按照合同约定向其他权利人退还保险单的现金价值。

（8）保险标的发生部分损失。《保险法》第五十八条规定："保险标的发生部分损失的，自保险人赔偿之日起 30 日内，投保人可以解除合同；除合同另有约定外，保险人也可以解除合同，但应当提前 15 日通知投保人。"

专栏 3－2

被保险人意外死亡是否赔付

2014 年 8 月 5 日，某石材厂为其 14 名员工向 G 人寿保险公司投保了某团体意外伤害保险，每人保险金额 60 万元，并附加意外费用补偿团体医疗保险，每人保险金额 3 万元，保险期限为一年，自 2014 年 8 月 6 日 0 时起至 2015 年 8 月 5 日 24 时止。某石材厂按约定一次性交纳保险费。2015 年 1 月 3 日某石材厂负责人按照以往惯例，通过微信向 G 人寿保险公司业务员陈某通知变更被保险人，即将冷某变更为申某。业务员接到通知，答复等过节后办理。2015 年 1 月 6 日上午 G 人寿保险公司为石材厂批改变更被保险人，并在批单上注明"此批单于 2015 年 1 月 7 日 0 时起生效。"2015 年 1 月 6 日晚，申某在工作中被石头砸伤，送医院抢救无效死亡，申某家属向 G 人寿保险公司提出索赔。

对于是否赔付，保险双方存在不同的意见，争议焦点为：投保人提交投保单（变更申请）和交了保费后，保险责任生效前，发生保险事故，保险公司是否承担赔付责任。

依据2013年5月6日由最高人民法院审判委员会第1577次会议通过的《关于适用〈中华人民共和国保险法〉若干问题的解释（二）》（法释〔2013〕14号，自2013年6月8日起施行）第4条规定："保险人接受了投保人提交的投保单并收取了保险费，尚未作出是否承保的意思表示，发生保险事故，被保险人或者受益人请求保险人按照保险合同承担赔偿或者给付保险金责任，符合承保条件的，人民法院应予支持；不符合承保条件的，保险人不承担保险责任，但应当退还已经收取的保险费。保险人主张不符合承保条件的，应承担举证责任。"

按照上述规定，当G人寿保险公司收到投保人某石材厂的变更通知后，申某的保险责任即生效；除非G人寿保险公司举证证明申某不符合承保条件，否则发生保险事故，G人寿保险公司应承担责任。因此，G人寿保险公司应承担申某的意外死亡保险金。

资料来源：http：//www.tjia.org.cn/a/lipeianli/shouxiananli/2017/1225/19071.html。

第五节　保险合同的解释原则及纠纷处理

重点提示：保险合同的解释原则；保险合同争议解决方式。

一、保险合同的解释原则

保险合同的解释是指当保险双方由于对合同内容的理解不同发生争议时，依照法律规定或约定的方式，对保险合同的内容或文字的含义予以确定或说明。保险双方在履行保险合同的过程中，可能会产生意见分歧，引起争议。争议的原因可能是条款文义不清、表达不准确，或双方对条款的理解不同。因此，在对保险合同进行解释时应遵循一定的原则。

（一）文义解释原则

文义解释原则是按合同条款的通常文字含义并结合上下文来解释的原则。如果同一词语在条款中多次出现应做同一解释，专业术语应按各行业的通用含义来解释。文义解释原则是解释保险合同条款的最主要、最常用的原则。

（二）意图解释原则

无法运用文字解释时，通过其他背景材料进行逻辑分析，判断合同当事人订约时的真实意图解释合同条款的内容。

（三）有利于被保险人和受益人的原则

按照国际惯例，对于单方起草的合同（即附和合同）进行解释时，应遵循有利于非起草人的解释原则。保险合同是一种附和性合同，其条款和内容都是由保险人事先拟订好的，保险人在拟订条款时，已经对自身的利益予以了非常充分的考虑。而投保方由于受到保险专业知识不足和时间的限制，对保险合同的条款和内容往往不能进行仔细的研究，也不能对合同条款内容加以修改或补充，从而使其成为“弱势”一方。为了保护投保方的利益，我国《保险法》第三十条规定：“采用保险人提供的格式条款订立的保险合同，保险人与投保人、被保险人或者受益人对合同条款有争议的，应当按照通常理解予以解释。对合同条款有两种以上解释的，人民法院或者仲裁机构应当作出有利于被保险人和受益人的解释。”

（四）批注优于正文，后批优于先批的原则

当保险合同修改内容与原合同条款相矛盾时，采用批注优于正文、后批优于先批、书写优于打印、加贴批注优于正文批注的解释原则。

（五）补充解释原则

当保险合同条款约定内容有遗漏或不完整时，借助商业习惯、国际惯例、公平原则等对保险合同的内容进行务实、合理的补充解释，以便合同的继续执行。

二、保险合同争议的解决方式

由于保险合同双方当事人对合同有关条款和有关内容的理解可能会出现一些分歧，所以在保险合同的履行过程中往往会发生一些争议。保险合同条款中一般规定，投保方与保险人发生争议时，应本着实事求是的原则协商解决，如双方不能达成协议时，可提交仲裁机构或法院受理。因此，解决保险争议的方式主要包括协商、调解、仲裁和诉讼四种。

（一）协商

协商是指争议双方在自愿、互谅的基础上，对出现的争议直接沟通、友好磋商、消除纠纷、达成一致意见，自行解决纠纷的办法。在此过程中双方都应以实事求是的态度来解决问题。这种方法有利于双

方的团结，便于协议的执行，可以为以后双方继续合作、建立友好关系打下坚实基础。

（二）调解

由保险合同双方都信赖的第三方出面，由其说明、调停，在并非一定是法律程序条件下相互谅解，平息纠纷。

（三）仲裁

仲裁是由仲裁机构的仲裁员对合同双方发生的争议、纠纷居中调解，并做出裁决。仲裁机构主要是指依法设立的仲裁委员会，由争议双方当事人协商选定。仲裁裁决具有法律效力，当事人必须执行。仲裁实行一裁终局制。

（四）诉讼

争议双方通过人民法院进行裁决的方式，即当事人之间因保险合同的有关内容发生纠纷，任何一方都有权以自己的名义向法院提起诉讼，请求法院通过审判给予法律上的保护。这是一种最激烈的保险合同争议解决方式。

当事人提起诉讼应该在法律规定的时间内进行。我国《保险法》第二十六条规定："人寿保险以外的其他保险的被保险人或者受益人，向保险人请求赔偿或者给付保险金的诉讼时效期间为两年，自其知道或者应当知道保险事故发生之日起计算。人寿保险的被保险人或者受益人向保险人请求给付保险金的诉讼时效期间为五年，自其知道或者应当知道保险事故发生之日起计算。"

按照《中华人民共和国民事诉讼法》第二十五条的规定，因保险合同纠纷提起的诉讼，由被告住所地或者保险标的物所在地人民法院管辖，由各级人民法院内设的经济审判庭受理。保险合同纠纷诉讼案实行二审终审制，即当事人不服一审法院判决的，可以在法定上诉时间内向高一级人民法院上诉。二审判决为最终判决，当事人必须执行。

本章总结

1. 保险合同是经济合同的一种，具有一般经济合同的共有特征。保险合同的特性主要体现在其特有的射幸性、最大诚信性、双务性、条件性、附和性和诺成性等方面。

2. 保险合同是由主体、客体和内容三个要素组成的。保险合同的主体可分为当事人和关系人，当事人是指保险人和投保人，关系人包括被保险人、受益人。保险合同的客体是投保人对保险标的所具有的经济利益——保险利益。保险合同的内容是指保险合同当事人之间由法律确认的权利和义务。这些权利和义务通常通过保险合同条款的形式反映出来。保险合同基本条款的内容包括保险合同当事人和关系人的名称和住所、保险标的、保险责任和责任免除、保险期间和保险责任开始时间、保险价值、保险金额、保险费及其支付办法、保险金赔偿或给付办法、违约责任和争议处理。保险合同的形式包括投保单、暂保单、保险单和保险凭证。

3. 保险合同可以按照不同的标准进行分类。按照保险合同的性质不同分类，可以将保险合同划分为补偿性合同和给付性合同。按照保险合同所保障风险的范围划分，保险合同可以分为单一风险合同、综合风险合同和一切险合同。按照保险价值在投保时是否预先确定分类，保险合同可以分为定值保险合同和不定值保险合同。按照保险合同所保障的保险标的分类，保险合同可以分为特定式保险合同和总括式保险合同。

4. 保险合同订立的程序从法律上可以分为要约和承诺两个阶段。保险合同的履行是指当事人按照合同约定全面、适当地履行自己的义务。投保人的义务主要有缴纳保险费、维护保险标的安全、保险标的危险增加通知、保险事故通知、施救义务和提供单证；保险人的义务主要有解释保险条款、签发保险单、赔偿或给付保险金和支付有关费用等。

5. 保险合同的变更是指保险合同没有履行或没有完全履行之前，当事人根据情况变化，按照法律规定的条件和程序，对原保险合同的某些条款进行修改或补充。保险合同的变更，主要包括保险合同主体、内容的变更。保险合同主体的变更是指保险人、投保人、被保险人以及受益人的变更；保险合同内容的变更包括保险合同的保险金额、保险期限等的变更。

6. 保险合同的终止是指保险合同的当事人之间由合同所确定的权利义务因法律规定的原因出现时而不复存在，保险合同会因期限届满、义务已履行、保险标的灭失和解除而终止。

7. 保险合同的解释原则通常有文义解释原则、意图解释原则、有利于被保险人和受益人的解释原则、批注优于正文和补充解释原则。保险合同纠纷发生后，解决争议的方式主要有协商、仲裁和诉讼三种方式。

练习与思考

1. 保险合同与一般法律合同相比，有哪些特殊属性？
2. 保险合同在主体构成上与一般合同有哪些区别？
3. 保险标的与保险利益的关系？

4. 简述保险合同订立的原则和过程。

5. 哪些情况会导致保险合同终止?

6. 保险合同变更后保险合同的法律效力如何保持?

7. 保险合同的解释原则有哪些? 为什么在当事人对合同条款有争议时，在不违背其他解释原则的前提下，法院会做出有利于投保人的解释原则?

8. 本章内容的学习及相关案例分析，对当代大学生培养法治思维的启发与意义?

第四章 保险的基本原则

本章提要

保险作为社会、经济发展的"稳定器"和"助推器"，关系到国民经济的正常运行和社会的安定发展。因此，保险双方在严格遵守保险合同的基础上，还应遵循一些特殊的原则。本章主要介绍保险利益原则、最大诚信原则、近因原则、损失补偿原则及其派生的代位原则和分摊原则。

学习目标

了解各原则的意义，掌握保险利益、告知、保证、近因和重复保险等概念。

掌握可保利益、最大诚信、近因、损失补偿及其派生原则等的含义和内容。

熟练应用保险原则进行保险案例分析和相关计算。

第一节 保险利益原则

一、保险利益及其构成条件

重点提示：保险利益及其构成条件；保险利益原则的理解；保险利益原则的实务运用。

（一）保险利益的含义

保险利益或称可保利益，是指投保人或被保险人对保险标的所具有的法律上承认的利益，它体现的是投保人或被保险人与保险标的之间的经济利害关系。当保险标的完好时，投保人或被保险人对保险标的的利益也存在；当保险标的因事故而致损害时，投保人或被保险人会因此而遭受经济损失。例如，某人拥有一幢房屋，当房屋安全时，他可以居住，也可以出租、出售房屋而获利益；如果房屋因故损毁，他就无法居住，更无法出租或出售，经济上就会受到损失。因此，该人对他所拥有的房屋具有保险利益。那些不会因房屋被损毁而遭受经济损失的人则对该房屋没有保险利益。

（二）保险利益的构成条件

1. 保险利益必须是合法利益。保险利益必须是被法律认可并受到法律保护的利益。一般而言，保险利益产生于国家制定的法律、法规以及符合法律规定的有效合同。例如，只有当人们对某项财产依法取得了所有权或使用权、占有权、收益权等权益，或依合法有效的合同而负有安全责任时才对该财产具有保险利益；通过盗窃、诈骗、贪污等违法行为而取得的利益，不能构成保险利益，即投保人或被保险人对标的的保险利益不能是通过法律所禁止的行为而获得的。

2. 保险利益必须是确定的利益。确定的利益包括已经确定或能够确定的利益。已经确定的利益称为现有利益，是指事实上或客观上已经享有的经济利益，如已取得的财产所有权或使用权。能够确定的利益称为期待利益，是指现在尚不存在，但可以确定在将来能够获得的经济利益。期待利益是基于现有利益而产生的利益，必须是建立在客观物质基础上的，而不是主观臆断、凭空想象的利益，如企业合理合法的预期利润、租金、运费等。投保人可以为现有利益投保，也可以为期待利益投保。但是，在人身保险中，投保人对被保险人的保险利益必须是现有利益，即投保人在投保时必须与被保险人之间存在已经确定的利害关系，如亲属关系、雇佣关系等。

3. 保险利益必须是经济利益。保险利益必须是能够用货币来计算、衡量和估价的利益。因为被保险人在保险事故发生后所丧失的是其对保险标的所具有的经济利益，需要得到补偿。因此，保险利益必须具有经济价值，并且其价值可以用货币来计算，能够为客观所承认，且数额合理。否则就难以确定应予补偿的标准。不能用货币衡量其价值大小的利益不是保险利益，如精神创伤等。但是，对于一些古董、名人字画等，虽为无价之宝，但可以通过投保人和保险人双方约定其价值来确定保险利益；人的生命无价，难以用货币来衡量，也可以约定一个金额确定保险利益；而债权人对债务人生命的保险利益则是可以计算的，保险利益的大小以其债权金额为限。

二、保险利益原则的含义及意义

（一）保险利益原则的含义

保险利益原则是指在签订和履行保险合同过程中，投保人或被保险人对保险标的必须具有保险利益，否则合同无效。即使订立了保险合同，保险人也有权解除合同或拒绝承担经济赔偿责任。

该原则表明，投保人对保险标的具有保险利益是订立保险合同的前提条件，无论是财产保险还是人身保险，投保人只有对保险标的具有保险利益才有资格与保险人订立保险合同，签订的保险合同才能生效。不仅如此，保险合同生效后，被保险人对保险标的的保险利益是维持保险合同（主要是财产保险合同）效力和进行索赔的条件。如果在保险合同的有效期限内被保险人丧失了对保险标的的保险利益，保险合同也随之失效；发生保险事故时，如果被保险人对保险标的没有保险利益，则无权向保险人提出索赔。

（二）保险利益原则的意义

1. 使保险区别于赌博。保险和赌博都是基于偶然事件的发生，且支出与所得不对等。就保险而言，被保险人是否获得保险金有赖于保险期间是否发生约定的保险事故，而一旦获得保险金，其数额远远超过所缴纳的保险费，但如果不发生保险事故，投保人或被保险人虽缴纳了保险费也得不到任何赔付；就赌博而言，参与者的输赢也取决于偶然因素，赢了会获得额外利益，输了则会损失赌资。但是，赌博完全是靠碰运气而获取金钱的行为，具有很强的投机性。如果允许以与自己没有保险利益的人身作为保险标的来投保，或者与其没有保险利益的财产被损毁时获得补偿则是一种赌博行为，因为当保险事故发生时被保险人并未遭受经济损失，但却可以获得高于所缴纳保险费若干倍的保险赔偿，这可能会诱发有些人为了获取远高于保险费的保险金而人为制造保险事故，损害社会公共利益。保险利益原则规定了投保人或被保险人对保险标的必须具有保险利益，且只有因保险事故遭受损失时才可以获得保险赔付，从根本上划清了保险与赌博的界限。

2. 限制保险保障和赔偿的程度。保险作为一种经济补偿制度，其宗旨在于当被保险人因保险标的出险而受损时能够获得经济补偿，但又不允许获得额外利益。为了使被保险人既能得到充分的经济补偿又不至于获得额外利益，就必须以投保人或被保险人对保险标的所具有的保险利益作为保障的最高限度，也是保险人赔偿的最高限度。保险人所赔偿的金额，不得超过被保险人对保险标的所具有的保险利益金额。否则，被保险人会因较少的损失获得较多的赔偿，从而获得额外利益。

3. 防止道德危险的产生。道德危险是一种人为危险，是指由于被保险人的恶意行为或不良企图，有意识地使危险事故发生，以致造成损失结果或扩大损失程度。保险赔偿或给付是以保险标的遭受损失或保险事件的发生为条件的，如果投保人或被保险人对保险标的不具有保险利益，当保险标的受损时他不仅没有遭受损失，还可以获得保险赔付，这样可能诱使其在订立合同后为谋取保险赔付而发生道德危险。如果投保人对保险标的具有保险利益，则参加保险是为了使其利益获得经济保障，当保险标的遭受保险事故致损时，被保险人所能获得的最高补偿是其对保险标的的保险利益，不会额外获利，从而可以有效防止投保人或被保险人为了图谋保险金而人为制造保险事故。保险利益原则在人身保险中尤为重要，如果允许人们为与自己毫不相干的人投保以死亡为给付保险金条件的人身保险，则可能诱发严重的道德危险。

三、各类保险的保险利益

由于人身保险、财产保险、责任保险和信用保证保险所承保的风险责任不同，其保险利益的来源或表现形式也各不相同。

（一）人身保险的保险利益

人身保险的保险利益，是指投保人对被保险人的继续生存、死亡、疾病或残废所具有的经济利害关系。因此，人身保险的保险利益就主要来源于投保人与被保险人之间所具有的各种利害关系，表现为：

1. 人身关系。任何人对其生命和身体都具有最大的利害关系，因而具有保险利益。人们可以以自己的生命或身体为保险标的投保各种人身保险（但必须身体健康且符合有关的年龄限制条件）。

2. 亲属关系。家庭成员之间由于具有婚姻、血缘、抚养或赡养关系而产生了经济上的利害关系，相互之间具有保险利益。主要包括两种情况：

（1）投保人对其配偶、子女、父母具有保险利益。一般认为，夫妻双方相互之间具有保险利益。根据我国《婚姻法》《继承法》的规定，父母对子女有抚养教育的义务，子女对父母有赡养扶助的义务，因此只要父母或子女具有权利能力和行为能力，他们之间相互具有保险利益。

（2）投保人对与其有抚养、赡养或者扶养关系的家庭其他成员、近亲属具有保险利益。

3. 雇佣关系。企业或雇主对其雇员在受雇期间从事本职工作时的人身安全负有责任，因而企业或雇主对其雇员具有保险利益。

4. 合同、债权债务或财产管理关系。由于这三种关系的存在，使合同中的权利人对义务人、债权人对债务人、财产所有人对财产管理人的生命、身体产生某种利害关系，因而具有一定的保险利益。例如，在债权债务关系中，债权人对债务人有偿付请求权，债务人的生存、安危影响着债权人的利益。因此，债权人对债务人有保险利益。

我国《保险法》对人身保险的保险利益进行了具体而明确的规定。《保险法》第三十一条规定："投保人对下列人员具有保险利益：(一) 本人；(二) 配偶、子女、父母；(三) 前项以外与投保人有抚养、赡养或者扶养关系的家庭其他成员、近亲属；(四) 与投保人有劳动关系的劳动者。

除前款规定外，被保险人同意投保人为其订立合同的，视为投保人对被保险人具有保险利益。"

（二）财产保险的保险利益

财产保险的保险利益主要来源于投保人对保险标的所拥有的各种权利。从时间上划分，主要表现为财产上的现有利益和期待利益两种形式。

1. 现有利益。现有利益是指投保人对某项财产现在享有的利益。包括：

(1) 财产所有权。所有人对其所拥有的财产具有保险利益。

(2) 财产经营权、使用权、占有权。财产本身虽不为其所有，但由于其对财产拥有经营权、使用权或占有权而享有由此产生的利益并承担相应的责任，因此财产的经营者、使用者及占有者对其经营、使用或暂时占有的财产具有保险利益。如租车人对所承租的车辆具有保险利益；汽车修理厂对其所承揽维修的汽车具有保险利益；依照租约享有利益的房屋承租人，对租用的房屋具有保险利益。

(3) 财产抵押权、留置权。在抵押关系中，债权人因债权债务关系对债务人抵押的财产有利害关系，他对该项财产具有保险利益。例如，债务人把自己的财产抵押给债权人，作为清偿债务的担保，一旦债务人不能按期清偿，债权人可依法对受押财产变卖，并从中优先受偿。所以，对财产享有抵押权的人，对受押的财产具有保险利益。在留置关系中，债务人将自己的财产交给债权人，债权人在债务清偿之前有权留置合法占有的财产，直到债务人清偿债务后再返还。当债务人不能如约清偿债务时，债权人有权变卖留置物，并从中优先受偿。所以，债权人对其合法留置财产具有保险利益。

（4）受托权、保管权和运输权。财产委托给某人保管时，受托人或保管人对该项财产的安全负有责任，因而对该项财产具有保险利益。如旅店对旅客委托其保管的行李具有保险利益；仓储公司对受托仓储的商品具有保险利益；船长或承运人对在运货物的安全负有责任，具有保险利益。

2. 期待利益。期待利益是指基于财产上的现有利益而产生的预期利益。对可估测的合理的运费、租金、收获、利润等的享有权是预期保险利益的存在形式。如承运人对抵达目的港可获得的运费、果农对自己种植果树的未来收成、企业对自己未来的经营利润等都存在相应的保险利益。

（三）责任保险的保险利益

被保险人在生产经营和日常生活中，因疏忽或过失造成他人人身伤亡或财产损毁，按照法律规定对受害人应承担经济赔偿责任，这些责任一旦发生，便会给被保险人带来经济上的损失。因此，被保险人对因事故发生引起民事损害所负有的经济赔偿责任具有保险利益。例如，汽车驾驶员因疏忽、过失发生车祸，使第三者财损人亡，他必须对受害者给予一定的经济赔偿，驾驶员对可能的赔偿责任有保险利益；根据劳工法或雇用合同的规定，雇主因其雇员在工作期间受伤而须负担医药费、工伤补贴、家属抚恤等，雇主对雇员在工作中的人身安全责任具有保险利益；根据民法的有关规定，产品的制造商、销售商、修理商等由于产品缺陷造成消费者的财产损失或人身伤亡，应承担经济赔偿责任，产品的制造商、销售商、修理商对消费者使用其产品造成的损害赔偿责任具有保险利益。

（四）信用保证保险的保险利益

信用保证保险的保险标的是人们的信用行为。在经济合同中，义务人因种种原因不履行其应尽义务，使权利人遭受经济损失，权利人对义务人的信用具有保险利益。例如，出口商对进口商的信用具有保险利益，可以投保出口信用保险，当进口商不履约而使其遭受经济损失时，由保险人负责赔偿。

四、保险利益原则在保险实务中的应用

保险利益原则是保险实务中运用的一个非常重要的原则。由于保险对象不同，保险利益原则在财产保险和人身保险合同的订立和履行过程中，存在着很大的不同。

（一）保险利益的来源不同

财产保险的保险利益主要来源于投保人对保险标的所拥有的各种权利；人身保险的保险利益主要来源于投保人与被保险人之间所具有的各种利害关系。详见本节第三个问题。

（二）对保险利益的时效要求不同

我国《保险法》第十二条规定：“人身保险的投保人在保险合同订立时，对被保险人应当具有保险利益。财产保险的被保险人在保险事故发生时，对保险标的应当具有保险利益……”第四十八条规定：“保险事故发生时，被保险人对保险标的不具有保险利益的，不得向保险人请求赔偿保险金。”上述规定表明，在我国保险实践中，人身保险的投保人对被保险人具有保险利益是订立保险合同的前提条件，投保人只有对被保险人有保险利益才有资格与保险人订立保险合同，签订的保险合同才能生效。但保险合同生效后，发生保险事件时不再追究投保人对被保险人的保险利益问题。例如，某人为其妻投保人身意外伤害保险，自己为受益人。在保险期限内夫妻离婚，投保人对被保险人丧失了保险利益，但他与保险公司签订的人身意外伤害保险合同并不因此失效，如果被保险人在保险期间因意外伤害事故而致身亡，保险公司应承担给付保险金的责任。

而在财产保险中，投保人对保险标的具有保险利益并不是订立保险合同的必要条件，但却是被保险人向保险人请求赔偿保险金的前提条件。在财产保险中，对保险标的没有保险利益的人也可以投保财产保险（主要发生在货物运输保险中），但在发生保险事故时如果被保险人对保险标的没有保险利益，则无权得到保险人的赔偿。如果投保人在订立合同时对保险标的具有保险利益，后来又丧失了保险利益，那么保险合同自投保人丧失保险利益时失效，保险人不再承担经济赔偿责任。即使发生事故造成了损失，保险人也有权拒赔。例如，某人将自己所拥有的一幢房屋投保了火灾保险，在保险期限内把房屋卖给了他人，后来房屋着火而受到损失。保险公司不会对被保险人赔偿损失，因为该人对此房屋已没有保险利益，他不会因房屋着火而受到任何损失，他与保险公司所签订的保险合同自他卖出房屋时就已失效。

（三）对保险利益的计算方式不同

财产保险的保险利益与保险标的的实际价值密切相关。一般地，保险标的的实际价值即是投保人或被保险人对保险标的具有的保险利益价值。如果超过实际价值投保，投保人对超出实际价值的部分不具有保险利益，发生损失后，保险人也不会赔偿。在人身保险中，由丁人的生命或身体无法用货币来衡量，保险利益的大小取决于被保险人的现实需要和投保人的交费能力，通常由保险双方当事人协商确定。

专栏 4－1

外公为外孙投保人身险案

杨琳，1 岁时因母亲去世随外公外婆在 A 城生活，日常生活费由其父亲负担。2 岁时上幼儿园。4 岁时其父亲再婚，杨琳与其父亲、继母在 B 城生活，并从 A 城幼儿园转到 B 城幼儿园。杨琳在 A 城时，他的外公为其投保了一份少儿平安险，并指定自己为受益人。合同有效期内的一天，杨琳在游玩时不幸溺水身亡。事发后，杨琳的外公向保险公司提出索赔。

分析：

杨琳的外公是其近亲属，按照《保险法》第三十一条的相关规定，只有当杨琳的外公对杨琳有抚养关系时才对其有保险利益。但杨琳的父亲仍健在且负担杨琳的日常生活费，其外公只是代其父亲照顾杨琳，与杨琳之间并不具备法定或事实上的抚养关系，对杨琳没有保险利益，没有资格以投保人的身份为杨琳投保人身保险。因此，杨琳的外公与保险公司签订的保险合同是自始无效合同，保险公司对杨琳的死亡不承担责任，但应退还保险费。

资料来源：张洪涛、庄作瑾：《人身保险案例分析》，中国人民大学出版社 2006 年版。

第二节　最大诚信原则

重点提示：最大诚信原则的含义；最大诚信原则的内容；最大诚信原则法律后果的相关规定及理解。

一、最大诚信原则的含义及产生原因

（一）最大诚信原则的含义

诚信即是诚实、守信用。诚实是一方当事人对另一方当事人不得隐瞒和欺骗；守信用是当事人应全面履行合同规定的义务。诚信原则是人们从事任何民事、商事活动都应遵循的基本原则，保险活动也不例外。但由于保险合同自身的特殊性，其对诚信的要求比一般的民事活动更为严格，要求“最大诚信”。

最大诚信原则可表述为：在签订和履行保险合同过程中，合同双方应向对方提供影响其作出订约或履约决定的全部实质性重要事实，互不隐瞒和欺骗，同时恪守合同的约定与承诺。否则，受损害的一方可以宣布合同无效或不承担合同规定的义务与责任，对因此而受到的损害还可以要求对方予以赔偿。

实质性重要事实，或称重大事实，是指那些足以影响对方判断的

事实。对保险人而言，是指影响谨慎的保险人决定是否承保、以什么条件承保的事实，如有关投保人和被保险人的详细情况、保险标的的详细情况、危险因素的变动情况、以往的投保和赔付情况尤其是遭到保险人拒保或拒赔的情况，等等。对投保人而言，是指影响投保人做出投保决定的事实，如保险公司的经营情况、保险条款、保险费率等。

最大诚信原则起源于 18 世纪的海上保险。由于受当时条件的限制，保险双方当事人在签订保险合同时，往往远离船舶和货物所在地，保险方对投保方运输的货物不可能作实地查勘，对货物可能遭遇的灾害事故，也不可能了解得太细，仅凭投保人的叙述来决定是否承保和以什么条件承保。所以只能对投保方的陈述给予极大的信任，从而奠定了保险合同当事人遵循诚实信用原则的基础。例如英国《1906 年海上保险法》第十七条规定："海上保险合同是建立在最大诚信原则基础上的合同，如果任何一方不遵守这一原则，另一方可以宣告合同无效。"后来，这一原则被运用于各种保险，成为保险的基本原则之一。

（二）最大诚信原则的产生原因

在保险合同中规定最大诚信原则，是因为：

1. 保险经营中的信息不对称。诚信原则对任何契约都是必要的，而对保险契约尤为重要。这是因为在保险合同订立和履行过程中，投保人和保险人对有关保险的重要信息的拥有是不对称的。首先，保险标的具有广泛性和复杂性，保险人通常都远离保险标的，无法进行实地查勘。而投保人对投保标的的认识是主动的，对保险标的的风险及有关情况最为清楚。保险人只能依据投保人的告知与陈述来决定是否承保、如何承保及承保的费率，因此投保人是否真实、准确地告知与陈述标的的风险情况会直接影响保险人的决定。这就要求投保人遵循最大诚信原则履行告知与保证义务。其次，保险合同条款具有专业性与复杂性，投保人难以理解和掌握，对保险费率是否合理、赔偿方式是否适当等也难以了解。而保险人对保险合同的具体内容，如费率、各种条款、赔款方式等的了解程度远远多于投保人。因此，投保人主要根据保险人的告知与陈述来决定是否投保及投保的险种，保险人是否恰当准确地向投保人讲解保险合同内容会直接影响投保人的投保决定，这就要求保险人基于最大诚信原则履行其应尽的义务与责任。

2. 保险合同的附和性和射幸性。保险合同是附和合同，合同内容是由保险人单方制定，投保人只能选择同意或不同意。而保险合同条款又比较复杂，专业性很强，投保人难以理解，需要借助于保险人最大诚信基础上的讲解和说明来做出投保决策。保险合同的射幸性表明，保险合同签订时，保险双方对于未来保险事故能否发生都是不确定的。但是，一旦在保险期间发生了保险事故，被保险人可以获得数倍甚至几十倍于保险费的保险金赔付，而保险人所承担的保险责任远远高于其所收取的保险费（就单个合同而言）。如果投保人不遵循最大诚信原则，保险人将无法持续经营，最终影响投保人或被保险人的利益。因此，投保人应基于最大诚信履行其应尽的义务。

由于保险双方在保险活动中的地位不同，所以尽管在理论上最大诚信原则对投保人和保险人同具约束力，但实际上主要是针对投保人而言的。

二、最大诚信原则的主要内容

最大诚信原则的内容包括告知、保证、弃权与禁止反言。

（一）告知

1. 告知的概念。告知或称陈述，是指在保险合同订立前、订立时及合同的有效期内，合同双方应当实事求是地将实质性重要事实向对方做书面或口头陈述，即投保方（包括投保人、被保险人和受益人）对已知或应知的与标的和危险有关的实质性重要事实据实向保险人作口头或书面申告；保险人也应将对投保方有利害关系的实质性重要事实据实向投保方说明。

2. 投保人应告知的重大事实。在保险经营中，保险合同条款一般对投保方的告知项目作了具体详细的规定，投保人必须按照保险人的要求如实陈述情况，凡是与保险标的危险情况有关的重大事实都应如实告知，以便保险人确定保险责任和保险费率。投保方应陈述的重大事实包括：

（1）在申请投保时，投保人应如实陈报投保标的以往和现在的真实危险情况、本人及对投保标的危险有重大影响的人或物的情况、被保险人情况。

（2）在保险有效期内，投保人或被保险人应将保险标的危险的变化情况及时通知保险人。

（3）保险标的转移或保险合同有关事项有变动时，投保人或被保险人应及时通知保险人。

（4）在发生保险合同责任范围内的事故时，投保人或被保险人应将事故发生的情况及时通知保险人；造成损失后向保险人索赔时，被保险人应如实向保险人申报其对保险标的所具有的经济上的利害关系，同时提供保险人所要求的各种真实证明和单据。

（5）有重复保险的，投保人应将重复保险的有关情况通知保险人。

我国《保险法》对投保人的告知义务进行了明确的规定。《保险法》第十六条规定："订立保险合同，保险人就保险标的或者被保险人的有关情况提出询问的，投保人应当如实告知。"第五十二条规定："在合同有效期内，保险标的的危险程度显著增加的，被保险人应当按照合同约定及时通知保险人，保险人可以按照合同约定增加保险费或者解除合同……"第四十一条规定："被保险人或者投保人可以变更受益人并书面通知保险人。"第四十九条规定："……保险标的转让的，被保险人或者受让人应当及时通知保险人，但货物运输保险合同和另有约定的合同除外。"第五十六条规定："重复保险的投保人应当将重复保险的有关情况通知各保险人。"第二十一条规定："投保人、被保险人或者受益人知道保险事故发生后，应当及时通知保险人。"第二十二条规定："保险事故发生后，按照保险合同请求保险人赔偿或者给付保险金时，投保人、被保险人或者受益人应当向保险人提供其所能提供的与确认保险事故的性质、原因、损失程度等有关的证明和资料。"

3. 保险人应告知的重大事实。保险人应告知的重大事实主要包括：

（1）订立保险合同时保险人应恰当地说明保险条款。这是保险人履行告知义务的主要内容，尤其是对于免责条款，保险人应明确说明。

（2）保险事故发生或达到合同约定条件时，保险人应按合同约定履行赔偿或给付保险金义务。

4. 告知的方式。在保险实务中，投保人和保险人履行告知义务的方式有所不同。

（1）投保人告知的方式。投保人的告知通常有两种方式：一是无限告知，又称客观告知，是指法律或保险人对告知的内容没有明确规定，投保人应将与保险标的的危险状况及有关重要事实如实告知保险人。二是询问告知，又称主观告知，是指投保人只对保险人所询问的问题必须如实回答，而对询问以外的问题无须告知。在保险实务中，通常是由保险人在投保单中制作问题表，列出其认为重要的问题，要求投保人如实填写。当然，对表中没有详尽的问题，保险人仍可以要求投保人如实申报。我国保险实践中采取询问告知方式。

（2）保险人告知的方式。保险人的告知有明确列明和明确说明两种方式。明确列明是指保险人只需将保险合同的主要内容明确列明在合同中，即视为已告知投保人；明确说明是指保险人不仅应将保险合同的主要内容明确列明在合同之中，还必须对投保人进行正确的解释。我国采用明确说明的方式，要求保险人对保险合同的主要条款尤其是免责条款不仅要明确列明，还要明确说明。

（二）保证

保证是指保险人在签发保单或承担责任之前要求投保人或被保险人对某种事情的作为或不作为、某种状态的存在或不存在作出的许诺。保证是保险人接受投保或者承担保险责任的条件。换言之，如果投保方不允诺或者没有实行允诺与担保某种义务、某项条件的话，保险人就不接受投保或不承担任何保险责任，或者可以使保险合同无效。保证可以分为明示保证和默示保证。

1. 明示保证。明示保证是以基本条款、特约条款或附加条款形式记载于保险合同内，成为保险合同内容的保证。明示保证又可分为确认保证和承诺保证。

确认保证是指投保人或被保险人对过去或现在某一特定事实的存在或不存在所做出的许诺。例如，人寿保险合同中，被保险人的资格条件之一是身体健康，这是对被保险人在保险合同订立前和订立时的保证，即只有被保险人在订立合同前和订立合同时是健康的，合同才能成立。至于将来被保险人在保险有效期内生病，甚至死亡，并不破坏保证，却可能正是保险人给予保障的责任。

承诺保证是指投保人或被保险人对将来某一事项的作为或不作为做出的许诺。例如，汽车保险条款规定，被保险人或其雇用的司机，对保险的汽车应妥善维护，使其处于适宜驾驶状态，以防止发生事故。这一条款是对被保险人要求的承诺性保证。又如，财产基本险条款规定，被保险人应当遵守国家有关部门制定的保护财产安全的各项规定，对安全检查中发现的各种灾害事故隐患，在接到防灾主管部门或保险公司提出的整改通知书后，必须认真付诸实施。

2. 默示保证。默示保证是指保证虽然没在保险合同中载明，但从习惯上是社会公认的投保人或被保险人的作为或不作为，一般都是按照国家法律和有关管理条例及国际公约等必须遵守的事实。默示保证一般在海上保险中运用较多，主要有三项：船舶的适航、适货保证；按预定航线航行的保证；从事合法运输的保证。

默示保证和明示保证具有同等的法律效力，投保人或被保险人必须遵守。如果违反或破坏，保险人可宣告保险合同无效。

告知与保证都是根据最大诚信原则，投保人或被保险人应尽的义务，但两者有一定的区别，主要表现为：告知强调的是诚实，对有关保险标的的重要事实如实申报，其目的在于使保险人能够正确估计其所承担的危险；而保证则强调守信，恪守诺言，言行一致，承诺的事项与事实一致，其目的在于控制危险，减少危险事故的发生。所以，保证对投保人或被保险人的要求比告知更为严格。

（三）弃权与禁止反言

在保险实务中，告知和保证更多的是用来约束或限制投保人和被保险人的，从而使保险人在保险合同的解除和保险金的赔付上享有了更多的抗辩权利。为了保障被保险人的利益，通常用弃权和禁止反言的规定来约束保险人及其代理人的行为。

1. 弃权。弃权是指保险合同当事人一方放弃他在合同中可以主张的某种权利，通常是保险人放弃因投保人或被保险人违反告知义务或保证条款而产生的合同解除权或拒赔权。构成弃权必须具备两个条件：一是保险人必须知道权利的存在，即保险人确切知道因投保人或被保险人违反告知或破坏保证因而享有合同解除权或抗辩权；二是保险人必须有弃权的意思表示，包括明示表示和默示表示。默示弃权可以从保险人的行为中推断。如果保险人知道投保人或被保险人有违背约定义务情形仍做出如下行为的，一般可被视为默示弃权：

（1）在保险合同有效期限内，保险标的危险增加，保险人有权解除合同或者请求增加保险费。当保险人请求增加保险费或者继续收取保险费时，则视为其放弃了合同的解除权。

（2）保险人收受投保人逾期缴纳的保险费，视为放弃其本应享有的合同解除权或抗辩权。

（3）被保险人违反防灾减损义务，保险人没有解除保险合同，而是指示被保险人采取必要的防灾减损措施，视为保险人放弃合同解除权。

（4）保险事故发生时，被保险人或受益人应在约定或法定的时间内通知保险人。但被保险人或受益人逾期通知而保险人仍接受，可视为保险人对逾期通知抗辩权的放弃。

（5）保险事故发生后，保险人明知被保险人或受益人所提供的与确认保险事故的性质、原因、损失程度等有关的证明和资料有纰漏，仍无条件接受的，可视为放弃了“因证明材料不真实而拒赔的权利”。

2. 禁止反言。禁止反言是指保险人既已放弃其在合同中的某种权利，便不得再要求主张这种权利。在保险合同成立前后，或者在保险事故发生后，都可能有弃权行为的发生。弃权一经表示，无论是直接还是间接，是有意还是无意，此后都不得再要求享有该项权利。

在保险实务中，禁止反言主要用来约束保险人，以使保险人为自己及其代理人的行为负责。例如，保险合同成立后，投保人将保险标的危险程度增加的事实通知了保险代理人，但保险代理人并未适当处理，保险人就不能以保险标的危险程度增加而投保人未及时通知为理由解除保险合同或拒绝承担赔付责任。再如，保险代理人为了争取业务，对投保人告知的某种足以妨碍合同订立的事实表示无关紧要，保险人据此收取保险费并签发保险单的行为构成了弃权。事后发生损失，保险人在勘查中发现了不利于自身的事实，本可以此为由拒赔，但因禁止反言而不能免除赔偿责任。

三、违反最大诚信原则的法律后果

（一）投保人或被保险人违反最大诚信原则的法律后果

投保人或被保险人违反最大诚信原则的行为，包括违反告知和破坏保证两方面。

1. 投保人或被保险人违反告知义务的法律后果。在保险实务中，投保人或被保险人违反告知义务的情况主要有：①未申报，是指投保人或被保险人由于无意或疏忽的原因，或者对重大事实误认为不重要而遗漏，或没有进行说明。②误告，是指投保人或被保险人对重大事实申报不准确，但并非故意欺骗。③隐瞒，是指投保人明知某些重大事实会影响保险人决定其是否承担某一风险，且对这些重大事实有所了解而故意不申报。④欺诈，是指投保人对重大事实故意作不正确申报，或有意捏造事实并存有欺诈意图。例如，某人已知自己身患癌症，但他仍向保险公司投保高额人寿保险，并说自己身体健康，无任何严重疾病，从而诱骗保险人与其订立寿险合同。这一行为就是欺诈。

投保人或被保险人违反告知的各种行为，会不同程度地损害保险人的利益。因此，各国都以法律形式规定了投保人或被保险人违反告知义务应承担相应的法律责任。我国《保险法》对此进行了明确的规定，具体包括：

（1）投保人故意不履行如实告知义务的法律后果。如果投保人隐瞒重大事实，故意不履行如实告知义务，其法律后果是：保险人有权解除保险合同；对于合同解除前发生的保险事故造成的损失，保险人不承担赔偿或给付责任；保险人不向投保人退还保险费。我国《保险法》第十六条第二款规定："投保人故意或者因重大过失未履行前款规定的如实告知义务，足以影响保险人决定是否同意承保或者提高保险费率的，保险人有权解除合同。"第十六条第四款规定："投保人故意不履行如实告知义务的，保险人对于合同解除前发生的保险事故，不承担赔偿或者给付保险金的责任，并不退还保险费。"

（2）投保人因过失不履行如实告知义务的法律后果。如果投保人因过失而未如实告知重大事实，其法律后果是：保险人可以解除保险合同；对合同解除前发生保险事故所致的损失，不承担赔偿或给付责任，但可以退还保险费。我国《保险法》第十六条第五款规定：“投保人因重大过失未履行如实告知义务，对保险事故的发生有严重影响的，保险人对于合同解除前发生的保险事故，不承担赔偿或者给付保险金的责任，但应当退还保险费。”

对于人身保险，我国《保险法》第三十二条规定：“投保人申报的被保险人年龄不真实，并且其真实年龄不符合合同约定的年龄限制的，保险人可以解除合同，并按照合同约定退还保险单的现金价值。保险人行使合同解除权，适用本法第十六条第三款、第六款的规定。投保人申报的被保险人年龄不真实，致使投保人支付的保险费少于应付保险费的，保险人有权更正并要求投保人补交保险费，或者在给付保险金时按照实付保险费与应付保险费的比例支付。投保人申报的被保险人年龄不真实，致使投保人支付的保险费多于应付保险费的，保险人应当将多收的保险费退还投保人。”

（3）保险标的危险程度增加投保方未及时通知的法律后果。当财产保险的保险标的危险程度增加时，被保险人未及时通知保险人，其法律后果是：保险人有权要求增加保险费，或者解除合同；对由此而致的保险事故，保险人可以不承担赔偿责任。我国《保险法》第五十二条规定：“在合同有效期内，保险标的的危险程度显著增加的，被保险人应当按照合同约定及时通知保险人，保险人可以按照合同约定增加保险费或者解除合同。保险人解除合同的，应当将已收取的保险费，按照合同约定扣除自保险责任开始之日起至合同解除之日止应收的部分后，退还投保人。被保险人未履行前款规定的通知义务的，因保险标的的危险程度显著增加而发生的保险事故，保险人不承担赔偿保险金的责任。”

（4）发生保险事故未及时通知的法律后果。我国《保险法》第二十一条规定：“投保人、被保险人或者受益人知道保险事故发生后，应当及时通知保险人。故意或者因重大过失未及时通知，致使保险事故的性质、原因、损失程度等难以确定的，保险人对无法确定的部分，不承担赔偿或者给付保险金的责任，但保险人通过其他途径已经及时知道或者应当及时知道保险事故发生的除外。”

（5）投保方伪造事实的法律后果。投保方伪造事实的行为包括：捏造保险事故；故意制造保险事故；夸大事故损失。其法律后果是：未发生保险事故，被保险人或者受益人谎称发生了保险事故，向保险人提出赔偿或者给付保险金请求的，保险人有权解除合同，并不退还保险费。投保人、被保险人故意制造保险事故的，保险人有权解除合同，不承担赔偿或者给付保险金的责任；除《保险法》第四十三条规定外，不退还保险费。保险事故发生后，投保人、被保险人或者受益人以伪造、变造的有关证明、资料或者其他证据，编造虚假的事故原因或者夸大损失程度的，保险人对其虚报的部分不承担赔偿或者给付保险金的责任。投保人、被保险人或者受益人有上述行为之一，致使保险人支付保险金或者支出费用的，应当退回或者赔偿。

对于人身保险，《保险法》第四十三条规定："投保人故意造成被保险人死亡、伤残或者疾病的，保险人不承担给付保险金的责任。投保人已交足二年以上保险费的，保险人应当按照合同约定向其他权利人退还保险单的现金价值。受益人故意造成被保险人死亡、伤残、疾病的，或者故意杀害被保险人未遂的，该受益人丧失受益权。"

《保险法》第四十五条规定："因被保险人故意犯罪或者抗拒依法采取的刑事强制措施导致其伤残或者死亡的，保险人不承担给付保险金的责任。投保人已交足二年以上保险费的，保险人应当按照合同约定退还保险单的现金价值。"

需要说明的是，上述规定并不意味着只要投保人违反了告知义务保险人就有权解除合同，保险人解除保险合同必须在可抗辩期内。这是因为，在签订保险合同过程中，投保人如果故意或因重大过失违反了如实告知义务，足以影响保险人决定是否同意承保或者提高保险费率的，保险人有权解除合同。这是保险人因投保人不履行如实告知义务而享有的权利。但是保险人的这种权利不是永久的，而要受"不可抗辩条款"的限制。该条款规定，在保险人知道投保人违反如实告知义务或保险合同生效一定时期后，保险人不得以投保人在投保时没有履行如实告知义务等为理由而主张保险合同自始无效；保险人在订立合同时已经知道投保人未尽如实告知义务的，不得解除合同，发生事故时仍应承担赔偿或给付保险金的责任。这实质上是为了维护被保险人的利益。

2. 投保人或被保险人违反保证的法律后果。任何不遵守保证条款或保证约定，不信守合同约定的允诺或担保的行为，均属于违反保证。例如，火灾保险的被保险人承诺决不在房屋内放置易燃物品，但却将房屋用作汽油仓库，这就违反了保证。

保险合同所涉及的所有保证内容都是重要的，投保人、被保险人都必须严格遵守。如果投保人或被保险人违反保证，其法律后果是：保险人有权解除保险合同，并不退还保险费（已生效两年以上的人寿保险合同除外）；保险人不承担赔偿或给付保险金的责任。

但是，在某种情况下，如果被保险人违反保证只部分地损害了保险人的利益，保险人只应就违反保证部分拒绝承担履行赔偿义务。例如，保险合同中有"被保险人外出时必须锁门"的保证条款，如果某被保险人在一次外出时违反该保证而引发了保险事故，则保险人可对此次事故的损失拒绝赔偿，但并不解除合同。

（二）保险人违反最大诚信原则的法律后果

1. 保险人未明确说明免责条款的法律后果。如果保险人在订立保险合同时未履行对免责条款明确说明的义务，则免责条款无效。《保险法》第十七条规定，对保险合同中免除保险人责任的条款，保险人在订立合同时应当在投保单、保险单或者其他保险凭证上作出足以引起投保人注意的提示，并对该条款的内容以书面或者口头形式向投保人作出明确说明；未作提示或者明确说明的，该条款不产生效力。

2. 保险人不履行及时赔付义务的法律后果。按照《保险法》第二十三条的规定，保险人收到被保险人或者受益人的赔偿或者给付保险金的请求后，应当及时作出核定；情形复杂的，应当在30日内作出核定，但合同另有约定的除外。保险人应当将核定结果通知被保险人或者受益人；对属于保险责任的，在与被保险人或者受益人达成赔偿或者给付保险金的协议后10日内，履行赔偿或者给付保险金义务。保险合同对赔偿或者给付保险金的期限有约定的，保险人应当按照约定履行赔偿或者给付保险金义务。保险人未及时履行前款规定义务的，除支付保险金外，应当赔偿被保险人或者受益人因此受到的损失。

专栏4-2

保险最大诚信原则起源及我国保险诚信建设

保险最大诚信原则起源于1766年，具有判例法上第一个里程碑意义的卡特诉鲍曼一案被认为是保险最大诚信原则的最初渊源。该案中，保险单是在伦敦购买的，保险标的为位于苏门答腊岛上的一座英国堡垒，承保责任为被敌军占领的危险。

当这座堡垒被法国人占领后，被保险人提出了赔偿要求，保险人却以被保险人对其隐瞒了重大事实作为抗辩。此案的主审大法官曼斯菲尔德提出："保险合同是射幸合同，评价风险的特定情况大多只有被保险人知道，保险人信赖被保险人的陈述，相信被保险人对其所知道的任何情况都没有保留，从而诱使保险人确信某一情况不存在，并在此基础上作出错误的风险评估。"

作为最大诚信原则的最初缔造者，曼斯菲尔德大法官的上述言辞构成了保险最大诚信原则最为原始但又最为权威的论断，并将最大诚信原则确立为英国保险法告知义务的基础性原则。最大诚信原则在英国《1906年海上保险法》中首先得到确定，该法第17条规定："海上保险合同是建立在最大诚信原则基础上的契约，如果任何一方不遵守最大诚信原则，他方可以宣告契约无效。"

此后，各国相继效仿，均在保险法中作了相应的规定。这些规定要求保险合同的当事人不但要遵循诚实信用原则，而且要做到最大诚信。

我国2002年修订的《保险法》总则第五条增加了诚实信用原则："保险活

动当事人行使权利、履行义务应当遵循诚实信用原则”，第十七、第十八条分别规定了投保人和保险人应如何履行最大诚信原则及违反该原则应承担的法律后果。2009年和2015年修订的《保险法》继续沿用相关规定（第五条、第十六条和第十七条）。可以说经过250多年的传承和发展，最大诚信原则已成为维护保险各方利益、确保保险合同履行的基础原则。

但在我国保险发展过程中，不诚信行为时有发生。从保险公司方面来说，主要表现为销售环节的诚信缺失，如保险业务员在展业时夸大保险责任、承诺保险收益甚至误导消费者将保险当作投资、淡化退保损失等，这对保险公司乃至整个保险行业的信誉造成了极大的伤害，降低了消费者对保险行业的信任度，影响了保险业的发展。同时，客户投保时也存在不认真阅读保险条款、不如实告知甚至恶意投保的不诚信行为。这表明，我国保险市场参与主体践行最大诚信原则的意识需要进一步加强，保险行为需要进一步规范，我国保险诚信建设仍任重而道远。

当然，随着我国保险法律的逐步健全，保险监管的日益严格，保险机构内控机制的不断完善，保险从业人员素质的提升，我国保险诚信建设具备了很好的行业基础。同时，民众对保险知识的了解也减轻了信息不对称的程度，保险诚信建设的内外部环境日趋改善。因此，作为保险人，在保险经营中要不忘初心，坚持以诚信为本，做好保险诚信体系建设。一是要建设诚信文化，让从业人员具备诚信的意识；二是要加强保险专业知识培训，提高从业人员诚信的能力；三是要向民众普及保险常识，加深民众对于保险的理解，消除民众对于保险公司的负面认知；四是要坚持以客户为中心，以市场为导向，开发出满足消费者需要的保险产品，增强消费者对保险行业的信心。

在保险活动中提倡的诚信经营、诚信投保很好地体现了社会主义核心价值观的具体要求。诚信即诚实守信，是人类社会千百年传承下来的道德传统，也是社会主义道德建设的重点内容，它强调诚实劳动、信守承诺、诚恳待人、诚信经营。最大诚信原则适用于所有的保险活动，保险人、投保人和被保险人都必须严格遵守，这是保险双方必须履行的义务，也是其享有保险合同权利的前提条件。

资料来源：依据娟腾怜：《浅析保险最大诚信原则起源含义与发展》。（https：//www. shenlanbao. com/zhishi/10 - 337273，2021 - 07 - 21）和蔡光兵：《践行诚信原则，需要持之以恒甚至破釜沉舟》（https：//www. sohu. com/a/286604374_479770，2019 - 01 - 04）整理。

第三节　近因原则

重点提示：近因概念的理解；近因原则的含义及其应用。

一、近因原则的含义

（一）近因的概念

一般认为，近因是造成某种结果的直接有效、起决定性作用的原因；仅对结果起间接、次要作用的是远因。保险意义上的近因，是指造成保险标的损害的直接有效、起决定作用的危险因素或危险事故。在这里，直接有效、起决定作用的原因，并不一定指与损害发生时间或空间关系最接近的原因，不论时空距离，只论效果。1907 年波塞诉苏格兰联盟与国民保险公司案中把近因定义为：近因是指引起一系列事件发生，由此出现某种后果的能动的、起决定作用的因素；在这一因素的作用过程中，没有来自新的独立渠道的能动力量介入。1918 年雷兰德航运公司诉诺维奇联合保险公司案和 1924 年塞缪尔公司诉德莫斯案中认为，近因既不是第一因素，也不是最后的因素，而是有支配力的、起决定作用的或有效的因素。例如，在航行中，一艘满载皮革和烟草的货船突然船舱进水，海水腐蚀了皮革，但没有浸湿烟草，也没有浸湿包装烟草的纸箱。尽管如此，腐烂皮革散发出的臭气仍毁坏了烟草，船舱进水是导致烟草损失的近因。

（二）近因原则的含义

当保险标的因事故而致损害时，被保险人或受益人能否获得赔偿或给付，取决于造成保险标的损害的原因是否是保险责任。若属于保险责任，保险人必须承担赔偿或给付保险金的责任；若不属于保险责任，保险人可以拒绝承担赔付责任。但在保险实践中，造成保险标的损害的原因经常是错综复杂的，有时是连续发生，有时是同时发生，而且这些原因有的属于保险责任，有的是除外责任。对这类因果关系比较复杂的赔案，保险人应以近因原则作为依据来做出判断和处理。

近因原则是在处理赔案时决定保险人是否承担赔偿与给付保险金责任的重要原则，其含义可以表述为：保险人承担赔偿或给付保险金责任的先决条件是，造成保险标的损害后果的近因必须是保险责任事故。

该原则表明，在处理保险索赔案时，完成保险利益、有效单证的检验后，还必须勘查、判断导致保险标的损害的近因，然后将近因与保险单约定的保险责任相对照，该致损近因是保险责任事故，保险人承担赔偿或给付保险金的责任；该近因不是保险责任事故，或者保险责任事故仅在致损过程中起间接作用，保险人不承担赔偿或给付责任。

二、近因原则的应用

由于保险标的致损的原因是各种各样的，因此对于近因的判定及运用应根据具体情况进行具体分析。

（一）单一原因致损近因的判断

如果造成保险标的损害的原因只有一个，那么这一原因就是损失的近因。只需确认该原因是否是保险责任事故，便可决定保险人是否承担保险赔偿与给付责任。例如，货物在运输过程中遭受雨淋而受损，如果该货物只投保了水渍险，保险人不负赔偿责任；如果投保人在水渍险的基础上加保了淡水雨淋险，则保险人应负赔偿责任。

（二）多种原因连续致损近因的判断

如果保险标的致损是由两个或两个以上的危险事故所致，各事故依次发生且它们之间的前因后果关系连续不断，直至最后损害结果的产生，则最先发生的危险事故是损害的近因，其后发生的危险事故均为远因。在此情况下，无须对照其后的危险事故是否是保险责任，只要认定最先发生的事故是否是保险责任事故，便可确定保险人是否承担赔偿或给付保险金的责任。例如，地震倾覆了煤油炉，溅出的油遇到燃烧的炉芯使房屋起火，热辐射燃着了第二座房屋，火花与燃屑随风而飘，燃着了第三座房屋……最后，大火殃及距第一起火点500米以外的一座建筑物，则引起最后一座建筑物起火的近因是地震。而地震属于财产保险的除外责任，因此保险人不承担该建筑物的损失赔偿责任。

（三）多种原因同时致损近因的判断

有些情况下，保险标的损害是由两个或两个以上互不相关的因素同时发生所致。例如，火灾发生在风暴过程中，并造成了损失；骚乱过程中发生了火灾，火灾及骚乱者趁势纵火均造成了损失。在这种情况下，保险人处理赔案时应遵循以下原则：

如果这两个或两个以上的危险事故都是保险责任，或都不是保险责任，则无须追究致损的近因，便可决定保险人完全承担或完全不承担保险赔偿或给付责任。前例中火灾和风暴同时发生，且彼此互相独立，由于火灾和风暴都是保险责任事故，所以所有的损失都由保险人负责赔偿。

如果这两个或两个以上的危险事故兼有保险责任与除外责任，则应以“直接有效、起决定作用”为判断标准分析近因。如果近因是保险责任，则保险人承担赔偿或给付责任；如果近因不是保险责任，保险人不承担任何责任。如果无法判定近因或各个危险事故在致损过程中作用均衡时，便应进一步勘查损失可否按成因进行划分。如果能区分开，保险人仅承担保险责任事故引起的部分损害的赔偿或给付；如果不能区分开，保险人不负任何赔偿责任，因为这里涉及了除外责任。前例中火灾与暴乱同时发生造成了损失，火灾是保险责任，暴乱是除外责任。由于无法区分哪些损失是由火灾引起，哪些损失是由暴乱造成的，保险人不负赔偿责任。

（四）多种原因间断发生致损近因的判断

多种原因间断发生，是指在一连串发生的危险事故中，有一种新的独立因素介入，使原有的前因后果关系中断，并导致损失，则新介入的因素是近因。若近因属于保险责任，保险人就承担赔付责任；反之，若近因不属于保险责任，保险人不承担任何责任。

专栏4-3

打猎时摔伤死亡是否构成保险责任

人身意外伤害保险（疾病是除外风险）的被保险人因打猎时不慎摔成重伤，因伤重无法行走，只能倒卧在湿地上等待救护，结果由于着凉而感冒高烧，后又并发了肺炎，最终因肺炎致死。保险公司是否应赔付?

被保险人的死亡是由一连串的事故连续发生而引起的。虽然与死亡最接近的原因是除外责任——肺炎，但它发生在保险责任——意外伤害之后，且是保险责任的必然结果。被保险人死亡的近因是伤害而非肺炎，保险人应承担给付责任。

资料来源：赵春梅、陈丽霞等：《保险学原理》，东北财经大学出版社2000年版。

第四节 损失补偿原则

一、损失补偿原则的含义

所谓损失补偿原则，是指在补偿性保险合同中，保险标的遭受保险责任事故而致损失时，被保险人从保险人处获得的经济补偿金额不能超过其实际损失。即保险人的赔偿只能使被保险人在经济上恢复到受损前的状态，而不能通过保险赔偿获得额外利益。

该原则表明，保险标的在保险期限内遭受保险责任事故而致损失时，被保险人有权向保险人索赔，保险人也必须承担保险合同所约定的赔偿义务，赔偿金额除受保险金额、保险利益的限制外，还应坚持损失多少赔偿多少的原则，以限制被保险人利用保险获得额外利益的行为。

重点提示：损失补偿原则的含义；损失补偿原则内容的理解；损失赔偿金额的计算；损失补偿原则例外情况的理解。

二、损失补偿原则的内容

（一）被保险人请求损失赔偿的条件

当被保险人的财产遭受保险责任事故而致损失后，保险人应对被保险人所受的实际损失给予赔偿。在实际业务中，被保险人要获得赔偿必须具备一定的条件。

1. 保险标的必须是在保险期间遭受保险责任事故受到损失。首先，只有在保险合同有效期限内发生事故造成了损失，保险人才负责赔偿；其次，保险标的参加了保险，并不意味着保险人对标的的所有损失都予以负责，而只负责赔偿保险合同约定的保险责任事故造成的损失。如果保险标的的损失是由非保险责任所致，保险人不负责赔偿。

2. 被保险人只有对保险标的具有保险利益才能获得赔偿。根据保险利益原则，保险财产发生保险事故时，被保险人对保险标的必须具有保险利益，被保险人对保险标的不具有保险利益的，不得向保险人请求赔偿保险金。例如，银行将借款人抵押的一幢房屋投保，如果银行在保险事故发生前已收回全部贷款，则即使保险事故发生在保险合同有效期内，银行也不能从保险人处获得赔偿，因为此时银行对房屋已无保险利益。

3. 被保险人遭受的损失必须能用货币来衡量。如果被保险人遭受的损失不能用货币来衡量，保险人就无法确定应赔偿多少，也就无法实施赔偿。

（二）保险人赔偿的金额限度

保险人在确定赔偿金额时，既应使被保险人的损失获得充分补偿，又要防止被保险人通过保险赔偿而获得额外利益。因此，保险人在确定赔偿金额时应考虑一些因素：

1. 保险人的经济补偿金额以被保险人遭受的实际损失为限。保险财产发生保险责任范围内的事故遭受损失，保险人按照保险合同规定应对被保险人的实际损失进行赔偿，使被保险人在经济上能够恢复到保险事故发生前的水平。如果保险人对被保险人的损失赔偿得太少，标的物就得不到完全恢复；如果赔偿太多，容易导致道德危险的发生。

保险人对保险标的的损失进行补偿，以标的物的实际损失为限。但在具体的掌握上，应以标的物的市场价格为准。例如，某台机器，按照实际价格 100000 元投保，保险期限为 1 年，6 个月后因意外造成全损，此时该机器的市场价格为 90000 元。这样，被保险人遭受的实际损失是 90000 元而不是 100000 元，保险人按照对实际损失进行补偿的原则，只补偿被保险人的经济损失 90000 元，不必再考虑保险金额是多少。

2. 保险人的经济补偿金额以保险金额为限。保险金额是保险人承担经济补偿责任的最高限额，被保险人因保险标的遭灾受损所获得的经济补偿数额，只能小于或等于而不能大于保险金额。例如，投保的机器，保险金额为 100000 元，在保险期限内遭灾全部损毁，损失当时机器的市场价格为 110000 元。这时，被保险人的实际经济损失是 110000 元，但由于保险金额是 100000 元，而保险金额是保险人补偿损失的最高限额，所以被保险人只能获得 100000 元的经济补偿。

3. 保险人的经济补偿金额以被保险人对保险标的所具有的保险利益为限。财产保险发生保险事故，被保险人进行索赔时，对保险标的必须具有保险利益，而且保险人赔偿金额不能超过被保险人对该项标的所具有的保险利益。例如，某人以 200 万元的房屋作抵押向银行申请 100 万元贷款，银行将受押的房屋投保了财产保险，投保房屋在保险期内遭受火灾全部损毁。此时这栋房屋的实际价值为 200 万元，但由于银行的贷款额是 100 万元，其对房屋的保险利益也就只有 100 万元。所以，保险人只能赔偿银行 100 万元。

综上所述，当被保险人的财产因保险事故遭受损失时，保险人的赔偿金额以实际损失为限、以保险金额为限、以被保险人对保险标的的保险利益为限。三者之中，以最低者为限。

为了避免被保险人通过保险赔偿获得额外利益，在实际业务中保险人应注意以下几点：

第一，保险标的遭受部分损失后仍有残值的，保险人在计算赔款时，应对残值作相应的扣除。通常情况下是将残余部分折价给被保险人，并在赔款中扣除。

第二，如果保险事故是由第三者责任造成的，保险人在对被保险人进行赔偿后，应依法取得向责任方的追偿权。

第三，如果某一保险标的存在重复保险，发生保险事故后，各保险人应按其保险金额占全部保险金额总和的比例承担赔偿责任。

（三）损失赔偿方式

通常情况下，保险人有权在发生保险事故时，针对承保标的的实际情况，选择不同的方法计算赔偿金额。由于投保方式不同，决定了保险人对标的损失的赔款计算方式也不相同。

1. 比例分摊赔偿方式。在不定值保险中，保险金额小于保险标的实际价值的，称为不足额保险。不足额保险发生损失时，采取比例分摊赔偿方式，按照保险金额与保险标的实际价值的比例计算出保障程度，再按其损失额比例赔偿。其计算公式为：

赔偿金额＝损失金额×保障程度

保障程度＝保险金额÷实际价值×100%

损失金额＝损失当时完好财产实际价值－残值

例如，某企业财产估价投保，保险金额为1000万元，标的在保险期限内发生损失，损失额为30万元，损失当时保险标的实际价值为1500万元。则：

保险人赔偿金额＝30×（1000÷1500）×100%＝20（万元）

不足额保险之所以采取比例分摊赔偿方式计算赔款，是由于财产保险中保险费率是建立在保险标的足额投保的基础上，不足额保险意味着投保人所缴纳的保险费比足额投保少。被保险人对其财产不足额投保，标的损失后也不应得到足额赔偿。保险人采取比例分摊赔偿方式的目的是使投保人尽量按照财产的实际价值足额投保。这样，保险标的一旦被损毁，被保险人就能够得到充分的经济补偿。

当保险金额等于保险标的实际价值时，称为足额保险。发生损失时，保险人按损失金额赔偿。

保险金额大于保险标的实际价值的是超额保险。当出现超额保险时，保险人一般按足额保险对待，主张超过部分无效，并退还超过部分金额的保险费。

2. 第一损失赔偿方式。第一损失赔偿方式是把保险财产价值分为两部分：与保险金额相等的部分，称为第一危险责任，发生的损失称为第一损失；超过保险金额的部分，称为第二危险责任，发生的损失称为第二损失。

第一损失赔偿方式，是指保险财产发生损失后，不论保险金额占全部应保财产实际价值的比例是多少，只要损失在保险金额限度内，保险人均按实际损失赔偿。第二损失由投保人自负。这种赔偿方式的特点是赔偿金额等于损失金额，但不得超过保险金额，其公式如下：

当损失金额≤保险金额时，赔偿金额＝损失金额

当损失金额＞保险金额时，赔偿金额＝保险金额

该赔偿方式主要适用于家庭财产保险的室内财产损失赔偿。

3. 限额赔偿方式。限额赔偿方式是保险人在订立合同时便规定保险保障的标准限额，保险人负责赔偿实际价值与标准保障限额的差额。这种赔偿方式又可以分为两种形式：

（1）超过一定限额的赔偿。保险标的的损失在规定的标准限额内，保险人不负责赔偿，只有损失超过规定限额，保险人才负赔偿责任。这里所说的规定限额通常叫免赔额（免赔率），是指在保险人根据保险合同作出赔偿之前，先由被保险人负责承担的一部分损失。免赔额条款是保险合同中常见的保险条款，在财产保险（广义）和健

康保险中得到广泛的使用。免赔额有相对免赔额和绝对免赔额两种情况。相对免赔额下，当保险财产损失超过免赔额时，保险人按全部损失进行赔偿，其公式如下：

赔偿金额＝损失额

绝对免赔额下，当保险财产损失超过免赔额时，保险人仅就超过免赔额的那部分损失进行赔偿，其公式如下：

赔偿金额＝损失金额－免赔额

例如，某货物投保货物运输保险，保险金额是100000元，保险合同约定的免赔率为1%，则免赔额＝100000×1%＝1000（元）。如果执行相对免赔额，损失在1000元以下不予赔偿；现假设损失是2000元，超过1000元，则保险人承担全部经济损失2000元。如果实行绝对免赔额，损失在1000元以下，不予赔偿；若损失是2000元，保险人只负责赔偿其差额部分1000元。

（2）收获量不足一定限额的赔偿。这种赔偿方式主要适用于农作物收获保险。当收获量没有达到保险合同约定的限额时，由保险人补足其差额部分；收获量超过约定限额时，被保险人无论是否遭受灾害，保险人均不负赔偿责任。例如，李某将一亩小麦投保收获保险，保险合同中约定保险人的承保限额是300公斤，价值600元。由于遭受灾害，小麦减产，亩产量只有100公斤，价值200元。这样保险人应赔偿承保限额与实际收获价值的差额400元。如果受灾后小麦亩产量仍在300公斤以上，收获价值不低于600元，保险人就不必再负赔偿责任。

三、损失补偿原则的例外

损失补偿原则虽然是财产保险（广义）的一项基本原则，但在保险实务中，还存在着一些保险人的赔款有可能超过被保险人实际损失或保险金额的情况，这构成了损失补偿原则的例外。

（一）定值保险

定值保险是保险双方当事人事先约定被保险财产的保险价值作为保险金额，发生保险事故造成被保险财产损失时，不论损失当时保险财产的实际价值是多少，保险人按合同约定的金额赔偿，无须再进行估价。

在定值保险中，保险人按保险合同约定的保险金额计算赔款。其中，发生全部损失时按保险金额赔偿。如运输中的货物保险价值为1200万元，保险金额为1200万元，货物出险全损，损失当时货物的实际价值为1100万元（由此可判断实际损失为1100万元），但保险人按保险金额赔偿1200万元，赔款超过了实际损失。

如果发生保险事故造成保险财产部分损失，则按损失程度赔偿。其计算公式如下：

$$\text{赔偿金额}=\text{保险金额}\times\text{损失程度}$$

$$\text{损失程度}=\left(\begin{matrix}\text{保险标的损失当时的}\\\text{完好价值或实际价值}\end{matrix}-\text{残值}\right)\div\begin{matrix}\text{保险标的损失当时的}\\\text{完好价值或实际价值}\end{matrix}\times 100\%$$

假设上例中的货物发生部分损失，损失当时货物的实际价值是1100万元，残值为220万元，则：

损失程度 $=(1100-220)\div 1100\times 100\%=80\%$

保险赔偿金额 $=1200\times 80\%=960$（万元）

定值保险一般适用于运输货物保险以及那些难以估价的名画、古董等艺术品类的财产保险。

（二）重置价值保险

所谓重置价值保险是指以被保险人重置或重建保险标的所需费用或成本确定保险金额的保险。在重置价值保险情况下，发生损失时，按重置费用或成本赔付，可能出现保险赔款大于实际损失的情况。

（三）施救费用的赔偿

被保险人为抢救保险标的支付的必要的、合理的费用，由保险人承担，其赔偿数额在损失赔偿金额以外另行计算。这样，损失和费用的赔偿总和可能超过保险金额。

需要注意的是，如果保险财产损失采取比例分摊赔偿方式，费用的赔偿应采取相同的比例。

（四）损失补偿原则不适用于人身保险

除医疗保险外，人身保险均属于给付性（受益性）合同，不适用于补偿原则。所以，保险事件发生时，保险人不必考虑被保险人有无损失以及损失金额是多少，只按保险合同约定的金额给付保险金。具体来说，当被保险人遭遇保险事故而致死亡或保险期限届满，或达到合同约定年龄时，保险人按保险合同约定的保险金额全额给付保险金；当因保险事故而致被保险人残疾时，则根据其伤残程度按保险金额的一定比例来计算残疾保险金。

人身保险中的医疗保险是补偿性保险，是以被保险人实际支付的医疗费用作为保险人赔偿的条件和依据，而医疗费用的支付是有确定数目的。因此，医疗保险是人身保险的例外，适用于损失补偿原则，保险人只对被保险人实际支付的医疗费进行补偿。

第五节 损失补偿原则的派生原则

重点提示：代位原则的含义；代位原则的内容及相关规定；分摊原则的内容及分摊方法。

一、代位原则

（一）代位原则的含义

代位，即取代别人的某种位置。保险的代位，是指保险人取代被保险人的地位，向责任方追偿。

代位原则是指在补偿性保险中，当保险标的由于第三者责任导致保险事故发生遭受损失，或者保险标的因保险事故造成推定全损，保险人按照保险合同的约定履行赔偿责任后，依法取得对保险标的的损失负有责任的第三者的追偿权或对该项标的的所有权。

当保险标的发生保险责任范围内事故遭受损失，而该事故又是由于第三者的疏忽、过失或故意行为所致，则一方面被保险人可以按照保险合同的规定，向保险人要求赔款，这是由保险合同产生的权益；另一方面，被保险人可以受害人身份依法向责任方（第三者）要求赔偿，这是基于法律而产生的权益。

被保险人的两种权益都符合法律规定，并受法律保护。在两种权益依法并存的情况下，被保险人既可以向保险人请求赔偿，也可以向责任方要求赔偿，从而可以获得双重利益，这违反了保险的损失补偿原则。为了解决这一矛盾，便产生了代位追偿原则。可见，代位追偿原则的意义：一是可以防止被保险人在同一次灾害损失中取得重复赔偿；二是使肇事者承担其依法应负的民事损害经济赔偿责任。

同样，当保险标的发生推定全损，保险人按全部损失进行赔偿后，取得对保险标的的所有权，可以防止被保险人获得标的残值的额外利益。

代位原则的主要内容包括权利代位和物上代位。

（二）权利代位

权利代位即代位追偿，是指在补偿性保险合同中，保险标的发生保险事故受损，根据法律规定或有关约定，应由第三者负责赔偿的，保险人予以赔偿后，应当在赔款金额限度内，依法取得被保险人向第三者请求赔偿的权利。否则，会由于标的参加保险而使第三者免除其依法应付的经济赔偿责任，或者被保险人除获得保险赔偿外，再向第三者提出赔偿请求，从而获得额外利益，两种情况都是不合理的。

1. 保险人取得代位追偿权的条件。我国《保险法》第六十条第一款规定：“因第三者对保险标的的损害而造成保险事故的，保险人自向被保险人赔偿保险金之日起，在赔偿金额范围内代位行使被保险人对第三者请求赔偿的权利。”由此可见，保险人取得代位追偿权必须具备以下条件：

（1）保险标的发生保险责任事故遭受损失。只有保险责任范围内的事故造成保险标的的损失，保险人才负责赔偿。如果由于第三者责任造成保险标的损失，但不属于保险责任，那么被保险人只能向责任方要求赔偿，而无权要求保险人赔偿，也就谈不上代位追偿。

（2）保险事故是由第三者责任所致。只有当保险事故是由第三者责任造成时，受害人（即被保险人）才有权利向第三者（即责任方）要求赔偿，并在取得保险赔偿后将向第三者要求赔偿的权利转移给保险人，由保险人进行代位追偿。如果是由于自然灾害或意外事故造成保险标的损失，而不是由第三者过失、疏忽或故意行为所致，那么就不存在代位追偿问题，保险人只是按照保险合同规定履行经济赔偿义务。

（3）保险人的先行赔偿。保险标的发生保险事故遭受损失后，保险人承认被保险人的损失赔偿请求，并履行全部赔款义务后才能取得代位追偿权，即保险人的先行赔款是其取得代位追偿权利的先决条件。

2. 被保险人向保险人转移追偿权的限度。被保险人转移追偿权，是有一定限度的，他只能转让属于保险责任范围内保险人负责赔偿的部分，对不属于保险人承担的赔偿责任，应由第三者负责赔偿的损失，被保险人应保留其向第三者的赔偿请求权。《保险法》第六十条第二款规定：“保险人依照本条第一款规定行使代位请求赔偿的权利，不影响被保险人就未取得赔偿的部分向第三者请求赔偿的权利。”

3. 保险人行使代位追偿权的权益范围。保险人在代位追偿中享有的权益以其对被保险人赔偿的金额为限。首先，保险人在代位追偿中仅享有被保险人可以享有的权益。例如，在船舶保险中，保险船舶与另一船舶相撞，双方各负 50% 的责任，若该保险船舶损失 200 万元，则该被保险人只有向对方船东要求赔偿 100 万元的权益，保险人获得的代位追偿权益也不能超过 100 万元。其次，保险人在代位追偿中获得的利益，通常不能超过被保险人实际得到的赔款。如果保险人从第三者追偿的金额小于或等于其赔款金额，则全部归保险人所有；如果追偿金额高于保险人的赔偿金额，则保险人应将超过的部分退还给被保险人。

4. 保险人取得代位追偿权的方式。保险人可以通过两种方式取得代位追偿权：一是法定方式，即保险人在履行赔偿保险金责任时即可取得代位追偿权；二是“权益转让书”方式，即保险人在被保险人签署权益转让书后才取得代位追偿权。根据《保险法》第六十条第一款的规定，我国保险人是通过法定方式取得代位追偿权的。但在保险实践中，保险人支付保险赔款后，通常要求被保险人出具权益转让书，用以确认保险人代位追偿的时间和向第三者追偿的最高金额。

5. 被保险人不能损害保险人的代位追偿权。根据《保险法》第六十一条的规定，保险事故发生后，保险人未赔偿保险金之前，被保险人放弃对第三者请求赔偿权利的，保险人不承担赔偿保险金的责任；保险人向被保险人赔偿保险金后，被保险人未经保险人同意放弃对第三者请求赔偿权利的，该行为无效；被保险人故意或者因重大过失致使保险人不能行使代位追偿权利的，保险人可以扣减或者要求返还相应的保险金。

代位追偿权，是随着保险人实际支付赔款后出现的，是保险人的合法权益，如果被保险人放弃对第三者的赔偿请求权，就侵犯了保险人的利益，保险人有权免除赔偿责任。因此，为了保证代位追偿权的顺利实现，保险人有权要求被保险人履行某些义务。《保险法》第六十三条规定：“保险人向第三者行使代位请求赔偿的权利时，被保险人应当向保险人提供必要的文件和所知道的有关情况。”

6. 保险人代位追偿的对象。保险人代位追偿的对象是对保险事故的发生和保险标的的损失负有民事赔偿责任的第三者，可以是法人，也可以是自然人。对代位追偿的对象，许多国家都以立法形式加以限制，我国《保险法》第六十二条规定：“除被保险人的家庭成员或者其组成人员故意造成本法第六十条第一款规定的保险事故外，保险人不得对被保险人的家庭成员或者其组成人员行使代位请求赔偿的权利。”

7. 代位追偿原则的适用范围。代位追偿原则只适用于补偿性保险合同，而不适用于医疗保险以外的人身保险合同。在医疗保险以外的人身保险中，如果由于第三者责任造成被保险人的伤害，被保险人或受益人既可向保险公司申请保险金，同时也可要求责任方承担赔偿责任。保险人不能以给付保险金为由，向肇事方行使代位追偿，而肇事方也不能因保险人已给付保险金就不承担过失责任。我国《保险法》第四十六条规定：“被保险人因第三者的行为而发生死亡、伤残或者疾病等保险事故的，保险人向被保险人或者受益人给付保险金后，不享有向第三者追偿的权利，但被保险人或者受益人仍有权向第三者请求赔偿。”

（三）物上代位

物上代位是指保险标的遭受保险责任范围内的损失，保险人按保险金额全数赔偿后，依法取得对该项标的的所有权。

1. 物上代位的产生。物上代位通常产生于对保险标的做推定全损的处理。推定全损是指保险标的遭受保险事故尚未达到完全损毁或灭失的程度，但实际全损已不可避免，或者为防止实际全损发生而支付的费用将超过保险价值，或者修理受损保险标的的费用将超过修复后的价值，保险人按照全损赔偿的一种推定性损失。由于推定全损是保险标的并未完全损毁或灭失，即还有残值，所以保险人在按全损支付保险赔款后，理应取得保险标的的所有权，否则被保险人就可能由此而获得额外利益。

2. 物上代位权的取得。保险人的物上代位权是通过委付来取得的。委付是指保险标的发生推定全损时，被保险人要求保险人按全损赔偿，并以明确方式表示将标的所有权全部转移给保险人的行为。

委付是一种放弃物权的法律行为，是海上保险独有的一种处理保险标的损失的手段。

（1）委付的条件。委付的成立必须具备一定的条件：

第一，委付必须以推定全损为条件。因为委付包含着全额赔偿和转移保险标的一切权利义务两重内容，所以必须是在推定全损时才能适用。

第二，委付必须由被保险人向保险人提出。被保险人要进行委付必须向保险人提出委付申请。按照国际海上保险惯例，被保险人可以通过书面或口头形式，向保险人或其授权的经纪人提出。在我国海上保险实践中，委付必须以书面形式向保险人提出。被保险人不向保险人提出委付的，保险人只对保险标的按部分损失处理。

第三，委付必须就保险标的的全部。委付具有不可分割性，不能仅就保险标的的一部分进行委付，否则容易产生纠纷。

第四，委付不得附有条件。如果允许委付附带任何条件，将会增加保险合同双方关系的复杂性，并可能引起保险人和被保险人之间的纠纷。

第五，委付必须经过保险人的同意。被保险人向保险人提出的委付申请，必须经过保险人的同意才能生效。在保险实务中，保险人在赔偿保险金之前应从被保险人处取得权益转让书。

（2）委付的效力。首先，委付不得撤回。委付一经成立，便对保险人和被保险人产生了法律约束力。委付成立后，保险人和被保险人都不能撤销。其次，保险人接受委付后，不仅获得了因该标的而产生的权益，同时也要承担与该标的相关的民事责任。因此，保险人在接受委付时必须慎重。

3. 保险人在物上代位中的权益范围。保险人在物上代位中的权益范围可能会由于保险标的保障程度的不同而有所不同。在足额保险中，保险人按保险金额支付保险赔偿金后，即取得对保险标的的全部所有权。因此，保险人在处理标的物时所获得的利益如果超过所支付的赔偿金额，超过部分归保险人所有；如有对第三者损害赔偿请求权，索赔金额超过其支付的保险赔偿金额，也同样归保险人所有。而在不足额保险中，保险人只能按照保险金额与实际价值的比例取得受损标的的部分权利。但由于保险标的的不可分割性，保险人在依法取得受损保险标的的部分权利后，通常将其折价给被保险人，并在保险赔偿金中作相应的扣除。

我国《保险法》第五十九条规定："保险事故发生后，保险人已支付了全部保险金额，并且保险金额等于保险价值的，受损保险标的的全部权利归于保险人；保险金额低于保险价值的，保险人按照保险金额与保险价值的比例取得受损保险标的的部分权利。"

二、分摊原则

（一）分摊原则的含义

在重复保险的情况下，当发生保险事故造成保险标的损失时，各保险人应采取适当的分摊方法承担赔偿责任，使被保险人既能得到充分的补偿，又不致获得额外利益。

由于重复保险是投保人就同一保险标的与两个以上保险人签订保险合同，且保险金额总和超过保险标的的价值，这就有可能使被保险人在保险标的发生损失时从不同的保险人处获得多重赔偿，从而违背了损失补偿原则。为了防止被保险人由于重复保险而获得额外利益，在重复保险的情况下应遵循分摊原则。

（二）重复保险的赔偿方式

在重复保险中，如果发生保险事故，保险标的的损失应由各保险人进行分摊。分摊的方式有三种：比例责任方式、限额责任方式和顺序责任方式。

1. 比例责任方式。这是一种最常用的重复保险损失分摊方式，是指保险标的遭受损失时，各个保险人按其保险金额占重复保险金额之和的比例分担保险赔偿责任，以保险价值为限。公式如下：

某保险人应负赔偿的责任 = 损失金额 ×（该保险人承保金额 ÷ 各保险人承保金额之和）× 100%

例如，某企业一价值1800万元的厂房，向A、B、C三家保险公司投保1年期火灾保险，三家公司的承保金额分别是1000万元、600万元、400万元。在保险期限内因发生火灾造成损失800万元，A、B、C三家公司的赔款额分别是：

A公司赔款额 = 800 × 1000 ÷ (1000 + 600 + 400) × 100%
= 400（万元）

B公司赔款额 = 800 × 600 ÷ (1000 + 600 + 400) × 100%
= 240（万元）

C公司赔款额 = 800 × 400 ÷ (1000 + 600 + 400) × 100%
= 160（万元）

2. 限额责任方式。限额责任方式，是指各保险人对于损失的分摊，不以保险金额为基础，而是假设在没有重复保险的情况下，各保险人按其单独应负的最高赔款限额与各保险人应负最高赔款限额总和的比例承担责任。计算公式如下：

某保险人赔款额 = 损失金额 × 该保险人赔款比率
= 损失金额 ×（该保险人最高赔款限额 ÷ 各保险人最高赔款限额总和）× 100%

前例中，按限额责任方式，A、B、C三家公司应承担的赔款额为：

A公司赔款 = 800 × 800 ÷ (800 + 600 + 400) × 100%
≈ 355.56（万元）

B公司赔款 = 800 × 600 ÷ (800 + 600 + 400) × 100%
≈ 266.66（万元）

C公司赔款 = 800 × 400 ÷ (800 + 600 + 400) × 100%
≈ 177.78（万元）

3. 顺序责任方式。顺序责任方式是指保险标的受损后，根据各个保险人出立保单的时间顺序来确定赔偿责任，即由第一家出立保单的保险公司在其保险金额限度内首先承担赔偿责任，后出立保单的保险公司只有在财产损失额超过第一家保险公司的保险金额时，才依次承担超出的部分。依此类推，直到被保险人的全部损失获得赔偿。例如，一批价值2000万元的货物向甲、乙、丙三家公司分别投保1000万元、800万元和600万元的水渍险。货物在运输中途发生触礁损失1200万元，则甲公司赔偿1000万元，乙公司赔偿200万元，内公司无须赔偿。

按照我国《保险法》的规定，在保险合同没有特别约定的情况下，重复保险采取比例责任方式分摊损失。

需要说明的是，人身保险不受重复保险的限制，即如果人们向几家保险公司投保多份同一种类的人身保险，在发生保险事件时可以取得多份保险金。

本章总结

1. 保险利益原则是指在签订和履行保险合同过程中，投保人或被保险人对保险标的必须具有保险利益，否则合同无效；即使订立了保险合同，保险人也有权解除合同或拒绝承担经济赔偿责任。遵循保险利益原则有利于避免把保险变成赌博行为、限制保险保障和赔偿的程度以及防止道德危险的产生。

保险利益原则在财产保险和人身保险实务应用中有所不同，表现为保险利益的来源不同、时效要求不同、保险利益价值的计算方式不同。

2. 最大诚信原则要求保险双方在签订和履行保险合同时，必须保持最大限度的诚意，双方都应恪守信用，互不欺骗和隐瞒，如实公布有关情况，严格履行合同规定的义务，否则合同无效。最大诚信原则的内容主要是告知、保证、弃权和禁止反言。投保方违反最大诚信原则，保险人有权解除合同。

3. 近因原则是保险人用以判断是否要进行赔付时所依据的原则。当保险标的因事故而致损害时，被保险人或受益人能否获得赔偿或给付，取决于造成保险标的损害的近因是否是保险责任。若属于保险责任，保险人必须承担赔偿或给付保险金的责任；若不属于保险责任，保险人可以拒绝承担赔付责任。保险赔偿与给付的先决条件是，造成保险标的损害后果的近因必须是保险责任事故。

4. 损失补偿原则是指在补偿性保险合同中，保险标的遭受保险责任范围的损失时，被保险人从保险人处获得的经济补偿金额不能超过其实际损失。即保险人的赔偿只能使被保险人在经济上恢复到受损前的状态，而不能通过赔付获得额外利益。保险人的赔偿金额要考虑保险金额、保险利益和实际损失等因素。保险人可以采取比例分摊赔偿方式、第一损失赔偿方式和限额赔偿方式等计算赔款。定值保险、重置价值保险、施救费用的赔偿及人身保险的给付构成了损失补偿原则的例外。

5. 代位原则是损失补偿原则的派生原则，指在补偿性保险中，保险标的发生保险事故造成推定全损，或者保险标的由于第三者责任导致保险损失，保险人按照保险合同的约定履行赔偿责任后，依法取得对保险标的的所有权或对保险标的损失负有责任的第三者的追偿权。代位原则主要包括权利代位和物上代位。

6. 分摊原则是损失补偿原则的另一派生原则。在重复保险的情况下，当保险事故发生时，各保险人应采取适当的分摊方法分配赔偿责任，使被保险人既能得到充分的补偿，又不致获得额外利益。保险人可以采取比例责任方式、限额责任方式和顺序责任方式三种方法来分摊损失责任。分摊原则同样不适用于人身保险。

练习与思考

1. 保险利益的概念及其构成条件有哪些？

2. 如何理解保险利益原则的含义及意义？

3. 保险利益原则在人身保险和财产保险应用上的区别表现在哪些方面？

4. 最大诚信原则的含义和主要内容是什么？

5. 违反最大诚信原则的表现及其法律后果如何？

6. 如何理解近因原则的含义？在实践如何运用？

7. 如何理解损失补偿原则的含义？

8. 损失补偿原则的主要内容有哪些？

9. 保险人进行损失补偿的计算方法有哪些？

10. 代位原则的含义及内容是什么？

11. 分摊原则的含义及分摊方式有哪些？

12. 一批财产在投保时按市场价确定保险金额 600 万元，后因发生保险事故，损失 20 万元，被保险人支出施救费用 5 万元。这批财产在发生保险事故时市价为 800 万元。试计算保险公司赔偿多少保险金？

13. 结合保险实际说明遵循最大诚信原则的意义，以及当代大学生应如何树立诚信意识。

第五章 人身保险

本章提要

人身保险是各类保险中最重要的类型，其保费收入占总保费收入的大部分。人身保险主要包括人寿保险、意外伤害保险和健康保险。本章主要讲述人身保险的概念、特征、业务分类、人寿保险合同的常用条款，介绍人寿保险、意外伤害保险和健康保险业务险种。

学习目标

掌握人身保险的概念、特征、分类。
理解人寿保险合同的常用条款的含义及其法律规定、实践意义。
掌握人寿保险、意外伤害保险和健康保险的概念、特征。
理解投资型险种与保障型、储蓄型险种相比较的特殊性。

第一节 人身保险概述

重点提示：人身风险与人身保险的概念；人身保险与财产保险相比较的特殊性；人身保险与社会保险相比较的特殊性；人身保险的分类。

一、人身保险的概念

（一）人身风险

人身风险是指人的生命或身体遭受损害的风险，即人们所面临的生、老、病、死、伤、残等发生的不确定性，表现为费用的增加或收入的减少。人身风险包括生命风险和健康风险。

1. 生命风险。生命风险是与人的生存与否有关的风险。对此，一个人会面临两种情况：早逝风险和年老风险。早逝风险是指一个人

"活得太短"的风险。如果一个人去世得太早，则与死亡本身相关的费用支出和收入的丧失会给依赖其收入生活的人造成经济负担或经济困难。老年风险是指一个人"活得太久"的风险。人老后，就面临退休问题，这时个人虽仍生存但收入来源已中断，对于那些到退休时没有储蓄或储蓄不足的人来说就无法满足其退休后老有所养等的需要，这会给其家人或社会造成一定的经济负担。

2. 健康风险。健康风险主要是指影响人的身体健康或健全程度的风险，包括疾病风险和残疾风险。疾病风险是指人体内部感染疾病的可能性；残疾风险是指由于疾病、伤害事故等导致人体肌体损伤、组织器官缺损或功能障碍等的可能性。两种情况对个人或家庭经济方面的影响主要表现为两方面：一是医疗费用的增加；二是收入的减少或中断，即疾病或伤害的发生对人体造成损害，会引起暂时性或永久性劳动能力的丧失甚至死亡。

（二）人身保险

人身保险是以人的生命或身体作为保险标的，当被保险人发生死亡、伤残、疾病、年老等事件或达到合同约定的年龄、期限时，由保险人按合同的约定承担给付保险金责任的保险。

1. 人身保险的保险标的。人身保险的保险标的包括人的生命和身体两部分。当以人的生命作为保险标的时，以生存和死亡两种状态存在；当以人的身体作为保险标的时，其存在状态表现为人的健康状况、生理技能和劳动能力（人赖以谋生的手段）等方面。

2. 人身保险的保险责任。人身风险的客观存在是人身保险产生、存在和发展的前提。人身风险包括人的年老、疾病、伤残、死亡等，因此人身保险的保险责任包括人的生存、死亡、伤残、疾病、年老等各个方面。当被保险人发生死亡、伤残、疾病、年老等保险事件或合同期限届满，或达到合同约定的年龄时，由保险人根据保险合同的约定，向被保险人或受益人给付保险金。

二、人身保险的特征

人身保险的特征可以从两方面理解：一是与财产保险相比较的人身保险的特殊性；二是与社会保险相比较的人身保险的特殊性。

（一）人身保险与财产保险的比较

与财产保险相比较，人身保险具有以下几方面的特征：

1. 保险标的具有特殊性。人身保险以人的生命或身体为保险标的，人的生命或身体不能用货币来衡量其价值大小。而财产保险以财产及其相关的利益为保险标的，可用货币来衡量其价值的大小。

2. 人身保险是定额保险。人身保险的保险标的不能用货币来衡量其价值的大小，因此其保险金额是由投保人依据被保险人的实际需要和自身的交费能力与保险人协商确定。一般情况下，人们对人身保险的需要包括丧葬费用、医疗费用、子女教育费用、遗属生活费用、退休养老费用、债务等。投保人的交费能力则与其收入水平和负担状况有关。而财产保险中，保险金额是根据保险标的在投保时的实际价值来确定。

3. 生命风险具有相对稳定性、变动性和分散性。生命风险的相对稳定性是指人身保险所承保的生命风险发生的概率波动相对较规则。人们根据对若干人生命规律的跟踪调查制成了生命表，发现同一年龄段人们所面临的死亡率相差不大，并以此作为厘定人身保险费率的基础。而财产保险由于保险标的种类繁多，影响保险标的的因素更是复杂多样，其风险发生极不规则，存在较大偶然性，因而财产保险事故的发生规律不易确定。

生命风险的变动性是指人身保险所承保的死亡风险随着年龄的增长而上升，是逐年变动的，即不同年龄的人死亡率不同，特别是人到晚年时死亡率更是加速度上升。如果单纯按死亡率来确定费率，则被保险人在不同的年龄所适用的费率不同（这种以各年龄死亡率为基础计算的保费是自然保费，相当于当年的保险成本），被保险人年龄越大，保费越高。这样，对于大多数被保险人而言，在其晚年最需要保险保障时，可能会由于无力承担高额保费而丧失保险保障，从而使人们参加人身保险失去了意义，而且还可能导致“逆选择”，即身体健康的人因费率上升退出保险，而体弱多病的人反而积极投保，这对保险人的经营不利。因此，在保险实务中采取“均衡保费”（或称平准保费）的做法，即将投保人应缴纳的保费在缴费期内重新均摊，使投保人每年缴纳的保费相同。这样，保险人通过缴费前期多收的保费及其利息来弥补缴费后期所收保费的不足部分，既保证了保险人的正常经营，也使被保险人在年老时仍能获得保险保障。而财产保险中，在社会环境、管理条件不变的条件下，财产在每年遭受风险损失的概率基本上变化不大，无须频繁地调整费率。

生命风险的分散性是指寿险保单的保险金额之间相差不大，一般不存在巨额风险，风险较分散。而财产保险标的实际价值之间可能相差悬殊，存在巨额风险，风险相对集中。

4. 保险期限具有长期性。人身保险中，占其业务绝大部分的人寿保险都是长期保险，其保险期限短则几年，长则十几年、几十年甚至终身。而财产保险的保险期限为一年或一年以内，是短期保险。

5. 人身保险在保险合同中指定受益人。人身保险的绝大多数险种都包含死亡责任，即在保险有效期限内当被保险人死亡时，保险人承担给付保险金的责任。这就要求在订立保险合同时明确当被保险人死亡时领取保险金的人。因此，投保人身保险时，应当由被保险人或者投保人指定受益人，投保人指定受益人时应征得被保险人同意。而投保财产保险，保险合同中通常不需要指定受益人，发生保险事故造成保险财产损失时，由被保险人本人领取保险金。

6. 保险利益具有特殊性。人身保险中，保险利益的特殊性表现在理论和实务两方面。

（1）人身保险的保险利益没有量的规定性。从理论上讲，由于人的生命和身体不能用货币来衡量其价值大小，因而人身保险的保险利益没有量的规定性。所以，人身保险中一般只考虑有无保险利益，而不考虑保险利益的金额是多少，保险利益一般是无限的。但在保险实务中，人身保险的保险利益大小一般受投保人缴费能力的限制。在某些特殊情况下，人身保险的保险利益有量的规定性，如债权人以债务人为被保险人投保死亡保险时，保险利益以其债权金额为限。而财产保险的保险利益是以保险标的的实际价值为依据来确定的。

（2）人身保险的保险利益在实务应用中具有特殊性。表现为保险利益来源不同、保险利益的时效要求不同、确定保险利益大小的依据不同（详见第四章第一节）。

7. 人身保险具有储蓄性。储蓄最基本的特征是返还性和收益性。人身保险具有储蓄性。首先，人身保险最基本的保险责任是死亡，而按照人的生命规律，人最终都将走向死亡，从而使人身保险的死亡给付具有了某种必然性。其次，由于人身保险期限较长，在实际业务中采取均衡保费，这使得投保人在保险期限的前一阶段实际支付的保险费大于应缴保险费，形成了保险费的预缴（称为储蓄保费），这部分保费从所有权归属上仍属于投保人所有，但由保险人保管使用，并取得收益。收益的一部分应以利息的形式支付给投保人，从而使投保人获得了一定的收益。而财产保险的保险期限一般比较短，保险事故发生频繁且具有不确定性，因此保险人向投保人收取的保险费不能进行长期投资，财产保险不具有储蓄性。

8. 保险费率的厘定方法不同。人身保险中的人寿保险是长期性保险，保险费率是依据预定死亡率、预定利率和预定费用率等因素来确定。而财产保险的保险费率是依据平均保额损失率即损失概率来确定的。

9. 人身保险定额给付保险金。人身保险是定额给付性保险（医疗保险除外），发生保险合同约定的保险事件时，不论被保险人有无损失及损失金额是多少，保险人按照保险合同约定的金额给付保险金。因此，人身保险不适用于补偿原则，不存在代位追偿问题，也不受重复保险的限制。而财产保险中，只有当发生保险责任范围内的保险事故造成保险标的损失时，保险人才负责赔偿，而且其赔偿金额不能超过其实际损失。

（二）人身保险与社会保险的比较

社会保险是国家通过立法采取强制手段对国民收入进行的再分配，它通过形成专门的保险基金，对劳动者因为年老、疾病、生育、伤残、死亡等原因丧失劳动能力或因失业而中断劳动，本人和家庭失去收入来源时，由国家（社会）提供必要的物质帮助以保障其基本生活的一种社会保障制度。社会保险包括养老保险、工伤保险、失业保险和医疗保险。

人身保险与社会保险既相互联系，具有一定的共同点，又相互区别。

1. 人身保险与社会保险的联系。首先，社会保险是人身保险进一步发展的产物。从时间上看，人身保险产生于 17 ~ 18 世纪的英国，而社会保险产生于 19 世纪的德国。当时，人身保险还从属于海上保险，风险非常大，多数人因无力支付高额保费，不能通过参加人身保险获得保险保障，从而引发了社会矛盾，统治者为缓和矛盾，实施了社会保险政策。其次，人身保险和社会保险相互补充。人身保险的保障功能存在一定的局限性，通过人身保险获得风险保障要受一定条件限制，即并不是所有人都有资格和能力参加人身保险，人身保险也不是能对所有的风险都提供保障，社会保险是弥补人身保险的不足而产生的。同样，受经济发展水平的制约，社会保险只对人们最基本的生活需求提供保障，水平不可能太高，范围和项目有限，不能充分满足人们的保障需求，更高层次的保障则需通过人身保险来实现。

2. 人身保险与社会保险的共同点。从产生原因看，人身保险与社会保险均以人身风险的存在为前提；从保障内容看，均以人的生命或身体作为保险标的，以生、老、病、死、残为保险事故；从经营技术上看，均以概率论和大数法则为制定费率的数理基础；从运作机制上看，均以建立保险基金作为提供保障的物质基础；从最终目的上看，二者共同为人民生活的安定、社会再生产的顺利进行、社会稳定和经济繁荣提供保障。

3. 人身保险与社会保险的区别。人身保险是商业保险，而社会保险是政策性保险，二者之间存在很多的不同点。

（1）性质不同。首先，行为依据不同。人身保险是依合同实施的商业行为，权利义务关系由民法调整；社会保险是依据立法实施的政府行为，是宪法确定的劳动者的一项基本权利。其次，实施方式不同。人身保险具有自愿性；社会保险具有强制性。再次，保障目标不同。人身保险是在保险金额限度内按保险事故所致损害程度给付保险金；社会保险则只保障人们的基本生活。最后，经营目的不同。人身保险由保险公司经营管理，以营利为目的，独立核算，自负盈亏；社会保险由国家的各级政府主管部门和下设的社会保险机构直接实施管理，不以营利为目的，以国家财政做后盾。

（2）保障对象和职能不同。人身保险以自然人为保险对象，受益人在投保时由被保险人（或投保人）指定，且可以变更；其职能是当发生保险合同约定的保险事件时按合同规定给付保险金，与被保险人的生活和收入水平无关。社会保险以劳动者及其供养的直系亲属为保险对象，其受益人是被保险人本人或其合法继承人，不能转让或赠与；其主要职能是保障劳动者在病、老、伤残、丧失劳动能力、丧失劳动机会或死亡以后其直系亲属的基本生活，以维持社会劳动力再生产的顺利进行。

（3）权利和义务对等关系不同。人身保险强调的是“个人公平”原则，以多投多保、少投少保、不投不保的等价交换为前提。社会保险强调的是“社会公平”原则，只要劳动者履行了为社会劳动的义务，就能获得享受社会保险待遇的权利，劳动贡献与个人缴费的多少同保险待遇没有严格的对等关系。

（4）保费的负担不同。人身保险保费由个人负担。社会保险保费由国家、企业、个人三方合理负担，个人负担多少不取决于将来给付的需要。

（5）给付水平不同。人身保险的给付取决于缴费的多少和实际受伤害的程度。社会保险保障水平的确定要考虑劳动者原有生活水平、社会平均消费水平、在职职工平均工资的提高幅度、物价上涨、财政负担能力等，通常情况下以当地最低生活标准为准绳，而不问缴费多少和实际损害的大小。

三、人身保险的分类

人身保险可以从不同的角度，按不同的标准来分类。

（一）按照保险标的分类

按照保险标的划分，人身保险可以分为人寿保险、人身意外伤害保险和健康保险。

1. 人寿保险。人寿保险是以人的生命为保险标的，以被保险人在保险期限内死亡或生存至保险期满为给付保险金条件的人身保险。在全部的人身保险业务中，人寿保险占绝大部分，因而是人身保险主要和基本的险种。

2. 人身意外伤害保险。人身意外伤害保险是以人的身体为保险标的，以被保险人在保险期限内因遭受意外伤害事故导致死亡或残疾为给付保险金条件的人身保险。

3. 健康保险。健康保险是以人的身体为保险标的，保险人对被保险人因疾病或意外事故或生育等所致的医疗费用支出或因疾病、伤害丧失工作能力导致收入减少承担赔偿或给付保险金责任的人身保险。

（二）按照保险期限分类

按照保险期限划分，人身保险可以分为长期人身保险和短期人身保险。

1. 长期人身保险。长期人身保险是指保险期限超过一年的人身保险业务。

2. 短期人身保险。短期人身保险是指保险期限在一年以内的人身保险业务。

人寿保险通常是长期业务，保险期限一般是几年、十几年、几十年直至终身。人身意外伤害保险一般是一年期业务，也有只保一次航程、一次旅程的游客、旅客或公共场所游客意外伤害保险。健康保险中的重大疾病保险一般是长期业务，医疗保险及收入损失保障保险等一般为短期业务。

（三）按照投保方式分类

按照投保方式划分，人身保险分为个人人身保险、联合人身保险和团体人身保险。

1. 个人人身保险。个人人身保险是一张保险单只为一个人提供保险保障的人身保险。

2. 联合人身保险。联合人身保险是由存在一定利害关系的两个或两个以上的人作为联合被保险人同时投保的人身保险，如父母、夫妻、子女等可以作为联合被保险人同时投保。联合保险中，在保险期限内当第一个被保险人死亡，保险人将保险金给付给其他生存的人。如果在保险期限内无人死亡，保险金给付给所有被保险人或其指定的受益人。

3. 团体人身保险。团体人身保险是一张保险单为某一单位所有或大部分在职职工提供保险保障的人身保险。在团体人身保险中，投保人是团体组织，被保险人是团体中的在职人员，由团体组织缴纳保费为其职工投保。团体保险包括团体人寿保险、团体意外伤害保险和团体健康保险等。

（四）按照被保险人的风险程度分类

按照被保险人的风险程度划分，人身保险可以分为健体保险和次健体保险。

1. 健体保险。又称为标准体保险，是指对于身体、职业、道德等方面没有明显缺陷的被保险人，保险人按照所制定的标准费率来承保的人身保险。

2. 次健体保险。又称为弱体保险，是指被保险人的风险程度超过了标准体的风险程度，不能用正常或标准费率承保，但可以附加特别条件来承保的人身保险。

第二节 人寿保险

重点提示：人寿保险概念；传统人寿保险、创新型人寿保险及二者的比较；创新型人寿保险的理解；人寿保险常用条款的理解和应用。

一、人寿保险的概念

人寿保险又称生命保险，简称寿险，是以人的生命（或寿命）为保险标的，以被保险人在保险期限内死亡或生存至保险期满为给付保险金条件的人身保险。投保人寿保险后，被保险人在保险期限内死亡或满期生存，都构成保险责任，由保险人按照保险合同的约定给付死亡保险金或生存保险金。

投保人寿保险，可以为自己的生命投保，也可以为他人的生命投保，如父母为子女投保或子女为父母投保。人们可以为自己投保任何种类的寿险，但为他人投保以死亡为给付保险金条件的人寿保险时，有两方面的限制：一是被保险人必须具有完全行为能力；二是必须征得被保险人的同意并认可所保的金额。否则，合同无效。

投保人寿保险，可以为自己的利益投保，也可以为他人的利益投保。如为自己投保生存保险，或者为他人投保死亡保险而指定自己为受益人的是为自己的利益而投保；如为自己投保死亡保险，指定他人为受益人，或为他人投保生存保险，则是为他人的利益投保。

二、人寿保险的种类

人寿保险包括传统人寿保险和创新型人寿保险。传统人寿保险又可分为普通人寿保险和特种人寿保险；创新型人寿保险包括分红寿险、万能寿险和变额寿险。

（一）传统人寿保险

1. 普通人寿保险。普通人寿保险是以个人为投保对象的生存保险、死亡保险和两全保险的总称。

（1）生存保险。生存保险是被保险人在保险期限届满或达到约定年龄时仍生存，保险人依照合同约定给付保险金的一种人寿保险。生存保险以被保险人的生存为给付条件，如果被保险人在保险期限内死亡，保险人就不必承担给付责任，也不退还保险费。

（2）死亡保险。死亡保险是以被保险人在保险期限内死亡为给付保险金条件的人寿保险。按照保险期限的不同，死亡保险分为定期死亡保险和终身死亡保险。

定期死亡保险又称定期寿险，是被保险人在约定的保险期限内死亡保险人给付保险金的人寿保险。如果被保险人在保险期限届满时仍生存，保险人不给付保险金，也不退保险费。

终身死亡保险又称终身寿险，或不定期死亡保险，是指以死亡为给付保险金条件，且保险期限为终身的人寿保险。在终身寿险中，保险人对被保险人终身提供死亡保障，无论被保险人何时死亡，保险人都要给付保险金。终身寿险依据缴费方式的不同，可以分为满期缴费终身寿险和限期缴费终身寿险。

满期缴费终身寿险又称普通终身寿险，是指保险合同生效后，投保人必须终身定期缴纳保险费，直至被保险人死亡时保险人给付保险金为止。如果投保人中途停缴保险费，除合同另有规定外，将会影响保单的效力。

限期缴费终身寿险是在一定年限内分期缴纳保险费的终身寿险，即在保险合同中约定一个缴费期限，投保人在约定的期限内支付全部保险费。约定缴费期限有两种形式：一是规定一定的年限，如5年、10年、15年或20年，由投保人在投保时选择，年限越长，每年支付的保险费越少；二是约定缴费期满时被保险人的年龄，如合同中约定在被保险人60岁前缴清全部保险费。

在保险实务中，多数投保人选择限期缴费方式投保，这样可以减轻投保人年老时的缴费负担。

（3）两全保险。两全保险又称生死合险，是指以被保险人在保险期间内死亡或生存至保险期限届满为给付保险金条件的人寿保险，是定期死亡保险和生存保险相结合的保险形式。即如果被保险人在保险期限内死亡，保险人按照保险合同的约定给付死亡保险金；如果被保险人生存至保险期限届满，保险人按合同的约定给付生存保险金。

两全保险是将生存保险和死亡保险合二为一的保险，因此投保两全保险所缴纳的纯保费是同一时期生存保险和死亡保险纯保费之和。

2. 特种人寿保险。特种人寿保险是指在保单条款的某一方面或某几方面作出特殊规定的人寿保险。

（1）简易人寿保险。简易人寿保险是一种低保费、低保额、免验体的人寿保险。因其承保手续简单，被称为简易人寿保险。

简易人寿保险的保险金额比较低，按份计算，投保人至少投保1份，可投保多份。每一份的保险金额依被保险人的性别、年龄和保险期限而有所不同。由于保险金额低，所以在承保时不要求被保险人体检，只要被保险人自我感觉良好，能正常工作、正常劳动的，就视为健康，从而简化了投保手续。简易人寿保险的保险费低且缴费次数频繁，一般每月缴费一次。保险合同中对保险期限有明确的规定，如我国的简易人寿保险的保险期限有5年、10年、15年、20年、30年五种，投保人根据被保险人的年龄，在不超过合同期限届满最高年龄（70岁）的前提下，进行选择。如50岁的被保险人只能选择投保5年、10年、15年、20年期的简易人寿保险。

（2）年金保险。年金保险是在被保险人生存期间，保险人按照合同的规定每年给付（或每月给付）一定的生存保险金的保险。它与生存保险一样，都以被保险人的生存为给付保险金条件。所不同的是，年金保险是在保险期限内被保险人生存的，保险人定期给付（如每年或每月支付一次）保险金，而生存保险则是被保险人生存至保险期满时保险人按保险合同约定的金额一次性给付生存保险金。

年金保险包括缴费期和给付期。在缴费期，投保人缴纳保险费，缴费期结束后，保险人才依据合同约定时间支付保险金。如某人在30岁投保，约定缴费期为20年，在缴费期结束5年后开始领取保险金，则在50岁之前，投保人都必须一直缴费，直到50岁止。在55岁时，开始领取保险金直到被保险人死亡为止。缴费方式可以是趸缴，也可以分期缴，由投保人选择。

一般地，年金保险可以按给付期限不同分为定期年金保险、终身年金保险和最低保证年金保险。

定期年金保险是在合同中规定给付期限，被保险人在给付期限内生存，保险人按期给付约定的年金额；若被保险人在规定期限内死亡或给付期限届满，保险人停止给付年金（两者以先发生的日期为准）。

终身年金保险是指被保险人到达约定年龄时，保险人开始给付年金直至被保险人死亡为止。

最低保证年金保险是为了防止被保险人过早死亡而由其受益人按规定继续领取年金的一种方式。年金的给付有两种方式：一是规定最低给付年限，即若在规定期限内被保险人死亡，由其受益人继续领取年金直至达到规定的最低年限；二是规定给付的最低金额，即当被保险人死亡时，其领取的年金总额低于最低保证金额的，可由其受益人领取差额。

(3) 子女保险。子女保险是指由父母或扶养人作为投保人，以其未成年子女为被保险人的人寿保险。子女保险主要采取两全保险和终身寿险两种形式。子女保险主要有以下特征：第一，保险责任主要以生存给付为主。投保子女保险的目的主要是使子女在达到一定年龄时（如18~22岁上大学期间或大学毕业时）能有一笔可观的资金，以供其接受教育、创业或结婚之用。第二，规定最高保险金额。父母为子女投保人寿保险一般都规定可投保的最高限额。如我国《保险法》第三十三条规定："投保人不得为无民事行为能力人投保以死亡为给付保险金条件的人身保险，保险人也不得承保。父母为其未成年子女投保的人身保险，不受前款规定限制。但是，因被保险人死亡给付的保险金总和不得超过国务院保险监督管理机构规定的限额。"第三，豁免保费。在子女保险中通常规定，作为投保人的父母如果在缴费期内不幸死亡或全残，可以免缴以后各期保费，保险合同仍然有效。

(4) 弱体保险。弱体保险又称次健体保险，是以身体有缺陷或风险程度（即死亡率）超过正常情况的人为被保险人的一种保险。如以有遗传病史者、从事高风险职业者等作为保险对象的保险，即是弱体保险。

由于弱体保险的被保险人面临的风险程度高，保险人不能按标准费率承保，必须附加一定条件，一般是在标准体保险费的基础上再加收一定数额的保险费。

(5) 团体人寿保险。团体人寿保险是以团体为对象，以团体的所有成员或大部分成员为被保险人的一种人寿保险。在团体人寿保险中，投保人是团体组织，是法人，被保险人是团体中的在职人员。通常由团体的负责人作为团体的代表，向保险公司办理投保手续，保险公司只签发一张保险单。

团体人寿保险对每个被保险人的保险金额做统一规定，而不是由被保险人自行选择。保险费率依据投保团体从事工作的性质、职业特点、以往的索赔情况等制定，团体内的被保险人实行同一费率。

（二）创新型人寿保险

创新型人寿保险又称为投资型人寿保险，是保险人为增加保险产品竞争力而在传统寿险产品基础上进行创新开发的一系列新型寿险产品。该类产品具有保障性和投资性双重功能。常见的创新型人寿保险包括分红寿险、万能寿险和变额寿险。

1. 分红寿险。分红寿险是保险人在每个会计年度结束后，将该年度的部分可分配盈余，按一定的比例，以现金红利或增值红利的方式分配给保单持有人的一种人寿保险。与传统寿险相比，分红寿险有以下特点：

（1）保险公司与客户之间利益共享。传统寿险是由保险公司承担各类风险，并且独享其收益；而分红寿险的投资风险由保险公司承担，但如果保险公司有可分配盈余，客户在享受基本保障和一定水平的保底预定利率的基础上还可以获得红利。

（2）保险金额随着红利的获得而增加。传统寿险的保险金额一般是固定不变的；而分红寿险的保险金额可依据分红情况进行相应的增加，基本保险金额加分红即形成了保险合同的有效保险金额。

（3）设立单独的投资账户，运作有一定的透明度。传统寿险只设一个综合性账户，所有的保费收入、保险金给付以及其他的资金往来都通过综合性账户进行。而分红寿险的保险费要分别在两个独立的账户内运作：一个是保障账户，负责传统的保障功能；另一个是投资账户，追求增值，每个会计年度末保险公司都要计算投资账户价值情况，并决定分红方案，运作有一定的透明度。

分红寿险的红利主要来源于利差益、死差益和费差益。其中，利差益是实际投资收益率大于预定利率所产生的盈余；死差益是实际死亡率小于预定死亡率所产生的盈余；费差益是实际费用率小于预定费用率所产生的盈余。

2. 万能寿险。万能寿险是一种缴费灵活、保险金额可调整的人寿保险。该保险是为了满足消费者灵活缴纳保费的需要而设计的。其主要特点是：

（1）缴费方式灵活。保单持有人可以在保险公司规定的幅度内选择任何一个数额，在任何时候缴纳保费。一般是规定一个首期保险费限额，投保人在支付了首期保险费之后，只要保险单的现金价值能够支付其应负担的成本与保障费用，保险合同就继续有效，续期保险费的缴付时间、数额可以由保单持有人自己决定。

（2）保险金额可按约定调整。保单所有人可以自行确定保险金额，而且在保险期限内可以提高和降低保险金额，但在提高保险金额时通常要提供可保证明，目的是防止逆选择。

（3）设立独立投资账户，有固定的保证利率。万能寿险设立独立的投资账户，并且个人投资账户的价值有固定的保证利率。但是，当个人账户的实际资产投资收益率高于保证利率时，寿险公司要与客户分享高于保证利率部分的收益。

（4）保险单运作透明。保险人定期向保险单持有人公开组成账户价格的各种因素，用以说明保险费、保险金额、利息、保险成本、各项费用以及保险单现金价值的数额与变动状况，便于客户进行不同产品的比较，并监督保险人的经营状况。

3. 变额寿险。变额寿险是保险费固定、保险金额可以变动的长期性人寿保险，其保险金额可以随着投资账户中投资结果的变动而进行调整。在变额寿险中，寿险公司将客户缴纳的保险费分成保障和投资两个部分，设立保障账户和投资账户，其中主要部分进入投资账户，投资资金通过投资专家进行运作，获取较高的投资回报，使客户受益。但是，投资部分的回报率是不固定的，保险金额随投资收益的变化而变化。与传统寿险相比，变额寿险具有以下特点：

（1）更注重投资功能。传统寿险只有保障功能，变额寿险则具有保障和投资双重功能。从某种程度上说，变额寿险更侧重于其投资功能。

（2）保险金额是可变动的。传统寿险的保险金额在投保时确定，保障程度是固定的；而变额寿险的保险金额由基本保险金额和额外保险金额两部分构成，基本保险金额是合同规定的最低死亡给付金额，是固定不变的，是被保险人无论如何都能得到的最低保障金额；额外保险金额随投资账户资金运用情况而变动。

（3）保单现金价值依投资账户价值确定。传统寿险保单的现金价值是在合同订立时就已确定了的；而变额寿险保单现金价值是保单拥有的所有“投资账户单位”的价值总和，是随着投资账户资金的投资情况而变动的。

（4）透明度高。传统寿险的客户不了解保险公司对其所交保险费是如何运作的；而变额寿险中，保险公司定期向客户公布有关信息，包括投资账户的设置及资金投向、投资收益率、投资单位价格、各项费用的收取比例等。

（5）投保人承担投资风险。传统寿险的保险人承担了包括利率变化、死亡率提高和费用增加等方面的风险；而变额寿险的保险人只承担死亡率和费用率变动的风险，保单投资风险完全由投保人承担。

三、人寿保险的常用条款

（一）不可争条款

1. 含义。不可争条款又称不可抗辩条款，是指人寿保险合同中，在保险人知道投保人违反如实告知义务或保险合同生效一定时期后，保险人不得以投保人在投保时未履行如实告知义务等为理由而主张保险合同自始无效；或者保险人在订立合同时已经知道投保人未尽如实告知义务的，不得解除合同，发生事故时仍应承担给付保险金的责任。

该条款说明，如果保险人发现投保人在投保时违反如实告知义务，误告、漏告、隐瞒某些重大事实，足以影响其决定是否承保或以什么费率条件承保，主张保险合同自始无效的，必须在一定时期内提出，如在合同生效两年内提出。保险合同生效两年后，成为不可争议的文件，即使保险人发现投保人有违反最大诚信原则的行为也不能主张合同自始无效。

2. 意义。在人寿保险合同中规定不可争条款有利于保护被保险人的利益。根据最大诚信原则的规定，投保人在投保人寿保险时，要如实申报被保险人的职业、年龄、健康状况等，以便保险人作出承保决策。如果投保人隐瞒真实情况，保险人有权主张合同无效，不承担保险责任，这保障了保险人的正常利益。但是，保险人主张合同无效有一定的时间界限，以保险人知道解除事由之日起或保险合同生效后的一定时间为限，这是因为人寿保险合同的保险期限一般比较长，如果保险合同生效许多年以后，还允许保险人以投保人在投保时违反最大诚信原则为理由而主张合同无效，那么被保险人可能年龄已大，身体健康状况发生变化，不再符合投保条件，或者虽符合投保条件，但已无力缴纳保险费，从而失去保险保障。而且还可能会发生这种情况：保险人知道投保人在投保时隐瞒了一些真实情况，但仍予以承保，如果不发生保险事故，则按期收取保险费；如果发生保险事故，则主张合同无效，不履行给付保险金义务。这对被保险人来说显然是不公平的。

3. 法律规定。我国《保险法》第十六条第三款规定："……合同解除权，自保险人知道有解除事由之日起，超过三十日不行使而消灭。自合同成立之日起超过两年的，保险人不得解除合同；发生保险事故的，保险人应当承担赔偿或者给付保险金的责任。"第六款规定："保险人在合同订立时已经知道投保人未如实告知的情况的，保险人不得解除合同；发生保险事故的，保险人应当承担赔偿或者给付保险金的责任。"

不可争条款同样适用于寿险保单效力中止后的复效，复效后的保单在两年后也是不可抗辩的。

（二）年龄误告条款

1. 含义。如果投保人在投保时错误地申报了被保险人的年龄，保险金额将根据真实年龄予以调整。如果被保险人的实际年龄已超过条款规定的年龄界限的，保险人可以解除合同，并将已收保费无息退还，但需要在可抗辩期内（保险合同生效两年内）完成。

2. 内容。按照我国《保险法》第三十二条的有关规定，年龄误告条款包括以下三个方面的内容：

(1) 投保人申报的被保险人年龄不真实，并且其真实年龄不符合合同约定的年龄限制的，保险人可以解除合同，并按照合同约定退还保险单的现金价值。保险人行使合同解除权，适用本法第十六条第三款、第六款的有关规定。

（2）投保人申报的被保险人年龄不真实，致使投保人支付的保险费少于应付保险费的，保险人有权更正并要求投保人补缴保险费，或者在给付保险金时按照实付保险费与应付保险费的比例支付。调整的公式为：

实际给付的保险金 = 约定保险金额 ×（实付保费/应付保费）

假设某人投保20年期的定期寿险，保险金额为10万元，保险费的缴纳方式是10年限缴，投保年龄为40岁，年缴保费2540元。若干年后，此被保险人死亡。

保险人在理赔时发现被保险人投保时的实际年龄为42岁，而42岁的被保险人年缴保费为2760元。所以，实际保险金应调整为：

100000 ×（2540 ÷ 2760）= 92029（元）

即保险人给付受益人的保险金是92029元，不是10万元。

（3）投保人申报的被保险人年龄不真实，致使投保人支付的保险费多于应付保险费的，保险人应当将多收的保险费退还投保人。

（三）宽限期条款

1. 含义。宽限期条款是指分期缴费的人寿保险合同自投保人缴纳首期保险费合同生效后，当投保人未按期缴纳第二期或以后某期的保险费时，在宽限期内，保险合同仍然有效，如发生保险事件，保险人仍负责任，但要从其支付的保险金中扣回所欠保险费。

2. 法律规定。我国《保险法》第三十六条规定："合同约定分期支付保险费，投保人支付首期保险费后，除合同另有约定外，投保人自保险人催告之日起超过三十日未支付当期保险费，或者超过约定的期限六十日未支付当期保险费的，合同效力中止，或者由保险人按照合同约定的条件减少保险金额。被保险人在前款规定期限内发生保险事故的，保险人应当按照合同约定给付保险金，但可以扣减欠缴的保险费。"

（四）复效条款

1. 含义。复效条款是指人寿保险合同约定分期支付保险费的，投保人支付首期保险费后，除合同另有约定外，超过规定的日期未支付当期保险费而使合同效力中止的，经投保人与保险人协商并达成协议，在投保人补缴保险费本息后，合同效力恢复。但是，自合同效力中止之日起一定时期内双方未达成复效协议的，保险人有权解除合同。解除合同时，投保人已缴足两年以上保险费的，保险人应当退还保单的现金价值；投保人未缴足两年保险费的，保险人应当扣除手续费后，退还保险费。

合同效力中止不是合同的失效，而是因投保人未按期缴纳保险费导致的合同效力的暂时中断。如果投保人未在保险合同规定的缴费日前缴纳保险费，则保险合同自该缴费日的次日起效力中止；如果合同中有宽限期的规定，则保险合同自宽限期结束的次日起效力中止。保险合同效力中止期间发生保险事故，保险人不负责任。但这并不意味着保险合同永久失去效力，投保人可以在规定的期限内申请恢复合同的效力。投保人向保险人提出复效申请，经保险人审查同意后，投保人补缴保费本息即可恢复合同效力。

保险合同的复效，并不变更原有合同的各项权利义务，这比签订新合同对投保人更有利。但是，申请复效有时可能会隐含逆选择因素，因此，保险人应谨慎对待，可以提出一些限制性条件，如要求在合同效力中止两年内复效，以保证被保险人的身体健康状况符合保险人的承保条件。

2. 法律规定。我国《保险法》第三十七条第一款、第二款规定："合同效力依照本法第三十六条规定中止的，经保险人与投保人协商并达成协议，在投保人补缴保险费后，合同效力恢复。但是，自合同效力中止之日起满二年双方未达成协议的，保险人有权解除合同。保险人依照前款规定解除合同的，应当按照合同约定退还保险单的现金价值。"

（五）不丧失价值任选条款

1. 含义。不丧失价值任选条款是指分期缴费的人寿保险合同，当投保人无力或不愿继续缴纳保险费提出退保，或者保险人解除合同时，对于保单现金价值的返还方式由投保人选择。

该条款表明：投保人享有的保单现金价值的权利，不因保单效力的变化而丧失。投保人可以任选一种方式取得保单的现金价值。

现金价值是指带有储蓄性的人寿保险单所具有的价值。在人寿保险合同中，由于实行均衡保险费，投保人在保险期限的前期，实际缴纳的保险费大于应缴保险费，形成了保险费的预缴，预缴的保险费加上利息逐年积存的责任准备金形成了保单的现金价值。现金价值数额为保单的责任准备金减去退保手续费。人寿保险中除定期死亡保险外的大部分保单，投保人缴足两年以上保险费后都具有现金价值。

通常情况下，保险公司将保单的现金价值数额列在保单上，说明计算方法及采用的利率，使投保人可以随时了解保单的现金价值量。

2. 现金价值的返还方式。保单的现金价值属于投保人所有，当投保人或者保险人解除保险合同时，投保人可以通过三种方式取得现金价值。

(1) 现金返还。对于那些不想继续参加保险的投保人，可以向保险人提出退保，领取退保金。

(2) 将原保单改为缴清保单。缴清保单（或减额缴清保单）是原保单的保险责任、保险期限不变，只依据保单的现金价值数额相应降低保险金额，投保人不必再缴纳保险费的保单。即投保人可以将保单的现金价值作为趸缴保险费，投保与原保单保险责任相同的人寿保险，保险期限自停缴保险费时起至原保单期满时止，保险金额则依据趸缴的保险费数额相应减少。

采用缴清保单的处理方法，对于被保险人而言，可以连续不断地享有保险保障；对于保险人而言，不必支付现金，业务关系也不致中断。

(3) 将原保单改为展期保单。展期保单是将保单改为与原保单保险金额相同的死亡保险，保险期限相应缩短，投保人不必再缴纳保险费的保单。即以保单的现金价值作为趸缴保险费，投保死亡保险，保险金额与原保单相同，保险期限依据保险费数额而定，但不能超过原保单的保险期限。

例如，某人于2005年4月20日投保了20年期的两全保险，合同生效5年后，即2010年4月20日投保人决定将其改为死亡保险，则保险期限最长不超过15年。如果保单的现金价值作为趸缴保险费投保死亡保险后仍有剩余，则可以剩余部分作为保险费投保其他保险，或者以现金方式返还给投保人。

采用展期保单的处理方法，对于投保人来说，无须再支付保险费，但被保险人仍能获得保险保障；而对保险人来说，由于保险金额不变，保险责任缩小，保险期限也不延长，所以既不增加保险人承担的风险，又可避免保险业务量的减少。

（六）自动垫缴保费条款

自动垫缴保费条款是指分期支付保险费的人寿保险合同，合同生效两年后，如果投保人逾期未支付当期保险费，保险人则自动以保单的现金价值垫缴保险费。对于此项垫缴保险费，投保人要偿还并支付利息。在垫缴保险费期间，如果发生保险事故，保险人仍承担责任，但要从支付的保险金中扣除垫缴的保险费及利息。当垫缴的保险费及利息达到保单的现金价值数额时，保险合同自行终止，投保人不能再要求保险人退还保单的现金价值。

保险人以保单的现金价值自动垫缴保险费时，必须事先征得投保人的同意，即在保险合同中事先约定，或者由投保人签章委托。否则，投保人并不承认在停缴保险费期间保险人仍然提供保险保障，双方在退保金的数额上可能会发生争议。

（七）保单贷款条款

保单贷款条款是在人寿保险中，投保人缴足两年以上保险费后，投保人或受益人可以具有现金价值的寿险保单为质押向保险人申请贷款。贷款数额以该保单的现金价值为限。投保人或受益人应按期归还贷款并支付利息，当贷款不能按期归还时，保单的现金价值按法定程序归保险人所有。如果在归还贷款本息之前发生了保险事故或退保，保险人有权从其所支付的保险金或退保金中扣还贷款本息。当贷款本息达到保单的现金价值数额时，保险合同自行终止，保险人应向投保人或被保险人发出终止保险合同的书面通知。

当投保人或受益人以保单为质押向保险人申请贷款时，应将保单移交给保险人占有。但以死亡为给付保险金条件的人寿保险单的质押，必须征得被保险人的书面同意。

（八）自杀条款

1. 含义。自杀条款是指在保险合同生效后（包括复效）的一定时期内（一般为2年），被保险人因自杀死亡属于除外责任，保险人不给付保险金，仅退还投保人缴纳的保险费（扣除手续费）；保险合同生效一定时期后被保险人因自杀死亡的，保险人按照保险合同的约定给付保险金。

自杀是指法律意义上的自杀，即故意用某种手段终结自己生命的各种行为。自杀必须符合两个条件：一是主观上有终结自己生命的意图；二是客观上实施了足以使自己死亡的行为。二者缺一不可。

2. 法律规定。我国《保险法》第四十四条第一款、第二款规定："以被保险人死亡为给付保险金条件的合同，自合同成立或者合同效力恢复之日起二年内，被保险人自杀的，保险人不承担给付保险金的责任，但被保险人自杀时为无民事行为能力人的除外。保险人依照前款规定不承担给付保险金责任的，应当按照合同约定退还保险单的现金价值。"

专栏5－1

保单效力中止后能否按日垫缴保费

张某于1998年1月10日购买了一份10年期的人寿保险，以其妻子作为受益人。合同规定：第二期以及以后某期保费超过宽限期仍未缴付，而合同当时的退保金扣除贷款本息后的差额，足以垫缴应缴保费及其利息的，除投保人事先书面声明反对外，保险公司将自动垫缴其所欠保费及利息，使合同继续有效。2003年3月29日，张某外出途中发生车祸死亡，其妻子向保险公司提出索赔。

保险公司在了解相关情况时发现，张某没有在宽限期内缴纳当期保险费，合同效力已中止，因此拒赔。

其妻子认为：按合同规定的自动垫缴保费条款，在宽限期的次日，保险公司应以保单的现金价值自动垫缴，而且垫缴保费应具体到日。出险时，保险公司至少应按垫缴保费与应缴保费的比例给付保险金。因此起诉到法院，要求法院判决保险公司比例给付保险金。

法院审理发现，保单停止缴费时其现金价值不足以垫缴当期保费，故判保险公司胜诉。

我们认为，一般而言，“自动垫缴保费”应符合两个条件：一是保险人在垫缴之前投保人没有声明反对；二是保单的现金价值足以垫缴当期保费。

虽然保险合同没有规定以现金价值自动垫缴保费应按期还是按日计算，但是根据保单有关保费支付方式及保险业的一般惯例来看，垫缴保费是按“期”来进行的，因此，当保单现金价值不足以支付当期保费时不存在按日折算的做法。

同时，原保单采取年缴保费的方式，如果允许按保单现金价值折算到日来垫缴保费的话，则意味着保险公司单方面改变了保单的缴费方式。但缴费方式是由投保人选择决定的，保险人无权通过改变保费支付方式而自动将其累积的现金价值垫缴保险费。因此，垫缴保费的方式与缴纳保费的方式相同，数额以保单的现金价值为限。垫缴保费不是垫至现金价值全部用光为止，而是当现金价值不足以支付当期全部保费时随之停止。

因此，本案中保单因投保人未按期缴费而效力中止，保险公司拒赔，退还保单的现金价值。

资料来源：张洪涛、庄作瑾：《人身保险案例分析》，中国人民大学出版社 2006 年版。

第三节 人身意外伤害保险

一、人身意外伤害保险的概念

重点提示： 意外伤害、人身意外伤害保险的概念；人身意外伤害保险的特点；人身意外伤害保险责任的构成条件。

（一）意外伤害

人身意外伤害保险的意外伤害是指在被保险人没有预见到或违背被保险人意愿的情况下，突然发生的外来致害物明显、剧烈地侵害被保险人身体的客观事实。意外伤害由意外和伤害两个必要条件构成，只有主观上的意外而无伤害的客观事实，不能构成意外伤害；反之，只有伤害的客观事实而无主观上的意外，也不能构成意外伤害。只有在意外情况下发生的伤害，才构成意外伤害。

1. 意外。意外是针对人的主观状态而言，它是指侵害的发生是人们事先没有预见到，或违背人们的主观意愿。意外事故，是指外来的、突然的、非本意的事故。

2. 伤害。伤害是指外来致害物使人的身体受到侵害的客观事实。伤害由致害物、侵害对象、侵害事实三个要素构成，三者缺一不可。

致害物是造成伤害的物体或物质。侵害对象是致害物侵害的客体，即人的身体。侵害事实是致害物伤害人的身体的客观事实，如爆炸使人体受伤，即构成了伤害。

我国寿险公司条款中对意外伤害的界定是：意外伤害是指遭受外来的、突发的、非本意的、非疾病的使被保险人身体受到剧烈伤害的客观事件。

（二）人身意外伤害保险

人身意外伤害保险是当被保险人在保险期限内遭受意外伤害事故而致死亡或残废时，保险人依照保险合同的约定给付保险金的保险。从定义中可知，意外伤害保险是以意外伤害造成被保险人的死亡或伤残为给付保险金条件，其他原因如疾病等造成的死亡或伤残，或意外伤害事故造成的其他损失如医疗费用、收入减少等，保险人都不负责。

二、人身意外伤害保险的特点

与人寿保险相比较，人身意外伤害保险有自身的特点。

（一）保险金的给付条件更为严格

人身意外伤害保险是以被保险人在保险期限内遭受意外伤害事故而致其在责任期限内死亡或残废为给付保险金条件。

（二）保险期限短

人身意外伤害保险的保险期限一般是一年或一年以内，有的只有几个月甚至更短。

（三）纯费率依据职业和生活环境而定

人身意外伤害保险中，意外伤害事故的发生与人的年龄关系不大，而与被保险人的职业特点和生活环境密切相关。所以，其纯费率是根据不同地区、不同职业人群的意外事故的统计资料计算的，从事高危险性职业的被保险人，保险费率也相对较高。

（四）合同中规定责任期限

责任期限是指自被保险人遭受意外伤害事故之日起的一定时期（如90天、180天等）。被保险人遭受意外伤害事故后，只有在责任期限内死亡或残废的，保险人才给付保险金。我国意外伤害保险中规定的责任期限是180天。

（五）定额给付具有特殊性

在人身意外伤害保险中，当被保险人因遭受意外伤害事故而致死亡时，保险人按合同约定的保险金额给付保险金；当被保险人因意外伤害事故而致残废时，保险人按其规定的伤残程度给付比例乘以保险金额给付保险金。

三、人身意外伤害保险的内容

（一）人身意外伤害保险的保险责任及其构成条件

人身意外伤害保险的基本责任是当被保险人因意外伤害事故而致死亡或残废时，保险人负责给付保险金。其派生责任包括因意外伤害而造成的医疗费用给付、误工给付等。构成意外伤害保险的保险责任必须具备一定的条件：

1. 被保险人在保险期限内遭受了意外伤害。首先，被保险人遭受意外伤害必须是客观发生的事实，而不是臆想或推测的；其次，被保险人遭受意外伤害的客观事实必须发生在保险期限之内。

2. 被保险人在责任期限内死亡或残废。首先，被保险人发生了死亡或残废的结果。死亡是指机体生命活动和新陈代谢的终止。在法律上发生效力的死亡包括两种情况：一是生理死亡；二是宣告死亡，即按照法律程序推定的死亡。残废包括两种情况：一是人体组织的永久性残缺（或称缺损）；二是人体器官正常机能的永久丧失。其次，被保险人的死亡、残废发生在责任期限之内。如果被保险人在保险期限内遭受意外伤害，在责任期限内死亡，则构成保险责任。但是，如果被保险人在保险期限内因意外伤害事故下落不明的，通常规定超过一定期限（如3个月或6个月）时，视同被保险人死亡，由保险人给付保险金。如果被保险人以后生还，则应将保险金退还给保险人。

责任期限对于意外伤害造成的残废实际上是确定残疾程度的期限。如果被保险人在保险期限内遭受意外伤害，在责任期限内治疗结束的，按治疗结束时确定的残疾程度给付残疾保险金；如果被保险人在保险期限内遭受意外伤害，在责任期限结束时治疗仍未结束的，则按照责任期限结束这一时点上的情况确定被保险人的残疾程度，并据此给付残疾保险金。

3. 意外伤害是被保险人死亡或残废的直接原因或近因。在人身意外伤害保险中，保险期限内发生了意外伤害事故，并且被保险人在责任期限内死亡或残废，但并不必然构成保险责任。只有当意外伤害与死亡或残废之间存在因果关系时，才构成保险责任。这包括两种情况：

（1）意外伤害是死亡、残废的直接原因。意外伤害事故直接造成了被保险人的死亡或残废，构成保险责任，保险人按保险合同的约定给付保险金。

（2）意外伤害是死亡或残废的近因。当被保险人的死亡或残疾是由多种原因造成，但运用近因原则推定意外伤害是被保险人死亡或残废的近因时，构成了保险责任。

当意外伤害造成被保险人原有疾病发作而致其死亡或残废时，则构成了死亡或残废的诱因。当意外伤害是被保险人死亡、残废的诱因时，保险人不是按照保险金额和被保险人的最终后果给付保险金，而是比照身体健康的人遭受这种意外伤害会造成何种后果处理。

（二）人身意外伤害保险金的给付

1. 死亡保险金的给付。人身意外伤害保险中，当被保险人在保险有效期内因遭受意外伤害事故而致责任期限内死亡时，保险人按照保险合同的规定如数给付保险金。按照我国人身意外伤害保险条款规定，死亡保险金为保险金额的100%。

2. 残疾保险金的给付。人身意外伤害保险中，当被保险人在保险有效期内因遭受意外伤害事故而致残废时，保险人按照保险合同的规定给付残疾保险金。残疾保险金的数额由保险金额和残疾程度给付比率两个因素确定，其计算公式是：

残疾保险金 = 保险金额 × 残疾程度给付比率

需要说明的是，在意外伤害保险中，保险金额既是每次事故的给付最高金额，也是保险期限内累计给付最高限额。即保险人给付每一被保险人的死亡保险金和残疾保险金，累计以不超过保险金额为限。当被保险人在保险有效期内因遭受意外伤害事故而在责任期限内死亡时，保险人按照保险合同规定给付保险金额的100%后，保险责任即告终止。如果在给付死亡保险金之前，已给付过残疾保险金，则应当从死亡保险金中扣除已支付的残疾保险金；如果一次意外伤害造成被保险人身体若干部位残疾时，保险人按保险金额与被保险人身体各部位残疾程度给付比率之和的乘积计算残疾保险金，如果各部位残疾程度百分率之和超过100%，则按保险金额给付残疾保险金；如果被保险人在保险期限内多次遭受意外伤害，保险人对每次意外伤害造成的残疾或死亡均按保险合同的规定给付保险金，但累计以不超过保险金额为限。

重点提示：健康保险的概念；健康保险特征的理解；医疗保险、疾病保险、收入保障保险和长期护理保险的概念及相关规定。

第四节 健康保险

一、健康保险的概念

健康保险是以人的身体为保险对象，当被保险人因疾病或意外事故受到伤害造成医疗费用支出或收入损失时，由保险人负责补偿的一种人身保险。

健康保险承保的事故包括疾病和意外伤害。疾病是由于人体内部的原因，造成身体或精神的痛苦或不健全。构成疾病的条件有三：第一，疾病必须是由于明显非外来原因所造成的；第二，疾病必须是非先天性的原因所造成的；第三，疾病必须是由于非长期的原因所造成的。意外伤害是在被保险人没有预见到或违背被保险人意愿的情况下，突然发生的外来致害物明显、剧烈地侵害被保险人身体的客观事实，意外伤害由意外和伤害两个必要条件构成。

一般来说，健康保险的保障项目包括两类：一是被保险人因疾病或意外事故引起的医疗费用支出，即通常所说的医疗保险或医疗费用保险；二是因疾病或意外事故导致的收入损失，这类保险被称为收入损失补偿保险。

2019 年 12 月中国银保监会颁布的《健康保险管理办法》第二条规定："健康保险是指由保险公司对被保险人因健康原因或者医疗行为的发生给付保险金的保险，主要包括医疗保险、疾病保险、失能收入损失保险、护理保险以及医疗意外保险等。"

二、健康保险的特征

与人寿保险和意外伤害保险相比较，健康保险有自身的特征。

（一）保险标的、保险事故具有特殊性

健康保险以人的身体为保险标的，以疾病或意外伤害引起的医疗费用和收入损失以及由于疾病致残、失能或死亡为保险事故。

我国《健康保险管理办法》第十四条规定，长期健康保险中的疾病保险产品，可以包含死亡保险责任，但死亡给付金额不得高于疾病最高给付金额；疾病保险以外的健康保险产品不得包含死亡保险责任，但因疾病引发的死亡保险责任除外；医疗保险产品和疾病保险产品不得包含生存给付责任。

（二）保险经营内容具有特殊性

1. 健康保险的承保标准复杂。由于健康保险承保事故的特殊性，健康保险的承保条件比其他人身保险要复杂和严格得多。因此，在健康保险的承保实务中，保险人按照风险程度将被保险人分为标准体和非标准体两类。对那些身体健康、符合承保条件的人们，按正常费率予以承保。对那些没有达到标准条款规定的身体健康要求的人们，可以通过提高保费或重新规定承保范围来予以承保。而对于患有特殊疾病的人们，保险人制定特种条款，从而既可以使保险人的经营范围拓宽，又不至于给保险经营带来过大的风险压力。有时，还实行非保体规定，将完全不符合承保条件的人们视为拒保体不予以承保，而对由于特殊原因暂时不符合承保要求、经过一定时期后可能符合要求的人们（如孕产妇）则进行延期保险。在健康保险的核保中，需要综合考虑被保险人的年龄、既往病症、现病症、家族病史、职业、居住环境及生活方式等多种因素。

2. 厘定保险费率的因素复杂。影响人体健康的因素多而复杂，因此，在厘定健康保险费率时，不仅要考虑疾病的发生率、疾病持续时间、残疾发生率、死亡率、续保率、附加费用、利率等因素，还要考虑保险公司展业方式、承保理赔管理、公司主要目标以及道德风险、逆选择等因素对费率的影响。

（三）健康保险多为短期保险

短期健康保险是指保险期间在一年及一年以下且不含有保证续保条款的健康保险。保证续保条款是指在前一保险期间届满后，投保人提出续保申请，保险公司必须按照约定费率和原条款继续承保的合同约定。

除重大疾病保险、特殊疾病保险和长期护埋保险外，绝大多数健康保险尤其是医疗保险的保险期限均为1年。

（四）健康保险具有补偿性

健康保险虽然是以人的身体为保障对象，是人身保险的一种，但重大疾病保险以外的健康保险是以被保险人因疾病或意外事故所致的医疗费用支出和收入损失为保险责任，而医疗费用和收入损失都可以货币衡量其大小，有确定的数额。因此，疾病保险以外的健康保险具有补偿性，是补偿性保险，保险人支付的保险金不能超过被保险人实际支付的医疗费用或实际收入损失。同时，如果由于第三者的责任致使被保险人遭受意外事故而支付医疗费或收入减少，保险人补偿后，可以取得代位追偿权向责任方追偿。

我国《健康保险管理办法》第四条规定，医疗保险按照保险金的给付性质分为费用补偿型医疗保险和定额给付型医疗保险。费用补偿型医疗保险是指根据被保险人实际发生的医疗费用支出，按照约定的标准确定保险金数额的医疗保险，给付金额不得超过被保险人实际发生的医疗费用金额；定额给付型医疗保险是指按照约定的数额给付保险金的医疗保险。

（五）健康保险实行成本分摊

由于健康保险有风险大、不易控制和难以预测的特性，因此保险人对所承担的医疗保险金的给付责任往往带有很多限制或制约性条款，以使被保险人与保险人共同承担所发生的医疗费用支出。

三、健康保险的基本类型

按照2019年颁布的《健康保险管理办法》的规定，健康保险主要包括医疗保险、疾病保险、失能收入损失保险、护理保险和医疗意外保险。

（一）医疗保险

1. 医疗保险的概念。医疗保险是医疗费用保险的简称，是指按照保险合同约定为被保险人的医疗、康复等提供保障的保险。当被保险人因疾病或意外伤害而支付医疗、康复费用时，保险人负责给付保险金。

医疗费用是病人为了治病而发生的各种费用，一般包括医生的医疗费和手术费、药费、诊疗费、护理费、各种检查费和住院费及医院杂费等。

2. 医疗保险的主要险种。从保险保障范围来看，医疗保险包括普通医疗保险、住院医疗保险、手术医疗保险、门诊医疗保险、综合医疗保险等。

（1）普通医疗保险。普通医疗保险是对被保险人治疗疾病时所发生的一般性医疗费用提供保障的保险，主要包括门诊费用、医药费用和检查费用等。

普通医疗保险保费较低，适用于一般社会公众。但由于医药费用和检查费用的支出控制有一定的难度，这种保险一般采取补偿费用的方式给付保险金，有免赔额和共保比例规定，被保险人每次疾病所发生的费用累计超过约定保险金额时，保险人不再负责。

（2）住院医疗保险。住院医疗保险是保险人对被保险人因疾病或意外伤害住院而支出的各种医疗费用提供保障的保险。

（3）手术医疗保险。手术医疗保险是保险人对被保险人在治病过程中所必须进行的手术而产生的医疗费用提供保障的保险。保障范围包括手术费、麻醉师费、各种手术材料费、器械费和手术室费等。

（4）门诊医疗保险。门诊医疗保险是保险人对被保险人门诊治疗发生的诊断、治疗费用提供保障的一种保险。目前，门诊医疗保险仅限于被保险人住院前后一段时间内的门诊诊断和治疗费用的补偿，且主要采取团体方式承保。

（5）综合医疗保险。综合医疗保险是保险人为被保险人提供的一种保障范围较全面的医疗保险，其保障内容主要包括住院床位费、检查检验费、手术费、诊疗费和门诊费及某些康复治疗费用的补偿。

3. 医疗保险的常用条款。医疗保险的常用条款主要包括免赔额条款、比例给付条款、给付限额条款。

（1）免赔额条款。在医疗保险中通常对医疗费用有免赔额的规定，即在合同规定的免赔额以内的医疗费用支出由被保险人自己负担，保险人不予赔付。只有当实际支付的医疗费用超过免赔额时，保险人才负责。在健康保险业务中通常采用绝对免赔额。

（2）比例给付条款。或称共保比例条款，是指在医疗保险合同中，对超过免赔额以上的医疗费用部分采用保险人和被保险人共同分摊的比例给付办法。双方分摊的比例在合同中进行明确规定。如合同中规定共保比例为85%，表明保险人对超过免赔额以上的医疗费用只承担85%，被保险人自负15%。

（3）给付限额条款。在医疗保险合同中，通常规定保险人给付医疗保险金的最高限额，以控制总支出水平。

因此，在健康保险中，只有当实际支付的医疗费用超过免赔额时，保险人才负责赔偿。但对于超过免赔额以上的医疗费用，保险人并不全额负责，而是规定一定的给付比例。但给付数额不得超过合同中规定的给付限额。总之，在健康保险中，保险人只对超过免赔额部分的医疗费用按给付比例补偿，以给付限额为限。

（二）疾病保险

1. 疾病保险的概念。疾病保险是指被保险人罹患合同约定的疾病时，保险人按合同约定的保险金额给付保险金的健康保险。这种保险以疾病为给付保险金条件，保险金额比较大，给付方式一般是在确诊为某种疾病后，立即一次性支付保险金。我国《健康保险管理办法》第二条规定："疾病保险是指以合同约定疾病的发生为给付保险金条件的保险。"

2. 疾病保险主要险种。疾病保险主要包括重大疾病保险和特种疾病保险。

（1）重大疾病保险。重大疾病保险是指当被保险人在保险合同有效期间罹患合同所规定的重大疾病时，由保险人按合同的约定给付保险金的保险。重大疾病保险保障的疾病一般有心肌梗死、冠状动脉绕道手术、癌症、脑中风、尿毒症、严重烧伤、急性重型肝炎、瘫痪和重要器官移植手术、主动脉手术等。按保险期间划分，重大疾病保险可分为定期重大疾病保险和终身重大疾病保险。

（2）特种疾病保险。特种疾病保险是以被保险人罹患某些特殊疾病为给付条件，保险人按照合同约定金额给付保险金或者对被保险人治疗该种疾病的医疗费用进行补偿的保险。主要有生育保险、牙科费用保险、眼科保健保险、艾滋病保险、团体传染性非典型肺炎疾病保险、禽流感保险等。

（三）失能收入损失保险

1. 失能收入损失保险是指以因保险合同约定的疾病或者意外伤害导致工作能力丧失为给付保险金条件，为被保险人在一定时期内收入减少或者中断提供保障的保险。

失能收入损失保险一般可分为两种：一种是补偿因疾病而致残废的收入损失；另一种是补偿因意外伤害而致残废的收入损失。

一般地，人们将残疾分为完全残疾和部分残疾。现时通用的完全残疾概念，是指在致残初期，被保险人不能完成其惯常职业的基本工作，或在致残以后的约定时期内（通常为2～5年），被保险人仍不能从事任何与其所受教育、训练或经验相当的职业的情况。部分残疾是指被保险人因疾病或意外伤害致残后部分丧失劳动能力，但尚能从事一些有收入的工作。

2. 给付金额。失能收入损失保险给付金额的确定有定额给付和比例给付两种方法。

（1）定额给付。定额给付是保险双方当事人在订立保险合同时协商确定保险金额（一般按月确定），被保险人在保险期间发生保险事故而丧失工作能力时，保险人按合同约定的金额给付保险金。在确定保险金额时，需要考虑被保险人的税前劳动收入、非劳动收入、残疾期间其他收入、所得税率等因素，以防止道德风险的发生。定额给付方法主要用于个人收入保障保险。

（2）比例给付。保险事故发生之后，保险人根据被保险人的伤残程度给付一定比例的保险金。比例给付多用于团体收入保障保险中。对于被保险人全残的，保险人按原收入的一定比例（70% ~ 80%）给付保险金；部分残疾的，保险人按照全残保险金的一定比例给付，计算公式为：

$$部分残疾给付金 = 全残给付金 \times [(残疾前的收入 - 残疾后收入)/残疾前的收入]$$

3. 给付方式。失能收入损失保险的给付方式主要有一次性给付和分期给付两种方式。

（1）一次性给付。被保险人因疾病或意外伤害致残后丧失劳动能力的，保险人一次性给付保险金。

（2）分期给付。分期给付包括两种情况：一是按月或按周进行补偿，从等待期末开始给付，直到最长给付期间。二是按给付期限给付，给付至被保险人年满 60 周岁或退休年龄，若此期间被保险人死亡，保险责任即告终止。

在失能收入损失保险合同中，通常规定一定的免责期，即残废后的前一段时间，在这期间不给付任何补偿。免责期的规定主要用于首次投保或非连续投保收入保障保险的。

（四）护理保险

护理保险是指按照保险合同约定为被保险人日常生活能力障碍引发护理需要提供保障的保险。当被保险人因年老、疾病或伤残后生活无法自理而需要长期照顾时，由保险人提供护理费用支出保障。

目前在国外，长期护理保险已成为健康保险市场上最重要的保险产品之一。按保险人所承担的护理费用划分，长期护理保险可分为专门护理和家庭护理两大类。专门护理是在医疗机构或康复机构由专业护理人员进行的护理；家庭护理是指在病人家中为病人提供的日常生活照顾。

（五）意外医疗保险

医疗意外保险，是指按照保险合同约定发生不能归责于医疗机构、医护人员责任的医疗损害，为被保险人提供保障的保险。

专栏 5－2

健康保险发挥健康管理功能

健康管理最早起源于美国。1929 年洛杉矶水利局成立了健康维护组织（简称 HMO），1969 年美国联邦政府出台政策将健康管理纳入国家医疗保健计划。但事实上，健康管理作为一种理念则是 20 世纪 70 年代由美国保险业提出来的，旨在引导医疗服务及健康消费行为和促进健康保险发展，因此健康保险是现代

健康管理的“发源地”。

1986 年，在世界卫生组织参与主办的首届国际健康促进大会上，首次将健康定义为“资源”，因此从字面上来看，健康管理就是对“健康”资源的管理，即针对健康需求对健康资源进行计划、组织、指挥、协调和控制的过程。

健康管理的宗旨是调动个人及集体的积极性，有效地利用有限的资源来达到最大的健康效果，其目的是保护和促进人类的健康，防止疾病的发生，提高生命质量，降低医疗费用。健康管理的具体做法是在对人们健康状况进行评价的基础上，提供有针对性的健康管理计划和指导方案，包括收集个人健康信息、进行健康风险评价、健康风险因素干预管理与健康促进三个方面。

对健康保险而言，通过健康信息收集、监测与风险因素评价等，有助于保险公司充分了解和掌握客户的健康信息及其发生疾病的可能性，并进行承保前和保险过程中的风险控制。通过健康风险因素干预管理与健康促进，有助于从源头上控制疾病发生率不断增长的风险，从而减少医疗费用的支出。因此，健康管理可以减少被保险人患病的可能性，减少赔款支出，降低赔付率，提高健康保险的盈利水平。同时，商业保险机构通过参与健康管理，在为被保险人提供健康风险保障的过程中，利用医疗服务资源或与医疗机构合作所进行的健康指导或诊疗干预活动，发挥了积极的健康管理功能。

健康中国是我国长期实施的国家战略，健康中国战略的推行离不开健康产业的发展。当前，大健康产业也成为引领我国经济发展的新引擎，在政策、市场和投资的共同作用下，正迎来快速发展黄金时期。健康保险作为我国医疗保障体系的三大支柱之一，是大健康产业重要的组成部分，也是健康中国战略实施不可缺少的一环。

由中国银保监会颁布的《健康保险管理办法》（自 2019 年 12 月 1 日起施行）第五十五条对保险公司参与健康管理服务与合作问题进行了明确规定：保险公司可以将健康保险产品与健康管理服务相结合，提供健康风险评估和干预、疾病预防、健康体检、健康咨询、健康维护、慢性病管理、养生保健等服务，降低健康风险，减少疾病损失。

2020 年 9 月中国银保监会发布的《关于规范保险公司健康管理服务的通知》中进一步明确提出，保险公司开展健康管理服务是通过对客户健康危险因素的干预，预防疾病发生、控制疾病发展、促进疾病康复，通过降低疾病发生率、提升健康水平，进而降低医疗费用支出。保险公司健康管理服务分为健康体检、健康咨询、健康促进、疾病预防、慢病管理、就医服务、康复护理七大类型。

国内保险机构在进行健康保险产品创新的过程中，也在积极融入“数字生命时代”，深度运用信息技术，与健康管理服务结合。从健康服务干预环节看，健康险行业逐步形成了“互联网 + 健康保险 + 健康管理”的发展模式，由传统的费用报销型到管理式医疗转型，通过整合产业链中的健康服务资源、医疗服务资源、药品和信息等，对接患者健康需求、提供整合式健康医疗服务，发挥了健康保险的健康管理及医疗服务功能。

人保健康的“健康管理系统”：人保健康联合医药养护的健康产业链资源，打造了线上线下的健康管理服务平台，依托强大的医疗资源优势、技术平台优势、服务体验优势和健康数据优势，构建了“互联网 + 健康保险 + 健康管理”的全新健康生态。2010 年，人保健康独立研发了“健康管理系统”，初步建立起了从健康信息收集、健康档案管理、健康风险评估到健康干预服务的全套健管服务体系。技术平台方面，重点打造了保险业内领先的智能健康管理服务平台，以“人民健康App”为核心入口，通过健康管理服务系统、一卡通互联互通系统、健康管理中心系统、客户档案系统、健康管理业务系统的强大支持，为客户提供全生命周期的健康管理服务。

平安保险的“平安健康”App：平安保险建立健康云数据运营服务平台，并组建平安健康互联网股份有限公司打造“平安健康”App，借助互联网技术和大数据平台的支持，打通线上、线下医疗健康服务渠道，构建全流程闭环的医疗服务平台，提供诊疗、互动、管理、教育、人才、健康保险、金融、健康管理等多项服务。同时，平安人寿2017年将“平安run”健康管理计划与平安福保险产品相结合，把事后补偿转变为事前管理。2021年，陆续推出“乐享RUN、尊享RUN、尊享RUN Plus”保险产品，构建“新重疾+新服务”体系，从健康服务切入，以私家医生+健康、医疗、慢病、重疾四大场景化的服务，为客户提供全周期、伴随式的健康管理体验。

资料来源：根据魏迎宁：《健康保险发展空间还很巨大，呈三大趋势》，第十三届健康中国论坛（2021-04-28），以及搜狐网：https：//www. sohu. com/a/497735318_116132相关资料整理。

本章总结

1. 人身保险是以人的生命或身体作为保险标的保险。与财产保险相比较，人身保险具有保险标的特殊性、定额保险、生命风险的相对稳定性和变动性等特征。人身保险与社会保险的区别主要表现在：性质不同、保障对象和职能不同、权利和义务的对等关系不同、保费的负担不同、给付水平不同。

2. 人身保险按照保险标的可以分为人寿保险、人身意外伤害保险和健康保险；按照投保方式可分为个人保险、联合保险和团体保险；按照保险期限划分可以分为长期人身保险和短期人身保险；按照被保险人的风险程度可以分为健体保险和次健体保险。人寿保险主要包括传统人寿保险和创新型人寿保险。

3. 人寿保险合同有一些特殊的条款，主要包括：不可争条款、年龄误告条款、宽限期条款、复效条款、不丧失价值任选条款、自动垫缴保费条款、保单贷款条款、自杀条款等。

4. 人身意外伤害保险是当被保险人在保险期限内遭受意外伤害事故而致死亡或残疾时，保险人依照保险合同的约定给付保险金的保险。意外伤害保险责任的构成条件有：被保险人在保险期间遭受了意外伤害；被保险人在责任期限内死亡或残疾；意外伤害是死亡或残疾的直接原因或近因。

5. 健康保险是以人的身体为对象，当被保险人因疾病或意外事故受到伤害造成医疗费用支出或收入损失时，由保险人负责补偿的一种人身保险。健康保险包括医疗保险、疾病保险、收入保障保险和护理保险。

练习与思考

1. 人身保险的特征有哪些?
2. 人身保险如何进行分类?
3. 人寿保险的种类有哪些?
4. 人寿保险合同的常用条款有哪些?
5. 人身意外伤害保险有哪些特征?
6. 人身意外伤害保险的保险责任是如何规定的?
7. 健康保险中疾病的条件有哪些?
8. 健康保险的特点有哪些?
9. 医疗保险的常用条款有哪些?各条款的内容是什么?

第六章
财 产 保 险

本章提要

本章介绍保险的两大部类之一——财产保险。财产保险概述主要介绍财产保险的特征和业务体系。具体业务部分分成财产损失保险和无形财产保险两部分，财产损失保险包括企财险、家财险、货物运输保险、运输工具保险、工程保险、农业保险；无形财产保险主要介绍了责任保险和信用保证保险。

学习目标

掌握财产保险的概念和特征。

了解财产损失保险的主要险种。

掌握责任保险的概念，了解责任保险的主要险种。

了解信用保证保险的主要险种。

第一节 财产保险概述

重点提示：财产保险的概念；特征；业务体系。

一、财产保险的概念

（一）财产

财产（property）泛指一切可能带来经济利益的事物。从广义上理解，财产是金钱、财物和民事权利的总和；从狭义上理解，财产指的是有形的物质财产。

按照存在形式，财产可分为有形财产和无形财产。有形财产主要指金钱、物资等；无形财产主要指物权、债权、著作权等。按照民事权利义务关系，财产可以分为积极财产和消极财产。积极财产指民事主体既得的财产或者可以得到的利益，如金钱、物资及各种财产权利；消极财产指民事主体对外所负的可以金钱衡量价值的给付行为，如债务。

（二）财产保险

对财产保险概念的界定，不同学者有着不同的阐述。一般而言，人们大多根据财产保险经营业务的范围，将其分为广义财产保险与狭义财产保险。其中，广义财产保险是指包括各种财产损失保险、责任保险、信用保证保险等业务在内的一切非人身保险业务；而狭义财产保险则仅指各种财产损失保险，它强调保险标的是各种具体的物质财产。可见，狭义财产保险是广义财产保险中的一个重要组成部分。

根据我国《保险法》关于财产保险的有关规定，财产保险是指投保人根据合同约定，向保险人支付保险费，保险人对于合同约定的可能发生的事故因其发生所造成的财产损失承担赔偿保险金责任的行为；“财产保险是以财产及其有关利益为保险标的的保险”（《保险法》第十二条）；财产保险的业务范围“包括财产损失保险、责任保险、信用保险等保险业务”（《保险法》第九十五条）。很显然，我国法律对财产保险的描述属于广义财产保险概念的范畴。

参考我国《保险法》的规定，本书对财产保险的定义为：财产保险是以财产及其相关利益、责任和信用为保险标的的一种保险，当被保险人的财产及其有关利益发生保险责任范围内的灾害事故遭受经济损失时，由保险人予以补偿。财产保险包括财产损失保险、责任保险、信用保证保险等业务。

二、财产保险的特征

（一）保险标的具有特殊性

财产保险业务的承保范围，覆盖着除自然人的身体与生命之外的一切风险，其保险标的不仅包含着各种差异极大的财产物资，而且包含着各种民事法律风险和商业信用风险等。大到航天工业、核电工程、海洋石油开发，小到家庭或个人财产等，从有形的物质财产到无形的责任和信用等，无一不可从财产保险中获得相应的风险保障。财产保险对象差异化、多样性决定了其业务承保范围的广泛性，也决定了财产保险公司对业务的经营方向具有更多的选择性。与此同时，财产保险的保险标的具有客观而具体的价值标准，均可以用货币来衡量其价值，并成为确定保险金额的基础。

（二）财产保险业务具有补偿性

财产保险是补偿性保险，保险人经营各种类别的财产保险业务意味着承担起对保险客户保险利益损失的赔偿责任。尽管在具体的财产保险经营实践中，有许多保险客户因未发生保险事故或保险损失而得不到赔偿，但从理论上讲，保险人的经营是建立在补偿保险客户的保险利益损失基础之上的。因此，财产保险费率的厘定，需要以投保财产或有关利益的损失率为计算依据，财产保险基金筹集与积累，也需要以能够补偿所有保险客户的保险利益损失为前提。

当保险事故发生后，财产保险遵循损失补偿原则。它强调保险人必须按照保险合同规定履行赔偿义务，同时也不允许被保险人通过保险获得额外利益，从而不仅适用代位原则，而且适用重复保险损失分摊和损余折抵赔款等原则。财产保险的这种补偿性，正是其成为独立的新兴产业并与人身保险业务相区别的重要特征。

（三）经营内容具有复杂性

无论是从财产保险经营内容的整体出发，还是从某一具体的财产保险业务经营出发，其复杂性的特征均十分明显。主要表现在以下几个方面：

1. 投保对象与承保标的复杂。首先，财产保险的投保人既有法人团体，又有居民家庭和个人，既可能只涉及单个法人团体或单个保险客户，也可能同一保险合同涉及多个法人团体或多个保险客户。如合伙企业或者多个保险客户共同所有、占有的财产等，在投保时就存在着如何处理其相互关系的问题。其次，财产保险的承保标的，包括从普通的财产物资到高科技产品或大型土木工程，从有实体的各种物资到无实体的法律、信用责任乃至政治、军事风险，等等，不同的标的往往具有不同的形态与不同的风险。

2. 承保过程与承保技术复杂。在财产保险业务经营中，既要强调承保前风险检查、承保时严格核保，又须重视保险期间的防灾防损和保险事故发生后的理赔勘查等，承保过程程序多、环节多。在经营过程中，要求保险人熟悉与各种类型投保标的相关的技术知识。例如，保险人要想获得经营责任保险业务的成功，就必须以熟悉各种民事法律、法规及相应的诉讼知识和技能为前提；保险人在经营汽车保险业务时，就必须同时具备保险经营能力和汽车方面的专业知识，否则汽车保险的经营将陷入被动或盲目状态，该业务的经营也难以保持稳定。

3. 风险管理复杂。财产保险公司的风险主要来自直接保险经营，即直接保险业务的风险决定着财产保险公司的财务状况。因此，财产保险公司特别强调对承保环节的风险控制。在风险管理方面，财产保险主要强调对物质及有关利益的管理，保险对象的危险集中，保险人通常要采用分保或再保险的方式来进一步分散危险。例如，每一笔危险保险业务的风险均高度集中，其保险金额往往数以亿元计，任何一家保险公司要想独立承保此类业务都意味着巨大的风险，一旦发生保险事故，就会给承保人造成重大的打击；再如飞机保险、船舶保险、各种工程保险、地震保险等，均需要通过再保险才能使风险在更大范围内得以分散，进而维护保险人业务经营和财务状况的稳定。

（四）单个保险关系具有不等性

财产保险遵循等价交换、自愿成交的商业法则，保险人根据大数法则与损失概率来确定各种财产保险的费率（即价格），从而在理论上决定了保险人从投保人那里所筹集的保险基金与所承担的风险责任是相适应的，保险人与投保人的关系是等价关系。然而，就单个保险关系而言，保险双方却又明显地存在着交易双方在实际支付的经济价值上的不等价现象。一方面，保险人承保每一笔业务都是按确定费率标准计算并收取保险费，其收取的保险费通常是投保标的实际价值的千分之几或百分之几，而一旦被保险人发生保险损失，保险人往往要付出高于保险费若干倍的保险赔款，在这种情形下，保险人付出的代价巨大，而被保险人恰恰是所获收益巨大。另一方面，在所有承保业务中，发生保险事故或保险损失的被保险人毕竟只有少数甚至于极少数，多数情况下，保险人即使收取了保险费，也不存在经济赔偿的问题，交易双方同样是不对等的。可见，保险人在经营每一笔财产保险业务时，收取的保险费与支付的保险赔款事实上并非等价的。正是这种单个保险关系在经济价值支付上的不等性，构成了财产保险总量关系等价性的现实基础和前提条件。财产保险关系的建立，即是保险人与投保人经过相互协商、相互选择并对上述经济价值不等关系认同的结果。

三、财产保险的业务体系

从实践上看，财产保险是由若干险别及其数以百计的具体险种构成的一个庞大的业务体系。这个业务体系将财产保险划分成了不同的类别。财产保险业务体系可以划分为财产损失保险、责任保险、信用保证保险三部分，如表 6－1 所示。财产损失保险是以有形财产作为保险标的的财产保险，包括火灾保险、运输保险、工程保险和农业保险。责任保险是以被保险人的民事损害赔偿责任作为保险标的的保险，包括公众责任保险、产品责任保险、雇主责任保险和职业责任保险。信用保证保险是以人的信用行为作为保险标的的财产保险，包括信用保险和保证保险。

表 6-1　　财产保险业务体系

第一层次	第二层次	第三层次	第四层次（险种）
财产损失保险	火灾保险	企业财产保险	财产保险基本险、综合险
		家庭财产险	普通家财险、还本家财险等
	运输保险	运输工具险	机动车辆险、船舶保险等
		货物运输险	海洋、陆上、航空货运险等
	工程保险	建安工程险	建筑工程险、安装工程险等
		科技工程险	航天保险、核电保险等
	农业保险	种植业保险	农作物保险、林木保险
		养殖业保险	畜禽保险、水产养殖险
责任保险	公众责任险	场所责任险	宾馆、展览馆、车库责任险等
		承包人责任险	建筑工程承包人责任险等
	产品责任险		各种产品责任保险
	雇主责任险		普通雇主责任险、各种附加险
	职业责任险		医生、会计师、律师责任险等
信用保证保险	信用保险		出口信用险、个人信用险等
	保证保险		履约保证险、付款保证险等

第二节　财产损失保险

重点提示：企业财产保险；家庭财产保险；运输保险；农业保险。

财产损失险是指以有形的物质财产作为保险标的，在发生保险责任范围内的灾害事故造成经济损失时给予补偿的保险。这里所说的物质财产包括一切动产和不动产、固定和流动的财产、成品和半成品等有形的财产。财产损失险包括火灾保险、运输保险、工程保险和农业保险等。

一、火灾保险

火灾保险是以存放在固定场所并处于相对静止状态的财产为保险标的，由保险人承担保险财产遭受保险事故损失的经济赔偿责任的一种财产保险。火灾保险的特征主要表现在：保险标的须是存放在固定场所并处于相对静止状态下的各种财产物资；承保财产的地址不得随意变动；保险标的十分繁杂。在保险实务中，火灾保险主要包括企业财产保险和家庭财产保险两大类。

（一）企业财产保险

企业财产保险是在传统的火灾保险的基础上演变和发展而来的，是我国财产保险的主要险种。它是以企业存放在固定地点的财产为对象的保险业务，主要承保火灾以及其他自然灾害和意外事故造成保险财产的直接损失。我国企业财产保险的常用险种是财产保险基本险与财产保险综合险。以下就这两个险种的基本内容加以说明。

1. 企业财产保险的适用范围。企业财产保险基本险与综合险的适用范围很广泛，一切工商、建筑、交通运输、饮食服务业、国家机关、社会团体均可投保该险种。投保财产范围包括：属于被保险人所有或与他人共有而由被保险人负责的财产；由被保险人经营管理或替他人保管的财产；法律上承认的与被保险人有经济利益关系的财产。

2. 企业财产保险的保险标的。企业财产保险的承保范围只包括存放在固定地点且处于相对静止状态中的财产，而不包括处于运动状态中的财产。按照可保与否，企业财产可分为可保财产、特约可保财产和不可保财产。

（1）可保财产。可保财产是投保人可以直接向保险人投保的财产。这类财产通常可用两种不同的方式加以反映。一种是以会计科目的方式，如固定资产、流动资产、装箱物资和工程支出、账外财产等；另一种是以财产项目类别的方式，如房屋、建筑物和装修设备、机器及附属设备、交通运输工具、通信设备和器材、仪器仪表、器具、工具、用具和家具、成品、半成品、在制品、原材料等。

（2）特约可保财产。特约可保财产是保险双方当事人必须特别约定后才能在保险单中载明承保的财产。特约可保财产有两种。一种是不增加费率的特约可保财产，这些财产的特点是：市场价格变化较大或无固定的价格，或受某些风险的影响较小，如金银、珠宝、首饰、古玩、古画、古书、邮票、艺术品、稀有金属和其他珍贵财物，堤堰、水闸、铁路、桥梁、涵洞、码头等。另一种是增加费率的特约可保财产，如矿井、矿坑内的设备和物资，将这些财产作为特约可保财产承保主要是为了适应或满足部分行业的特殊需要。

（3）不可保财产。凡是特别列明不予以承保的财产，都不能在企业财产保险中承保。不予承保的原因有：

①不属于一般性的生产资料或商品的财产。它们要么不遭受损失，要么风险极大。如土地、矿藏、矿井、矿坑、森林、水产资源及未经收割和收割后尚未入库的农作物等。

②价值难以确定的财产。如货币、票证、文件、账册、图表、技术资料、电脑资料、枪支弹药及无法确定价值的财产。

③与政府有关法律法规相抵触的财产。如非法占用的财产、违章建筑等。

④必然发生危险的财产。如危险建筑。

⑤应该投保其他险种的财产。如运输过程中的物资、领取执照正常运行的机动车辆、畜禽等。

3. 企业财产保险的责任范围。企业财产保险的保险责任有基本责任和附加责任之分。

（1）基本保险责任。保险人承担的保险责任从列明的责任与承担特别损失责任两方面说明。

①列明的保险责任项目。财产保险基本险条款承保的基本责任有四项：火灾、雷击、爆炸、飞行物体及其他空中运行物体坠落所导致的损失。

财产保险综合险条款除了承保财产保险基本险条款的四项基本责任外，还包括 12 项风险：洪水、暴雨、台风、暴风、龙卷风、雪灾、雹灾、冰凌、泥石流、崖崩、突发性滑坡、地面下陷下沉。

②保险人对于被保险人的特别损失承担的责任。在我国的财产保险基本险条款和财产保险综合险条款中，保险人对于被保险人的因为上述 16 种风险导致的下列三类特别损失也承担赔偿责任：

被保险人拥有财产所有权的自有的供电、供水、供气设备因保险事故遭受损坏，引起停电、停水、停气以致造成保险标的的直接损失；

在发生保险事故时，为抢救保险标的，或防止灾害蔓延，采取合理的、必要的措施而造成保险标的的损失；

保险事故发生后，被保险人为防止或减少保险标的的损失所支付的必要的合理的费用。

（2）附加保险责任。附加保险责任指的是附加险的承保责任。

基本险可以特约承保的附加风险有：暴雨、暴风、洪水保险；盗抢保险；雪灾、冰凌保险；泥石流、崖崩、突发性滑坡保险；雹灾保险；水暖管爆裂保险；破坏性地震保险等。

综合险的附加责任包括：矿下财产保险；露堆财产保险；盗窃险；橱窗玻璃破碎保险；机器损坏保险；营业中断保险等。

4. 企业财产保险的责任免除。责任免除或称除外责任。基本险的除外责任包括下列由①~④列示的原因造成的损失，以及⑤~⑧列示指明的各种损失。

①战争、敌对行为、军事行动、武装冲突、罢工、暴动（这类风险均为政治风险）。

②被保险人及其代表的故意行为或纵容所致的损失。

③核反应、核辐射和放射性污染。

④地震、暴雨、洪水、台风、暴风、龙卷风、雪灾、雹灾、泥石流、崖崩、滑坡、水暖管爆裂、抢劫、盗窃。

⑤保险标的遭受保险事故引起的各种间接损失。

⑥保险标的本身缺陷、保管不善导致的损毁。

⑦由于行政行为或执法行为所致的损失。

⑧其他不属于保险责任范围内的损失和费用。

综合险的除外责任还包括：

①地震造成的一切损失。

②堆放在露天或罩棚下的保险标的，以及罩棚本身因暴风、暴雨造成的损失。

③其他除外责任与基本险相同。

5. 企业财产保险的保险价值与保险金额。企业财产的项目不同，确定保险价值和保险金额的方法不同。

（1）固定资产。固定资产的保险价值是按出险时的重置价值确定。保险金额确定方式有：

①按照账面原值确定。

②按账面原值加成数确定。

③按重置价值确定。

④按其他方式确定（如估价方式）。

（2）流动资产。流动资产的保险价值是按出险时账面余额确定。保险金额确定方式有：

①按最近12个月任意月份账面余额确定。

②由被保险人自行确定。

（3）账外财产和代保管财产。账外财产和代保管财产的保险价值是按出险时的重置价值或账面余额确定。保险金额确定方式有：

①被保险人自行估价确定。

②按重置价值确定。

6. 企业财产保险的保险费率。保险费率是保险人向被保险人收取保险费的计算标准，也是依照保险金额计算保险费的比率。

影响企业财产保险费率的主要因素有：投保险种、房屋的建筑结构、占用性质、地理位置、周围环境、投保人的安全管理水平、历史损失数据、市场竞争因素。

企业财产保险的保险费率体系由基准费率、行业标准费率、区域标准费率、标的实收费率和附加险费率五部分构成。企业财产保险年费率表具体又分为基本险和综合险两种，综合险的年费率高于基本险，费率按保险金额每千元计算。综合险年费率又分为两种：一种适用于华东、中南、西南地区；另一种适用于东北、华北、西北地区，前者费率一般高于后者。另外还有财产保险短期基本险、综合险费率表，对保险期不足一年的分别按年费率的一定百分比计收保费。

7. 企业财产保险的赔偿处理。企业财产保险的赔偿项目主要包括损失赔偿和费用赔偿两个方面，但也应注意第三者责任、重复保险和损余处理等问题。

（1）损失赔偿。企业财产保险的损失赔偿，应区别全部损失和部分损失。

全部损失的赔偿：保险标的发生全部损失时，保险人的赔偿依保险金额与出险时重置价值的关系不同而有所不同。

①当受损财产的保险金额等于出险时重置价值或账面余额时，赔款小于或等于出险时的重置价值或账面余额；

②当受损财产的保险金额大于重置价值或账面余额时，赔款小于或等于重置价值或账面余额，即：

赔款 = 重置价值 – 应扣残值

③当受损财产的保险金额小于重置价值或账面余额时，赔款小于或等于保险金额，即：

赔款 = 保险金额 – 应扣残值

部分损失的赔偿：发生部分损失的情况下，保险人采取下列方式计算赔款，最高赔付额不超过保险金额。

①当保险金额等于重置价值或账面余额时，赔款等于实际损失。即：

赔款 = 损失金额 – 应扣残值

②当保险金额大于重置价值或账面余额时，赔款等于实际损失。即：

赔款 = 损失金额 – 应扣残值

③当保险金额小于重置价值或账面余额时，按比例计算赔款，并扣除保险财产的残值。即：

保险赔款 = 保险金额/出险时重置价值或账面余额 × 实际损失
（或受损财产恢复原状所需修复费用 – 应扣残值）

（2）费用赔偿。保险财产损失发生后的施救、保护、整理费用等支出的赔偿，要与保险标的的损失分别计算，即分别按照两个保险金额计算，均以不超过保险金额为限。若受损保险财产按比例赔偿，则施救费用的赔偿也按相同比例计算。

（3）代位追偿。因第三者对保险财产的损害而造成保险事故，保险人自向被保险人赔偿保险金之日起，在赔偿金额范围内代位行使被保险人对第三者请求赔偿的权利。

（4）重复保险的分摊。根据保险赔偿原则，各承保公司将按比例分摊损失的方式承担各自应负的赔偿责任，其总赔偿金额以该财产的实际损失金额为限。

（5）物资损余的赔偿处理。根据条款规定，保险标的的残余部分，应协议作价给被保险人，并在赔款中扣除。如果由保险人回收处理，就不应在计算赔款时扣除残值。若受损财产赔款要进行分摊时，其残值部分也要进行分摊。

（二）家庭财产保险

家庭财产保险是以城乡居民室内的有形财产为保险标的的保险。家庭财产保险为居民或家庭遭受的财产损失提供及时的经济补偿，有利于安定居民生活，保障社会稳定。我国目前开办的家庭财产保险主要有普通家庭财产险和家庭财产两全险。此外，随着居民生活水平的不断提高，需求也不断增加，保险公司还开办了其他新型的家庭财产保险险种，如个人抵押贷款房屋保险、投资保障型家庭财产保险等。

家庭财产保险在承保标的、地址、保险责任、经营原理等方面与企业财产保险有相通性，不同的是它采用第一损失赔偿方式。

1. 普通家庭财产保险。普通家庭财产保险是保险人专为城乡居民开办的一种通用型财产保险业务。

（1）保险标的。普通家庭财产保险的保险标的包括被保险人的自有财产、由被保险人代管的财产或被保险人与他人共有的财产。通常包括：

①房屋及室内附属设施。

②室内装潢。

③室内财产，包括家用电器和文体娱乐用品、衣物和床上用品、家具及其他生活用具。

④存放于院内室内的农机具、农用工具、生产资料、粮食及农副产品。

有些家庭财产的实际价值很难确定，如金银、珠宝、玉器、首饰、古玩、古书、字画等，这些财产必须由专业鉴定人员进行价值鉴定，经投保人与保险人特别约定后，才能作为保险标的。

保险人通常对以下家庭财产不予承保：

①损失发生后无法确定具体价值的财产，如货币、票证、有价证券、邮票、文件、账册、图表、技术资料等。

②日常生活所需的日用消费品，如食品、粮食、烟酒、药品、化妆品等。

③法律规定不容许个人收藏、保管或拥有的财产，如枪支、弹药、爆炸物品、毒品等。

④处于危险状态下的财产。

⑤保险人从风险管理的需要出发，声明不予承保的财产。

（2）保险责任。普通家庭财产保险的保险责任包括：

①由火灾、爆炸、雷击、冰雹、洪水、海啸、地震、泥石流、暴风雨等一系列自然灾害和意外事故造成的损失。

②空中运行物体的坠落，以及外来不属于被保险人所有和使用的建筑物和其他固定物体的倒塌导致的损失。

③在发生上述保险事故时，为抢救保险标的或防止灾害蔓延采取合理必要的措施而造成的保险财产的损失。

④保险事故发生后，被保险人为了防止或减少保险标的的损失支付的合理的费用。

（3）除外责任。保险人对于家庭财产保险单项下所承保的财产由于下列原因造成的损失不承担赔偿责任：

①战争、军事行动或暴力行为。

②核辐射和核污染。

③家用电器因使用过度、超电压、碰线、弧花、漏电、自身发热等原因造成的本身损毁。

④被保险人及其家庭成员、服务人员、寄居人员的故意行为，或勾结纵容他人盗窃或被外来人员顺手偷摸，或窗外钩物所致的损失等。

⑤其他不属于家庭财产保险单列明的保险责任内的损失和费用。

（4）保险金额。家庭财产保险采取分项列明保险金额的方法。房屋及附属设备、室内装潢的保险金额由被保险人根据购置价或市场价格确定，保险价值为出险时的重置价值；室内财产的保险金额由被保险人根据实际价值分项确定。不分项的，按照表 6－2 比例确定。

表 6－2　　家庭室内财产分项确定保险金额的比例　　单位：%

类型	家用电器及文体用品	衣物及床上用品	家具及其他	农机具等
城市	40	30	30	
农村	30	15	30	25

（5）保险期限。普通家庭财产险的保险期限为 1 年，即从保单签发日零时算起，到保险期满日 24 时为止。

（6）赔偿。对于房屋及附属设备、室内装潢，发生全损时按保险金额和保险价值中较低者赔偿；部分损失时按照保险金额和保险价值的比例赔偿。对于室内财产，采取第一损失赔偿方式。对于必要的、合理的施救费用，在保险金额范围内另行计算。

2. 家庭财产两全保险。家庭财产两全保险是一种具有经济补偿和到期还本双重性质的险种。该险种的保险标的、保险责任、除外责任等与普通家庭财产保险相同。它与普通家庭财产保险的不同之处在于：

（1）保险金额的确定方式不同。家庭财产两全险采用按份数确定保险金额的方式：城镇居民每份 10000 元，农村居民每份 2000 元，至少投保 1 份，具体份数多少根据投保财产的实际价值而定。

（2）到期还本。投保人根据保险金额一次性缴纳保险储金，保险人将保险储金的利息作为保费。保险期满后，无论保险期内是否发生赔付，保险人都将如数退还全部保险储金。

（3）保险期限较长。两全保险的最长期限不能超过 10 年，一般为 3～5 年，比普通家庭财产保险长。

3. 其他类型家庭财产保险。除上述险种外，保险公司还开办了个人抵押贷款房屋保险、投资理财型家庭财产保险等新险种，主要是为了满足城乡居民的购房和投资理财需求。个人抵押贷款房屋保险主要通过抵押条款规定了抵押人和受押人在保险期内的权利和义务，其保险责任、责任免除、赔偿处理等与普通家庭财产保险基本一致；而投资保障型的家庭财产保险则集投资、增值、保险功能于一体，这类产品既有对家庭财产的风险保障，也有投资回报，其风险远远高于普通家庭财产保险。

4. 家庭财产保险的附加险。投保人在投保上述家庭财产保险的基础上，还可选择附加投保一些险种，主要包括盗抢险、现金和首饰盗抢险、家用电器用电安全保险、管道破裂及水渍保险、自行车盗抢险和第三者责任险等。

二、运输保险

运输保险是以处于流动状态下的财产作为保险标的的一种保险，主要包括货物运输保险和运输工具保险。

（一）货物运输保险

1. 货物运输保险的概念。货物运输保险是以运输中的货物为保险标的，以运输过程中可能发生的有关风险作为保险责任的一种财产保险。在国际上，货物运输保险是随着国际贸易的发展而不断发展的。在运输过程中，货物遭受自然灾害和意外事故的损失是难免的，而根据各国运输法律、法规的规定，承运人仅对因为自己的过错造成的货物损失负责，对于不可抗力造成的货物损失则不负责任，因此为运输中的货物提供保险显得十分重要，这不仅能够保障货主的经济利益，而且有利于商品交易和运输业的正常发展。

国际上，货物运输保险按照运输方式可分为海洋货物运输保险、陆上货物运输保险、航空货物运输保险和邮包保险。在我国，货物运输保险分为海上货物运输保险和国内货物运输保险。

2. 货物运输保险的特点。与其他财产保险相比较，货物运输保险有其自身的特点。

（1）保险标的具有流动性。货物运输保险的保险标的是处于流动状态下的货物。

（2）保险合同具有可转让性。货物运输保险的保险合同可以随着保险标的、保险利益的转移而转移，无须通知保险人，也无须征得保险人的同意。保险单可以用背书或其他习惯方式加以转让。承保的运输货物在保险期限内可能会经过多次转卖，因此最终保险合同保障的受益人不是保险单注明的被保险人，而是保单持有人。

（3）承保风险具有广泛性。货物运输保险承保的风险，包括海上、陆上和空中风险，自然灾害和意外事故风险，动态和静态风险等。

（4）承保价值具有定值性。承保货物在不同地区可能存在着价格差异，因此货物运输保险的保险金额可由保险双方按约定的保险价值来确定。

（5）保险期限具有航程性。

货物运输保险属于航次保险，以“仓至仓条款”确定其保险责任期限的依据。因此，《保险法》《中华人民共和国海商法》规定，货物运输保险责任开始后，合同当事人不得解除合同。

3. 海上货物运输保险。海上货物运输保险包括基本险和附加险两类。

（1）基本险。海上货物运输保险的基本险包括平安险、水渍险和一切险三种。

平安险负责下列原因造成的货物损失：

①运输途中因恶劣气候、雷电、海啸、地震、洪水等自然灾害造成整批货物的全部损失或推定全损。

②遭受搁浅、触礁、沉没、互撞、与流冰或其他物体碰撞以及失火、爆炸等意外事故造成货物的全部或部分损失。

③运输工具已经发生意外事故后，货物又遭受自然灾害所造成的部分损失。

④装卸或转运时，一件或数件整件货物落海造成的全部或部分损失。

⑤抢救保护费用（但以不超过该批被救货物的保险金额为限）。

⑥遭遇海难后在避难港产生的特别费用。

⑦共同海损的牺牲、分摊和救助费用。

⑧订有“船舶互撞责任条款”，其中规定应由货方偿还船方的

损失。

水渍险在平安险的各项责任的基础上，还负责被保险货物由于恶劣气候、雷电、海啸、地震、洪水等自然灾害造成的部分损失（即平安险 +5 种自然灾害造成货物的部分损失）。

一切险除包括平安险和水渍险的所有责任外，还包括“外来原因”造成的全部损失或部分损失（即水渍险 +11 种一般附加险）。

（2）附加险。海上货物运输保险的附加险可分为一般附加险、特别附加险和特殊附加险三种。

一般附加险亦称“普通附加险”，承保一般外来原因所造成的货物损失。我国海上货物运输保险所承保的一般附加险有以下 11 种：偷窃、提货不着险；淡水雨淋险；短量险；混杂、玷污险；渗漏险；碰损、破碎险；串味险；受潮受热险；钩损险；包装破裂险；锈损险。

特别附加险承保的货物损失原因往往同政治、国家行政管理，以及一些特殊的风险相关联。我国现行的特别附加险主要有以下 6 种：交货不到险；进口关税险；舱面险；拒收险；黄曲霉（毒）素险；出口货物到香港地区（包括九龙在内）或澳门地区存仓火险责任扩展条款。

特殊附加险主要包括 2 种：战争险和罢工险。

（3）除外责任。海上货物运输保险条款规定对下列原因所致的货物损失不负责赔偿：

①被保险人的故意行为或过失所造成的损失。

②属于发货人责任所引起的损失。

③在保险责任开始前，被保险货物已存在的品质不良或数量短缺所造成的损失。

④被保险货物的自然损耗、本质缺陷、特性以及市价跌落、运输延迟所引起的损失或费用。

⑤战争险和货物运输罢工险条款规定的责任范围和除外责任。

4. 国内货物运输保险。国内货物运输保险是以国内运输过程中的货物作为保险标的的保险。凡国内货物运输无论是经铁路、水路、公路和空运均可成为本保险的保险标的。国内运输货物保险所承保的货物主要指商品性质的贸易货物，不包括蔬菜、水果、活牲畜、禽鱼类和其他动物。根据我国国内货运险条款规定：金银、珠宝、钻石、玉器、首饰、古币、古玩、古书、古画、邮票、艺术品等贵重财物，非经投保人与保险人特别约定，并在保险单（凭证）上载明，不在本保险标的范围以内。

国内货物运输保险按运输工具的不同可分为四类：水路货物运输保险、铁路货物运输保险、公路货物运输保险和航空货物运输保险。

水路货物运输保险是以水上运输工具运输的货物为保险标的的一种保险，航行水域包括沿海和入海河流以及国内江、河、湖、川等；铁路货物运输保险主要承保利用火车运输的货物；公路货物运输保险承保通过公路运输的物资；航空货物运输保险专门承保航空运输的货物，其责任范围除了自然灾害或意外事故外，还包括雨淋、渗漏、破碎、偷盗或提货不着等危险。

（二）运输工具保险

运输工具保险是以各种运输工具本身（如汽车、飞机、船舶、火车等）和运输工具所引起的对第三者依法应负的赔偿责任为保险标的的保险，主要承保各类运输工具遭受自然灾害和意外事故而造成的损失，以及对第三者造成的财产直接损失和人身伤害依法应负的赔偿责任。按运输工具的不同，运输工具保险分为机动车辆保险、飞机保险、船舶保险、其他运输工具保险（包括铁路车辆保险、排筏保险）。

1. 机动车辆保险。机动车辆保险是运输工具保险的主要业务，它以各种以机器为动力的陆上运输工具为保险标的，包括汽车、摩托车、拖拉机等。在财产保险实践中，机动车辆保险是以机动车辆及与之密切关联的有关利益为保险标的的多项业务的统称。按照保险责任划分，机动车辆保险可分为基本险和附加险，基本险主要包括车辆损失保险和第三者责任保险。机动车辆保险的保险期限通常为一年，也可投保短期保险。

（1）车辆损失保险。车辆损失保险简称车损险，是指保险期间内，被保险人或被保险机动车驾驶人在使用被保险机动车过程中，因自然灾害、意外事故造成被保险机动车直接损失，且不属于免除保险人责任的范围，保险人依照保险合同的约定负责赔偿的保险。

理论上，车辆损失保险的保险金额可以按投保时新车购置价或实际价值确定，也可以由投保人与保险人协商确定。依据《中国保险行业协会机动车商业保险示范条款（2020）》第十三条的规定，车辆损失保险的保险金额按投保时被保险机动车的实际价值确定。投保时被保险机动车的实际价值由投保人与保险人根据投保时的新车购置价减去折旧金额后的价格协商确定或其他市场公允价值协商确定。

车辆损失险的保险费由基本保险费加上保险金额与保险费率的乘积两部分组成。

当被保险车辆发生损失时，保险人根据受损情况进行赔偿。

①全部损失。当被保险车辆因保险事故导致全部损失时，保险人按如下公式计算赔款：

$$赔款 = 保险金额 - \frac{被保险人已从第三方}{获得的赔偿金额} - 绝对免赔额$$

②部分损失。被保险机动车发生部分损失，保险人按实际修复费用在保险金额限度内计算赔款，公式为：

$$赔款 = 实际修复费用 - \frac{被保险人已从第三方}{获得的赔偿金额} - 绝对免赔额$$

③施救费。施救的财产中，含有本保险合同之外的财产，应按保险合同保险财产的实际价值占总施救财产的实际价值比例分摊施救费用。

被保险机动车发生保险事故，导致全部损失，或一次赔款金额与免赔金额之和（不含施救费）达到保险金额，保险人按保险合同约定支付赔款后，保险责任终止，保险人不退还机动车损失保险及其附加险的保险费。

（2）第三者责任险。第三者责任险是指保险车辆因意外事故，致使他人遭受人身伤亡或财产的直接损失，依法应由被保险人负责的，保险人依照保险合同的规定给予赔偿。我国现行的机动车辆第三者责任险保险包括交强险和商业三者险两类。

①交强险。交强险是机动车交通事故责任强制保险的简称，是指由保险公司对被保险机动车发生道路交通事故造成本车人员、被保险人以外的受害人的人身伤亡和财产损失，在责任限额内进行赔偿的强制性责任保险。《中国保险行业协会机动车辆交强保险示范条款》（2020 版）规定：在中华人民共和国境内（不含港、澳、台地区），被保险人在使用被保险机动车过程中发生交通事故，致使受害人遭受人身伤亡或者财产损失，依法应当由被保险人承担的损害赔偿责任，保险人按照交强险合同的约定对每次事故在下列赔偿限额内负责赔偿：死亡伤残赔偿限额为 180000 元；医疗费用赔偿限额为 18000 元；财产损失赔偿限额为 2000 元。被保险人无责任时，死亡伤残赔偿限额为 18000 元；医疗费用赔偿限额为 1800 元；财产损失赔偿限额为 100 元。

②商业三者险。商业三者险是被保险人或其允许的合格驾驶员在使用被保险车辆中，因意外事故造成第三者的人身伤害或财产损失，依法应由被保险人承担经济赔偿责任，保险人依照保险合同的约定，对超出机动车交通事故强制责任保险各分项责任限额以上的部分负责赔偿。赔偿限额由投保人和保险人协商确定。

2. 飞机保险。飞机保险又称航空保险，是以飞机及其相关责任风险为保险对象的一类保险。它是 20 世纪初期产生的一种运输工具保险。飞机保险具有综合性保险的特点，既包括财产保险，如以飞机及设备为保险标的的飞机及零备件保险；又包括责任保险，如承保承运人对旅客及第三者的法定责任保险；还包括人身意外伤害保险。由于飞机作为现代高速运输工具，单机价值高，风险大，保险公司往往采取多家共保或承保后寻求分保的措施来控制风险。飞机保险分为基本险和附加险。基本险包括机身保险、第三者责任保险和旅客法定责任保险；附加险包括战争、劫持险与飞机承运人货物责任险等。

3. 船舶保险。船舶保险是指以各种船舶、水上装置及其碰撞责任为保险标的的保险。它是运输工具保险中的主要险种之一。其特点是保险责任仅以水上为限。广义的船舶保险是以船舶及其附属品为保险标的的保险业务。根据船舶所处的状态分为船舶营运险、船舶建造险、船舶停航险、船舶修理险、拆船保险和集装箱保险等。狭义的船舶保险就是指船舶营运险，其中又可以分为基本险、附加险和特殊附加险三种。集装箱险的标的就是营运过程中的集装箱，其中也可以分为基本险和特殊附加险两种。

船舶保险适用于各种团体单位、个人所有或与他人共有的机动船舶与非机动船舶以及水上装置等。投保船舶保险者必须有港务监督部门签发的适航证明和营业执照。

三、工程保险

工程保险是以各种工程项目为主要承保对象的一种财产保险。传统的工程保险仅指建筑工程保险和安装工程保险两种。随着各种科技工程的迅速发展，工程保险的承保对象也随之扩大。保险人对自然灾害和意外事故造成工程项目的物质财产损失和第三者责任进行赔偿。

（一）建筑工程保险

建筑工程保险是指以各类民用、工业用和公共事业用的建筑工程项目为保险标的的保险，保险人承担对被保险人在工程建筑过程中由自然灾害和意外事故引起的一切损失的经济赔偿责任，简称“建工险”。

1. 适用范围。建筑工程保险承保的是各类建筑工程。在财产保险经营中，建筑工程保险适用于民用、工业用和公共事业用的建筑工程，如房屋、道路、水库、桥梁、码头、娱乐场、管道以及各种市政工程项目的建筑。这些工程在建筑过程中的各种意外风险，均可通过投保建筑工程保险而得到经济保障。

2. 被保险人。建筑工程保险的被保险人大致包括以下几个方面：

（1）工程所有人，即建筑工程的最后所有者。

（2）工程承包人，即负责承建该项工程的施工单位，可分为主承包人和分承包人，分承包人是向主承包人承包部分工程的施工单位。

（3）技术顾问，即由所有人聘请的建筑师、设计师、工程师和其他专业顾问，代表所有人监督工程合同执行的单位或个人。

（4）其他关系方，如贷款银行或债权人等。当存在多个被保险人时，一般由一方出面投保，并负责支付保费，申报保险期间风险变动情况，提出原始索赔等。

由于建筑工程保险的被保险人有时不止一个，而且每个被保险人各有其本身的权益和责任需要向保险人投保，为避免有关各方相互之间的追偿责任，大部分建筑工程保险单附加交叉责任条款，其基本内容是指各个被保险人之间发生的相互责任事故造成的损失，均可由保险人负责赔偿，无须根据各自的责任相互进行追偿。

3. 保险标的和保险金额。建筑工程保险的标的范围很广，但概括起来可分为物质财产本身和第三者责任两类。为了方便确定保险金额，建筑工程险保单明细表中列出的保险项目通常包括物质损失、特种风险赔偿和第三者责任三部分。

（1）物质损失。建筑工程险的物质损失可以分为以下七项：

①建筑工程。包括永久性和临时性工程及工地上的物料。该项目是建筑工程险的主要保险项目，其保险金额为承包工程合同的总金额，即建成该项工程的实际造价，包括设计费、材料设备费、运杂费、施工费、保险费、税款及其他有关费用。

②工程所有人提供的物料和项目。指未包括在上述建筑工程合同金额中的所有人提供的物料及负责建筑的项目。该项保险金额应按这一部分的重置价值确定。

③安装工程项目。指未包括在承包工程合同金额内的机器设备安装工程项目，如办公大楼内发电取暖、空调等机器设备的安装工程。这些设备安装工程已包括在承包工程合同内，则无须另行投保，但应在保单中说明。该项目的保险金额按重置价值计算，应不超过整个工程项目保险金额的20%；若超过20%，则按安装工程保险费率计收保费；超过50%的，则应单独投保安装工程保险。

④建筑用机器、装置及设备。指施工用的各种机器设备，如起重机、打桩机、铲车、推土机、钻机、供电供水设备、水泥搅拌机、脚手架、传动装置、临时铁路等机器设备。该类财产一般为承包人所有，不包括在建筑工程合同价格之内，因而应作为专项承保。其保险金额按重置价值确定，即重置同原来相同或相近的机器设备的价格，包括出厂价、运费、保险费、关税、安装费及其他必要的费用。

⑤工地内现成的建筑物。指不在承保工程范围内的，归所有人或承包人所有的或其保管的工地内已有的建筑物或财产。该项保险金额可由保险双方当事人协商确定，但最高不得超过其实际价值。

⑥场地清理费。指发生保险责任范围内的风险所致损失后为清理工地现场所支付的费用。该项费用一般不包括在建筑合同价格内，需单独投保。对大工程的该项保额一般不超过合同价格的 5%，对小工程不超过合同价格的 10%。本项费用按第一危险赔偿方式承保，即发生损失时，在保险金额内按实际支出数额赔付。

⑦所有人或承包人在工地上的其他财产。指不能包括在以上六项范围内的其他可保财产。如需投保，应列明名称或附清单于保单上。其保险金额可参照以上六项的标准由保险双方协商确定。

以上七项之和，构成了建筑工程险物质损失项目的总保险金额。

（2）特种风险赔偿。特种风险是指保单明细表中列明的地震、海啸、洪水、暴雨和风暴；特种风险赔偿则是对保单中列明的上述特种风险造成的各项物质损失的赔偿。为控制巨灾损失，保险人对保单中列明的特种风险必须规定赔偿限额。凡保单中列明的特种风险造成的物质损失，无论发生一次或多次保险事故，其赔款均不得超过该限额。其具体限额主要根据工地的自然地理条件、以往发生该类损失记录、工程期限的长短以及工程本身的抗灾能力等因素来确定。

（3）第三者责任。建筑工程险的第三者责任，是指被保险人在工程保险期内因意外事故造成工地及工地附近的第三者人身伤亡或财产损失依法应负的赔偿责任。第三者责任采用赔偿限额，赔偿限额由保险双方当事人根据工程责任风险的大小商定，并在保险单内列明。

4. 保险责任。建筑工程保险的保险责任相当广泛。概括起来，保险人承保的保险责任主要有以下几类：

（1）列明的自然灾害，主要有雷电、水灾、暴雨、地陷、冰雹等；

（2）列明的意外事故，主要有火灾、爆炸、空中运行物体坠落、原材料缺陷等引起的意外事故，以及工作人员在施工中的过失造成的间接损失；

（3）盗窃及清理保险事故现场所需费用；

（4）第三者责任；

（5）在建筑工程一切险中，未列入责任免除且不在上述风险责任范围的其他风险责任。

对于地震与洪水，由于其危险性大，一旦发生，往往造成重大损失，国际保险界一般将其列入特约可保责任另行协议加保在建筑工程保险中。

5. 责任免除。除了财产保险中的例行责任免除，如被保险人的故意行为、战争、罢工、核污染外，一般还有下列责任也免除：

（1）错误设计引起的损失、费用或责任，其责任在设计方，应由直接责任者负责，但如投保人有要求，也可扩展承保该项风险责任；

（2）原材料缺陷如置换、修理或矫正所支付的费用，以及工艺不善造成的本身损失；

(3) 保险标的的自然磨损和消耗；

(4) 各种违约后果如罚金、延误损失等；

(5) 其他除外责任，如文件、账簿、票据、货币及有价证券、图表资料等的损失等。如果是一般建筑工程保险，除外责任还包括保险责任项上未列明而又不在上述除外责任范围内的其他风险责任。

6. 保险费率。建筑工程保险的费率应以投保人填写的投保单内容和保险人对投保标的的风险调查为依据，在对风险及其可能产生的损害后果作出评估的基础上，科学合理地进行厘定。一般而言，保险人厘定费率时，应着重考虑下列因素：保险责任的大小；保险标的本身的危险程度，包括承保项目的种类、性质、建筑结构、施工场所的地理环境等；承包人的技术水平和管理水平；承包人及工程其他关系方的资信情况；保险金额、赔偿限额及免赔额的高低。在综合考虑上述因素的基础上，再结合以往承保同类业务的赔付情况，保险人就可以制定出比较合理的费率标准。需要指出的是，由于保险金额要在工程完毕后才能真正确定，保险费的计收也应在订立合同时预收，期满时多退少补。

7. 保险期限。建筑工程保险的责任期限一般采用工期保险单，即以工期的长短来作为确定保险责任期限的依据，由保险人承保从开工之日起到竣工验收合格的全过程。但对大型、综合性建筑工程，如有各个子工程分期施工的情况，则应分项列明保险责任的起讫期。根据建筑工程的种类和进程，可以将合同工程划分为以下两个时期：一是工程建造期，即从开工之日起至通过检验考核之日止；二是工程保证期，即从检验考核通过之日起至建筑合同规定的保险期满日止。保险人在承保时，可以只保一个责任期，也可以连同建筑工程保证期一并承保。

（二）安装工程保险

安装工程保险简称安工险，专门承保在新建、扩建或改建的工矿企业的机器设备或钢结构建筑物的整个安装、调试期间，由于责任免除以外的一切危险造成保险财产的物质损失、间接费用以及安装期间造成的第三者财产损失或人身伤亡而依法应由被保险人承担的经济责任。

1. 安装工程保险的适用范围。安装工程保险的承保项目，主要是指安装的机器设备及其安装费，凡属安装工程合同内要安装的机器、设备、装置、物料、基础工程（如地基、机座等）以及为安装工程所需的各种临时设施（如临时供水、供电、通信设备等）均包括在内。此外，为完成安装工程而使用的机器、设备等，以及为工程服务的土木建筑工程、工地上的其他财物、保险事故后的场地清理费等，均可作为附加项目予以承保。

同建筑工程险一样，所有对安装工程保险标的具有保险利益的人均可成为被保险人，均可投保安装工程险。安装工程险中可作为被保险人的分类与建筑工程保险的相同。

2. 保险标的和保险金额。安装工程保险的标的范围很广，但与建筑工程险一样，也可分为物质财产本身和第三者责任两类。其中，物质财产本身包括安装项目、土木建筑工程项目、场地清理费、所有人或承包人在工地上的其他财产；第三者责任则是指在保险有效期内，因在工地发生意外事故造成工地及邻近地区的第三者人身伤亡或财产损失，依法应由被保险人承担的赔偿责任和因此而支付的诉讼费及经保险人书面同意的其他费用。为了确定保险金额的方便，安装工程险保单明细表中列出的保险项目通常也包括物质损失、特种风险赔偿、第三者责任三个部分，其中，后两项的内容和赔偿限额的规定均与建筑工程险相同。安装工程险的物质损失部分包括以下几项：

（1）安装项目。这是安装工程险的主要保险标的，包括被安装的机器设备、装置、物料、基础工程（地基、机座）及安装工程所需的各种临时设施，如水、电、照明、通信等设施。安装项目保险金额的确定与承包方式有关，若采用完全承包方式，则为该项目的承包合同价；若由所有人投保引进设备，保险金额应包括设备的购货合同价加上国外运费和保险费（FOB 价格合同）、国内运费和保险费（CIF 价格合同），以及关税和安装费（包括人工费、材料费）。安装项目的保险金额，一般按安装合同总金额确定，待工程完毕后再根据完毕时的实际价值调整。

（2）土木建筑工程项目。土木建筑工程项目是指新建、扩建厂矿必须有的工程项目，如厂房、仓库、道路、水塔、办公楼、宿舍、码头、桥梁等。土木建筑工程项目的保险金额应为该项工程项目建成的价格。这些项目一般不在安装工程内，但可在安装工程内附带投保。其保险金额不得超过整个安装工程保额的20%；超过20%时，则按建筑工程险费率收保费；超过50%时，则需单独投保建筑工程险。

（3）场地清理费。保险金额由投保人自定，并在安装工程合同价外单独投保。对于大工程，一般不得超过工程总价值的5%；对于小工程，一般不得超过工程总价值的10%。

（4）为安装工程施工用的承包人的机器设备。其保险金额按重置价值确定。

（5）所有人或承包人在工地上的其他财产。指上述三项以外的保险标的，大致包括安装施工用机具设备、工地内现成财产等。保额按重置价值计算。

上述五项保险金额之和即构成物质损失部分的总保险金额。

3. 保险责任和责任免除。安装工程险的保险责任和除外责任与建筑工程险略有区别。

（1）保险责任。安装工程险物质部分的保险责任除与建筑工程险的部分相同外，一般还有以下几项内容：

①安装工程出现的超负荷、超电压、碰线、电弧、走电、短路、大气放电及其他电气引起的事故。

②安装技术不善引起的事故。

③第三者责任险。

若一项工程中有两个以上被保险人，为了避免被保险人之间相互追究第三者责任，由被保险人申请，经保险人同意，可加保交叉责任险。

（2）责任免除。安装工程险物质部分的责任免除，多数与建筑工程险相同，所不同的是：建筑工程险将设计错误造成的损失一概除外；而安装工程险对设计错误本身的损失除外，对由此引起的其他保险财产的损失予以负责。

安装工程第三者责任险的责任免除与建筑工程第三者责任险的责任免除相同，在此不再赘述。

4. 保险费率。安装工程险的费率主要由以下各项组成：①安装项目。土木建筑工程项目、所有人或承包人在工地上的其他财产及清理费为一个总的费率，整个工期实行一次性费率。②试车为一个单独费率，是一次性费率。③保证期费率，实行整个保证期一次性费率。④各种附加保障增收费率，实行整个工期一次性费率。⑤安装、建筑用机器、装置及设备为单独的年费率。⑥第三者责任险，实行整个工期一次性费率。

5. 保险期间。安装工程保险的保险期间包括从开工到完工的全过程，由投保人根据需要确定。与建工险相比，安工险项下多了一个试车考核期间的保险责任。

（1）保险责任的开始时间。在保单列明的起讫日前提下，安工险的保险责任开始有两种情况：自投保工程动工之日或自被保险项目卸至施工地点时起，两者以先发生者为准。

（2）保险责任的终止时间。保险责任的终止有以下几种情况，以先发生者为准：保单规定的终止日期；安装工程完毕移交给所有人时；所有人开始使用时，若部分使用，则该部分责任终止。

（3）试车考核期。安工险保险期内一般应包括试车考核期。试车考核期是工程安装完毕后冷试、热试和试生产。考核期的长短根据工程合同上的规定来决定，试车考核期的责任以不超过3个月为限；

若超过 3 个月，则应另行加费。对于旧的机器设备，则一律不负责试车，试车开始，保险责任即告终止。

（4）控制保证期。与建工险一样，安装工程完毕后，一般还有保证期，若加保，也应注意选择。保证期有两种加保方法：有限责任保证期或扩展责任保证期。

（5）保险期间的扩展时间。在保单规定的保险期间内，若安装工程不能按期完工，而被保险人要求延长保险期间时则由投保人提出申请并加收规定保费后，保险人可签发批单，以延长保险期间。

四、农业保险

农业保险是对种植业、养殖业在生产、哺育、成长过程中可能遭到的自然灾害或意外事故所造成的经济损失提供经济保障的一种保险。农业保险不是农村保险。农村保险是一个地域性的概念，它是指在农村范围内所举办的各种保险的总和。农村保险不仅包括农业保险、农业生产者的家庭财产保险和人身保险，还包括乡镇企业的各种财产、人身、责任等保险种类。

（一）农业保险的特点

农业保险作为一种农业生产风险转嫁机制，在许多国家是构成政策性保险的重要组成部分，究其原因，不仅由于农业生产在国民经济中的基础地位，而且因为农业生产过程和农业面临的风险存在特殊性。农业保险特点可以概括为以下几个方面：

1. 农业保险涉及的范围大。在农业保险经营实践中，因为自然风险需要大范围承保才能分散，无论是种植业保险还是养殖业保险，都是大规模或大面积投保与承保，一旦危险发生，承保人就要投入大量的精力来处理，农业保险的这个特点决定了开办此类保险业务的机构必须具备相当雄厚的经济实力，并具备懂得农业生产技术背景的经营人才储备，在理赔中甚至还需要借助现代科学技术（如遥感技术）等。

2. 农业保险受自然风险和经济风险的双重制约。农业是一个特殊的产业部门，是自然再生产和经济再生产的统一体，因此经常受自然风险和经济风险的双重影响，而其中最突出的是自然灾害风险，主要是因为农业生产中除土地是基本的生产资料外，主要劳动对象是有生命的动植物。动植物的生长具有周期性、生命性、连续性等特征，受自然条件、生态环境影响大。

3. 季节差异和地域差异大。我国幅员辽阔，自然环境复杂多样，而且呈明显的地带性与非地带性地域差异，自北至南依次出现寒温带、温带、暖温带、亚热带、热带、赤道带6个气候带，决定了农业风险区域性强，表现出不同区域间农业保险的险别、标的种类、风险事故的种类及周期、频率、强度差异，这造成农业保险单位经营区划、费率的厘定与区分复杂，投入资金与技术的成本十分昂贵。

4. 农业保险投入大，赔付率高。由于农业生产是分散作业，农民居住又相当分散，加之农业致损的理赔需要专门技术，致使保险经营成本无形中扩大；同时，农业生产面临的风险极大，损失率较高，导致的赔付率也高。

5. 农业保险需要政府的扶持。由于自然灾害、疫病突发的大面积、不可预期性，使保险公司从技术上无法回避风险，所收取的保费不足以维持赔付。再加上农业保险风险大、赔付率高，使得保险公司经常处于微利甚至亏损的境地。因此，只有通过有关政策给予扶持，保险公司才可能实现业务经营的稳定发展。

（二）农业保险的分类

农业保险量多、险种多、面广，按保险对象可划分为种植业保险和养殖业保险两大类。并可进一步细分为农、林、牧、渔（水产养殖）业保险。我国开办的农业保险主要险种有：农产品保险，生猪保险，牲畜保险，奶牛保险，耕牛保险，山羊保险，养鱼保险，养鹿、养鸭、养鸡等保险，对虾、蚌珍珠等保险，家禽综合保险，水稻、蔬菜保险，稻麦场、森林火灾保险，烤烟种植、西瓜雹灾、香梨收获、小麦冻害、棉花种植、棉田地膜覆盖雹灾等保险，苹果、鸭梨、烤烟保险等。

（三）种植业保险

种植业保险是指以种植物为保险标的，以生产过程中可能遭遇的某些风险为承保责任的一类保险业务的统称。它包括农作物保险和林木保险。按照生产周期的不同，农作物保险可以分为生长期农作物保险和收获期农作物保险；林木保险又分为森林保险、经济林、园林苗圃保险等。

1. 生长期农作物保险。生长期农作物保险是以水稻、小麦等粮食作物和棉花、烟叶等经济作物为对象，以各种作物在生长期间因自然灾害或意外事故使收获量价值或生产费用遭受损失为承保责任的保险。

在作物生长期间，其收获量有相当部分是取决于土壤环境和自然条件、作物对自然灾害的抗御能力、生产者的培育管理。因此，在以收获量价值确定保险金额时，应留给被保险人自保一定成数，促使其精耕细作和加强作物管理。如果以生产成本确定保险金额，则按照作物在不同时期、处于不同生长阶段投入的生产费用，采取定额承保。

生长期农作物保险的保险金额是以亩为计算单位，保险金额的确定方法一般有以下两种：

（1）按平均收获量的成数确定保险金额。计算公式为：

每亩保险金额 = 国家收购价 × 前 3 年亩平均产量 × 承保成数（4 ~6 成）

（2）按投入的生产成本确定保险金额。生产成本包括种子、肥料、农药、作业费、排灌费、运输费等直接费用。

2. 收获期农作物保险。收获期农作物保险以粮食作物或经济作物收割后的初级农产品价值为承保对象，即是作物处于晾晒、脱粒、烘烤等初级加工阶段时的一种短期保险。

收获期农作物保险的保险期限一般从农作物收割（采摘）进入场院后开始，到完成初加工离场入库前终止。保险责任包括火灾、洪水、风灾等自然灾害造成农产品的损失，以及发生灾害事故时因施救、保护、整理所支付的合理费用。

3. 森林保险。森林保险是以天然林场和人工林场为承保对象，以林木生长期间因自然灾害和意外事故、病虫害造成的林木价值或营林生产费用损失为承保责任的保险。

森林保险承保的风险主要是火灾，包括人为火灾和雷击起火等。

1981 年，为了加强森林资源管理和减少森林灾害损失，林业部门与保险部门合作，共同研究开展森林保险业务。1982 年拟订了“森林保险课题研究计划”，同时拟订了我国第一款《森林保险条款》。1984 年 10 月，在中国人民保险公司配合下，在广西灵川县开始了我国首次森林保险的试点工作，之后陆续在其他各地进行试点，发展较为迅速。

4. 经济林、园林苗圃保险。该险种承保的对象是生长中的各种经济林种，包括这些林种提供具有经济价值的果实、根叶、汁水、皮等产品，以及可供观赏、美化环境的商品性名贵树木、树苗。保险公司对这些树苗、林种及其产品由于自然灾害或病虫害所造成的损失进行补偿。此类保险有柑橘、苹果、山楂、板栗、橡胶树、茶树、核桃、枣树等保险。

（四）养殖业保险

养殖业保险是指以各种处于养殖过程中的动物为保险标的、以养殖过程中可能遭遇的某些危险为承保责任的保险。一般把养殖业保险分为畜禽养殖保险和水产养殖保险两大类。畜禽养殖保险主要有牲畜保险、家畜家禽保险等险种。

1. 牲畜保险。牲畜保险是以役用、乳用、肉用、种用的大牲畜，如耕牛、奶牛、菜牛、马、种马、骡、驴、骆驼等为承保对象，承保在饲养使役期，因牲畜疾病或自然灾害和意外事故造成的死亡、伤残以及因流行病而强制屠宰、掩埋所造成的经济损失。牲畜保险是一种死亡损失保险。因此投保的牲畜必须健康，保险公司通常会对牲畜的健康情况、饲养管理状况等进行调查。牲畜保险的保险金额可以牲畜的种类和经济价值为基础，采用定额承保和估价承保两种方式确定。

2. 家畜、家禽保险。家畜、家禽保险是以商品性生产的猪、羊等家畜和鸡、鸭等家禽为保险标的，承保在饲养期间的死亡损失。因此也是一种死亡损失保险。保险责任包括因自然灾害、意外事故或疾病、瘟疫等原因造成家畜、家禽在饲养期间的死亡损失，但对零星死亡的现象一般规定免赔率或免赔只数。

3. 水产养殖保险。水产养殖保险以商品性的人工养鱼、养虾、育珠等水产养殖产品为承保对象，承保在养殖过程中因疫病、中毒、盗窃和自然灾害造成的水产品收获损失或养殖成本报失。主要险种有淡水养鱼保险、对虾养殖保险和育珠保险等。

4. 其他养殖保险。其他养殖保险以商品性养殖的鹿、貂、狐等经济动物和养蜂、养蚕等为保险对象，承保在养殖过程中因疾病、自然灾害和意外事故造成的死亡或产品的价值损失。其承保条件与牲畜保险基本相同。

专栏6-1

我国政策性农业保险助力乡村振兴

政策性农业保险不属于一般商业保险的范畴，其是运用保险经济制度所进行的一种风险管理和社会管理，是政府对农业支持而作出的一种制度化安排，它是根据概率论和大数法则，为被保险人在从事种植业和养殖业过程中因自然灾害或意外事故所造成的经济损失给予保险责任范围内经济补偿的一种保险。农业保险高风险率、高费用率、高赔付率、非营利性的特点决定了它是一项政策性极强的保险。因此，农业保险通常是在政府主导下进行运作，具体体现在以下五个方面：第一，机构设置上，通常要组建专业性的、全国性的农业保险公司，统一组织经营全国农业保险业务。各省、自治区、直辖市相应建立分支机构，具体开展农险签约、查勘定损、理赔兑现等保险业务。第二，政策支持上，政府应进行保费补贴并承担保险公司及其分支机构经营农业保险的全部或大部分经营管理费用。第三，市场制度建设上，要建立农产品库存储备制度、农产品市场支持风险基金，旨在减少农产品经营者因价格波动而带来的损失。第四，服务提供上，须建立信息研究和咨询机构，及时向农户提供有关国内外的农产品价格、供求、先进技术等信息，减少由于信息不对称或匮乏所引起的营销盲目性与不确定性。第五，逐步完善法律制度，保证农业保险发挥应有的作用。

我国政府高度重视政策性农业保险的发展，自2004年启动政策性农业保险试点工作以来，相继颁布了一系列有关农业保险的发展政策。如：2004～2022

年，连续19年“中央一号”文件都对发展政策性农业保险提出了明确目标和要求，为农业保险政策的出台提供了契机和依据；2007年，中央财政开始对农业保险实施保费补贴政策，此后各项补贴政策不断完善；2012年10月24日国务院发布了《农业保险条例》，对规范农业保险活动、保护农业保险活动当事人的合法权益作出了明确规定；2019年9月19日财政部、农业农村部、银保监会和林草局联合印发了《关于加快农业保险高质量发展的指导意见》，以打赢脱贫攻坚战和推进乡村振兴战略为目标，按照保护农民利益、支持农业发展的要求，进一步完善了农业保险政策，提出了提高农业保险服务能力、优化农业保险运行机制、加强农业保险基础设施建设和做好组织实施工作的具体要求和实施措施；2021年6月24日，财政部会同农业农村部、银保监会印发了《关于扩大三大粮食作物完全成本保险和种植收入保险实施范围的通知》，对扩大三大粮食作物完全成本保险和种植收入保险实施范围的指导思想、基本原则、补贴方案、保险方案等进行了明确规定；等等。这些政策极大地推动了我国政策性农业保险的发展，成为支持“三农”建设的重要力量。2012～2021年，我国农业保险保费规模从241亿元增加到965.18亿元，同比增长18.4%；为1.88亿户次农户提供风险保障共计4.78万亿元；中央财政拨付保费补贴333.45亿元，同比增长16.8%，补贴险种达到16个，三大粮食作物覆盖面占比近70%。

习近平总书记强调：“脱贫攻坚取得胜利后，要全面推进乡村振兴，这是‘三农’工作重心的历史性转移”。政策性农业保险是“三农”工作的重要保障力量，在防范化解农业生产风险、稳定农民收入、落实国家粮食安全战略和宏观调控政策等方面具有重要作用。因此应大力发展政策性农业保险，为实现巩固脱贫成果同乡村振兴有效衔接工作的实施保驾护航，从而进一步推动乡村振兴战略的顺利实施和乡村振兴战略目标的实现。

资料来源：胡亦琴：《论农业保险制度的基本框架与路径选择》，载《农业经济问题》2003年第10期；王韧、陈嘉婧：《农业保险助力乡村振兴的成就、问题与路径》，载《中国保险》2022年第2期。

第三节 责任保险

重点提示：责任保险的概念；责任保险的特征；责任保险的具体种类。

一、责任保险概述

（一）责任保险的概念

责任保险是指以被保险人对第三者依法应负的民事损害赔偿责任为保险标的的保险。凡是根据法律规定，被保险人因疏忽或过失等行为对他人造成人身伤亡或财产损害，依法应负的经济赔偿责任，均可投保有关责任保险，由保险人代为赔偿。

责任保险作为与财产保险相关的险种，广义上通常被划为财产保险的范畴，但又具有自身独特内容与经营特点，它赔偿的不只是应负的财产损失，还包括人身伤害，所以，是一类可以独立成体系的保险业务。现实生活中，企业、团体、家庭或个人在进行生产、经营或生活的各种活动时，常常会由于疏忽、过失等行为，对他人造成财产损失或人身伤害，构成民事侵权行为。例如，汽车撞伤人，医生误诊对病人造成伤害，产品缺陷造成损失等这些责任都属于责任保险承保的范围。

（二）责任保险的特征

1. 健全的法律制度是责任保险产生与发展的基础。责任保险产生与发展的基础，不仅是各种民事法律风险的客观存在和社会生产力达到一定水平，而且还需要人类社会的进步带来的法律制度的不断完善，其中法制的健全与完善成为责任保险产生与发展最为直接的基础。正是由于人们在社会中的行为都是在法律制度的一定规范之内，所以才可能因触犯法律而造成他人的财产损失或人身伤害时，必须承担起经济赔偿责任。在当今社会，如果没有环境污染防治法，造成污染的单位或个人就不会对污染受害者承担什么赔偿责任；如果没有食品卫生法和消费者权益保护法，对消费者权益造成的损害也不会有经济赔偿责任，等等。所以，法律形式上应负经济赔偿责任的存在，是人们想到通过保险转嫁这种风险的直接原因。事实上，当今世界责任保险最发达的国家或地区，必然是各种民事法律制度最完善的国家或地区。

2. 保险标的是被保险人承担的民事损害赔偿责任。因为责任保险不是实体财产，故不存在保险价值，其赔偿金额的多少，是由当事人依照需要约定的，没有超额保险之说。在各种经济赔偿责任中，凡属于金钱债务的，皆可作为责任保险标的，例如，因产品的瑕疵、汽车肇事、船舶碰撞、医疗误诊等造成他人的人身伤害或财产损失等对受害人承担的法律责任。但有三类责任不能构成责任保险标的：第一类是非依法应由被保险人承担的责任；第二类是被保险人依法承担的刑事责任、行政责任；第三类是被保险人故意造成他人损害，而依法承担的民事赔偿责任。

3. 责任保险是保障被保险人和第三者利益的一种双重保障机制。在一般财产保险与人身保险实践中，保险人保障的对象都是被保险人及其受益人，其赔款或保险金也完全归被保险人或其受益人所有，均不会涉及第三者。而各种责任保险却不同，被保险人的利益损失首先表现为因被保险人的行为导致第三者的利益损失，即在第三者利益损失的客观存在并依法应由被保险人负责赔偿时，才会产生被保险人的利益损失。因此，责任保险的赔款实质上是对被保险人之外的受害方，即第三者的赔偿，责任保险具有第三者保险的性质。责任保险是由保险人直接保障被保险人利益、间接保障第三者的利益。

4. 责任保险有赔偿限额的约束。在责任保险合同中，保险人所承保的是一种特殊的无形标的，由于这种标的无客观价值，无法估计具体金额，所以合同中也就无法确定保险金额。但为了限制保险人承担赔偿责任的范围，避免赔偿时合同双方发生争议，责任保险合同一般要载明赔偿限额，以此作为保险人承担赔偿责任的最高额度和保险费的计算依据。如果没有赔偿额度的限制，保险人自身就会陷入无限的经营风险之中。赔偿限额的大小根据被保险人可能面临的损失规模大小和交付保险费的能力来确定。如我国机动车辆第三者责任险的赔偿限额就分为不同档次，由投保人自主选择，超过限额的经济赔偿责任由被保险人自行承担。

5. 承保方式上采取期内发生式或期内索赔式。

（1）期内发生式。被保险人的侵权行为发生在保险合同的有效期内，保险人对被保险人的民事赔偿责任负责赔偿，而不论索赔是否发生在保险合同有效期内。保险人通常规定一个索赔的期限，即“发现期”。

（2）期内索赔式。在保险合同有效期内，受害人向被保险人提出的索赔，只要在保险责任范围内，保险人均赔偿。即使事故发生在保险期限开始前，只要第一次提出索赔的时间在有效期内。保险人通常规定一个“追溯期”。

6. 赔偿处理方面具有特殊性。首先，责任保险的赔偿处理涉及三方及三方以上当事人；其次，赔案的处理以法院的判决或执法部门的裁决为依据，保险人具有参与处理责任事故的权力；最后，保险赔款最后并非归被保险人所有，实质上付给了受害方。

责任保险具体可分为公众责任保险、产品责任保险、雇主责任保险和职业责任保险。

二、公众责任保险

（一）公众责任保险的概念

公众责任保险是承保被保险人在各种固定场所进行生产、经营或其他活动时，因发生意外事故而造成他人（第三者）人身伤亡和财产损失，依法应由被保险人承担的经济赔偿责任。由于这种经济赔偿责任普遍存在于各种公共场所和各种与公众发生联系的社会活动中，因此，公众责任保险适用范围相当广泛，可适用于工厂、办公楼、旅馆、住宅、商店、医院、学校、影剧院、展览馆等各种公众活动的场所。世界上大多数国家和地区都十分重视公众责任保险的推行，以保障公民和消费者在公众场所的安全和权益。

（二）公众责任保险的险种

公众责任保险是责任保险中适用范围最广的一种业务，险种很多，主要包括以下几种：

1. 场所责任保险。是指承保固定场所（包括房屋、建筑物及其设备、装置等）因存在结构上的缺陷或管理不善，或被保险人在被保险场所内进行生产经营活动时，因疏忽而发生意外事故，造成他人人身伤亡或财产损失的经济赔偿责任。它是公众责任保险中业务量最大的险别，广泛适用于商店、办公楼、旅馆、饭店等各种公共娱乐场所。

2. 电梯责任保险。主要承担在保险期限内，被保险人在保险单明细列明的地点所安装的各种电梯在运行过程中发生意外事故造成人身伤亡或运载财产的损失，依法应由被保险人负责的赔偿责任。它可包括在场所责任保险中，如被保险人要求，也可专项承保。

3. 承包人责任保险。专门承保承包人在施工、作业或工作中造成他人人身伤亡或财产损失的损害事故，依法应由承包人承担的经济赔偿责任。承包人是指承包各种建筑工程、安装工程、装卸作业以及承揽加工、定做、修缮、修理、印刷、设计、测绘、测试、广告等业务的法人或自然人，被保险人的分包人也可作为共同被保险人而获得保障。

4. 承运人责任保险。凡经营海上、陆上或空中运输业务的承运人运送旅客或货物时，在承担客、货运输任务过程中，如发生损失，包括因延迟而造成的损失，依法由承运人负有的损害赔偿责任，都是承运人责任保险的承保对象。

5. 个人责任保险。适用于任何个人及家庭，主要承保自然人或其家庭成员因过失或疏忽对他人的身体或财产造成损害并依法应负的经济赔偿责任。主要的个人责任保险有住宅责任保险、综合个人责任保险和个人职业责任保险等。

（三）公众责任保险的保险责任与除外责任

1. 保险责任。保险公司在公众责任保险中主要承担两部分责任：一是在承保期间，因被保险人或其雇用人员的过失行为而造成第三者人身伤亡或财产损失，依法应由被保险人承担的经济赔偿；二是在责任事故发生后，如果引起法律诉讼，由被保险人承担的相关诉讼费用。

保险公司的最高赔偿责任不超过保单上所规定的每次事故的赔偿

限额或累计赔偿的限额。

2. 除外责任。对于公众责任保险而言，由下列原因造成的损失、费用和责任，保险人一般不负责赔偿：

（1）被保险人及其代表的故意或重大过失行为。

（2）战争、敌对行为、军事行为、武装冲突、罢工、骚乱、暴乱、盗窃、抢劫。

（3）政府当局的没收、征用。

（4）核反应、核辐射和放射性污染。

（5）地震、雷击、暴雨、洪水、火山爆发、地下水、龙卷风、台风、暴风等自然灾害。

（6）烟熏、大气、土地、水污染及其他污染。

（7）锅炉爆炸、空中运行物体坠落。

（8）被保险人的下列损失、费用和责任，保险人不负责赔偿：被保险人或其代表、雇用人员人身伤亡的赔偿责任，以及上述人员所有的或由其保管或控制的财产损失。

（9）罚款、罚金或惩罚性赔款。

（10）被保险人与他人签订协议所约定的责任，但应由被保险人承担的法律责任不在此限。

三、产品责任保险

（一）产品责任保险的概念

产品责任保险是承保产品的生产商、销售商和修理商因其生产、销售或修理的产品存在缺陷，致使用户或消费者在使用过程中发生意外事故，而遭受人身伤害或财产损失，依法应由被保险人承担的经济赔偿责任。

产品责任保险目前在北美、西欧、日本等发达的市场经济国家非常流行。早期的产品责任保险主要承保一些直接与人体健康有关的产品，如食品、饮料、药品等，随后承保范围逐步扩大，各种轻纺、机械、石油、化工、电子工业产品，以至于大型飞机、船舶、成套设备、核电站、卫星等均可投保产品责任保险。我国的产品责任保险始办于1980年，最初仅局限于经营出口产品的责任保险，业务量不大。虽经几十年的发展，市场规模仍很小，还处于起步阶段。

（二）产品责任保险的保险责任与除外责任

1. 产品责任保险的保险责任。产品责任保险的保险责任包括经济赔偿责任和费用损失两方面。

(1) 经济赔偿责任。指在保险期限内，被保险人生产、销售、分配或修理的产品发生事故，造成消费者或其他人的人身伤害或财产损失，依法应由被保险人承担的损害赔偿责任。造成赔偿责任的事故必须是意外的、非被保险人所能预料的。

(2) 费用损失。被保险人为产品事故所支付的诉讼、抗辩费用及其他经保险人事先同意支付的合理费用，保险人也予以赔偿。

2. 产品责任保险的除外责任。产品责任保险的除外责任一般包括以下方面：

(1) 故意行为。被保险人故意违法生产、出售的产品或商品，造成任何人的人身伤害、疾病、死亡或财产损失依法应负的经济赔偿责任。

(2) 合同责任。合同责任不在保险范围之内，除非这项责任在没有合同的情况下，也同样存在。

(3) 缺陷产品的重置。保险人对不合格或有缺陷产品的修理、重置或恢复费用不予承保，这部分费用一般应由生产商负责赔偿。

(4) 设计错误或处方错误。对错误的或有缺陷的设计或处方，或产品不符合设计要求引起的索赔，予以除外，这部分责任应由设计师职业责任保险和医生职业责任保险负责承保。

(5) 被保险人看管或监控下的货物。如果货物仍然由被保险人拥有，这时引起的责任习惯上是除外的。

(6) 由于产品本身造成的产品损坏。

(7) 造成他人“受损毁的财物”财产损失。

(8) 产品退换回收的损失。

(9) 一般除外责任。对放射、核爆炸、污染、战争及对雇员的责任除外。

(三) 产品责任保险的赔偿限额

产品责任保险的赔偿限额通常由被保险人与保险人根据实际情况协商后在保险单中载明，一般分为每一次产品事故的最高赔偿金额和保险有效期内的赔偿累计最高限额两种。生产、销售、分配的同批产品由于同样原因造成多人的人身伤害、疾病、死亡或多人的财产损失均被视为一次事故造成的损失，并且适用于每次事故的赔偿限额。

四、雇主责任保险

(一) 雇主责任保险的概念

雇主责任保险所承保的是被保险人（雇主）在其雇员受雇期间

从事业务时，因遭受意外导致伤残、死亡或患有与职业有关的职业性疾病，依法或根据雇用合同，应由被保险人承担的经济赔偿责任。

雇主责任保险产生于19世纪80年代，是责任保险中最早兴起并进入强制保险的险种，普及程度极高。许多西方发达国家的雇主责任法或劳工赔偿法都规定，除非发现雇员有故意行为，雇员在工作中遭受的伤害均应由雇主负责赔偿。为了转嫁风险，雇主往往都投保雇主责任保险。在我国，雇主责任保险始于20世纪80年代初，为保障我国部分企业尤其是“三资”企业员工的利益，发挥了一定作用。但是，作为一项“非主流”的保险险种，其业务发展一直比较缓慢，需要不断地开拓市场。

（二）雇主责任保险的保险责任与除外责任

1. 雇主责任保险的保险责任。雇主投保雇主责任保险的目的，在于通过缴纳保险费的方式转嫁其对雇员在受雇期间发生的责任事故依法应承担的赔偿责任，在保障雇主、企业稳健经营的同时也有效地保障了其员工的利益。它的主要保险责任包括：

（1）被保险人所雇用的员工，包括短期工、临时工、季节工和学徒工，在受雇过程中，从事与被保险人的业务有关的工作时，遭受意外导致伤残或死亡，被保险人根据雇佣合同和有关法律法规必须承担的经济赔偿责任。

（2）因患有与业务有关的职业性疾病而致雇员人身伤残、死亡的经济赔偿责任。

（3）雇员在从事与业务有关的工作时，遭受意外事故而致伤、死亡或患有的职业病，被保险人依法应承担的医疗费用。

（4）被保险人在处理保险责任范围内的索赔纠纷或诉讼时，所引起的诉讼、律师费用及其他经保险人同意支付的费用。

我国雇主责任保险经保险双方约定后，可以扩展承保以下两项附加责任：

（1）附加医药费保险。该附加险承保被雇用人员在保单有效期间，无论是否遭受意外伤害，因患职业病之外的疾病（包括传染病、分娩、流产）所需医疗费用，包括治疗、医药、手术、住院费用，但只限于在中国境内的医院或诊疗所就诊和治疗，可以凭单证赔付。

（2）附加第三者责任保险。附加第三者责任保险保障被保险人在保单有效期间，因其雇用人员（或其本人）在从事保单列明的业务有关工作时，由于意外或疏忽，造成第三者人身伤亡或财产损失，以及所引起的对第三者的抚恤、医疗费和赔偿费用，依法应由被保险人负责的赔偿责任。

2. 雇主责任保险的除外责任。雇主责任保险的除外责任主要包括：

（1）战争、军事行动、罢工、暴动、民众骚乱或由于核辐射所致被保险人聘用的员工伤残、死亡或疾病。

（2）被保险人所聘用的员工由于职业性疾病以外的疾病、传染病、分娩、流产，以及因此而施行的内外科治疗手术所致的伤残或死亡。

（3）由于被保险人所聘用员工自身伤害、自杀、违法行为所致的伤残或死亡。

（4）被保险人所聘用员工因非职业原因而受酒精或药剂的影响所致的伤残或死亡。

（5）被保险人的故意行为或重大过失。

（6）除有特别规定外，被保险人对其承包商所聘用员工的责任。

（7）除有特别规定外，在中华人民共和国境外所发生的被保险人聘用员工的伤残或死亡。

（8）其他不属于保险责任范围内的损失和费用。

五、职业责任保险

（一）职业责任保险的概念

职业责任保险是承保各种专业技术人员因工作上的疏忽或过失造成第三者人身伤害或财产损失而依法应承担的经济赔偿责任。在当今社会，医生、会计师、律师、设计师、经纪人、代理人、工程师等技术工作者均存在着职业责任风险，会由于工作中的过失、错误，或由于他们的雇员或合伙人的过失或错误，给他们的当事人或其他人造成经济上的损失或人身伤害，这类责任事故是不可能完全避免的，从而均可以通过职业责任保险的方式来转嫁其风险损失。

与责任保险中的其他险别相比，职业责任保险的发展相对滞后。目前，我国公众责任保险、产品责任保险、雇主责任保险都已形成一定的市场规模，但是，职业责任保险在总体上还处于试办推行期。其中的一个重要原因是由于职业责任与各种专业技术有关，受害人及保险人不可能具备各行业所特有的专业知识。因此，一旦发生事故，其是否属于职业责任及赔偿的数额，职业者或职业者所在单位与受害人及其家属、保险公司很难达成共识。但是，随着我国各项法律制度的逐渐完善和消费者维权意识的加强，相信这一险种具有广阔的发展前景，因为有资料显示，目前国外财产保险市场中职业责任保险占到15%以上的份额。

（二）职业责任保险的保险责任与赔偿

1. 职业责任保险的保险责任。职业责任保险的保险责任包括：

（1）被保险人及其前任、被保险人的雇员及其前任，由于职业上的疏忽、过失所造成的职业责任损失。

（2）被保险人因责任事故而引起的实施费及其他经保险人同意的有关费用。

2. 职业责任保险的赔偿。由职业责任事故导致的索赔发生后，如果确属保险责任，保险人应当按照合同迅速办理。在赔偿金方面，保险人或者采取规定一个累计的赔偿金额，而不是规定每次事故的赔偿限额的办法；或者采取规定每次索赔或每次事故的限额而不规定累计限额办法。法律诉讼费用则在赔偿限额之外另行计算。

（三）职业责任保险的险种

1. 医疗职业责任保险。医疗职业责任保险是指承保医务人员由于医疗事故而致病人死亡或伤残、病情加剧、痛苦增加等，受害者或其家属要求赔偿且依法应由医疗方负责的经济赔偿责任。它是目前职业责任保险中占主导地位的险种。

2. 律师责任保险。律师责任保险是指承保被保险人或其前任作为一个律师在自己的能力范围内的职业服务中发生的一切疏忽行为、错误或遗漏过失行为所导致的法律赔偿责任，包括一切侮辱、诽谤以及被保险人在工作中发生的或造成的对第三者的人身伤害或财产损失。在我国，律师责任保险是一个新开办的险种。

3. 建筑工程设计责任保险。建筑工程设计责任保险是指以建筑工程设计人因设计上的疏忽或过失而引发工程质量事故造成损失或费用依法应承担的经济赔偿责任为保险标的的职业责任保险。它是我国开办最早的职业保险险种之一。

4. 会计师责任保险。会计师责任保险是指因被保险人及其前任或其负有法律责任的人，因违反会计业务上应尽的责任及义务而造成他人损失，依法应负的经济赔偿责任，但不包括身体伤害、死亡及实质财产的损毁。会计师责任保险在我国也是新近开办的职业责任险种。

此外，职业责任保险的险种还有公司高级管理人员责任保险，保险代理人和经纪人疏忽、过失责任保险，美容师责任保险，药剂师责任保险，退休人员责任保险等。

专栏6－2

法定第三者责任保险

法定第三者责任保险的起源可以追溯到1880年英国的雇主责任法，该法规

定受雇人因从事工作发生伤害事故，雇主应依法负赔偿责任，1969年该法经过修订后规定每个雇主都要投保该责任险。英国《1930年道路交通法》规定，任何车辆如果没有有效的第三者责任保险，不得在道路上行驶。

美国的强制汽车责任保险是从1919年马萨诸塞州立法通过的《赔偿能力担保法》开始的，其后到20世纪50年代，美国的大部分州已实行强制汽车责任保险。

德国1939年11月实行首部《车主赔偿责任保险法》，正式标志着车辆强制保险的开始，目前该法规已发展成为欧盟内部通用的交强险法规。1991年1月1日，德国开始实行强制环境责任保险，要求所有工商企业必须投保该险种。

法国的法定第三者责任保险险种最多。自20世纪70年代开始，法国政府逐步扩大了强制责任保险的适用对象和承保范围。目前，法国强制责任保险的险种有80种左右，其中，以医护人员、律师、审计师、保险经纪人、建筑师、公证人、房地产经纪人和汽车驾驶员等的责任保险为主。由于强制责任保险的险种众多，法国的责任保险业务的规模和业务领域较大，从而有效地避免了逆选择。强制责任保险制度的推行，带来了法国责任保险市场的稳步发展，为更多的企业和个人提供了责任风险保障。

在我国，1984年，国务院颁布《关于农民个人或联户购置机动车船和拖拉机经营运输业的若干规定》，首次强调不参加第三者责任保险，不发牌照、不准上路，标志着我国进入了由机动车第三者商业自愿保险到强制法定保险过渡的准强制阶段。1992年2月颁布的《道路交通事故处理办法》有关保险问题的通知中，将实行机动车第三者责任法定保险作为维护国家利益、稳定社会、促进经济发展、保障道路交通事故当事人合法权益和妥善处理道路交通事故的重要措施，并在各个省市实行强制。2004年4月我国近24个省市已实行了机动车强制第三者责任保险。2004年5月1日，我国又出台了《中华人民共和国道路交通安全法》，其中规定了第三者责任强制保险制度。2006年3月21日国务院颁布了《机动车交通事故责任强制保险条例》，于2006年7月1日正式实施了交强险。

交强险是帮助居于弱势地位的车祸受害人、预防和减少机动车交通事故的一种有效的法律制度。按照《机动车交通事故责任强制保险条例》的规定，在中华人民共和国境内（不含港、澳、台地区），被保险人在使用被保险机动车过程中发生交通事故，致使受害人遭受人身伤亡或者财产损失，依法应当由被保险人承担的损害赔偿责任，由保险公司在责任限额内予以赔偿。

交强险实行全国统一的责任限额。2008年，交强险总的责任限额为12.2万元，其中，死亡伤残赔偿限额为11万元，医疗费用赔偿限额为1万元，财产损失赔偿0.2万元。若机动车辆车主无责，死亡伤残赔偿1.1万元，医疗费用赔偿1000元，财产损失赔偿100万元。2020年9月10日，中国银保监会官网发布了《中国银保监会关于调整交强险责任限额和费率浮动系数的公告》(2020年9月19日实施)，将交强险总责任限额从12.2万元提高到20万元，其中死亡伤残赔偿限额从11万元提高到18万元，医疗费用赔偿限额从1万元提高到1.8万元，财产损失赔偿限额维持0.2万元不变。机动车在道路交通事故中无责任时，死亡伤残赔偿限额1.8万元，医疗费用赔偿限额1800元，财产损失赔偿限额100元。

资料来源：中国保险学会网站，2010年3月5日；中国银保监会网站。

第四节 信用和保证保险

重点提示：信用保险的特点；保证保险的特点。

一、信用保证保险概述

（一）信用保证保险的含义

信用保证保险建立在信用关系或经济合同基础之上，它以权利人与义务人之间的信用风险为承保风险，以权利人的经济利益作为保险标的，当义务人未能如约履行债务清偿而使权利人遭受损失时，由保险人承担经济赔偿责任。信用保证保险就其性质而言是一种担保业务，它是以保险人作为保证人对权利人的一种担保。

（二）信用保证保险的特点

信用保证保险因其保险标的是一种无形财产——经济利益，故也属于广义财产保险范畴，但信用保证保险又是一类特殊的财产保险。其特点如下：

1. 信用保证保险承保的是一种信用风险。与一般财产保险不同，信用保证保险承保的是人的信用风险，而不是由于自然灾害和意外事故造成的风险损失。

2. 保险合同一般涉及三方关系人。一般保险合同在投保人与保险人之间确定保险关系，不涉及第三方。信用保证保险建立在信用经济关系与经济合同之上，其保险合同一般涉及三方关系人，即权利人、义务人和保险人（保险公司）。保险人充当保证人角色；权利人可以是也可以不是投保人，但他一定是被保险人；义务人即被保证人，他可以是投保人。

3. 保险合同属于附属式合同。在信用保证保险中，权利人与义务人之间首先有贸易、借贷等经济合同——主合同，保险合同建立在主合同的基础之上，因此属附属合同。信用保证保险合同是保险人对义务人的作为或不作为造成权利人的损失承担附属性责任的书面承诺，这种承诺是在保险合同规定的履行条件已具备而被保证人不履行合同义务的条件下，保险人才能替被保证人对权利人履行赔偿责任。

4. 经营条件严格。信用保证保险必须由政府批准的保险人或专门经营信用保证业务的保险人办理，禁止一般保险人承保这项业务。例如，美国财政部每年公布一次被批准的信用保证保险人名单，并规定各公司承保的限额。我国的出口信用保险在 20 世纪 90 年代至 21 世纪初，由中国人民保险公司和中国进出口银行经营，2001 年年底后，则交由新成立的中国出口信用保险公司专营。

5. 通过各种措施控制经营风险。信用保证保险承保的是信用风险，而信用风险是一种人为风险，其影响因素复杂，损失规律难循，所以要求保险公司采取各种措施控制经营风险。例如，在承保前对被保证人的资信情况进行严格的审查；在承保时要求被担保人提供反担保，以便在保险公司向权利人支付赔款后，能向被保证人追回赔款。

二、信用保险

（一）信用保险的概念

信用保险是以在商品赊销和信用放款中的债务人的信用作为保险标的，在债务人未能如约履行债务清偿而使债权人遭受损失时，由保险人向被保险人，即债权人提供风险保障的一种保险。

（二）信用保险的分类

1. 根据保险标的性质分类，信用保险可分为商业信用保险、银行信用保险和国家信用保险。若保险标的是商品赊销方的信用，称为商业信用保险；若保险标的为借款银行的信用则称为银行信用保险；若保险标的是借款国的信用则为国家信用保险。

2. 根据保险标的所处的地理位置分类，信用保险可分为国内信用保险和出口信用保险。若保险标的是国内商人的信用，为国内信用保险；若保险标的是他国商人的信用，则为出口信用保险。

三、保证保险

（一）保证保险的含义

保证保险是在被保证人的作为或不作为致使权利人遭受经济损失时，由保险人来承担经济赔偿责任的保险。

保证保险是随着道德风险的频繁发生而发展起来的。在有些国家，一些企事业单位和团体在招收就业人员时，要求应聘人员必须提供企事业单位和团体认可的保证人才能就业。在就业期间，如果由于被保证人的营私舞弊行为而使得雇主受损时，保证人要承担赔偿责任。

（二）保证保险的特点

1. 保险人在没有损失的预期下提供保险服务。在一般的商业保险中，保险关系是建立在预期将发生的损失的基础之上的，即有损失才有保险关系存在的必要性。而在保证保险中，保险人是在没有损失的预期下提供服务的，换句话说，如果保险人预期将发生损害，它将不向被保证人提供保险。

2. 保证保险涉及三方面当事人。一般保险的当事人只有两者：保险人与投保人，而保证保险却涉及三方面当事人的关系：保险人、权利人（被保险人）和义务人（被保证人）。变更和终止民事权利义务关系的协议，也自然涉及这三者。

3. 保证保险中涉及反担保。在被保证人未能依照合同或协议的要求履行自己的义务，由此给权利人带来损失，而被保证人不能补偿这一损失时，由保险人（保证人）代为赔偿，然后保险人有权向被保证人追回这一笔赔付。为了保证日后能够做到这一点，保险人在提供保证时，可以要求被保证人提供反担保。

（三）保证保险的险种

保证保险包括忠诚保证保险和履约保证保险。

1. 忠诚保证保险。忠诚保证保险是一种权利人因被保证人的不诚实行为而遭受经济损失时，由保险人作为保证人承担赔偿责任的保险。例如，当雇员由于偷盗、侵占、伪造、私用、非法挪用、故意误用等不诚实行为造成雇主受损时，保险人负责赔偿。

忠诚保证保险的承保风险有两大类：欺诈和不诚实。主要包括：偷窃，指暗中用非暴力手段非法拿走权利人的财和物；非法侵占，指将权利人所有的而由被保证人保管的财物占为已有；伪造，指以欺诈手段假造票据或其他文件或将其加以重大的更改；私用，指非法拿走权利人财务供己使用；非法挪用，指未经所有人同意擅自将其资金移供别人使用；故意误用，指以损害他人为目的故意将权利人财物用于其所不欲的用途。

忠诚保证保险主要包括个人忠诚保证保险、指名忠诚保证保险、职位忠诚保证保险和总括忠诚保证保险。

2. 履约保证保险。履约保证保险又称“合同保证保险”，该保险承保因被保证人不履行各种合同义务而造成权利人的经济损失。

在实践中，履约保证保险主要有以下四种形式：合同履约保证保险；司法履约保证保险；公职人员履约保证保险；特许履约保证保险。

专栏6－3

雇员忠诚保证保险的发展

在欧美发达国家，雇主对于因雇员的不忠诚行为所导致的损失要远高于雇员抢劫、盗窃或者天灾造成的损失。雇员的不忠甚至是企业倒闭的一个致命原因。有关资料显示，在全球，雇员诈骗每年造成损失数额达到了十几亿美元。雇员的这种犯罪在长时间内不能被发现，而这一切又往往是一些受到尊重和有相当高职位的雇员所为，尤其是那些长时期受到信任的雇员。他们一方面被认为是模范工作的雇员，但他们在作案时常常又是一名杰出的罪犯。

在英国，为了维护雇主的利益，英国信用担保协会推出了忠诚保险业务，成为英国唯一指定的忠诚保险公司。该公司承担由于被保险雇员的欺诈或者不诚实行为而对雇主造成金钱和货物的损失，但不承担库存物资的短缺损失赔偿责任。

在美国，雇员不忠给雇主造成的损失比其他原因致损的后果更加严重，雇主纷纷投保雇员忠诚保证保险。不过，该险种与其他险种有显著的区别。一般保险是保险人和被保险人双方的合同，而忠诚保证保险是雇主、雇员以及保证人三方的合同。雇主是保证契约的持有人，常被称为被保险人，因为由他缴付保费，保证人对雇主因雇员的贪污、挪用、诈骗等不诚实行为所遭受的经济损失负责。

资料来源：郑云瑞：《财产保险法》，中国人民公安大学出版社2004年版。

本章总结

1. 财产保险是以财产及其相关利益为保险标的的一种保险，当被保险人的财产及其有关利益发生保险责任范围内的灾害事故遭受经济损失时，由保险人予以补偿。它包括财产损失保险、责任保险、信用保证保险等业务。

2. 财产损失保险包括火灾保险、运输保险、工程保险和农业保险，内容包括其概念、特点、保险责任及除外责任、保险金额的确定，等等。

3. 责任保险是在被保险人依法应负损害赔偿责任时，由保险人承担其赔偿责任的保险。责任保险业务开展的基础是健全的法律制度。责任保险的标的是被保险人对第三人依法应承担的损害赔偿责任，只有在被保险人受到第三者的赔偿请求时，保险人才对被保险人负有赔偿责任。

4. 责任保险的险种主要有公众责任保险、产品责任保险、雇主责任保险、职业责任保险等。

5. 信用保险是以在商品赊销和信用放款中的债务人的信用作为保险标的，在债务人未能如约履行债务清偿而使债权人招致损失时，由保险人向被保险人，即债权人提供风险保障的一种保险。信用保险可分为国内信用保险和出口信用保险。

6. 保证保险是在被保证人作为或不作为致使被保险人（权利人）遭受经济损失时，由保险人来承担经济赔偿责任的保险。保证保险在“没有损失”的预期下提供服务，涉及保险人、权利人、义务人等多方当事人的关系。忠诚保证保险和履约保证保险是两种重要的保证保险。

练习与思考

1. 财产保险具有哪些特点？
2. 财产保险可分为哪些类型？
3. 企业财产保险的承保范围是如何规定的？
4. 企业财产保险如何进行赔偿处理？
5. 家庭财产保险的险种和赔偿处理是什么？
6. 机动车辆保险的主要险种有哪些？
7. 工程保险的险种及相关内容是什么？
8. 责任保险有哪些特点？
9. 责任保险包括哪些险种及相关内容？
10. 简述信用保险和保证保险的区别。
11. 简述忠诚保证保险与履约保证保险的区别。

第七章
保险经营

本章提要

从经营业务内容看，保险经营包括承保业务和投资业务两大部分。其中，保险承保业务是保险投资业务的基础，保险投资业务是保险承保业务的延伸。本章主要介绍保险承保业务内容，主要包括保险经营特征、原则和保险承保业务环节，并对保险业务管理中的核保与理赔两个方面的内容进行详细介绍。

学习目标

掌握保险经营的特征和原则。
了解保险承保业务的主要内容。
理解核保的作用和主要内容。
掌握理赔的原则和主要流程。

第一节　保险经营的特征与原则

一、保险经营的特征

重点提示：保险经营的特征；保险经营的特殊原则。

保险企业以特定风险为经营对象，对自然灾害和意外事故所造成的经济损失和人身伤亡进行补偿或给付。尽管保险经营也是一种商品经营，但它是一种特殊商品的经营，因此其经营行为具有与其他企业经营不同的特征。

（一）保险经营活动是一种特殊的劳务活动

保险经营的是一种社会性的经济损失补偿和给付活动，以特定风险的存在为前提，以集合尽可能多的单位和个人风险为条件，以大数法则为数理基础，以经济补偿和给付为基本功能。因此，保险企业所从事的经营活动不是一般的物质生产和商品交换，而是一种特殊的劳务活动。首先，这种劳务活动依赖于保险业务人员的专业素质，如果保险企业拥有一批高素质的业务人员，提供承保前、承保时和承保后的系列配套服务，社会公众对保险企业的信心就会增加，保险企业的竞争能力就能进一步提高。其次，这种劳务活动体现在保险企业的产品质量上。保险企业根据保险市场需求精心设计保险条款，合理规定保险责任，科学厘定保险费率，保险险种就能切合实际，保险合同数量就能逐渐增加，而保险合同数量越多，保险经营就越稳定，保险成本就越低。

（二）保险经营资产具有负债性

保险企业经营必须有资本金，尤其在开业初期需要一定的设备资本和经营资本，正因为如此，我国《保险法》第六十九条规定：“设立保险公司，其注册资本的最低限额为人民币 2 亿元”。但是保险企业的经营资产主要来自投保人按照保险合同向保险企业所交纳的保险费和保险储金，具体表现为从保险费中所提取的各种准备金。保险企业的经营活动就是借助所聚集的资本金及各种准备金而建立起来的保险基金，来实现其组织风险分散、进行经济补偿职能的。可见，保险企业经营资产的相当部分是来源于保险人所收取的保险费，而这些保险费正是保险企业对被保险人未来赔偿或给付责任的负债。

（三）保险经营成本和利润计算具有特殊性

与其他商品成本计算相比，保险经营成本具有不确定性。保险商品现时的价格（即保险费率）制定所依据的损失成本是过去的、历史的支出的平均成本，而现时的价格又是用来补偿将来发生的成本，即过去成本产生现时价格，现时价格补偿将来成本。同时，在确定保险历史成本时也需要大量的统计数据和资料。事实上，一般保险企业无法获得足够的历史资料和数据，而且影响风险的因素随时都在变动，这就使得保险人确定的历史成本很难与现时价格吻合，更难以与将来成本相一致。因此，保险经营成本的不确定性决定了保险价格的合理度不如其他商品的高，保险成本与保险价格的关系也不如其他商品密切。

此外，保险利润的计算也与一般企业不同。经营一般商品时，企业只需将出售商品的收入减去成本、税金，剩下来的就是利润。而保险企业的利润除了从当年保费收入中减去当年的赔款、营业费用和税金外，还要减去各项准备金和未决赔款。提存的各项准备金数额大时，对保险利润会产生较大的影响。

（四）保险经营具有分散性和广泛性

一般企业的经营是对单一产品、单一系列产品或少数几种产品进行生产管理或销售的过程，其产品只涉及社会生产或生活的某一方面，即使企业破产倒闭所带来的影响也只会涉及某一行业或某一领域。保险经营则不然，保险企业所承保的风险范围之宽、经营险种之多、涉及的被保险人之广泛是其他企业无法相比的。例如，被保险人包括法人和自然人，就法人来说，包括所有不同所有制的工业、农业、交通运输业、商业、服务业企业和各种事业单位以及国家机关；就自然人来说，有各行各业和各个阶层的人士。无论是自然人还是法人，既可以在国内的不同地区，又可以在世界各国家和地区。一旦保险经营失败，保险企业丧失偿付能力，势必影响到全体被保险人的利益乃至整个社会的安定。所以说，保险经营的过程既是风险的大量集合过程，又是风险的广泛分散过程。众多的投保人将其所面临的风险转嫁给保险人，保险人通过承保将众多风险集合起来，而当发生保险责任范围内的损失时，保险人又将少数人发生的风险损失分摊给全体投保人。

二、保险经营的特殊原则

保险经营原则是指保险企业从事保险经济活动的行为准则。由于保险商品除具有一般商品的共性外，还具有自身特性。因此，在经营保险这一特殊商品的过程中，既要遵循一般企业经营的基本原则，如经济核算原则、随行就市原则和薄利多销等原则，又要遵循保险业经营的特殊原则，这些特殊原则主要是风险大量原则、风险选择原则和风险分散原则。

（一）风险大量原则

风险大量原则是指保险人在可保风险的范围内，应根据自己的承保能力，争取承保尽可能多的风险标的。风险大量原则是保险经营的首要原则，这是因为：第一，保险的经营过程实际上就是风险管理过程，而风险的发生是偶然的、不确定的，保险人只有承保尽可能多的风险标的，才能建立起雄厚的保险基金，以保证保险经济补偿职能的履行。第二，保险经营是以大数法则为基础的，只有承保大量的风险标的，才能使风险发生的实际情形更加接近预先计算的风险损失概率，以确保保险经营的稳定性。第三，扩大承保数量是保险企业提高经济效益的一个重要途径，因为承保的标的越多，保险费的收入就越多，营业费用则会相对越少。遵循风险大量原则，保险企业应积极组织拓展保险业务，在维持、巩固原有业务的同时，不断发展新的客户，扩大承保数量，拓宽承保领域，实现保险业务的规模经营。

（二）风险选择原则

为了保证保险经营的稳定性，保险人在承保时不仅需要签订大量的、以可保风险和标的为内容的保险合同，还须对所承保的风险加以选择。风险选择原则要求保险人充分认识、准确评价承保标的的风险种类与风险程度，以及投保金额的恰当与否，从而决定是否接受投保。保险人对风险的选择表现在两方面：一是尽量选择同质风险标的承保，从而保证能从量的方面对风险进行测定，实现风险的平均分散；二是淘汰那些超出可保风险条件或范围的保险标的。可以说，风险选择原则否定的是保险人无条件承保的盲目性，强调的是保险人对投保意愿的主动性选择，使集中于保险保障之下的风险单位不断地趋于质量均一，有利于承保质量和盈利水平的提高。

保险人选择风险的方式有事前选择和事后选择两种。事前选择是指保险人在承保前考虑决定是否接受投保。拒保是一种常见事前风险选择方法，对被保险人或保险标的的风险已超出可保风险条件和范围的，保险人可以拒绝承保。但有时某些保险标的虽然明显存在不良危险，却可以通过某些手段加以控制，保险人会与投保人协商或调整保险条件，如提高保险费率、提高免赔额（率）、附加特殊风险责任或赔偿的限制性条款等，实行有条件的承保，而不是一概拒保。事后选择是指保险人对已经承保的、风险程度超出标准的保险标的作出的淘汰性选择。这种淘汰通常有三种方式：第一，等待保险合同期满后不再续保；第二，按照保险合同约定的事项注销某项保险责任，如我国远洋船舶战争险条款约定，保险人有权在任何时候向被保险人发出注销战争险责任的通知，通知在发出后 7 天期满时生效；第三，保险人若发现被保险人有明显欺诈行为，可以解除保险合同。总之，无论是事前还是事后风险选择，都是保险人采用风险规避和损失控制手段对承保风险进行有效控制和管理，以公平合理地承担风险损失。

（三）风险分散原则

风险分散是指由多个保险人或被保险人共同分担某一风险责任。保险人在承保了大量的风险后，如果所承保的风险在某段期间或某个区域过于集中，一旦发生较大的风险事故，可能导致保险企业偿付能力不足，从而损害被保险人的利益，也威胁着保险企业自身的生存与发展。因此，保险人除了对风险进行有选择的承保外，还要遵循风险分散原则，尽可能地将已承保的风险加以分散，以确保保险经营的稳定。保险人对风险的分散一般采用核保时的分散和承保后的分散两种途径。核保时的风险分散主要表现在对风险分析控制方面，如控制保险金额、规定免赔额或免赔率、实行比例承保、共同保险等；承保后的风险分散则是以再保险为主要手段。

专栏7－1

有限的承保能力无法满足全球能源保险市场的需求

2010年4月20日，位于墨西哥湾的“深水地平线”钻井平台发生爆炸并引发大火，大约36小时后沉入墨西哥湾，11名工作人员死亡。据悉，这一平台属于瑞士越洋钻探公司，由英国石油公司（BP）租赁。钻井平台底部油井自2010年4月24日起漏油不止。事发半个月后，各种补救措施仍未有明显突破，沉没的钻井平台每天漏油达到5000桶，海上浮油面积在2010年4月30日统计的9900平方公里的基础上进一步扩大。此次漏油事件造成了巨大的环境污染和经济损失，英国石油公司应美国总统奥巴马的强烈要求成立了200亿美元的赔偿基金，专门用来赔偿此次事故的受害者。在此次事故中，伦敦劳合社和德国汉诺威再保险等国际再保险商预计的保险赔付仅为16亿美元，远远低于事故造成的总损失。作为专业性极强的保险领域，当前全球从事能源保险承保的主要保险公司仅有五六十家，形成了伦敦、休斯敦和新加坡三个能源保险中心，全球为海上勘探开发提供的承保能力大约为单次事故25亿美元。目前全球最大的能源保险赔偿是1988年英国北海帕帕阿尔法石油平台发生大火引发的，事故在1988～1992年导致伦敦劳合社等保险人原保险和再保险损失赔偿高达80亿英镑（117亿美元）。

资料来源：魏华林、林宝清：《保险学》，中国高等教育出版社2012年版。

第二节　保险经营环节与业务管理

一、保险经营环节

重点提示：保险展业的概念及途径；保险承保的内容，保险业务管理的内容。

从承保业务来看，保险经营主要包括保险展业、保险承保、保险防灾和理赔四个环节。

（一）保险展业

1. 保险展业的概念。保险展业就是开展保险业务，即保险人通过保险宣传，广泛组织和争取保险业务的过程，又称推销保险单或保险招揽。展业是保险经营活动的起点。

保险展业包括保险宣传和销售保单两个基本环节。保险宣传是通过各种途径向公众介绍保险，使公众保险意识不断增强，进而参加保险。销售保单是通过保险宣传和引导使公众潜在保险需求转化为现实保险购买力的行为，即投保人和保险人通过订立保险合同建立保险关系。

2. 保险展业途径。保险展业的途径包括直接展业和间接展业。

（1）直接展业。直接展业是保险公司通过自己的业务人员和营业机构直接去招揽保险业务。由于保险业务人员有较高的业务素质，掌握保险的基本原理和知识，熟悉保险业务，有利于争取到更多更好的业务。但是，直接展业会大大提高其经营成本。为了节省开支，降低成本，保险公司在直接展业的同时，还大量采用间接展业方式开展业务。

（2）间接展业。间接展业是利用保险中介人展业，包括保险代理人展业和保险经纪人展业。

保险代理人展业是保险公司委托其代理人代为争取、招揽保险业务，并按照招揽业务所收保险费的一定比例向保险代理人支付佣金的展业方式。

保险经纪人展业是保险经纪人在为投保人和保险人订立保险合同提供中介服务的同时，为保险公司招揽保险业务的展业方式。保险公司按照保险经纪人所招揽业务的保险费的一定比例向其支付佣金。

3. 保险展业的内容。保险展业的内容主要包括四个方面。

（1）宣传保险。保险展业首先要进行大规模的保险宣传，宣传保险、保险公司、保险产品等。在宣传中扩大保险的影响，树立公司的良好形象，突出公司的险种优势，使公众在了解保险、认识保险、理解保险的基础上接受保险、购买保险。

（2）了解市场信息。保险展业人员必须了解保险市场信息，包括经济发展情况、科技进步情况、各行各业风险情况、潜在的保险需求情况、保险险种的销售情况以及保险供给情况等。同时，了解掌握保险需求的变化情况，其公司在整个保险市场上的地位及占有率，竞争对手的展业策略动态等，以便于制定自己的发展策略。

（3）收集反馈信息。在展业过程中，展业人员还应认真听取客户对公司的批评和建议，特别是公司在经营过程中出现的服务不周、理赔有误及保险需求扩大、保险需求变化和服务要求等，要及时收集反馈，并尽可能地满足他们的合理要求，采纳他们的合理建议。

（4）推销保险产品。保险展业的目的是要让人们购买保险产品，展业人员应以潜在客户为主要展业对象，帮助他们了解自身面临的风险，激发其保险需求欲望，引导其选择合适的保险险种。对老客户，还应向他们介绍公司推出的新险种，动员他们更全面、合理地安排购买保险。

（二）保险承保

1. 保险承保的概念。保险承保是指保险人与投保人订立保险合同的过程，它是保险企业对愿意购买保险的人所提出的投保申请经过审核同意接受的行为。保险承保是保险经营的一个重要环节，承保质量如何，关系到保险企业经营成果的好坏，同时也是反映保险企业经营管理水平高低的一个重要标志。

2. 保险承保的内容。保险承保的内容主要包括承保选择、承保控制、确定费率和签订保险合同四个方面。

（1）承保选择。从展业角度看，对保险人而言，当然是投保人越多越好。但是，保险人为了提高业务质量，保证其财务稳定性，提高经济效益，要进行承保选择，即核保，这是保险承保工作的核心。此部分内容将在本章第三节详细介绍。

（2）承保控制。单位或个人参加保险之后，往往认为发生的一切损失保险公司都会负责，因而容易产生松懈心理，或为了图赔而人为制造事故。这就是说，随着保险关系的建立，可能诱发两种新的风险，即心理风险和道德风险。心理风险和道德风险的发生，都会降低保险人的业务质量，增加经营风险。随着保险市场竞争的日益激烈，保险人对大多数投保标的都积极接受，但对一些风险性较大的业务，通常采取免赔额条款、进行业务搭配、限制保险金额、调整费率、与他人共同保险等措施进行成本控制，以保持保险经营的稳定性。

（3）确定费率。当保险人决定要承保时，应确定以什么样的价格承保。财产保险应根据保险标的的价值大小、危险程度的高低及保险期限的长短来制定保险费率。人身保险应以预定死亡率、预定利率、预定费用率为基础来确定费率。

（4）签订保险合同。保险人在作出承保某种风险的决策后，即可与投保人签订保险合同。随着保险合同的签订，保险当事人之间确立了保险关系，保险人的承保即告结束。

（三）保险防灾

1. 保险防灾的含义。保险防灾是保险防灾防损的简称，是指保险企业对其所承保的保险标的可能发生的各种风险的识别、分析和处理，以减少灾害事故发生和降低损失的活动。保险防灾是保险经营过程中的一个重要环节，做好防灾防损工作，对于维护人民生命和财产安全，减少社会财富的损失，维护社会秩序的稳定，提高保险企业经济效益和社会效益，强化社会风险管理意识等，具有非常重要的意义。

2. 保险防灾的内容。保险防灾是保险公司稳定经营的重要手段，其内容主要包括五个方面。

（1）进行防灾宣传和咨询。保险公司应积极开展保险防灾的宣传工作，向投保人和被保险人宣传防灾防损的重要性，普及防灾防损知识，并负责解答有关问题。宣传的内容包括防灾条例和有关法律规定及防灾的基本知识。

（2）进行防灾工作检查，提出整改建议。保险公司要对投保人的防灾工作进行定期或不定期的检查，以督促其做好防灾工作。通过检查及时发现问题，对于发现的不安定因素和事故隐患，保险公司要提出切实可行的整改建议，并提供防灾技术服务，在技术上予以指导和帮助。

（3）拨付防灾经费。为加强防灾力量，提高防灾能力，保险公司每年可以从保险费收入中提取一定数额作为防灾基金，赠与有关部门作为开展防灾的经费补助或增添防灾设备，以加强防灾力量。

（4）参与抢险救灾。在发生保险事故时，保险公司应积极参与抢险救灾工作，配合有关部门及投保方对保险标的实施有效的抢救措施，防止灾害事故的蔓延，减少灾害事故的损失，保护人身和财产的安全。

（5）采取优惠措施促进防灾防损。保险公司在保险条款的设计和保险费率的厘定上要体现防灾防损精神，即对防灾工作做得好的投保人或被保险人，应给予奖励，如给予一定的费率优惠；对于防灾工作做得不好的则应给以惩罚，如提高费率等。

（四）理赔

保险理赔即是处理赔案，是指保险人在保险标的发生保险事故后，对被保险人或受益人提出的索赔要求进行处理的行为。保险理赔是保险经营的重要环节，主要包括财产保险损失赔偿和人身保险金给付两部分。

保险理赔直接体现保险的补偿或给付职能，是保险人履行保险责任及被保险人或受益人享受保险权利的具体体现。通过保险理赔，能及时使被保险人或受益人得到补偿或给付，从而保证生产经营过程的顺利进行和人民生活的安定。同时也有利于提高保险公司的声誉，扩大保险公司的影响，促进保险事业的发展。因此，做好保险理赔工作，对保险公司的经营和保险事业的发展具有非常重要的意义。此部分内容将在本章第四节中详细介绍。

二、保险业务管理的主要内容

保险业务管理是指保险公司在保单承保过程中和承保后，对客户进行的各项服务及对此进行的规范和管理。保单销售人员通过展业促使客户做出投保决定之后，形成大量的投保申请，保险公司如何对海量的投保申请进行筛选、分类，选择可以承保的风险标的并确定费率或承保条件，使投保人的要约通过核保实现保险合同的成立与生效，这是承保过程中核保所要完成的工作；已经成立和生效保险合同所产生的大量有关客户和保险标的的信息资料如何进行妥善处理和保存，长期保险合同的续期收、付费，保险合同的履行过程中发生内容和效力的变更时如何通过合理、合法、简洁的手续进行有效的处理与记录，这是合同保全所要提供的服务；保险标的或被保险人发生了风险事故，被保险人或受益人如何进行索赔，保险公司如何受理索赔，判定保险责任和损失程度，迅速、准确地赔偿或给付保险金，这是理赔所要承担的职责；对客户关于保险合同、保险条款履行中的疑问提供咨询，对客户关于销售人员、内勤人员在展业和服务中的不满接受投诉并进行处理督办，这是客户服务所要提供的保险服务。这些方方面面、点点滴滴，都是保险公司业务管理部门所要承担的职责、实现的管理和提供的服务。正是由于业务管理各职能部门、各岗位人员的各司其职与配合协作，才保障了保险公司承保业务的顺利运行。而且，业务管理的质量还体现了保险公司的管理和服务水平，只有做好业务管理，才能树立起良好的公司形象，提高公司的经营效益，防范和化解公司的经营风险，为长期发展打下坚实的基础。

保险经营与业务管理的主要内容如图 7－1 所示。

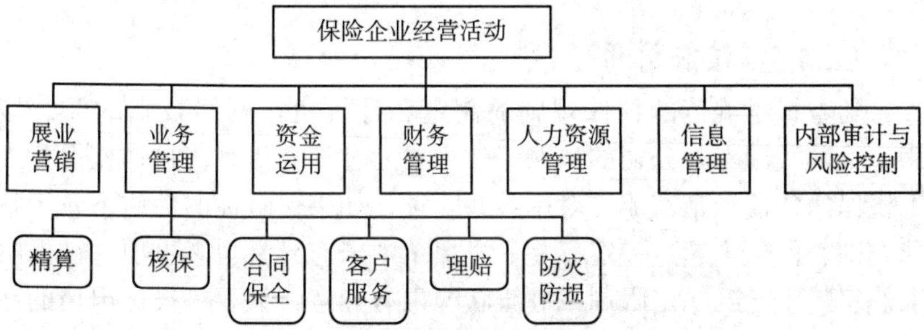

图 7－1　保险经营与业务管理的主要内容

各家保险公司都设有业务管理部门，虽然在部门名称和职能分工上可能会稍有差别。规模较大的保险公司，在总公司层级会按管理环节设置业务管理职能部门，如核保部、分保部、精算部、核赔部、客户服务部，规模较小的公司则可能统一将这些部门综合在业务管理部之中，在分公司或支公司通常将多项业务管理职能综合在一个业务管理部门负责。业务管理部门要负责各项业务管理工作实务操作流程的制定、实施和质量控制，负责业务管理人员专业知识与技能的培训与考核，还要协助其他职能部门进行业务培训、业务数据统计分析、市场调研与险种开发等。可以说，业务管理贯穿保险公司经营活动的始终。如果从保险经营活动中风险转移的流向来考虑，可以把业务管理的内容划分为核保、合同保全与客户服务、防灾防损、理赔等环节，其中最重要的环节是核保与理赔，因为它们分别是风险与保费的入口和出口，对保险经营活动的经济效益的直接影响也是最大的。

第三节　保险核保

重点提示：保险核保的含义；保险核保的内容；保险核保的流程；人身保险的核保内容。

一、核保的含义与运用

（一）核保的含义

核保，又叫危险选择，指保险公司对投保人或被保险人的投保申请进行风险评估、筛选，决定是否接受风险，并确定保险费率和承保方式的过程。核保是保险公司经营活动的重要环节，是保险承保工作的核心。核保工作的质量直接关系到保险合同能否顺利履行，影响到保险企业在承保业务方面的盈亏和财务的稳定性，也是衡量保险公司经营管理水平高低的重要标志。

（二）核保的运用

随着科学规范的核保规则的制定和计算机与网络技术的广泛应用，目前我国保险公司的核保工作主要通过计算机系统自动核保和人工核保两条途径来完成。对于某些险种，如果保险标的性质不属于特殊类别、保额未超过一定额度、投保单中未有异常告知事项、被保险人的年龄未达到一定限制或健康状况未有异常，只要将投保申请的相关信息录入业务处理系统后，即可通过事先设置好的程序由计算机判断其是否通过核保。而对于那些标的性质特殊、保额超过一定额度、投保单中告知有异常事项、被保险人超过一定年龄或健康状况有异常、既往有特殊核保决定、有理赔及复效记录的投保申请，则需要提交人工核保，由专职核保人员在充分收集资料、核对信息的基础上作出最终的承保决定。而我们通常谈到的核保流程，往往也是指的人工核保。无论是系统自动核保还是人工核保，核保工作主要运用在以下三个方面：

1. 新单的核保。新单核保指投保人首次向保险公司提出某一险种的投保申请时进行的核保。新单核保的业务数量不仅在三个方面中占比最多，而且重要性上也相对突出。因为在新单核保中所给出的核保结论通常对该保险标的以后的承保产生很大影响。例如，某一被保险人首次在某保险公司投保定期寿险时被拒保或通过加收额外保费的方式被承保，如果他在同一家公司再投保其他险种或到其他保险公司投保时，不仅只能提交人工核保，而且要受到重点核查。

2. 续保保单的核保。续保保单的核保，指在原保单一个保险合同期间结束前或约定的缴费宽限期内，投保人申请保险人以原保单合同条件继续承担一个保险合同周期保险责任的情况下进行的核保。这类核保往往是针对附有续保条件的已生效保单而进行的，如果原保单为无条件续保保单，即只要投保人在约定期限内继续缴纳续期保费保险人就必须接受其续保申请的保单，核保只是个形式问题。而有条件续保保单，则需要对续保保险标的的风险状况进行重新评估，决定是否接受续保申请和是否变更费率。例如，我国保险市场多数短期健康保单是附有续保条件的，尤其是在上一个保险合同期间内被保险人已经发生了保险事故的保单，保险人必须对被保险人续保时的健康状态进行重新评估，以决定是否接受续保申请或变更费率。

3. 合同变更或保全的核保。合同变更或保全的核保，指在保险合同有效期间内，投保人就原保单的内容进行变更时进行的核保。例如，投保人履行通知义务，通知保险标的危险程度增加以后，保险人对目前保险标的风险状况进行重新核定，并决定是否继续履行或改变承保条件履行原保险合同。如果保险标的的风险状况已经超出保险人能够承担的程度，保险人可以解除合同，向投保人退还未满期保险费；如果保险标的的危险程度仍在保险人可承担的范围内，保险人将重新核定并提高费率，要求投保人补交原合同未满期部分新增加的保费后，履行原保险合同的相应保险责任。

二、核保的主要内容

保险核保的内容主要包括选择与分类两个方面。

（一）选择

也叫危险选择或风险选择，是保险公司对保险标的的不同风险水平进行审核、评估、筛选，确定是否接受投保申请的过程。这样做的原因在于：首先，由于逆选择的存在，如果不加选择地承保，会使承保标的集合中充斥着大量有逆选择倾向的保险标的，其后果就是，保险公司按照标准出险率确定和收取的保费将不够实际保险金赔偿或给付的支出，经营难以维系。其次，因为有偿付能力的限制，保险公司可承保的保险标的数量不能无限制地扩大，也不能使风险过分集中在某个或某类标的之上，选择过程是采取主动措施分散风险将承保风险控制在预期损失程度之内的有效手段。例如，在对机动车辆的核保选择中，保险公司往往不接受使用期超过一定年限或性能存在某些严重隐患的车辆的投保申请；在人身保险的核保中对超过一定年龄或患有某种病症的被保险人拒绝投保申请。

通过选择，核保人员将作出某标的是否可以接受的判断，其结果只有两种即可保与不可保。对于可保的标的将通过分类来确定最终的承保费率或承保条件，而对于不可保的标的，将给出拒保或延期承保的结论。延期承保多用于人身保险的核保，对于风险程度不明确或不确定，无法进行准确合理的风险评估的被保险人，暂时不予承保，可以将其延期达到一定时间后重新提出投保申请，并补充相应资料由保险公司重新进行审核，再决定是否承保。例如，一般来说，保险公司对于折旧程度已低于20%以下的机动车辆，或被保险人车辆有明显的逆选择或道德风险因素的机动车辆会直接拒保；再如，一位50岁的男性，有多年高血压病史，伴有冠心病、糖尿病等症状，投保人寿保险和健康保险一般都会被保险公司拒保。而对于刚动过胃溃疡手术半年之内投保人寿保险和健康保险的被保险人，一般会被核定为延期承保体，通知其半年以后重新提交投保申请和身体健康状况证明，并重新进行核保。

（二）分类

也叫分组，是将决定接受投保的保险标的，根据其具体的风险状况分配到与其期望损失概率最接近的一组标的中，并使用相应的费率或承保条件进行承保。这样做的原因在于：首先，保证保险费率公平公正性的实现。保险公司制定的级差费率、浮动费率、优惠费率等，都是根据不同风险的性质和损失程度来制定的，目的在于保持承保风险大小与保险费率高低之间合理的对等关系，如果没有核保过程中标准合理的分类，这种费率的公正性和合理性将无法最终实现。其次，促进被保险人防灾防损。保险公司在分类的基础上所确定的最终承保费率，是对保险标的所面临风险程度的一个客观评价，能使被保险人对所投保标的的风险状况有较清醒的认识，并促使其采取有效的风险管理措施，将损失减少到最低程度。另外，当一些性质比较单 、保额较低的保险标的投保保险责任较窄的险种时，通过分类的方式确定费率，减少了逐一审核的麻烦，还可以降低管理成本。

对于不同类型的保险标的面临的不同承保风险进行分类时所考虑的因素是不同的。例如，对于建筑物的火灾风险，分类所考虑的因素有：房屋的结构类型，是砖混结构、框架结构、混凝土板墙结构，还是间架结构；房屋的占用性质，是商用还是民用；使用年限；房屋所在区域所能提供的火灾防护设施；与房屋相关的任何安全保护设施，如是否安装自动喷淋灭火装置或警报器等。而人身意外伤害保险在对被保险人进行分类时则是按照其所从事职业的风险程度，将职业类别分为六类，不同类别使用差别费率。

通过分类将待核保的保险标的归类到相应费率级别之后，还要比较该标的风险状况与该级别标的平均损失率（即标准费率）之间的差距，确定最终承保费率。通过比较往往可以将待核保险标的分为三种情况：

1. 优质风险件。优质风险件，指预期损失率明显低于平均水平的标的。这类标的在一定程度内可享受优惠的费率或续保时的无赔款、低赔付率优惠。这种费率优惠措施在人身意外伤害险、医疗保险、财产保险中的机动车险和企业财产保险的核保中比较常见。优质风险件是保险人最乐意接受的标的，但这类标的在最终承保的标的中所占的数量十分有限，根本原因还在于投保人的逆选择倾向，当投保人预计标的出险率极低时通常不会投保。

2. 标准风险件。标准风险件，也称标准体，指预期损失率大致与平均水平相符的标的。对于这类标的，保险公司将以标准费率接受投保申请。一般来说，标准风险件在保险公司所承保的所有标的中占相当大的比例。以寿险核保为例，被保险人 90% 以上为标准体，其比例可能会因年龄、地区而有差异，但不会相差太大。

3. 次标准风险件。次标准风险件，也称次标准体，指预期损失率比平均水平高，不能按标准费率承保，但可用附加特别条件的方式接受其投保申请的标的。附加特别条件一般有加收保费、附加条件承保（特别责任除外）或降低保额等。

三、核保的作用

核保的目的不在于拒绝投保，而是通过一定的技术和手段，尽量将承保标的实际出险率控制和调整在精算所测定的范围内，从而使保险公司减少经营风险、获得预期的利润。核保的作用体现在以下几个方面：

（一）合理分散经营风险，提高业务质量

保险公司的持续、稳定经营是建立在所承保的标的满足危险同质化、危险大量和危险分散三个条件基础之上的。为满足这三个条件的要求，保险经营对所承保的业务既有“量”的要求，又有“质”的规范，既要实现规模经济，又要强调质量效益。业务规模，即保险业务的数量，主要通过销售人员来完成；而业务质量，主要是通过核保人员的核保过程来实现。核保人员的工作正是以安全经

营、控制风险为目的审慎地进行风险选择，结合保险公司的中长期发展战略和市场竞争环境，制定科学的业务核保政策，对于常规业务、续保业务，从简化核保手续入手，侧重规模的扩大，对于高风险的业务或特殊的投保标的，则合理地通过控制保险金额、制定免赔额、限制承保条件、设置共保责任、调整费率或者通过分保等技术手段来分散风险。

（二）控制市场风险，保障经营安全

核保过程也是保险公司对投保风险做出选择后，依据标的的具体风险状况，运用技术手段，控制自身的责任和风险的过程。通过核保控制的责任和风险主要有两类：一是虽然风险较大但保险公司还是予以承保的标的，为避免承担较大的赔偿责任，可以以加收保费为条件扩展的保险责任，也可在基本条款上附加限制条款，将过高的额外风险予以剔除。二是随着保险合同关系的成立而诱发的两种新的风险——道德风险与心理风险。控制道德风险的主要措施包括控制保险金额、避免超额保险、限制赔偿程度；控制心理危险的主要措施包括控制保险责任、规定免赔额、实施共保、订立保证条款、设置优惠条款等。可以说，核保其实也是保险公司对自身风险进行管理，保障经营安全的重要环节。

（三）有利于投保人获得真正公平的费率待遇

如果一个健康状况良好的年轻人和一个体弱多病的老年人同时投保同一个险种的人身保险，而保险公司无视他们之间年龄与健康的差别，对他们收取相同保费，可想而知，身体较好的人会因为感觉不公平而拒绝购买保险，保险公司也只能承保那些健康水平较差的被保险人。只有通过核保确定保险标的危险程度的高低，才能最终体现差别费率在不同危险程度的保险标的之间的对等关系，从而维护保险制度下投保人之间相互分摊损失成本的公平原则。核保的作用在于，将保险标的的集合按不同风险水平进行分类，根据不同风险程度收取不同的保费或是拒保，在风险公平的原则下，根据大数法则原理，形成尽可能大的标准风险件和次标准风险件集合，并使总体的实际损失率不会超过精算预测的损失率，既保证了保险公司的正常经营，也维护了广大投保人的利益。

（四）为销售服务，促进业务发展，提升企业竞争力

从某种意义上说，核保与销售人员的展业都是保险公司工作的重要内容，核保人员与销售人员的工作目的是一致的，都是为了保险公司的整体利益，只不过是形式上的前台与后台之分。核保从为销售服

务出发，既要熟练掌握核保技能，又要熟悉公司经营方针，洞察市场变化，把握好“原则性”与“灵活性”，控制好“质”与“量”的尺度，就能够最大限度地促进销售，在风险能控制的前提下，实现业务规模的发展。尤其是在激烈的市场竞争环境下，对一些质量不太理想的业务，核保人员更应该增加责任心，注意保护销售人员的积极性。首先要考虑能否采用风险控制的方法对特定风险加以限制后承保；对于确实无法承保的业务，一定要向销售人员甚至投保人耐心解释原因，取得销售人员的理解和支持之后再拒保。而且对于一些性质比较特殊和保额较大的业务，核保人员还可充分运用自己的专业知识和技能，配合销售人员直接参与销售，更有利于业务的拓展，提升企业在市场上的竞争力。

四、核保的基本流程

核保行为早在保险业产生之初就以各种方式存在着。劳埃德咖啡馆中的保险人对保险标的风险的衡量及确定费率、签署自己承保比例的过程，其实就是一个完整的核保过程，只不过受当时保险业发展水平所限，承保与核保是同时进行的。随着保险业的发展，机构化的保险人对于核保的操作更加相对独立并规范化。

（一）销售人员核保

保险合同的订立通常要经过多次的危险选择，而销售人员在业务拓展中所作的危险选择，称为“第一次危险选择”。保险销售人员在寻找目标客户的过程中，绝大部分业务的达成均有一个积累、促成的过程，也就是说，销售人员要和客户进行一段时间的接触，因而对客户的投保动机、保险需求、保险标的状况及其他重要事项有一定程度的了解，甚至了解很清楚。如果销售人员能审慎地收集投保人及保险标的的有关信息并提供正确的报告，可以达到有效的危险选择的目的。专职的核保员最后作出核保结论时，所根据的只是一堆由客户和销售人员签署、提供的书面材料，由于成本及条件的限制，专职核保员不可能再一一会晤投保人及被保险人或逐一调查、核实保险标的信息，所以销售人员的初步危险选择在核保工作中扮演着相当重要的角色。特别是那些提交系统核保的投保申请，销售人员的危险选择几乎就等于完成了核保的全部过程。例如，在人身保险承保过程中，代理人面晤投保人和被保险人，通过观察能大体了解被保险人的身体健康状况，通过询问了解其投保目的和动机，了解投保人的经济能力等信息，最后通过填写报告书的形式为专职核保人员的核保提供依据。在财产保险中销售人员核保所起到的作用比人身保险更大，他们直接了解标的的风险状况和财产所有人保管与使用性质，对确定费率起到至关重要的作用。销售人员的核保结果，一般要以《业务人员报告书》的形式提交书面文件，与投保人填写的投保单一起，为核保员的核保提供书面资料。

但是销售人员的核保也有一定的局限性和不稳定性，原因有两方面：一是销售人员受经济利益的驱使容易形成销售上的逆选择，即越易出险的客户越愿意投保，越容易促成；二是销售人员本身素质的局限性，保险企业更重视他们销售技能的培养和提高，而对他们在风险选择的水平和质量上并没有具体的要求和考核标准。

（二）专职人员核保

为克服销售人员核保中的局限性，保险公司会根据业务性质和保险标的的特点派出或使用专职人员，对风险状况进行更深入、细致、专业的调查与核实。

1. 财产保险的实地查勘与风险评估。在财产保险的核保中，核保人员将根据前期掌握的有关材料，亲自或派出人员，对投保财产的周围环境、防灾措施、风险管理情况等进行实地查勘和风险评估，实地查勘人员的主要工作内容一般包括：

（1）了解财产自身情况。查明保险财产的占用性质，以便评估可能存在的风险；查明建筑物主体结构及所使用的材料，确定建筑物等级。

（2）了解地域范围情况。保险财产处于不同的地域范围，具有不同的危险。如处于沿海一带就有遭受台风的可能，处于河边就有受水淹的可能。要根据保险标的所处的位置分析遭受主要风险的可能性。

（3）了解防灾安全设施。主要看被保险人有否设置有效的防灾设备，弄清其分布、维护情况。一般来说，火灾是主要危险，要按消防部门的规定检查保险财产在设计、装修用料方面是否符合防火要求，是否配备足够的消防器材及消防器材的保养情况，是否设立安全防护措施，是否配有训练有素的消防施救人员等。而如果财产处于河道附近，在汛期应有一定高度的防水墙和应急方案。

（4）了解保险财产以往的损失情况。一般从被保险人过去 3 ~ 5 年的损失记录中可看出其对投保财产的管理情况，通过分析以往损失原因找出风险所在。

（5）了解被保险人的道德情况。特别是对经营状况差的投保人，要弄清是否有道德危险，并可通过政府及金融部门了解其资信情况。

（6）划分危险单位。合理地划分危险单位，可较精确地预测和控制一次风险事故给承保标的所造成的最大损失程度，并为运用分保手段有效分散承保风险做好必要的准备。

从以上几个方面对保险标的进行实地查勘、分析之后，要形成书面的风险评估表，提交给核保员。

2. 人身保险的核保。人身保险的专职人员核保包括体检医师核保和生存调查。

（1）体检医师核保。被保险人的健康因素对人身保险的影响较大，也是被保险人逆选择行为最主要的动因，通过投保单中的健康告知所能了解的信息量是有限的，而且其准确与真实程度无法完全保证，需要由专职人员对被保险人的健康状况做出必要的检查和判断，这一环节的核保工作是由体检医师来完成的。主要内容包括：

①听取告知。体检医师在进行体检时首先要询问和了解被保险人的投保险种、投保金额以及被保险人的年龄、既往疾病史、家庭史、现病史、职业、生活环境、医疗状况及常用药物等对其身体健康状况及预期死亡率有影响的各种因素，听取告知的同时不断地进行询问，以得到准确详细的信息，为具体体检提供线索，最终得到一份理想的体检报告。例如，对体形较胖者，询问父母是否肥胖，平时饮食习惯、生活习惯等。再如，被保险人告知曾做过手术，进一步体检时就要注意查看刀口的恢复情况，从而判断其告知的时间是否准确，部位是否真实。

②进行身体检查。通过仔细观察被保险人的体形、体质、面色、皮肤、精神状态、言谈举止、步态等，了解其一般状况，再通过身高、体重、血压、脉搏及身体各部位的物理诊查，验血、验尿及必要的化验辅助检查后，准确掌握其健康状况，避免逆选择。通常，根据保险公司的核保手册，保额越高、年龄越大的被保险人所要检查的项目也越多。如果初步体检中发现有某些异常的项目或指标，还要进行进一步检查或化验。

③完成体检报告书。体检报告书分为由被保险人填写的健康告知部分和由体检医师询问、检查、综合评价后填写的体检结论部分。前一部分原则上应由被保险人亲笔填写，在某些情况下也可由体检医师仔细询问后填写，但必须经被保险人亲笔签名认定，因为它是保险合同的组成部分。后一部分由体检医师按要求项目检查后填写，通常须重点检查并予以记录在报告书上的项目包括身高、体重、血压、脉搏、心、肺、肝、脾检查，面色、精神状态、智力及活动情况等，若告知有既往病史及现病史，应仔细询问其所患病名、发病时间、治疗及复查时间、如何治疗、治疗效果如何、主治医师或就诊医院名称，结合具体病人检查有关项目并予以记录，经综合评价后得出体检结论，并对核保决定提出建设性的意见。

（2）生存调查。生存调查是对投保人或被保险人生存状况的调查，指在人身保险合同成立前或复效时，由保险公司行政调查人员收集被保险人的各项资料，为决定合同的成立或复效提供依据的活动。生存调查的重点是调查核实影响投保人或被保险人投保目的、保额高低和缴费能力等方面的财务因素。

生存调查的目的在于防范道德风险与逆选择，促使客户如实告知，并规范销售人员的展业行为。我国《保险法》第十六条明确规定了投保人的如实告知义务。如何知道其是否履行如实告知义务呢？只有通过调查，才能进一步核实投保人、被保险人有无隐瞒告知，将可能有损保险公司及整体客户利益的行为消灭在承保前，达到公平合理的核保目的。体检医师难以发现客户健康状况以外的问题，专职核保员一般不直接面晤客户，而生调人员可代表公司，对达到一定保额的投保件进行调查，对已经通过计算机系统自动核保的投保件进行抽查，既能在一定程度上核实投保资料的真实程度，同时对展业行为不规范的销售人员起到一定的威慑作用，促使他们更好地把好危险选择的第一关，更好地为客户服务。

生存调查主要采用直接调查方法。通过直接面晤的方式，了解被保险人的健康、经济状况，听取受访者的告知，必要时还可向受访者索取有关资料。一般而言，直接调查法是最直接、最经济，而且不会引起客户反感的调查方法，如果由公司的行政人员来执行（通常现实也是如此），整个危险选择的过程都可在公司的控制下。但缺点是，如果当受访者有意隐瞒时，不易获得事实的真相。直接调查的最佳地点为被保险人的住宅，因为从被保险人住宅的环境及装潢等可以了解其生活基本状况及受教育程度；其次为被保险人的工作单位，因为可以此了解其工作环境、工作性质及担任的职务。一般情况下被保险人不能于第三地点接受拜访。如果有必要，可使用间接调查方法，通过与被保险人生活圈内人群（邻居、亲戚、朋友等）的接触，调查其身体健康状况及经济条件是否符合投保条件的要求。由于间接调查方法得到的资料不是直接来源于被保险人和投保人，不可避免地夹杂有受访者的主观意识或毫无根据的个人评价，有必要对所获得的信息做进一步的分析。经查证的间接调查信息一般较为客观，如从医院调阅的病历、检查记录等。但间接调查时效慢、成本高，且如果被客户知悉可能引起误会，影响公司形象，故在实际运用中通常仅对投保额过高或有特别危险顾虑的投保件采用。生存调查的主要内容包括：

①投保事项。投保内容是否经被保险人同意，投保单及相关告知内容是否亲笔签名；投保人、被保险人、受益人之间的关系，是否同意指定；住址、户口所在地是否确定；险种、保额与身份是否相称；投保动机；销售人员的服务情况如何，与投保人、被保险人有无亲属及其他关系、有无面见被保险人等。

②健康状况。有些高额意外险投保件不需要进行体检，就无法通过医师的体检发现被保险人健康告知中的问题，通过生调既可以完成对其健康状况的了解核实，同时还可以对体检医师的体检工作效果进行核实和检验。

③财务状况。年收入状况及来源、保险历史、投资情况、家庭资产状况等。

④职业与环境。现职工作内容、工作性质，有无高空作业情况、有无使用危险工具等，有无兼职；居住与周围环境如何，有无危险因素；工作环境如何。

⑤习惯与嗜好。是否有赌博、吸毒等不良习惯，有无犯罪、违法记录；有无抽烟、嗜酒，其量如何，有无药物依赖；是否有危险运动的嗜好。

⑥撰写调查报告。生存调查报告要做到内容翔实，不应以主观的推测代替客观的描述。生存调查报告一般需在调查结束后的当天完成，以免随着时间的推移导致记忆的弱化和消失。另外，调查报告的行文一般有其特有的风格和规范，要尽量遵守。

（三）核保员核保

核保员核保是一个审核、决定的过程，即根据销售人员的报告、投保单、体检报告、生存调查报告、查勘报告及其他相关资料进行综合分析，并以核保手册为依据，对保险标的的危险程度进行量化，以判别是否可以承保和确定以何种费率或方式承保的过程。核保员核保的内容一般包括：

1. 初步审核。核保员在收到前期已经收集的基本资料后，即可根据公司的投保规则对资料进行核对，确定资料是否齐全，是否需要进一步补充，客户的投保需求是否超出了公司的有关规定和承保能力。

2. 投保资料的进一步收集。初步审核中发现投保金额较高，告知有异常、不全面或有疑点以致无法准确判断保险标的风险状况的，可要求投保人、被保险人或销售人员进一步提供或收集相关资料。

3. 综合分析，拟订承保费率或条件。根据能够较全面、真实反映保险标的风险状况的投保资料，依据《核保手册》中对投保险种及标的风险程度的判断标准，决定是否接受投保申请，并计算出相应的费率。

目前各家保险公司都有自己的《核保手册》或《核保指南》，针对不同的险种，列出应该考虑和审核的一些因素及相关的判断标准或指标，核保员可根据对这些标准和指标的满足程度作出相应的核保决定。《核保手册》是各家公司根据自己的承保能力、以往经验（主要是索赔经验）、业务记录和产品发展的历史趋势等制定的，它的使用是为了实现核保标准的一致性，既可以避免核保人员随意开价和通融承保，又可以提高核保水平和效率，使核保工作更加制度化、科学化和规范化。

由于险种和保险标的性质的不同，综合分析所涉及的内容及重点会有很大差异。例如，企业财产保险，一般要从财产的占用性质、坐落或存放位置、保额及保额的确定方式、危险等级、以往承保与损失记录等方面进行分析；机动车辆保险，要从使用性质、车型、座位或吨位数、使用年限、保额及保额确定方式、往年理赔记录等方面进行分析；而对人寿保险的被保险人则要从年龄、性别、职业、健康状况及其额外死亡率评点、生活习惯与爱好中的额外死亡评点、保额与被保险收入的合理性、投保人的持续缴费能力、主险与附加险保额及保费的匹配等方面进行分析。最后作出的承保结论也是基于诸多方面因素进行综合分析的结果。

4. 作出承保结论。承保结论是核保人员代表保险公司对投保申请所作出的是否接受和以什么费率或条件接受投保的最终结论。对于一些保额较大、标的性质较特殊的业务和客户，最终承保结论的作出可能还要经过一个与投保人或保险中介商讨的过程。最终的保险结论通过可分为四类：对于优质风险件可以用优惠费率承保；对于标准风险件以标准费率和保单条款来承保；对于次标准件或次标准体，可以通过加收额外保费的方式承保，也可以采取标准费率下通过特约条款限制某些特定风险的方式承保；而对于额外风险过高或存在明显道德风险的保险标的则要拒绝承保。例如，一般寿险公司都要求50岁以上的被保险人在投保寿险和健康险时要进行体检，并根据体检的结果判断是否可以接受，符合承保标准的为标准体，将以标准保费承保；个别指标与标准不相符，如被保险人患有高血压，经评点衡量其死亡率的影响不大的情况下，可以加费承保；一般寿险条款都要求被保险人为身份健康并能正常工作，但对于某些器官缺失和丧失功能的残疾人，在判断其残疾部位与程度对死亡率影响不大的情况下，可以将残疾部位保险责任除外后，有条件承保；但如果被保险人除患有高血压之外，许多其他健康指标也超出标准，合并计算评点后判断其额外死亡率很高的情况下，会作出拒保结论。

核保的基本流程如图7－2所示。

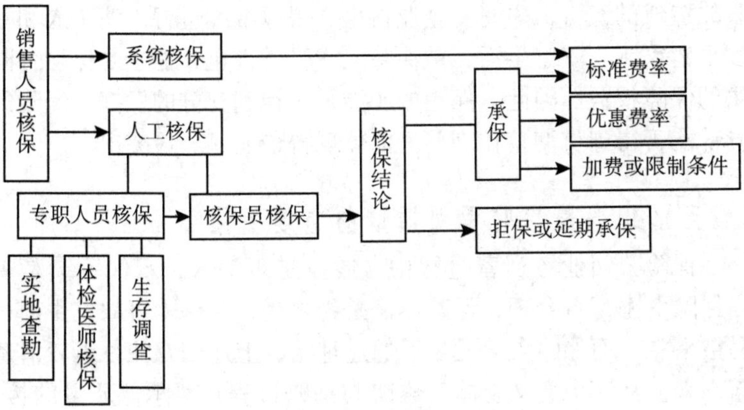

图7－2　核保的基本流程

第四节　保险理赔

一、理赔的概念

重点提示：保险理赔的概念；保险理赔的原则；保险理赔的流程。

理赔是指保险人在保险标的发生风险事故后，对被保险人或受益人提出的索赔请求进行处理的过程。风险事故给被保险人造成的经济损失，有的属于保险风险引起的，有的则属于非保险风险引起的，即使是由于保险风险引起的，还可能因受到多种因素影响和条件的制约，使损失额与保险人最终的赔偿或给付额不一定完全相等。所以说，理赔涉及保险合同双方的权利与义务能否顺利实现及实现的程度，是保险业务管理的一项重要内容。

二、理赔的作用

理赔同时体现了两个方面的行为：从法律角度看，理赔是保险人履行保险合同的过程，是法律行为；从保险经营角度看，它是保险经营的主要环节，是实现保险经济关系的过程，是经济行为。所以理赔的作用往往也从这两方面得到体现。

（一）理赔使保险的基本职能得以实现

保险的基本职能就是实现经济补偿，正是基于这种职能，被保险人通过与保险人签订保险合同的方式来转移自己所面临的潜在风险。通过理赔，保险人依照合同的约定履行保险责任，补偿被保险人因灾害事故造成的经济损失，使企业再生产得以继续进行，使个人和家庭可以重建家园、安定生活，被保险人或受益人也才能享受保险合同所提供的保障权益。因此，保险的职能是否得到充分的发挥，保险的经营方针能否得到贯彻，在理赔方面体现得最明显、最突出。

（二）理赔是检验承保质量的重要手段

在保险公司业务运营过程中，展业是否深入，承保手续是否齐全，保险费率是否合理，保险金额是否恰当，在保险事故发生前一般不易被察觉，而保险事故发生后通过理赔，上述问题往往能较清楚地暴露出来。从这个意义上看，索赔与理赔过程是对承保质量的检验，针对理赔过程中发现的问题进行认真研究，及时采取措施进行防范和处理，有利于承保工作的改进和业务质量的提高。

（三）理赔是提高保险企业盈利水平的重要环节

保险公司的经济效益很大程度上取决于运营成本的大小，而运营成本中最大的成本项目就是赔款支出，因此，赔款支出成为影响经济效益的决定性因素。目前，综合赔付率指标一般是各家公司年度计划指标中的一项强制性指标，为保障股东收益、公司稳健经营等，各级公司经理都把控制赔付率作为业务工作的一个重要方面，而提高理赔质量是控制综合赔付率的关键。当然，有效控制赔付率仅靠业务管理或理赔一个职能部门的工作和努力是不够的，需要在调研的基础上会同各展业单位、业务管理其他环节和其他管理职能部门的人员制定全面的措施，包括展业环节控制、承保中的控制、理赔调查等技术控制的协同运作才能完成和落实。

（四）理赔是加强防灾防损的重要依据

在保险业务管理的风险控制方面，防灾防损和理赔一个是事前预防，一个是事后补偿。理赔工作是防灾防损的一面镜子，能够为事前预防提供依据。因为在进行事后补偿的过程中，通过分析案情，可以总结经验教训，进一步掌握灾害事故发生的规律，发现防灾防损工作中的薄弱环节和存在的问题，为改进防灾防损工作找到正确的方向和思路，提高防灾防损工作的效率。

三、理赔遵循的原则

（一）重合同、守信用

由于保险人和投保人、受益人之间的权利义务关系是通过保险合同来实现的，保险合同双方都必须恪守合同的规定，才能保证合同的顺利履行。保险理赔是保险人履行保险合同义务的具体体现，在处理各种赔案时，应严格按照保险合同条款中对保险责任的界定，受理赔案，审核责任、确定损失、及时赔付，既不能任意扩大保险责任范围滥赔，也不能故意缩小保险责任范围惜赔。

（二）实事求是

理赔结论要在充分了解和掌握保险事故发生事实的基础上做出，没有调查研究就没有发言权，而且这种调查研究要以事实为依据，不能凭经验和主观去臆断。所以理赔中的举证和调查环节就显得非常重要。索赔案件形形色色，案发原因也错综复杂，理赔人员要以客观事实为依据，以条款和相关法规政策为准绳，按条款规定的赔偿处理原则和理赔工作程序操作。对技术要求高，损失或给付金额较大的标的，还可及时聘请专业技术人员或公估人，运用科学技术手段进行客观、合理、科学的评估，以体现保险理赔的客观公正性。

（三）主动、迅速、准确、合理

这是保险理赔人员在长期工作实践中总结出的经验，是保险理赔工作的最基本要求，其宗旨在于提高保险服务水平，争取获得更多客户。“主动”体现一种对客户的态度，理赔人员要积极主动地调查了解现场，掌握出险情况，进行事故分析，确定保险责任；“迅速”体现的是一种工作态度，同时也是提高理赔工作效率的前提，就是要抓紧处理赔案，对赔案查得准、办得快、赔得及时；“准确”体现的是理赔工作的技术和技能，对事实的调查了解、对事故近因和责任的判断、对赔款数额的计算等方面要做到准确无误，不错赔、不滥赔；“合理”是对理赔尺度的掌握，宽严适中，既要本着实事求是的精神，坚持按条款办事，对案情进行准确定性，又要结合实际情况有一定的灵活性，尤其是在通融赔付的案件中一定要做到有据有理。

四、理赔的基本流程

保险理赔的主要任务就是确定标的的损失原因、准确界定保险责任、确定保险标的的损失程度和损失金额，最终确定保险人的赔偿或给付的金额。要保证保险理赔工作的质量，除了要遵循理赔原则外，还要按照理赔工作的程序认真负责地处理好赔案。保险理赔程序根据不同的险种和案情而定，一般需要经过报案受理、立案、现场查勘、案情调查与定损、资料收集与责任审核、赔款计算、结案与归档等几个基本流程。

（一）报案受理

报案是指保险标的发生保险事故后，知情人将该事故情况通知保险公司的行为。报案人的身份并没有具体的限制，可以是被保险人或受益人本人，也可以是代理人、经纪人或其他知情人。报案的方式包括上门报案、电话报案、传真报案等，一般保险公司都设有 24 小时的接报案中心，专门为投保一方提供接报案服务。

报案对于保险合同双方来讲，都是非常重要的。对投保方来说，报案是投保人、被保险人或受益人履行保险合同中规定的保险事故通知义务的具体体现，尤其对一些条款中明确规定有保险事故通知时限要求的险种，如果超过规定时间投保方仍未通知保险人的话，往往会影响到其保险权益的全面实现。例如，财产保险中的附加盗窃险，要求被保险人在遭受盗窃损失后 24 小时内通知保险人，否则保险人有权不予赔偿。从保险公司来说，及时通知可以使保险公司立即开展损失调查，避免因延误造成调查的困难，防止某些道德风险因素的产生，有时还便于保险公司及时采取施救措施，防止灾害事故和损失的加重。因此，报案是理赔流程的重要环节，在接待报案过程中，理赔人员可以了解到事故发生的第一手资料，通过详细询问和专业经验判断，还可以发现案件存在的疑点以及进一步明确实地查勘或案情调查的必要性和方向，为下一环节的工作打下良好基础。接报案人员会将报案人提供的信息作详细的书面记录，如报案人姓名、电话，与被保险人关系，被保险人的姓名、险种、保单号、保额，出险标的、出险地点、时间、大体经过、结果，与报案一方进一步联系的方式等。

（二）立案

立案一般是在申请人将书面的理赔申请书交到保险公司柜面甚至是提供相关的资料之后进行的。但在接到报案后，对初步判断案情重大、原因复杂和急需现场查勘的案件，可以马上立案并立即通知相关人员赶赴案发现场进行查勘、定损或事故原因调查。对于不急于立即进行查勘和调查的案件，则可以通知对方提供书面《索赔（给付）申请书》之后再予以立案。立案的同时，还应初步审核其提供的索赔资料是否齐全，出具《补充资料通知书》，一次性详细告知对方应该进一步提供的索赔资料与证据，便于提高理赔工作的效率。

对于报案环节中通过了解案情可以明确判断不属于保险责任的案件，要在详细解释原因的基础上让对方放弃索赔申请，减少对方的麻烦，但要将报案内容、判断依据和处理结果在《报案登记簿》上详细记录。而对于案件性质的判断拿不准或对方异议较大的，则应让对方提供更详细信息和资料，并予以立案。

立案应满足的规则或条件包括：合同条件，保险事故发生、合同有效、理赔申请在索赔有效期内；申请人条件，是否是合同规定或指定的受益人、法定监护人或委托代理人；相关材料提供，条款中规定应提供的理赔资料是否齐全。有些申请条件不成熟的案件，可暂缓立案，如人身意外伤害保险，被保险人刚遭受意外伤害事故，但残疾程度鉴定要到180天后才能进行，鉴定结果达不到七级以上残疾就不构成保险责任，这种情况就可以暂缓。如果发现申请材料与报案的情况不符，发生的风险事故并非保险责任，也可说明原因，不予立案。

（三）现场查勘、案情调查与定损

凡需要发现、提取、保全现场痕迹及物证的案件，调查人员应当及时赶赴现场进行查勘。现场查勘的主要内容包括：查明出险的时间和地点；调查核实出险的原因；查清受损财产的名称、数量和施救整理过程，核实损失程度、范围及施救费用；妥善处理受损标的，尽量减少保险财产的损失；取得有关主管部门的证明，如公安局、消防部门以及交通管理部门的事故鉴定或证明。为查明案件情况，收集有关证据材料和信息，还可对案件当事人、行为人、目击者、知情人等进行调查访问工作，也可通过专业渠道取得相关的证据资料。如在医疗保险的案情调查中，可以到被保险人住院治疗的病房进行病情核查，与其主治医师交谈了解其症状、诊断与治疗情况，还可复印其治疗期间的病历作为有效证据。

现场查勘和案情调查要做到及时、客观、合法、保密，必须由两人共同完成，取得的成果须以笔录、照片、制图、录像、录音等方式作为证据资料保存，相关的文字材料还需当事人或见证人亲笔签字。查勘和调查结束后，还要形成书面的调查报告，对查勘、调查过程，事故性质判定、损失程度等做出最后结论。

为提高理赔工作的时效，目前大部分保险公司都赋予现场查勘、定损人员一定的赔款额度权限或快速理赔额度权限。对于损失程度较小，案情较简单、性质清楚的案件，查勘、调查的同时即可确定最终的损失赔偿金额并结案；而对于案情复杂和赔偿金额超权限的案件，则需要在查勘、调查的基础上通过相对规范的流程来处理。

（四）资料收集与责任审核

核赔人员根据前期被保险人或受益人填写的《索赔（给付）申请书》、提供的相关单据、证明和资料，结合现场查勘、案情调查人员现场采集的证据、资料、信息及查勘、调查报告结论，对索赔案件进行责任审核。审核过程中如发现新的疑点和疏漏，还可通知查勘或调查人员进行补充调查核实工作。按照《保险法》第二十三条的规定，保险人收到被保险人或者受益人的赔偿或者给付保险金的请求后，应当及时作出核定；情形复杂的，应当在三十日内作出核定，但合同另有约定的除外。保险人应当将核定结果通知被保险人或者受益人……。

核赔人员的责任审核工作主要包括：审核保险合同的有效性、合法性，合同是否依法成立，是否已经生效或满期，是否存在合同失效，保单是否非法转让或质押等情况；审核被保险人和受益人情况，是否符合保险利益原则，受益权是否合法；审核保险事故的原因及经过，判断近因，认定是否为保险责任，对责任范围内的事故进行损伤程度或损失程度的审查；审核各种证件、证明、资料的真实性、合法性、有效性。通过审核判定属于保险责任，可进行赔偿或给付金额的理算；判定不属于保险责任的，应当自作出核定之日起三日内向被保险人或者受益人发出拒绝赔偿或者拒绝给付保险金通知书，并说明理由。

（五）赔款计算

责任审核后确定属于保险责任的案件，要按照确定的赔偿方式，根据损失情况进行赔款或给付数额的计算。计算内容一般要涉及保险标的的损失、施救费用、勘查费用、损余收回、免赔额、给付比例、重复保险分摊、预付赔款扣除、欠缴保费扣除、保险贷款扣除等，并填制《赔款计算书》，详细记录和说明赔款的计算过程和理由，以备被保险人或受益人查问。初步核定计算赔款数额后，需缮制理赔书面文件，并根据权限上报、审批。

（六）结案与归档

除保险人与被保险人约定采用其他方式履行保险责任，如恢复原状、更换、修理和重置等，一般案件的赔偿与给付都要通知被保险人或受益人领取赔款。领款人在领款时要出示本人身份证件，委托他人代领要有书面委托书。已赔付或拒赔的案件即可作结案处理。理赔案件结案后，将由专职人员对案卷进行整理装订，按一定编号归档妥善保管，以便日后查阅。

理赔的基本流程如图 7－3 所示。

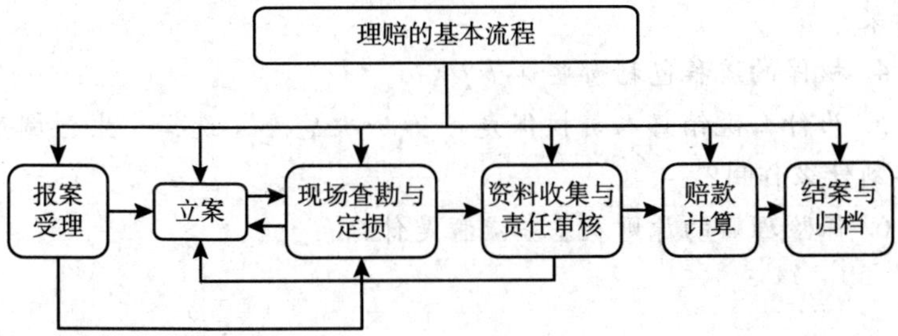

图 7－3　理赔的基本流程

本章总结

1. 保险企业以特定风险为经营对象，对自然灾害和意外事故所造成的经济损失和人身伤亡进行补偿或给付，其经营行为具有与其他企业不同的特征，主要包括：保险经营活动一种特殊的劳务活动；保险经营资产具有负债性；保险经营成本和利润计算具有特殊性；保险经营具有分散性和广泛性。

2. 保险经营原则是指保险企业从事保险经济活动的行为准则。保险经营既要遵循一般企业经营的基本原则，如经济核算原则、随行就市原则和薄利多销等原则，又要遵循保险业经营的特殊原则，如风险大量原则、风险选择原则和风险分散原则。

3. 保险承保业务一般包括展业、承保、防灾和理赔四个环节。保险业务管理贯穿于保险经营活动的全过程，不仅直接影响保险企业的盈利水平，体现保险企业的管理和服务水平，还对树立良好的公司形象，防范和化解经营风险起到至关重要的作用。其中，承保环节中的核保、理赔是两个最重要的环节。

4. 核保指保险公司对投保人或被保险人的投保申请进行风险评估、筛选，决定是否接受风险，并确定保险费率和承保方式的过程。核保是保险公司经营活动的重要环节，是保险承保工作的核心，主要包括销售人员核保、专职人员核保、核保员核保三个基本流程。

5. 理赔指保险人在保险标的发生风险事故后，对被保险人或受益人提出的索赔请求进行处理的过程。在理赔过程中，要遵循重合同、守信用、实事求是和主动、迅速、准确、合理等基本原则。理赔一般要经过报案受理、立案、现场查勘、案情调查与定损、资料收集与责任审核、赔款计算、结案与归档等几个基本流程。

练习与思考

1. 保险经营的特殊性及应遵循的特殊原则是什么？

2. 为什么保险人在经营中要遵循风险大量的原则？

3. 如果没有核保这一业务管理环节，会给保险公司带来什么样的后果？

4. 核保的流程包括哪些环节？

5. 为什么说销售人员核保是“第一次危险”选择？生存调查可以起到什么作用？

6. 保险理赔的原则及基本流程是什么？

第八章 保险费率的厘定

本章提要

如何确定保险产品的价格即保险费率，对保险产品的经营与管理具有重要意义。本章首先介绍保险费与保险费率的有关概念；其次阐明保险费率厘定所依据的数理统计知识；再次重点阐述寿险费率的厘定，包括厘定的原则、工具和方法；最后介绍财险费率厘定的原理、步骤和方法。

学习目标

掌握保险费率的构成、厘定的原则。

理解保险费率厘定的数理统计知识。

了解寿险费率厘定与财险费率厘定的原理和方法。

第一节 保险费率概述

一、保险费与保险费率

重点提示：保险费与保险费率的概念；保险费率的构成；厘定保险费率的原则。

（一）保险费

保险费是指投保人为转嫁风险获得保险保障而向保险人支付的费用，或者保险人为承担约定的保险责任而向投保人收取的费用。

保险费是建立保险基金的主要来源，也是保险人履行赔付义务的经济基础。保险费由两部分构成，即纯保费和附加保费。纯保费是保险人在经营过程中为了应付赔付而按纯费率收取的部分保费；附加保费是保险人为了支付经营管理费用和获取平均利润而按附加费率收取的部分保费。决定保险费大小的因素是保险金额、保险费率和保险期限，其计算公式为：

保险费 = 保险金额 × 保险费率 × 保险期限

（二）保险费率

保险费率是每一保险金额单位应缴纳的保险费，是保险人用以计算保险费的依据。保险金额单位一般为 1000 元或 100 元，所以保险费率通常用千分率或百分率来表示，表明每获得 1000 元或 100 元的保险保障应缴纳的保险费数量。保险费率是保险商品的价格，其高低取决于保险标的风险程度的大小。

保险费率由纯费率和附加费率两部分构成。纯费率也称净费率，是保险费率的主要部分，它是根据损失概率确定的；附加费率是保险费率的次要部分，是保险企业各项费用和利润与保险金额的比率。习惯上，将由纯费率和附加费率两部分组成的费率称为毛费率。

二、厘定保险费率的原则

保险人在厘定费率时要贯彻权利与义务相对等的原则。具体而言，厘定保险费率应遵循充分性、公平性、合理性、稳定灵活以及促进防损的原则。

（一）充分性原则

又称保证补偿原则，是指保险人收取的保险费足以支付保险金的赔付及合理的营业费用、税收和公司的预期利润。充分性原则的核心是保证保险人有足够的偿付能力，保险费率水平应与提供充分保证的要求相适应。费率结构中所设置的费率调整系数，不得影响费率充足性。

（二）公平性原则

公平性原则是指保险人向投保人收取的保险费，应当与保险标的的风险程度相适应。即保险标的风险程度高的应按较高的费率收取保险费，保险标的风险程度低的则应按相对较低的费率收取保险费。因此，风险程度相同的保险标的应采取相同的保险费率，风险程度不同的保险标的则应采取有差别的保险费率。

（三）合理性原则

合理性原则是指保险费率水平应与保险标的的风险水平及保险人

的经营需要相适应。费率过低可能会使被保险人得不到充分保障；而费率过高又会加重投保人的经济负担。合理性原则要求不可因保险费率过高而使保险人获得超额利润。费率设定应与保险条款相匹配，并有利于激励保单持有人主动进行风险控制。

（四）稳定灵活原则

稳定，是指保险费率一经厘定，就应当在一定时期内保持相对稳定，以保证保险公司的信誉；灵活，则是指保险费率也要随着风险、保险责任和市场需求等因素的变化而调整，具有一定的灵活性。

（五）促进防损原则

促进防损原则是指保险费率的制定要有利于促进被保险人加强防灾防损，对无损失或损失少的被保险人，实行优惠费率；而对防灾防损工作做得差的被保险人实行高费率或续保加费。

另外，为防止各保险公司间保险费率的恶性竞争，一些国家对保险费率的厘定方式还做出了具体规定。如目前，根据《中华人民共和国保险法》第一百三十五条规定："关系社会公众利益的保险险种、依法实行强制保险的险种和新开发的人寿保险险种等的保险条款和保险费率，应当报国务院保险监督管理机构批准。国务院保险监督管理机构审批时，应当遵循保护社会公众利益和防止不正当竞争的原则。其他保险险种的保险条款和保险费率，应当报保险监督管理机构备案。保险条款和保险费率审批、备案的具体办法，由国务院保险监督管理机构依照前款规定制定。"《保险公司管理规定》第四十三条规定："保险机构应当公平、合理拟订保险条款和保险费率，不得损害投保人、被保险人和受益人的合法权益。"第四十八条规定："保险机构不得将其保险条款、保险费率与其他保险公司的类似保险条款、保险费率或者金融机构的存款利率等进行片面比较。"

第二节　保险费率厘定的数理基础

保险费率的厘定即对保险商品进行定价。在保险费率的厘定过程中，需要运用概率论与数理统计等知识。概率论和大数法则是厘定保险费率的数理基础，也是现代保险发展的科学基础。

重点提示： 概率的理解；方差的理解；大数法则的理解。

一、随机事件与概率

（一）随机事件

如果我们观察抛掷硬币实验中硬币落地时其正反面朝上的情况，会发现：在外部条件不变的情况下，将一枚硬币进行长时间连续的、大量的抛掷，会得到一系列结果。在这些结果中，有时会正面朝上，有时会反面朝上。这种在一定条件下，某一实验结果可能发生也可能不发生，可能这样发生也可能那样发生的现象，称为随机现象。如果某一实验，不能事先准确地预言它的结果，而且在相同条件下可以重复进行的，称为随机试验。而在随机实验中，我们想知道的是我们所关心的某个结果是否会出现，这个结果被称为随机事件。如在上述抛掷硬币的实验中，抛掷硬币 1000 次，我们所关心的是正面朝上的次数有多少。很显然，正面朝上的次数可能是 1 ~ 1000 之间的任何一个数字。

（二）概率的定义

我们每抛掷一次硬币，是正面朝上还是反面朝上的结果是我们所不知道的。但如果我们抛掷 n 次，则正面朝上的次数与抛掷总次数的比率即为正面朝上的概率。因此，概率可以定义为：如果在一个随机试验条件不变的情况下，重复做 n 次试验，记 m 是 n 次试验中事件 A 发生的次数。当试验次数 n 很大时，如果频率 m/n 稳定地在某数值 p 附近摆动，而且随着试验次数的增加，这种摆动的幅度越来越小，则称数值 p 为事件 A 在这一组不变的条件下发生的概率，记作 $P(A)=p$。

事实上，随机试验只能进行有限次，其结果 p 只能是概率的一个估计值，该估计值的精确度随 n 的增加而提高。由概率的定义可知 $0 \leqslant P(A) \leqslant 1$。

（三）损失概率与纯费率

在保险公司的经营管理中，随机事件往往是指某种风险或损失。因此，随机事件的概率，在保险经营中就是指损失概率。例如，某一居民小区的 100 幢楼房中，某一年有 1 幢遭受火灾损失的概率就是指损失概率。如果我们把保险经营中的各种损失结果都抽象成随机事件后，求出相应的损失概率就转化为求某一随机事件的概率了。

纯费率是保险费率的主要部分，用纯费率计算的那部分保费建立保险基金，以保证保险赔偿或给付。保险的基本原理是保险人一定时期内收取的纯保费大致等于其赔款支出。因此，从理论上来讲，纯费率应当等于损失概率。可见，损失概率对保险人制定纯费率具有决定性的作用。

二、概率分布与方差

（一）概率分布

在概率论中，因实验结果的不同而取值不同的变量称为随机变量，包括离散型随机变量和连续型随机变量。概率分布是用来描述随机变量的各种结果及其对应概率的。

1. 离散型随机变量的概率分布。设离散型随机变量可能取的值为：x_1，x_2，…，取这些值的概率为：

$$P(X=X_i)=p_i,\ i=1,\ 2,\ \cdots$$

可以用表格的形式表示如下：

X	x_1	x_2	…	x_i	…
P	p_1	p_2	…	p_i	…

从分布列上，我们很容易地看出事件发生的某一结果及其对应的概率。

2. 连续型随机变量的概率分布。设随机变量 X 的分布函数为 $F(x)$，如果存在一个非负可积函数 $f(x)$，使对任意的实数 x，均有 $F(x)=\int_{-\infty}^{x}f(t)\mathrm{d}t$，则称 X 是连续型随机变量，称 $f(x)$ 是 X 的概率密度或密度函数，简称密度。

（1）均匀分布。设 $R.V.X \sim f(x)=\begin{cases}k, & a\leqslant x\leqslant b\\ 0, & 其他\end{cases}$，称 X 在 $[a,b]$ 上服从均匀分布。

（2）指数分布。若随机变量 X 的概率密度为：

$$f(x)=\begin{cases}\lambda \mathrm{e}^{-\lambda x} & x\geqslant 0\\ 0 & x<0\end{cases}$$

其中，常数 $\lambda>0$，则称 X 服从参数为 λ 的指数分布，相应的分布函数为：

$$F(x)=\begin{cases}1-\mathrm{e}^{-\lambda x} & x\geqslant 0\\ 0 & x<0\end{cases}$$

（3）正态分布。若随机变量 X 的概率密度为：

$$f(x)=\frac{1}{\sqrt{2\pi}\sigma}\mathrm{e}^{\frac{(x-\mu)2}{2\sigma^2}},\ -\infty<x<+\infty$$

其中，μ，σ 都为常数且 $\sigma>0$，则称 X 服从参数为 μ，σ 的正态分布，记为 $X\sim N(\mu,\ \sigma^2)$。

在保险经营中，随机变量常常是指取值为各种损失结果的变量。由于变量一般都取有限个值，属于离散型随机变量，其概率分布可以通过基本上互不相容的事件及其对应的概率，按顺序排列起来，用图或表来表示。

（二）数学期望值与损失期望值

一个随机变量的数学期望值是它所能取到的各个数值与其概率乘积的总和。如果我们将损失的各种不同数额当作某一变量取值的话，该变量的数学期望值可称为损失期望值。因此，损失期望值是损失的不确定性数额与损失概率乘积的总和。在保险经营中，如何确定损失期望值对确定纯费率是至关重要的。因为对保险人来说，只有确定了损失期望值才能知道预期损失的总额，并以此为基础确定损失赔偿额；而确定了损失赔偿额，就确定了保险人所需收取保费的标准。对投保人来说，也需要把预期损失金额和拟缴纳的保费相比较，并以此为依据来决定是否要参加保险。

（三）方差与标准差

数学期望反映了随机变量的平均值，并不能完整反映这一变量的分布特征，因此数学期望具有很大的局限性，有时仅仅知道平均值是不够的，有必要研究随机变量与其数学期望值的偏离程度。而方差可以用一个数字指标来衡量一个随机变量与其期望值的偏离程度。

随机变量 X 的数学期望为 $E(X)$，X 与 $E(X)$ 的偏离程度可用 $(X-E\ (X))^2$ 表示，它仍为一个随机变量。我们将这种偏差的平均程度 $E(X-E(X))^2$ 称为 X 的方差，记为 $D_{(X)}$，即 $D_{(X)}=E(X-E(X))^2$；称 $D(X)$ 的算术平方根 $\sqrt{D(X)}$ 为 X 的标准差或均方差，记为 $\sigma(x)$，即 $\sigma(x)=\sqrt{D(x)}$。当随机变量的可能值密集分布在其期望值附近时，方差较小，反之则方差较大。因此，由方差大小可以推断随机变量分布的离散程度。

但是，标准差反映的是随机变量的绝对偏离程度，有时也不能客观反映随机变量的真实偏离程度，因为当标准差一定时，随机变量偏离程度的大小还取决于数学期望的大小。如当标准差为 10 时，对数学期望为 10000 的随机变量并不算很大的偏差，但对数学期望为 10 的随机变量就是一个较大的偏差。因此，可以用标准差和数学期望的比值来客观地比较不同随机变量的偏离程度，这被称为变异系数（或稳定系数），反映的是估计的相对偏差。变异系数越小，说明随机变量的稳定性越好；反之亦然。

在保险经营中，损失期望值反映了损失的平均值（即平均保额损失率），但是损失平均值并不能完整地说明损失的分布特征，即不能反映每一实际损失值与损失平均值之间的偏离程度，从而仅以损失期望值作为厘定保险费率的依据并不能保证其准确性。因此，在确定纯费率时需要在平均保额损失率的基础上引入变异系数这一指标。

三、大数法则

大数法则（亦称大数定律）是统计学中的一个重要定律，是用来说明大量的随机现象由于偶然性相互抵消所呈现的必然数量规律的一系列定理的统称。根据大数法则，随着样本数量的不断增加，实际观察结果与预期结果之间的偏差会越来越小，最终趋向于零。大数法则主要包括契比雪夫（Chebyshev）大数法则、贝努利（Bernoulli）大数法则和泊松（Poisson）大数法则。

（一）契比雪夫（Chebyshev）大数法则

若 X_1，X_2，…，X_n，…相互独立，它们的数学期望和方差都存在，且方差一致有界，即 $E(X_i)=\mu_i$，$D(X_i)=\sigma_i^2\leqslant C$（常数） $i=1, 2, \cdots$

则对任意的 $\varepsilon>0$，均有

$$\lim_{n\to\infty} P\{|Y_n-E(Y_n)|<\varepsilon\}=1$$

其中，$Y_n=\frac{1}{n}\sum_{i=1}^{n}X_i$

该法则的意义在于，在满足了契比雪夫大数法则条件的情况下，可用随机变量观察值的算术平均值来代替数学期望值。

根据契比雪夫大数法则，在保险经营中，当保险标的数量足够多时，可用以往若干年的损失观察值的算术平均值来估算损失期望值。

（二）伯努利（Bernoulli）大数法则

设伯努利试验中，事件 A 发生的概率为 p（$0<p<1$），m 为 n 重伯努利试验中事件 A 发生的次数，则对任意的 $\varepsilon<0$，均有

$$\lim_{n\to\infty} P\left\{\left|\frac{m}{n}-p\right|<\varepsilon\right\}=1$$

该法则证明，当重复试验的次数 n 充分大时，事件 A 发生的频率与其发生的概率几乎没有差异，这充分显示了在大量的重复试验中，事件 A 发生频率的稳定性。同时也说明，在实际应用中，当试验次数很大时，用事件发生的频率代替其概率是合理的。即当某个随机变量

的概率不易确定时，可通过观察过去大量实验的结果而予以估计其频率来代替概率。反过来，经估计而得到的频率，可由将来大量实验所得的实际经验而加以修正，以增加其准确性。

在保险经营中，往往假设某一类标的具有相同的损失概率，为了估计这个概率的值，可以根据以往有关的损失结果求出一个比率，即保险人用以往若干年的损失统计资料来计算平均保额损失率作为损失概率。在观察次数很多或观察周期很长的情况下，平均保额损失率将与实际损失概率很接近，因此可以作为厘定纯费率的依据。

（三）泊松（Poisson）大数法则

若 X_1，X_2，…，X_n，…相互独立同分布，其数学期望存在，即 $E(X_i)=\mu, i=1, 2, \cdots$，则对任意的 $\varepsilon>0$，均有

$$\lim_{n\to\infty}P\left\{\left|\frac{1}{n}\sum_{i=1}^{n}X_i-\mu\right|<\varepsilon\right\}=1$$

泊松大数法则的含义是：个别现象的发生可能是没有规律的，但如果集合众多现象来观察，则具有一定的规律性。其意义在于，个别现象的偶然性，通过集合众多现象观察或长期观察相同现象，可以找出其必然性。

对保险而言，当保险人所集中的风险单位达到一定数量时，发生该项风险事故的概率趋于稳定，从而使损失发生的不确定性变小。风险单位数量越多，这种稳定性越强，损失发生的不确定性越小。因此，保险人只要尽可能集合众多同类风险单位，就能找到风险发生及造成损失的规律性。

总之，大数法则对保险经营的意义在于其为保险的稳定经营提供了科学基础。根据大数法则，在集中大量风险的前提下，原先绝对无法预测的、单个的独立风险变成了相对可以预测的整体风险，保险公司也就能进行风险的分散和补偿。当保险标的的数量足够大时，通过以往统计数据计算出来的估计损失概率与实际概率的误差将很小，从而使纯费率的厘定更加准确。

第三节　寿险费率的厘定

重点提示：自然保费和均衡保费；寿险费率厘定的工具；趸缴保费和均衡保费的厘定方法。

一、寿险保费

（一）寿险保费

寿险保费也由两部分构成，即纯保费和附加保费。纯保费用于保

险金的给付，附加保费用于保险公司业务经营费用开支。二者之和是毛保费，亦称总保费。寿险纯保费有自然保费和均衡保费之分，在被保险人的不同年龄段二者在数量上不同，有时相差很大。

1. 自然保费。自然保费是以各年死亡率为基础计算的保费，相当于当年的保险成本。随着年龄的增长，自然保费会逐年增加。

2. 均衡保费。均衡保费全称为均衡纯保费，是指保险人将人的不同年龄的自然保费结合利息因素，在保险有效期内重新均摊的保费。均衡保费下，保险人每年收取的保费数量不随被保险人的死亡率逐年变化，投保人在保险年度内每一年所缴保费相等，从而有效地避免了被保险人到了晚年因保费过高而无力续保丧失保险保障的不足。人寿保险实务中均采用均衡保费的做法。

3. 自然保费与均衡保费之间的关系。一般情况下，在缴费初期，均衡保费大于自然保费，多余的部分形成储蓄保费。二者在某一年度相等或相近之后，自然保费会大于均衡保费，不足的部分由前期多交的部分来补足。二者在数量上的不同如表 8－1 所示。

表 8－1　　　　自然保费与均衡保费的比较

年龄	死亡率（‰）	自然保费（元）	均衡保费（元）
35	1.057	1.03122	14.18515
40	1.65	1.609756	14.18515
45	2.658	2.593171	14.18515
50	4.322	4.216585	14.18515
55	7.005	6.834146	14.18515
60	11.378	11.10049	14.18515
70	18.275	17.82927	14.18515
80	29.296	28.58146	14.18515
90	46.582	45.44585	14.18515
95	73.092	71.30927	14.18515
100	112.976	110.2205	14.18515
105	171.599	167.4137	14.18515

（二）厘定寿险费率应考虑的因素

保险合同的典型特征之一是保险双方的权利与义务相对等。对保险人而言，其权利是向投保人收取保险费，义务是承担合同约定的给付责任，权利和义务相对等是指保险人在保险期间应承担的各项给付义务，要与其收取的保险费在价值量上保持对等。而要保证权利与义务相对等，寿险保费的计算就必须遵循收支平衡的原则。“收”是指保险人收取的保险费总额，“支”是指保险人给付的保险金和支出的各项经营费用。但这里所说的“收支平衡”，并不是数学意义上的简单相等，还要考虑货币的时间价值等一些重要因素。即投保人未来缴纳保费的精算现值与保险人未来给付保险金的精算现值相等。

人寿保险的保险标的是人的生命，保险人的责任是被保险人在保险期间死亡或生存至保险期间届满时给付保险金，故保险费的计算必须考虑死亡率和生存率因素。又由于人寿保险是长期保险，而且保费收取在先，保险金支付在后，期间可能会有较长的时间间隔，所以还必须考虑货币的时间价值即利息因素。另外，经营寿险业务的各项经营管理费用也须由投保人或被保险人承担，因此计算保费时还应考虑费用因素。由于寿险保费的厘定是以过去的统计资料对未来的预测，因此通常认为寿险保费厘定应考虑的因素包括预定死亡率、预定利率和预订费用率，这被称为厘定寿险保费的三个基础率。

二、厘定寿险费率的工具

（一）利息

利息是货币的时间价值，它是借款人借入资金，运用一定时间后，支付给贷款人的报酬，即一定资金在一定时期内的收益。计算利息有三个基本要素：本金、利率和期限。本金是存入或贷出时的原始金额；利率是又称利息率，表示一定时期内利息额与本金的比率，通常用百分比表示，按年计算则称为年利率；期限是存、贷款成立后所经过的时间。利息的大小取决于本金的数量、利率的高低、存贷款期限的长短。

人寿保险是长期业务，保险公司要承担在被保险人死亡或生存期满时给付保险金的责任。这样，投保人缴纳保险费的一部分就留存在保险公司内部作为未来给付保险金的准备金（称为“责任准备金”）。这部分准备金在给付之前，保险公司可对其进行投资以获取投资收益。在保险实务中，由于实行均衡保费，投保人在缴费期的前期实缴保费大于应缴保费（自然保费），形成了保费的预缴（储蓄保费）。对此预缴部分保费，保险公司应给予一定的收益。因此，保险人在计算寿险费率时，通常按照一定的利率来计息作为对投保人的收益承诺。实际上，保险人收取的纯保费加上利息基本上等于其将来所应支付的保险金，所以保险人通过从保险金中扣除利息后计算得出投保人应缴的纯保费。

利息的计算方法有单利和复利两种。

1. 单利。单利是在结算时仅用本金计算利息的方法。在单利计算方法下，利息额等于本金乘以利率乘以计息期数。若以 P 表示本金，i 表示利率，n 表示计算期数，I 表示利息额，S 表示本利和，则它们之间有如下关系：

$$I = P \cdot i \cdot n$$

$$S = P + I = P + P \cdot i \cdot n = P(1 + n \cdot i)$$

2. 复利。复利是对本金及其所生的利息一并计息，即上期所得利息，在本期也生息。若以 P 表示本金，i 表示利率，n 表示计算期数，I 表示利息额，S 表示本金与利息之和，则以复利计算的本利和为：

$$S = P(1 + i)^n$$

$$I = P(1 + i)^n - P = P \times [(1 + i)^n - 1]$$

3. 现值和终值。人寿保险纯保费的计算实际上是按复利计息，以保险金为终值而求现值的过程，计算出的现值即是投保人应缴纳的纯保费。

现值是指将来积累一定资金（假定为 1 元）的现在价值，即按某种利率及生息时间计算的，在未来某一时刻要积累终值 1 元现在所需要的货币量。也就是说，现在需要多少本金，加上将来的利息能积累 1 元的终值，所以现值即本金。

终值是一定的本金在一定的利率条件下经过一定时间生息后的本利和，是本利和的另一种表述。

若以 P 表示本金，S 表示 n 年后的本利和，则 P 与 S 之间的关系就是现值与终值的关系，所以现值是本利和的逆运算。如果把 P 元现金存入银行，按照年利率 i 复利计息，则 n 年后的本利和为：

$$S = P(1 + i)^n$$

反过来看，P 就是 n 年后 S 的现值，公式为：

$$P = S/(1 + i)^n$$

如果我们用 V 表示 1 年后 1 元的现值，即 $V = 1/1 + i$，则 n 年后 1 元的现值就是 V^n，

公式为：

$$V^n = 1/(1 + i)^n$$

所以

$$P = SV^n$$

（二）年金

年金就是在固定的时间间隔收入或支出相同金额的收付系列。在现实经济生活中，采用年金方式收付款的例子相当多。如养老金的发放、各种形式保险的分期保费的缴纳、贷款的偿还、债券息票的支付、房租收取、工资的发放等。按年金每期收付的时点来划分，可分

为期初付年金与期末付年金。

1. 期初付年金。在每个付款期的期初付款的年金叫期初付年金。假设有一个年金，付款期限为 n 期，每期期初付款额为 1，每期利率为 i；用 $\ddot{a}_{\overline{n}|}$表示此年金的现值，我们可以将每期期初的付款都按利率 i 折现到 0 时刻，再求和，算出 $\ddot{a}_{\overline{n}|}$的值，即

$$\ddot{a}_{\overline{n}|}=1+v+v^2+\cdots+v^{n-1}=\frac{1-v^n}{1-v}=\frac{1-v^n}{d}$$

用 $\ddot{s}_{\overline{n}|}$表示此年金的终值（积累值），我们可以将每期期初的付款都按利率 i 积累到 n 时刻，再求和，算出 $\ddot{s}_{\overline{n}|}$的值，即

$$\ddot{s}_{\overline{n}|}=(1+i)+(1+i)^2+\cdots+(1+i)^n=\frac{(1+i)^n-1}{d}$$

显然 $\ddot{s}_{\overline{n}|}=(1+i)^n\ddot{a}_{\overline{n}|}$，若每期期初支付 R 元，则现值和积累值分别为 $R\ddot{a}_{\overline{n}|}$和 $R\ddot{s}_{\overline{n}|}$。

2. 期末付年金。在每个付款期的期末付款的年金叫期末付年金。假设有一个年金，付款期限为 n 期，每期期末付款额为 1，每期利率为 i；用 $\alpha_{\overline{n}|}$表示此年金的现值，我们可以将每期期末的付款都按利率 i 折现到 0 时刻，再求和，算出 $\alpha_{\overline{n}|}$的值，即

$$\alpha_{\overline{n}|}=v+v^2+\cdots+v^n=\frac{1-v^n}{i}$$

用 $s_{\overline{n}|}$表示此年金的终值（积累值），我们可以将每期期末的付款都按利率 i 积累到 n 时刻，再求和，算出 $s_{\overline{n}|}$的值，即

$$s_{\overline{n}|}=1+(1+i)+(1+i)^2+\cdots+(1+i)^{n-1}=\frac{(1+i)^n-1}{i}$$

显然 $s_{\overline{n}|}=(1+i)^n\alpha_{\overline{n}|}$，若每期期末支付 R 元，则现值和积累值分别为 $R\alpha_{\overline{n}|}$和 $Rs_{\overline{n}|}$。

（三）生命表

1. 生命表的概念。生命表又称死亡表，是根据一定时期某一国家或地区特定人群（全体国民或保险公司的全体被保险人）的有关生存、死亡统计资料，加以分析整理而形成的统计表。生命表以年龄为纲，全面地、完整地反映某一国家或地区一定人群的生死规律。在生命表中，可以查出各种年龄的人在 1 年内的死亡人数和一定年龄的人在一定时期内的生存率和死亡率。人寿保险对于风险的估计通常都是以生命表中的死亡率为依据。因此，生命表是人寿保险测定危险的工具，是厘定人寿保险纯费率的基本依据。

2. 生命表的种类。生命表一般分为两大类：国民生命表和经验生命表。国民生命表是根据全体国民或特定地区的人口统计资料编制的生命表，反映了一个特定时期内全体国民的寿命分布状态；经验生

命表是寿险公司依据其承保的被保险人的实际死亡统计资料编制的统计表，反映的是寿险公司的经验和其被保险人的寿命分布状态。由于国民生命表的数据资料来源于人口普查，其对象包括男女老幼，体质强弱、健康体和非健康体的都有，而寿险公司的被保险人一般要经体检健康者才予以承保。因此，在同一时期，国民生命表的死亡率必然要高于经验生命表的死亡率。与国民生命表相比，经验生命表更能反映出被保险人的死亡率特征，因而对于寿险费率的厘定更具有现实意义。

寿险公司针对其被保险人的不同投保类型、性别和是否有选择，编制了不同类型的经验生命表，主要有年金生命表和寿险生命表、男性生命表与女性生命表、选择生命表和终极生命表等。另外，按照生命表反映内容的详细程度还可分为完全生命表和简易生命表。凡是能够反映每一年龄的生死规律的生命表是完全生命表；只反映年龄组别（如按 5 岁或 10 岁为一年龄组）的生死规律的生命表是简易生命表。

3. 生命表的内容。生命表是根据不同年龄人的生死规律编制而成的，反映一批人出生后陆续死亡的过程。因此，编制生命表，首先要选择初始年龄并假定在该年龄上，有一定数量的人生存，这个数量就叫作基数。一般选择 0 岁为初始年龄，并规定此年龄的人数，通常选择 10 万、100 万、1000 万等整数。即从 0 岁算起，逐年计算每个年龄的生存人数和死亡人数，直至表中人数全部死亡为止。有了生存或死亡数据，就可以计算出各年龄的生存率和死亡率。因此，生命表一般包括以下内容：

（1）当年生存者的年龄，用 x 表示；

（2）年龄为 x 岁的人的生存人数，是指从初始年龄至满 x 岁尚生存的人数，用 l_x 表示；

（3）1 年内的死亡人数，是指 l_x 人中，从 x 岁至 $x+1$ 岁的 1 年间的死亡人数，用 d_x 表示。

（4）生存率，是指 x 岁的人到 $x+1$ 岁时仍生存的概率，用 p_x 表示。公式为：

$$p_x = \frac{l_x + 1}{l_x}$$

同理，可以推导出 x 岁的人活 $x+n$ 岁的生存率为：

$${}_np_x = \frac{l_x + n}{l_x}$$

（5）死亡率，是指 x 岁的人在到达 $x+1$ 岁前的死亡概率，用 q_x 表示。

$$d_x = l_x - l_x + 1$$

$$q_x = \frac{l_x - l_x + 1}{l_x}$$

不难发现，x 年度的生存率与死亡率之和为 1，即 $p_x + q_x = 1$。

在我国寿险业发展过程中，改革开放之初基本参照了日本的经验生命表（见表 8-2）。直到 1995 年，当时的中国人民保险公司参考其 1990~1993 年的保单数据，制定了中国人寿保险业第一张经验生命表。2005 年中国保监会颁布了第二张寿险业生命表，即《中国人寿保险业经验生命表（2000~2003）》，其中，非养老金业务表和养老金业务表各两张，分别是：非养老金业务男表，简称 CL1（2000~2003）；非养老金业务女表，简称 CL2（2000~2003）；养老金业务男表，简称 CL3（2000~2003）；养老金业务女表，简称 CL4（2000~2003），如表 8-3 所示。

表 8-2　　　　日本第二回全会社生命表（1956~1969 年）

年龄 x	生存者人数 l_x	死亡者人数 d_x	生存率 p_x	死亡率 q_x
…	…	…	…	…
30	95932	137	0.99857	0.00143
31	95795	143	0.98581	0.00149
32	95652	149	0.99844	0.00156
33	95503	156	0.99837	0.00163
34	95347	164	0.99828	0.00172
35	95183	174	0.99817	0.00138
36	95009	186	0.99804	0.00196
37	94823	198	0.99791	0.00209
38	94625	211	0.99777	0.00223
39	94414	225	0.99762	0.00238
40	94189	238	0.99747	0.00253
…	…	…	…	…

表 8-3　　　　中国人身保险业经验生命表（2010~2013 年）

年龄	非养老类业务一表		非养老类业务二表		养老类业务二表	
	男（CL1）	女（CL2）	男（CL3）	女（CL4）	男（CL5）	女（CL6）
…	…	…	…	…	…	…
30	0.000797	0.000340	0.000595	0.000247	0.000407	0.000175
31	0.000847	0.000356	0.000635	0.000261	0.000438	0.000186

续表

年龄	非养老类业务一表		非养老类业务二表		养老类业务二表	
	男（CL1）	女（CL2）	男（CL3）	女（CL4）	男（CL5）	女（CL6）
32	0.000903	0.000374	0.000681	0.000277	0.000472	0.000198
33	0.000966	0.000397	0.000732	0.000297	0.000509	0.000213
34	0.001035	0.000423	0.000788	0.000319	0.000549	0.000231
35	0.001111	0.000454	0.000850	0.000346	0.000592	0.000253
36	0.001196	0.000489	0.000919	0.000376	0.000639	0.000277
37	0.001290	0.000530	0.000995	0.000411	0.000690	0.000305
38	0.001395	0.000577	0.001078	0.000450	0.000746	0.000337
39	0.001515	0.000631	0.001170	0.000494	0.000808	0.000372
40	0.001651	0.000692	0.001270	0.000542	0.000878	0.000410
…	…	…	…	…	…	…

三、寿险趸缴纯保险费的计算

趸缴保费，即一次性缴纳的保费。计算人寿保险趸缴纯保险费应使趸缴纯保险费总额等于保险给付金的总现值。

计算人寿保险趸缴纯保险费通常基于以下几个基本假设：被保险人的生死遵循预定生命表所示的生死规律；同一种类的保险合同，全部于该年龄在期初缴纳保险费；保险金于每年度末支付；保险费按预定利率复利生息，并假定年利率为 i。

人寿保险的纯保费，一般按离散型和连续型来计算，这里只简单介绍离散模型的趸缴纯保费。所谓离散型人寿保险模型，是指以离散型未来寿命 $K(x)$ 为基础，保险金是在被保险人死亡所处的保单年度末支付而建立的各种人寿保险的数学模型。

假设被保险人在投保时的年龄为 x 岁，其未来寿命整年数为 $K(x)$，则其概率分布为：

$$P[K(x)=k]=P[k\leqslant T(x)<k+1]={}_kp_x\cdot q_{x+k}$$
$$={}_{k|}q_x\quad(k=0,1,2,\cdots)$$

假设保险金额在 $K(x)+1$ 处给付，给付金额为 b_{k+1}元，记 v_{k+1}为在 $K(x)+1$ 处给付 1 个单位保险金在签单时的利息贴现系数，Z 为给付保险金额在签单时的现值，则：

$$Z=b_{K+1}v_{K+1}\qquad(K=0,1,2,\cdots)$$

因此，在离散型人寿保险模型下，现值随机变量 Z 的期望值 $E(Z)$ 的一般表达式是：

$$E(Z) = \sum_{k=0}^{\infty} b_{k+1} v_{k+1} \cdot {}_{k|}q_x$$

对于人寿保险，现值随机变量 Z 的期望值 $E(Z)$ 称为趸缴纯保费。

（一）死亡保险的趸缴纯保费

1. 定期寿险。设年龄为 x 岁的人，投保或签约保险金额为 1 单位的 n 年定期寿险，则给付现值函数是：

$$Z = \begin{cases} v^{K+1} & (K=0,\ 1,\ 2,\ \cdots,\ n-1) \\ 0 & 其他 \end{cases}$$

其趸缴纯保费用符号$A^1_{x:\overline{n}|}$表示，则：

$$A^1_{x:\overline{n}|} = E(Z) = \sum_{k=0}^{n-1} v^{k+1} \cdot {}_{k|}q_x$$

$$= \sum_{k=0}^{n-1} v^{k+1} \cdot \frac{d_{x+k}}{l_x}$$

记

$$C_x = v^{x+1} d_x \qquad D_x = v^x l_x$$

$$M_x = \sum_{k=0}^{\infty} C_{x+k} \qquad N_x = \sum_{k=0}^{\infty} D_{x+k}$$

$$R_x = \sum_{k=0}^{\infty} M_{x+k} \qquad S_x = \sum_{k=0}^{\infty} N_{x+k} \qquad (x=0,\ 1,\ 2,\ \cdots,\ \omega)$$

其中，l_x 为 x 岁的总人数，d_{x+k} 为 $x+k$ 岁的人的死亡人数，C_x，D_x，M_x，N_x，R_x，S_x（$x=0,\ 1,\ 2,\ \cdots,\ \omega$）称为换算符号。用 C_x，D_x，M_x 代替，可得：

$$A^1_{x:\overline{n}|} = \frac{M_x - M_{x+n}}{D_x}$$

2. 终身寿险。x 岁的人投保离散型的保险金额为 1 个单位的终身寿险，其趸缴纯保费用符号 A_x 表示，则：

$$A_x = \sum_{k=0}^{\infty} v^{k+1} \cdot {}_{k|}q_x = \frac{M_x}{D_x}$$

（二）生存保险的趸缴纯保费

生存保险与死亡保险不同，它的保险金给付时间与数量是预先确定的，仅有是否给付这一个因素不确定，而这一因素依赖于被保险人是否生存到保险期满。假设 x 岁的人投保 n 年期生存保险，保额为 1 元，保险金在第 n 年年末支付。那么

$$Z = b_T \cdot v_T = \begin{cases} 0 & T \leqslant n \\ v^n & T > n \end{cases}$$

则 n 年期生存保险的趸缴纯保费 $E(Z)$ 为：

$$E(Z) = v^n \cdot {}_np_x = \frac{D_{x+n}}{D_x}$$

（三）两全保险的趸缴纯保费

n 年期两全保险是由 n 年生存寿险和 n 年定期寿险组成的，假设 x 岁的人签约保险金额为 1 个单位的 n 年期两全保险，则其有关函数是：

$$b_{k+1} = 1 \quad (k = 0,\ 1,\ 2,\ \cdots,\ n-1)$$

$$v_{k+1} = \begin{cases} v^{k+1} & (k = 0,\ 1,\ 2,\ \cdots,\ n-1) \\ v^n & (k \geqslant n) \end{cases}$$

其趸缴纯保费用符号 $A_{x:\overline{n}|}$ 表示，则：

$$A_{x:\overline{n}|} = \sum_{k=0}^{n-1} v^{k+1}{}_{k|}q_x + v^n \cdot {}_np_x$$

运用换算函数替换，可得

$$A_{x:\overline{n}|} = \frac{M_x - M_{x+n} + D_{x+n}}{D_x}$$

（四）年金保险的趸缴纯保费

年金保险即生存年金，是指按预先约定的金额，以一定的时间为周期而进行的一系列给付，且这些给付必须以原定的领取人生存为前提条件，一旦原指定的领取人死亡，或预先约定给付期届满时，给付即宣告结束。

生存年金的精算现值称为趸缴纯保费，它的计算方法有两种：一是现时支付法；二是总额支付法。

现时支付法的计算步骤是：第一步求出时刻 t 生存年金的给付数额；第二步确定时刻 t 时的给付数额的精算现值；第三步对给付年金的精算现值按所有可能的给付时间进行相加或积分。

总额支付法的计算步骤是：第一步求出从开始支付至死亡或停止支付这段时间 t 内所有年金给付额的现值，这一现值仅与利率有关；第二步将求出的现值乘以相应的死亡概率或概率密度；第三步对第二步得到的结果按所有可能的死亡时间 t 进行相加或积分。这里只介绍期初付年金保险的保费厘定。

1. 终身年金保险。假设年龄为 x 岁的生存者在每个保单年度领取年金额为 1 元，直到年金受领人死亡时才停止年金的给付。用符号 $\ddot{a}_x$ 表示此终身年金的精算现值，预定年利率为 i，利用现时支付法，则：

$$\ddot{a}_x = \sum_{k=0}^{\infty} v^k{}_kp_x$$

在上式中引入换算函数，则可以得：

$$\ddot{a}_x = \frac{N_x}{D_x}$$

2. 定期生存年金。期初付年金额为 1 元的 n 年定期生存年金，其精算现值用符号 $\ddot{a}_{x:\overline{n}|}$ 表示，则：

$$\ddot{a}_{x:\overline{n}|} = \sum_{k=0}^{n-1} v^k_k p_x$$

或

$$\ddot{a}_{x:\overline{n}|} = \frac{N_x - N_{x+n}}{D_x}$$

四、人寿保险均衡纯保险费的计算

趸缴纯保费的金额往往较大，可能成为投保人的经济负担，在保险实务中很少应用。在保险实务中，保险公司一般允许投保人投保时选择分期缴费的方式，将保险费分期按年、按季、按月或每半年交付一次，而以一年交付一次的方式最为普遍。按年交付的纯保费即为年度均衡纯保费。年度均衡纯保费不能简单地用趸缴纯保费除以缴费年数得出，这样会使保费不足。这是因为：首先，趸缴纯保费是基于全部保费于保险期初缴费的假设，若分期缴费，有些被保险人可能会较早身故，保险人会丧失这些被保险人将来缴纳的保费。其次，分期缴纳保险费减少了利息收入。因此，对保费和利息的减少必须做数学计算上的调整，使趸缴的纯保费和年缴纯保费的现值完全相等。

现假设已知投保人人均趸缴纯保费为 A 元，如果换算为人均均衡纯保费，则可以计算如下：

设人均均衡纯保费为 b 元，则应该保证下列公式成立：

$$A \cdot L_x = L_x \cdot b + L_{x+1} \cdot b \cdot V^1 + \cdots + L_{x+n-1} \cdot b \cdot V^{n-1}$$

其中，L_x 为投保时的生存者人数，L_{x+n-1} 表示以后各缴费年度年初生存者人数，即是当年度缴纳保险费的人数。根据该公式，可以求得人均均衡纯保费为：

$$b = \frac{A \cdot L_x}{L_x + L_{x+1} \cdot V^1 + \cdots + L_{x+n-1} \cdot V^{n-1}}$$

五、寿险毛保险费的计算

毛保险费又称总保费，是保险人向投保人实际收取的保费。毛保费等于纯保险费与附加保费之和。

毛保险费的计算并没有固定的公式，实务中可采用比例法和比例常数法来计算。

（一）比例法

比例法是假定附加保费为毛保费的一定比例，设为 K。如果纯保费为 P，毛保费为 P'，则 $P' = P + KP'$，由此可得：

$$P' = \frac{P}{1-K}$$

（二）比例常数法

比例常数法是根据每张保单的平均保额，推算出每单位保额所必须支付的费用，作为一个固定常数（用 C 表示），然后再确定一个毛保费的比例作为附加费用，由此有：

$$P' = P + KP' + C$$

$$P' = \frac{P+C}{1-K}$$

第四节　财产保险费率的厘定

一、财产保险纯费率的厘定

重点提示：财产保险纯费率厘定的方法和步骤；财产保险附加费率的确定。

（一）原理与方法

从理论上讲，纯费率应当等于损失概率，因此纯费率的确定可以从损失概率入手。损失概率是预测未来损失可能性的，通常是用过去的损失统计资料，借助于统计学原理来推断这种可能性的大小。在实践中，一般选择一组适当的历年保额损失率，计算其算术平均数即平均保额损失率，近似地替代损失概率，进而据以确定纯费率。

（二）厘定步骤

1. 选择一组适当的历年保额损失率 X_i。保额损失率是同类业务在一定期间的保险赔偿金额与保险金额的比例。应当注意的是，保额损失率不是保险标的损失额与保险金额的比率，而是赔款金额与保险金额的比率。这是因为，在保险实务中，保险人并不是对所有标的的损失都予以赔偿。事实上，由于赔偿方式和保险责任的具体规定，一般情况下，保险人实际负责赔偿的损失会小于保险标的的实际损失。

为了使平均保额损失率能比较准确地反映损失概率，必须选择

“适当”的历年保额损失率。这里所说的适当必须符合以下条件：

（1）必须有足够的年数，通常至少需要有事故发生比较正常的连续5年以上的保额损失率资料。

（2）每年的保额损失率须是在大量统计资料基础之上计算得出的。

（3）选择的每组保额损失率必须是相对稳定的，即每年度的保额损失率与该组保额损失率的平均值的偏离程度相对均较小。

2. 计算平均保额损失率 $\overline{X}$。平均保额损失率即是各年度保额损失率的算数平均数。其计算公式为：

$$\overline{X} = \frac{1}{n}\sum_{i=1}^{n} X_i$$

3. 在平均保额损失率的基础上附加稳定系数 K，确定纯保险费率。就未来某一年度而言，实际的保额损失率与根据往年统计资料得出的保额损失率平均值一般并不相等。实际损失较大的年份，实际保额损失率将高于这一平均值；反之，实际损失较小的年份，实际保额损失率将低于这一平均值。实际保额损失率与平均保额损失率相等的情况属个别巧合。对于保险人来说，各年度实际保额损失率与平均保额损失率的偏离程度大小具有重要意义，特别是个别年度发生巨灾损失，引起实际损失率远远高于预计保额损失率，会严重影响保险企业的财务稳定性。因此，在确定纯费率时引入稳定系数这一指标。纯费率的计算公式为：

$$\text{纯费率} = \overline{X}(1 + K)$$

$$K = \frac{\sigma}{\overline{X}}, \qquad \sigma = \sqrt{\frac{\sum_{i=1}^{n}(X_i - \overline{X})^2}{n}}$$

其中，K 为稳定系数，可以通过选择的某组保额损失率的均方差与其算术平均数之比来计算，反映的是该组保额损失率的稳定程度。稳定系数越小，损失赔付情况就越均匀，稳定性越好，则平均保额损失率可以作为确定纯费率的依据；反之，稳定系数越大，则这组保额损失率的稳定性就越差，必须增加观察年度或扩大统计范围才能据以确定纯费率。

二、财产保险附加费率的确定

附加费率是纯费率的附加部分。按附加费率收取的保险费，主要用于支付保险人的经营管理费用，包括代理手续费、雇员工资、办公楼租金及办公设备、单据印刷费、通信费、广告费和各种税金，同时还包括保险人的合理预期利润。其计算方法是根据以往年度各项费用的总额加上预期利润除以同期的保险金额总额。可以用公式表示如下：

附加费率 =（各项费用总额 + 预期利润）/ 保险金额总额 ×100%

附加费率除按上述公式计算外，还可以根据经验按纯费率的一定比例确定，或根据以往年度各项费用的总额加上预期利润除以同期的纯保费收入总额来确定。

三、财产保险毛费率的确定

毛费率即习惯上所说的保险费率，是纯费率和附加费率之和。用公式表示为：

毛费率 = 平均保额损失率 ×（1 + 稳定系数）+ 附加费率

在此需要说明的是，根据以上公式计算的毛费率，一般只是财产险中某一大类险种的费率，没有特别考虑分项业务的需要。因此，在实际业务中，还必须根据风险程度和损失率进行调整，实行级差费率。如建筑物有不同的结构和等级，可以分为一等建筑、二等建筑、三等建筑等，保险人在承保时应对其费率进行适当的调整，使风险大的业务费率相应地也高一些。

专栏 8 -1

保险精算师资格认证

精算师是保险业经营和监管的专业化支撑和重要技术人才。精算师的工作内容与评估未来的不确定性风险密切相关，其传统工作领域是保险公司的准备金评估和产品开发，此外在金融、证券、互联网等工作领域也有涉及。通常，精算师不仅要有较强的数理基础和逻辑思维，还要具备敏锐地识别风险并量化评估风险的能力，因此精算师的职业资格认证具有一定的专业性和严谨性。

（一）北美精算师

北美精算师协会（SOA）是规模最大、拥有最多会员精算师的国际性组织，其专业资格认证分为以下两类：准精算师（ASA）和正式精算师（FSA），并且规定要在取得了准精算师（ASA）资格后方可以参加精算师（FSA）资格考试。

北美准精算师（ASA）考核中包括概率论（P）、金融数学（FM）、精算数学基础（FAM）、风险建模统计（SRM）等基础课程，以及经济学、会计与金融、数理统计的认证课程（VEE），还需要自主完成一些板块学习，包括精算先导基础网络教学课程（PAFM）、精算科学基础网络教学课程（ASFM）等内容，最后还需要完成一项准会员职业课程，即参加准精算师职业道德研讨会（APC）。

北美精算师（FSA）的考核是针对精算实务方面的衔接训练，强化实际操作的决策和沟通技巧。第一部分为相关课程的补充学习，共有 6 大 FSA 的学习方向可供选择；第二部分为制定决策和交流模块（DMAC），是一个网络学习板块，要求考生在报名学习后的 12 个月内完成，并在期内提交毕业设计；第三部分为一项 FAC 精算师正式会员课程，此部分是成为精算师的最后环节。

（二）中国精算师

中国精算师（CAA）资格考试分为两个层级：准精算师和精算师。准精算师考试内容为精算人员必须掌握的精算理论和原理，共八门必考课程：数学、金融数学、精算模型、经济学、寿险精算、非寿险精算、会计与财务、精算管理。考生通过全部八门课程考试后，再完成《A9 职业道德教育》课程的培训，即可获得准精算师资格。

精算师阶段则需要考生在寿险精算和非寿险精算两个方向中选择一个完成对应的考试体系。其中寿险方向精算师的考试包括七门专业课程：FC1《保险法及相关法规》、FC2《保险公司财务管理》、FC3《健康保险》、FC4《投资学》、FL1《个人寿险与年金精算实务》、FL2《资产负债管理》和 FL3《员工福利计划》；非寿险方向精算师的考试也包括七门专业课程：FC1《保险法及相关法规》、FC2《保险公司财务管理》、FC3《健康保险》、FC4《投资学》、FG1《非寿险精算实务》、FG2《非寿险定价》和 FG3《非寿险责任准备金评估》。

在获得中国准精算师资格的前提下，需要满足以下其中一个系列的要求：

寿险方向：通过 FC1、FC2 和 FL1 课程，并在 FC3、FC4、FL2 和 FL3 这 4 门课程中至少通过 2 门课程；

非寿险方向：通过 FC1、FG1、FG2 和 FG3 课程，并在 FC2、FC3 和 FC4 这 3 门课程中至少通过 1 门课程。

在满足上述考试课程的要求后，再完成为期一天的中国精算师职业道德教育课程的培训，即可获得中国精算师资格。

中国精算师资格考试自 2022 年开始恢复，考生可通过中国精算师协会网站进行报名。

（三）英国精算师

英国精算师协会（IFOA）是世界上历史悠久的权威性精算组织之一，也是英国皇家特许的专业机构。英国精算师的具体考试路径为四个阶段：第一阶段为准精算师的 Core Principles 核心原则系列的学习，共 7 门课程，覆盖内容包括数理、经济、精算原理等，通过这 7 门考试并拥有一年以上工作经验即可申请成为英国的准精算师；第二阶段为 Core Practices 系列的 3 门考试；第三阶段为 Specialist Principles 系列的学习，在其设立的 9 个项目中选择 2 项进行学习并完成考试；第四阶段为 Specialist Advanced 系列中的 6 个项目中选择 1 项进行考核。完成以上四个阶段的考试，同时满足拥有三年以上工作经验的条件即可申请成为英国精算师。通过特定大学课程认证，能够获得 Core Principles 和 Core Practices 考试的豁免权。

资料来源：北美精算师协会官网：https：//www. soa. org/；中国精算师考试介绍：https：//baike. so. com/doc/6574967 -6788731. html；英国精算师协会官网：https：//actuaries. org. uk/。

本章总结

1. 保险费率是每一保险金额单位应缴纳的保险费，是保险人用以计算保险费的标准。保险费率由纯费率和附加费率两部分构成。厘定保险费率应遵循充分性、公平性、合理性、稳定灵活以及促进防损的原则。

2. 厘定保险费率的数理基础包括概率基础、数学期望与方差、大数法则等。

3. 寿险费率的厘定要遵循净均衡原则，即保费收入的期望现时值正好等于将来的保险赔付金的期望现时值。运用的工具主要包括利息理论、年金和生命表。人寿保险的纯保费是以预定利率和预定死亡率为基础，并根据未来给付保险金额而计算得到的，且满足条件：未来给付保险金额现值的期望值（即趸缴纯保费）等于缴纳纯保费的精算现值。

4. 财产保险纯费率的确定从损失概率入手。在实践中，一般选择一组适当的历年保额损失率，计算其算术平均数（即平均保额损失率）近似地替代损失概率；然后在平均保额损失率的基础上附加稳定系数 K，确定纯保险费率。

练习与思考

1. 保险费率的构成有哪些？
2. 保险费率厘定的原则有哪些？
3. 大数法则在保费厘定中有何重要意义？
4. 厘定寿险费率的工具有哪些？
5. 趸缴纯保费的计算原理是什么？
6. 均衡纯保费的计算原理是什么？
7. 财产保险费率厘定的原理与步骤是什么？

第九章

再　保　险

本章提要

保险公司作为经营风险的企业，自身也面临着一些经营风险，需要通过某些方式加以分散和处理，其中再保险是保险公司分散风险的主要手段。本章首先系统介绍再保险的概念、再保险与原保险的关系、再保险的作用；然后详细阐述再保险的合同形式和业务形式；最后介绍世界再保险市场的情况及其中国再保险的发展。

学习目标

掌握再保险及相关的概念。
了解再保险与原保险的关系，理解再保险的作用。
了解再保险的合同形式及各自的优缺点。
掌握再保险的主要业务形式及其适用范围。
了解再保险市场发展情况。

第一节　再保险概述

重点提示：再保险的基本概念；再保险与原保险的关系。

一、再保险的概念

（一）再保险的基本概念

再保险也称分保，是指保险人在原保险合同的基础上，通过签订合同，将其承担的风险责任一部分或全部向其他保险人投保的行为。《保险法》第二十八条规定：“保险人将其承担的保险业务，以分保形式部分转移给其他保险人的，为再保险。”简单地说，再保险就是对保险人的保险。

在再保险业务中，将自己承担的保险责任转让出去的叫原保险人或分出人；与此对应，接受转让责任的保险人叫再保险人、分入人或分保接受人。如果再保险人又将所接受的业务再分给其他保险人，这种做法叫转分保，双方当事人分别称为转分保分出人和转分保接受人。

在再保险关系中，分出人要向分入人转嫁风险和责任，因此需要相应地支付一部分保费给分入人，这种保费叫作分保保费或再保险费；分出人承保业务需要费用，因此，他也要向分入人收取一定的费用，这种费用称为分保佣金或分保手续费。

（二）危险单位、自留额、分保额

在再保险业务中，分保双方责任的分配与分担是通过确定自留额和分保额来体现的，自留额和分保额都是按危险单位来确定的。

1. 危险单位。危险单位是指保险标的发生一次危险事故可能造成的最大损失范围。

危险单位的划分既重要又复杂，应根据不同的险别和保险标的来决定。例如，船舶险以一艘船为一个危险单位，车辆险以一辆汽车为一个危险单位，人寿险以一个人为一个危险单位等。在火险业务中，通常以一栋独立的建筑物为一个危险单位，但如果数栋建筑物毗连在一起，则应根据其使用性质、间距、周围环境等因素决定划分为一个或是数个危险单位。

危险单位的划分关键是要和每次事故最大可能损失范围的估计联系起来考虑，而并不一定和保单份数相等同。例如，一个航空公司的一份保单可以承保数百架飞机，涉及的风险单位也有数百个；而不同货主的货物装载在同一艘船上，虽有数份保单，也属同一危险单位。

危险单位的划分恰当与否，直接关系到再保险当事人双方的经济利益，甚至影响到被保险人的利益。我国《保险法》第一百零四条规定：“保险公司对危险单位的划分方法和巨灾风险安排方案，应当报经国务院保险监督管理机构备案。”

2. 自留额与分保额。对于每一危险单位或一系列危险单位的保险责任，分保双方通过合同按照一定的计算基础对其进行分配。分出公司根据其自身的偿付能力确定的所能承担的责任限额称为自留额或自负责任额；经过分保由接受公司所承担的责任限额称为分保额或分保责任额或接受额。

为了确保保险企业的财务稳定性及其偿付能力，许多国家通过立法将再保险安排及巨灾风险的处理、危险单位的划分、自留额的大小等列为国家管理保险业的重要内容。

二、再保险与原保险的关系

再保险是一类独立的保险业务。再保险关系的建立是以原保险业务为基础，通过原保险人与再保险人签订再保险合同来实现的。在再保险合同中，原保险人的权利是在特定条件下，向再保险人分摊赔款，其义务是向再保险人缴纳分保保费；再保险人的权利是收取分保保费，义务是在发生保单所规定的保险事故时承担分保责任。

（一）再保险与原保险的联系

1. 原保险是再保险的基础。再保险的产生和发展，是基于原保险人分散风险的需要。保险是投保人以缴付保险费为代价将风险责任转嫁给保险人，实质是在全体被保险人之间分散风险；再保险是以原保险人承保的风险责任为保险标的，是原保险人以缴付分保费为代价将风险责任转嫁给再保险人，是原保险人与再保险人之间进一步分散风险。所以，其保险责任、保险金额、保险期限等都必须以原保险合同为基础，没有原保险，就没有再保险。

2. 再保险支持和促进原保险的发展。再保险是对原保险的保险，保险人将自己所承保的一部分风险责任向再保险人分保，从而也将一部分风险责任转移给再保险人。当原保险人承保的保险标的发生损失时，再保险人必须按再保险合同的规定分担相应的赔款。原保险人从再保险人那里摊回分保部分的赔款，有利于保障原保险人经营的安全和稳定。可见，再保险作为原保险的保险，是对原保险人所承担的风险责任的进一步分散，原保险人通过再保险可以降低自己的保险责任，扩大承保能力，从而支持和促进原保险的发展。

（二）再保险与原保险的区别

再保险虽然以原保险为基础，但再保险又是脱离原保险合同而独立存在的合同，并非原保险合同的附属合同，二者之间有着明显的区别。

1. 合同的当事人不同。原保险关系的当事人是保险人与投保人，原保险体现的是保险人与投保人或被保险人之间的经济关系；而再保险关系的当事人是原保险人与再保险人，再保险体现的是保险人之间的经济关系。

2. 保险标的不同。原保险的保险标的包括财产、人身、责任、信用以及有关的利益，既有财产保险、人身保险，也有责任保险和信用保证保险；而再保险的保险标的则是原保险人承担的风险责任，是一种具有责任保险性质的保险。

3. 合同性质不同。原保险人履行赔付责任时，对财产保险是损失补偿性质，对人身保险则是给付性的，所以原保险合同包括补偿性合同和给付性合同两种；而再保险人对原保险合同的分摊，无论是财产再保险还是人身再保险，都是对原保险人承担的风险损失的补偿，所以再保险合同均为补偿性合同。

三、再保险的作用

保险是社会的稳定器，再保险则是保险经营的稳定器。由于巨额风险及巨灾风险的发生，保险业务的经营会出现不稳定的局面。再保险产生和发展充分表明，通过再保险，可以分散风险；控制保险人的风险责任；扩大承保能力，保证保险业务的稳定发展。

（一）分散风险

根据理想的可保风险条件的要求，保险人在其经营过程中，应该尽可能做到保险标的在数量上足够多且具有同质性。但在实际经营过程中，保险标的在形态上千差万别，在价值量上也大小不等。既有价值量小而风险单位较多的家庭财产，也有价值量大而风险单位较少的核电站。如果完全遵循理想的可保风险条件的要求，保险人会失去许多业务，也可能使许多投保人无法获得保险保障。但如果承保了不符合理想可保风险条件的标的，保险人又面临经营的财务风险。再保险正是通过弱化理想可保风险条件的方式解决这一矛盾的工具，将价值上、空间上、时间上过于集中且无法在投保人之间分散的风险，通过再保险分散给多家保险人，由多家保险人来共同承担。

（二）限制责任

由于承保风险的偶然性和损失发生的不确定性，使得保险人各年的损失率必然呈现一定的波动性。若发生重大保险事故，将会严重影响保险人的财务稳定，发生亏损甚至破产。通过再保险，原保险人和再保险人都可以根据自己的承保能力，科学地确定自留额和分保额来控制自己的风险责任。

1. 限制每一风险单位的责任。保险人在制订分保计划时，首先应当确定每个风险单位的自留额，以规定自己对该风险单位所承担的最高责任限额。超出部分通过再保险的方式分散出去。

2. 限制一次巨灾事故的责任积累。巨灾风险，如地震、飓风等可能同时对多个风险单位造成损失，会产生自留额的责任积累问题。

如某一保险人规定自己对每一风险单位的自留额是10万元，但如果一次飓风事故造成10个风险单位同时受损，保险人的责任在一次事故中就达到100万元，就可能导致财务危机。在这种情况下，保险人可以根据自身的偿付能力控制一次巨灾事故的责任，将超出部分通过再保险的方式转移出去。如规定一次飓风事故的责任控制在70万元，超出70万元以上的30万元由再保险人承担。

3. 限制全年的责任积累。上述的险位限制和事故限制无法限制一年内的赔款。保险人若将一年内发生的赔款控制在一定的限度内，还必须安排超额损失再保险，以限制全年的责任积累。

（三）扩大承保能力

由于保险公司的自有资金额是有限的，因而其自身的承保能力也就是一定的。资本薄弱的保险公司，不能承保超过自身财力的大额业务。即使资本雄厚的保险公司，也不会轻易承保大额业务，这势必会影响保险公司的业务来源及业务量。但是有了再保险的支持，保险公司就可以承担超出自身财力的大额业务，从而扩大了业务量，提高了承保经营能力。由于保险公司业务量的计算不包括再保险费，因此，通过再保险就可以达到在不增加资本的情况下增加业务量的目的。

（四）促进保险业竞争

再保险的存在和发展使得小型保险公司得以生存，由此促进保险业的竞争，增强保险市场的竞争活力。保险行业与其他许多行业不同的一点在于，小型保险公司与大型保险公司提供的产品具有高度同质性，如果没有再保险机制的存在，小型保险公司很难与大型保险公司抗衡并在市场上生存下去。而如果没有竞争，由大保险公司完全垄断和操纵市场，最终受害的则是消费者。

（五）形成巨额联合保险基金

目前，随着科学技术的发展和广泛应用，社会财富日益增加，巨额保险标的显著增多，风险也相应集中。如航空航天项目的失败、核电站的爆炸等巨灾事故，如果没有再保险，任何一个保险人，无论其资金如何雄厚，都是无法承受巨额损失的。通过再保险的分出、分入业务，将超过单个保险人自身承受能力的风险责任相互转移和分散，各自独立经营保险业务的保险人的资金联合起来，形成一笔巨大的联合保险基金。因此，通过再保险可以将各保险集团集合成更大的风险分散网络，在更大范围内将分散的保险基金积聚成同业性或国际性的联合保险基金，增强保险的整体经营能力和抗御巨大风险的能力。

第二节 再保险的合同形式

再保险与原保险一样，也是通过合同来明确原保险人和再保险人之间的权利和义务关系。按照分保安排方式的不同划分，再保险主要有临时再保险、固定再保险和预约再保险三种形式。

重点提示：临时再保险；固定再保险；预约再保险。

一、临时再保险

临时再保险，是指在保险人有分保需要时，临时与再保险人协商，订立再保险合同，合同的有关条件也都是临时议定的。

临时再保险合同是再保险的最初形式。在商品经济发展的初期，原保险成交量小，分保的需求少，再保险合同一般都是临时约定。但随着商品经济和原保险的发展，即使在固定再保险占统治地位的情况下，临时再保险仍发挥着不可替代的作用。

临时再保险有两个显著的优点：一是灵活性。在临时再保险关系中，原保险人和再保险人双方对每笔保险业务的分出和分入都有自由选择的权利，原保险人是否办理分保、分出什么险别、分出多少，可以根据自身所能承受的程度来决定；而再保险人是否接受原保险人分出的业务、接受多少、是否需要调整再保险的条件等，也完全可以视业务的性质、自身的承担能力以及接受业务的责任积累状况自主决定。二是针对性。临时再保险通常是以一张保险单或一个危险单位为基础逐笔办理分保，分保的风险责任、摊赔的条件等都具有很强的针对性，便于再保险人了解、掌握业务的具体情况，正确作出分入与否的决策。

临时再保险合同的缺点表现在：一是由于分保业务必须得到分保接受人的同意，因此，只有在全部临时分保业务安排完毕后，原保险人才能对投保人承保，这样可能失去机会，影响业务的开展；二是由于逐笔安排业务，手续繁杂，增加营业费用的开支。

正是由于这些特点，临时再保险一般适用于那些高风险的业务、新开办的业务或不稳定的业务。

二、固定再保险

固定再保险是由原保险人和再保险人事先签订再保险合同，使原保险人和再保险人自动履行再保险合同的权利和义务，因此，又被称为合同再保险或者强制再保险。凡属固定再保险合同规定范围内的业务，原保险人必须按照合同规定的条件向再保险人办理分保；而再保险人则必须接受分保，承担保险责任，不得拒绝。可见，固定再保险合同对于原保险人和再保险人都有强制性。

固定再保险合同通常要约定分保业务范围、条件、额度、费用等，明确双方的权利和义务。合同一经签订就具有法律效力，双方必须遵守。对于约定分保的业务，原保险人无须逐笔办理再保险，从而简化了分保手续，提高了分保效率。同时，通过合同再保险，分保双方建立了长期稳定的业务关系。这一方面使原保险人能及时分散风险，从而增强了原保险人的承保能力；另一方面也使再保险人获得了稳定的业务来源。因此，目前国际再保险市场广泛采用这种方式安排再保险，临时再保险只是固定再保险的一种补充。

三、预约再保险

预约再保险是一种介于临时再保险和固定再保险之间的再保险方式。这种合同的通常做法是：原保险人和再保险人事先签订再保险合同，对于合同约定的业务，原保险人（分出人）可以自由决定是否分出，而原保险人一经决定分出，再保险人（分入人）就必须接受，不能拒绝。也就是说，原保险人有选择是否分出的权利，而再保险人则没有选择的权利。因此，预约再保险对原保险人来说具有临时再保险的性质。对再保险人来说，对于原保险人分出的业务只有接受的义务，不能拒绝。因而，对再保险人来说，与临时再保险完全不同，而与固定再保险相近。

预约再保险主要适用于某些有特殊性危险的业务，例如火灾中某个地区、一年当中某一季节特别严重的火灾等。也有些业务因为某种原因必须与其他业务分开，也采取预约再保险的形式。

预约再保险有利于分出人，而不利于分入人。分出人在遇到超过固定再保险限额的大宗业务时，可以采取预约再保险，而无须与分入人逐笔联系。这种安排不仅有利于分出人对超过固定合同限额业务的自动安排，增加分出人的承保能力，也有利于经纪人迅速开展业务，对分入人来说则具有强制性。此类业务一般会与固定再保险组合使用，在长期合作、相互信任程度高的保险人之间成交。

第三节 再保险的业务形式

重点提示：成数再保险、溢额再保险；非比例再保险的几种形式；比例再保险与非比例再保险的比较。

再保险是原保险人把已承保的业务责任控制在一定范围内，把超出的部分转让出去。限制和转让责任可以以保险金额为基础，也可以以赔款为基础。据此可以将再保险分为比例再保险和非比例再保险。

一、比例再保险

比例再保险（Proportional Reinsurance）是以保险金额为基础来确定分出公司自留额和接受公司责任额的再保险方式，故有金额再保险之称。在比例再保险中，分出公司的自留额和接受公司的责任额都表示为保额的一定比例，该比例也是双方分配保费和分摊赔款时的依据。也就是说，分出公司和接受公司对于保费和赔款的分配，按照其分配保额的同一比例进行，这就充分显示了保险人和再保险人利益的一致性。所以，比例再保险最能显示再保险当事人双方共命运的原则，因而其应用范围十分广泛。

比例再保险具体分为成数再保险、溢额再保险与成数和溢额混合再保险三种。

（一）成数再保险

1. 成数再保险的含义。成数再保险是指保险人将每一危险单位的保险金额，按约定的比率向再保险人分保的再保险方式。按照成数再保险方式，不论分出公司承保的每一危险单位的保额大小，只要是在合同规定的限额之内，都按照双方约定的比率来分担责任，每一风险单位的保险费和发生的赔款，也按双方约定的固定的比率进行分配和分摊。总之，成数再保险方式的最大特征是“按比率”分保，堪称比例再保险的代表方式，同时也是最简便的再保险方式。

由于成数再保险对每一危险单位都按一定的比率分配责任，故在遇有巨额风险责任时，原保险人和再保险人承担的责任仍然很大。因此，为了使承担的责任有一定范围，每一份成数再保险合同都按每一危险单位或每张保单规定一个最高责任限额，分出公司和接受公司在这个最高责任限额中各自承担一定的份额。习惯上，若自留 30%，分出 70%，则称合同为 70% 的成数再保险合同。

假设一成数再保险合同，每 危险单位的最高限额规定为 500 万元，自留部分为45%，分出部分为55%（即为55%的成数再保险合同）。则合同双方的责任分配如表9-1所示。

表9-1　　成数再保险责任分配　　单位：元

保险金额	自留部分45%	分出部分55%	其他
80000	36000	4400	0
2000000	90000	1100000	0
5000000	2250000	2750000	0
6000000	2250000	2750000	1000000

本例中，原保险金额为600万元时，原保险自留及再保险接受部分，与原保险金额为500万元时相同，但还剩下100万元的责任需寻找其他方式处理。否则，这100万元的责任将复归原保险人承担。

2. 责任额、保费和赔款的计算。例如，假定某分出公司组织一份海上运输险的成数分保合同，规定每艘船的最高责任限额为1000万美元，分出公司的自留额为20%，即200万美元，分出责任额800万美元，即80%。假定原保险金额均在合同最高限额之内，在该合同项下有五笔业务，每笔业务的保额、保费收入和赔款情况及其计算如表9-2所示。

表9-2　　成数再保险计算　　单位：万美元

船名	总额100%			自留20%			分出80%		
	保险金额	保费	赔款	自留额	保费	自负保费	分保额	分保费	摊回赔款
A	200	2	0	40	0.4	0	160	1.6	0
B	400	4	10	80	0.8	2	320	3.2	8
C	600	6	20	120	1.2	4	480	4.8	16
D	800	8	0	160	1.6	0	640	6.4	0
E	1000	10	0	200	2.0	0	800	8.0	0
总计	3000	30	30	600	6.0	6	2400	24.0	24

3. 成数再保险的特点。成数再保险的特点可以用两个优点和两个缺陷来说明。

（1）成数再保险的优点。主要表现在两方面：①合同双方利益一致。成数再保险对每一危险单位的责任均按保险金额由分出公司和接受公司按比例承担。因此，不论业务良莠、大小，双方共命运，不论经营的结果是盈是亏，双方利害关系一致，成数分保合同双方很少发生争执。②手续简化，节省人力和费用。采用成数分保，分出公司和接受公司之间的保额、保费和赔款分摊都很简单，都按约定的同一比例进行计算，使分保实务和分保账单的编制手续简化，节省人力、时间和管理费用。

（2）成数再保险的缺陷。①缺乏弹性。成数分保具有简便的优点，同时也就意味着缺乏弹性。对分出公司来说，由于按固定比率自留业务，所以，质量好的业务不能多作自留，而质量较差的业务，分出公司又不能减少自留。这样，成数再保险便失去了灵活性，往往不能满足分出公司获得准确再保险保障的需求。②不能均衡风险责任。由于成数再保险的每笔业务的保险金额均按固定比例分配，分出人对于危险度的高低、损失的大小，无法加以区别并作适当安排，因而它不能使风险责任均衡化。换句话说，原保险保险金额高低不齐的问题在成数分保之后仍然存在。虽然合同通常有最高限额的限制，但这只能起到防止责任累积的作用，而且有了该最高责任的限制，对于超过限额的部分，还需另作其他再保险安排。

成数再保险一般用于新公司、新险种或特种业务、保额和质量较平均的业务、转分保、交换分保、集团分保等业务。

（二）溢额再保险

1. 溢额再保险的含义。溢额再保险是由保险人与再保险人签订协议，对每个危险单位确定一个由原保险人承担的自留额，保险金额超过自留额的部分称为溢额，分给再保险人承担。

溢额再保险与成数再保险相比较，其最大的区别在于：如果某一业务的保险金额在自留额之内时，就无须办理分保，只有在保险金额超过自留额时，才将超过部分分给溢额再保险人。也就是说，溢额再保险的自留额，是一个确定的自留额，不随保险金额的大小变动，而成数再保险的自留额表现为保险金额的固定百分比，随保险金额的大小而变动。

溢额再保险也是以保险金额为基础来确定再保险当事双方的责任。对于每一笔业务，自留额已先定好，将保险金额与自留额进行比较，即可确定分保额和分保比例。例如，溢额分保的自留额确定为40万元，现有三笔业务，保险金额分别为40万元、80万元和200万元。第一笔业务在自留额之内无须分保；第二笔业务自留40万元，分出了40万元；第三笔业务自留40万元，分出160万元。溢额和保险金额的比例即为分保比例。如本例第二笔业务的分保比例为50%，第三笔业务分保比例为80%。

溢额再保险关系成立与否，主要看保险金额是否超过自留额，超过自留额的部分即由溢额再保险吸收承受。但溢额再保险的吸收承受，并非无限制，而是以自留额的一定倍数为限度。这种自留额的一定倍数，称为线数（Lines）。所以，危险单位、自留额和线数是溢额再保险的三大关键项目或称三要素。

如某溢额再保险合同的分保限额定为20线，则1线的责任为再保险限额的5%，假定自留额为100万元，则该合同的限额或合同容量即为2000万元。为简便之计，保险同业之间通常仅以线数表示溢额再保险合同。例如本例，可称为20线的保险合同（20Lines Treaty）。但每线的金额大小，要同时注明，以便真正掌握合同容量的大小。

综上所述可知，在溢额再保险合同中，再保险人的责任额和原保险人的自留额与总保险金额之间存在一定的比例关系，这是溢额再保险归属于比例再保险的原因所在。但溢额再保险的比例关系随着承保金额的大小而变动，而成数再保险的比例是固定不变的。

由于承保业务的保额增加或由于业务的发展，分出公司有时需要设置不同层次的溢额，依次称为第一溢额、第二溢额等。当第一溢额的分保限额不能满足分出公司的业务需要时，则可组织第二甚至第三溢额，作为第一溢额的补充，以适应业务的需要。

各层溢额的关系，可用流水来比喻。假定自留与再保险各为消纳危险的容器，各容器的容量，分别为自留额与再保险责任额。保险人承保的业务，首先流入自留额的小容器，自留额满时，即流向第一溢额再保险（First Surplus Reinsurance）的大容器。如果第一溢额的容器流满后仍有溢流，可再设置第二溢额的更大容器来承受业务。以此类推，还可以安排第三溢额、第四溢额来解决特殊业务的需要。

这种溢流与承受，就是危险责任的分散与转嫁，是溢额再保险的主要机能。容器的一定容量，就是风险责任均衡的表现，它使自留额与再保险额度均能保持一定的标准，危险因此被平均化。危险责任的平均化，是溢额再保险的主要目的。

2. 溢额再保险的计算。了解了溢额再保险的危险单位、自留额、线数和合同的最高限额及其关系，以及溢额分保比例之后，如何计算各自的责任、保费的分配和确定赔款的分摊就比较容易了。下面举例来予以简单说明。

现组织一份海上货运险溢额分保合同，危险单位按每一船每一航次划分，自留额为10万美元。第一溢额合同限额为10线，第二溢额合同限额为15线，有关责任、保费和赔款的计算如表9-3所示。

表 9 - 3　　溢额分保计算示意　　单位：美元

项目		A 轮	B 轮	C 轮	D 轮	共计
总额	保险金额	50000	500000	2000000	2500000	
	总保费	500	5000	20000	25000	50500
	总赔款	0	10000	20000	100000	130000
自留部分	保险金额	50000	10000	100000	100000	
	比例	100%	20%	5%	4%	
	保费	500	1000	1000	1000	3500
	赔款	0	2000	1000	4000	7000
第一溢额	分保额	0	400000	1000000	1000000	
	分保比例	0	80%	50%	40%	
	分保费	0	4000	10000	10000	24000
	分摊赔款	0	8000	10000	40000	58000
第二溢额	分保额	0	0	900000	1400000	
	分保比例	0	0	45%	56%	
	分保费	0	0	9000	14000	23000
	分摊赔款	0	0	9000	56000	65000

现以第三笔业务 C 轮为例对表 9 - 3 略作说明。C 轮保险金额为 200 万美元，自留 10 万美元，第一溢额承受 10 线计 100 万美元，分保比例为 50%，自留与第一溢额之后尚余 90 万美元的责任，由第二溢额承受，第二溢额分保比例为 45%。现发生赔款 20000 美元，原保险人承担 5% 为 1000 美元，第一溢额再保险人分摊 50% 为 10000 美元，第二溢额再保险人分摊 45% 为 9000 美元。其他可以此类推。

从表 9 - 3 统计的保费收入及支付的赔款来看，这是一个亏损严重的合同，整个合同的赔付率为 257. 43%。但亏损的程度，原保险人、第一溢额再保险人、第二溢额再保险人各不相同。计算可知，他们的赔付率分别为 200%、241. 67% 和 281. 61%。这显示出高层次溢额再保险的危险程度比低层次危险度大，这是由于进入高层次溢额的标的数量减少的原因所致。这说明，溢额再保险合同双方的利益并非是完全一致的。因此，在实务中，各层次的溢额再保险，除次序有先后差别外，其再保险条件可能不相同，但责任、保费和赔款的计算方法是一样的。

3. 溢额再保险的特点。溢额再保险的特点表现为两个方面：

（1）可以灵活确定自留额。溢额再保险的优点在于能根据不同的业务种类、质量和性质确定不同的自留额，具有灵活性。凡在自留额以内的业务，全部由分出公司自留不必分出。因此，无论是在业务的选择上，还是在节省分保费支出等方面，都具有其优越性。如果溢额分保自留额定得适当，分出公司自留的业务数量多，质量比较好，保险金额比较均匀，其稳定性就会很好。

（2）比较烦琐费时。以货运险为例，办理溢额再保险时，要根据业务单证按船、按每一航次的管理限额，并计算出不同的分保比例，以及按这一比例逐笔计算分保费和摊回赔款。在编制分保账单和统计分析方面也较麻烦。所以，办理溢额再保险需要严格的管理和必要的人力来进行，因而可能增加管理费用。

一般来说，对于危险性较小、利益较优且风险较分散的业务，原保险人多采用溢额再保险方式，以保留充足的保险费收入。对于业务质量不齐、保险金额不均匀的业务，也往往采用溢额再保险来均衡保险责任。在国际分保交往中，溢额分保也是常见和乐于考虑的接受分保业务之一，可用于分保交换。

（三）成数和溢额混合再保险

成数和溢额混合再保险，是将成数再保险和溢额再保险组织在一个合同里，以成数再保险的限额，作为溢额再保险的起点，再确定溢额再保险的限额。

关于成数和溢额再保险分保责任分配，我们列表 9－4 如下（假定成数分保最高限额 50 万元，溢额合同限额为 4 线）。

表 9－4　　混合再保险的责任分配　　单位：元

保险金额	成数分保			溢额分保金额
	金额	自留 40%	分出 60%	
10000	100000	40000	60000	0
50000	500000	200000	300000	0
100000	500000	200000	300000	500000
200000	500000	200000	300000	1500000
250000	500000	200000	300000	2000000

成数和溢额混合再保险合同并无一定的形式，可视分出公司的需要和业务品质而定。这种混合合同通常只适用于转分保业务和海上保险业务，多于特殊情况下采用。如某种业务若组织成数再保险合同则要支付较多的分保费，而组织溢额再保险合同，保费和责任又欠平衡，这种情况下就可以采用这种混合再保险方式来协调各方的矛盾。

二、非比例再保险

非比例再保险以损失为基础来确定再保险当事人双方的责任，故又称损失再保险，一般称为超额损失再保险（Excess of Loss Reinsurance）。但英文“Excess of Loss”的意思，又可理解为超额赔款。因此，“Excess of Loss Reinsurance”有时是非比例再保险的总称，有时又是指其中的一个分类—超额赔款再保险，究其原因，是因为超额赔款再保险是非比例再保险的典型代表。由于超额损失再保险是对原保险人赔款超过一定额度或标准时，再保险人对超过部分责任负责，故又称第二危险再保险，以表示责任的先后。

（一）险位超赔再保险

险位超赔再保险是以每一危险单位所发生的赔款来计算自负责任额和再保险责任额。假若总赔款金额不超过自负责任额，全部损失由分出公司赔付；假若总赔款金额超过自负责任额，超过部分由接受公司赔付，但再保险责任额在合同中的规定，也是有一定限度的。

关于险位超赔再保险在一次事故中的赔款计算，有两种计算方式：一是按危险单位分别计算，没有限制；二是有事故限额，即对每次事故总的赔款有限制，一般为险位限额的 2 ~3 倍，即每次事故接受公司只赔付 2 ~3 个危险单位的损失。

现有一个超过 100 万元以上的 900 万元的火险险位超赔分保合同，在一次事故中有三个危险单位遭受损失，每个危险单位损失 150 万元。

如果每次事故对危险单位没有限制，则赔款的分摊如表 9 –5 所示。

表 9 –5　　险位超赔的赔款分摊　　单位：元

危险单位	发生赔款	分出公司承担赔款	接受公司承担赔款
Ⅰ	1500000	1000000	500000
Ⅱ	1500000	1000000	500000
Ⅲ	1500000	1000000	500000
共计	4500000	3000000	1500000

但如果每次事故有危险单位的限制，譬如为险位限额的 2 倍，则赔款分摊的方式如表 9 –6 所示。

表 9－6　　限额险位超赔的赔款分摊　　单位：元

危险单位	发生赔款	分出公司承担赔款	接受公司承担赔款
Ⅰ	1500000	1000000	500000
Ⅱ	1500000	1000000	500000
Ⅲ	1500000	1500000	0
共计	4500000	3500000	1000000

在此情形下，由于接受公司已承担了两个危险单位的赔款，所以第三个危险单位的损失全部由分出公司自己负责。

（二）事故超赔再保险

事故超赔再保险是以一次巨灾事故所发生的赔款总和来计算自负责任额和再保险责任额。当一次巨灾事故的赔款总额超出分出公司自赔额时，超过部分由接受公司负责一定的额度或全部。这种再保险方式对一次事故中受损风险单位数量没有限制，是以一次事故、群体风险单位受损所导致的总赔款为基础，其目的是保障一次事故造成的责任累计，常用于巨额和巨灾风险的再保险，故又称异常灾害再保险。

事故超赔再保险的责任计算，关键在于一次事故的划分。有的巨灾事故如台风、洪水和地震，有时间条款来规定多少时间作为一次事故。例如有的规定台风、飓风、暴风连续 48 小时内为一次事故，地震、洪水连续 72 小时内为一次事故；有的巨灾事故还有地区上的规定。如洪水以河谷或分水岭来划分。

假设有一超过 100 万元以上的 100 万元的巨灾超赔分保合同，一次台风持续了 6 天，该事故共损失 400 万元。若按两次事故计算，原保险人先自负 100 万元赔款，再保险人承担 100 万元赔款，剩下 200 万元赔款仍由原保险人自负。即原保险人共承担 300 万元赔款。若按两次事故计算，例如第一个 72 小时损失 150 万元，第二个 72 小时损失 250 万元。则对于第一次事故，原保险人和再保险人分别承担赔款 100 万元和 50 万元，第二次事故分别承担赔款 150 万元和 100 万元，即分出公司共负责 250 万元赔款，接受公司负责 150 万元赔款。但在实际情况中，可能无法区分一次台风在某一时间内的损失，则应该由分出公司和接受公司各负责 200 万元赔款。

在超额赔款再保险方式中，有一种分“层”（Layering）的安排方法，即将整个超赔保障数额分割为几层，便于不同的再保险人接受。在这种合同中，第一层的起赔点就是分出公司的自负责任额；第二层的起赔点为第一层自负责任额与该层再保险责任额的合计；第三层起赔点则为第二层起赔点加上第二层再保险责任额之和，以下各层类推。例如，某保险人对他承保的1亿元的业务，分为四层安排超额再保险：

第一层：超过500万元以上的500万元；

第二层：超过1000万元以上的1000万元；

第三层：超过2500万元以上的2500万元；

第四层：超过5000万元以上的5000万元。

上例中接受公司的分保责任额仍然是有限的。为了保障一些巨灾事故补偿需要，还可以进一步约定更高层次的超额再保险，对接受公司的保障数额不加限制，当赔款额超过前四层保障总额时，由第五层接受公司负责赔偿全部超出部分。

（三）赔付率超赔再保险

赔付率超赔再保险是按赔款与保费的比例来确定自负责任和再保险责任的一种再保险方式，即在约定的某一年度内，对于赔付率超过一定标准时，由再保险人就超过部分负责至某一赔付率或金额。赔付率超赔再保险的赔付按年度进行，有赔付率的限制，并有一定金额的责任限制。由于这种再保险可以将分出公司某一年度的赔付率控制于一定的标准之内，所以对于分出公司而言，又有停止损失再保险或损失中止再保险之称。

赔付率超赔再保险合同中，分出公司的自留责任和接受公司的再保险责任，都是由双方协议的赔付率标准限制的。因此，正确、恰当地规定这两个标准，是该再保险的关键。议定的标准既要能够在分出公司由于赔款较多，遭受过重损失时给予保障，又不能使分出公司借此从中牟利，损害再保险人的利益。通常，在营业费用率为30%时，再保险的起点赔付率规定为70%，最高责任一般规定为营业费用率的两倍即60%，也就是说，再保险责任是负责赔付率在70%～130%部分的赔款。

例如，某分出公司就某类业务安排赔付率超赔再保险，赔付率在60%以下由自己负责，接受公司负责超过60%的赔款直至125%。合同期内各年业务经营和分保情况，如表9-7所示。

表9-7　　赔付率超赔分保计算　　单位：元,%

年份	保费收入总额	赔款总额	赔付率	分出公司自负责任	接受公司应负责任额	其他
Ⅰ	2000000	1200000	60	1200000	0	0
Ⅱ	2400000	1800000	75	1440000	360000	0
Ⅲ	1600000	2080000	130	960000	1040000	80000

赔付率超赔再保险适用于农作物雹灾险、航空险、责任险、人身意外伤害险和其他年度赔付率波动较大经营不稳定的业务。

三、比例再保险与非比例再保险的比较

（一）分保的基础不同

比例再保险是以保额为基础分配自负责任和分保责任；而非比例再保险是以赔款为基础，根据损失额来确定自负责任和分保责任，接受公司的责任不受原保险金额大小的影响，而与赔款总额相关联。

（二）分保的计算方式不同

在比例再保险之下，接受公司接受分出公司承保责任的一定比例，因此所有保费及赔款，皆与分出公司承保责任保持一定的分配比例。非比例再保险则不然，接受公司并不分担任何比例责任，仅在赔款超过分出公司自负额时负其责任。

（三）再保险费率不同

比例再保险按原保险费率计收再保险费，且再保险费为被保险人所支付原保险费的一部分，与再保业务所占原保单责任保持统一比例。非比例再保险采取单独的费率制度，再保险以非合同年度的净保费收入为基础另行计算，与原保险费并无比例关系。

（四）佣金支付不同

比例再保险通常都有再保险佣金的规定。而非比例再保险中，接受公司与被保险人的地位相等，因此不必支付再保险佣金。

（五）责任准备金的要求不同

比例再保险的接收公司对分入业务必须提存未满期责任准备金。非比例再保险的接收公司并不对个别风险负责，仅在赔款超过起赔点时才负责，故不发生未满期保险费责任。

（六）赔款支付方式不同

比例再保险赔款的偿付，通常都由账户处理，按期结算。非比例再保险对赔款多以现金偿付，并于接受公司收到损失清单后短期内如数支付。

第四节 再保险市场

一、再保险市场概述

重点提示：世界再保险市场概况；中国再保险市场发展。

再保险市场是指从事各种再保险业务的再保险交换关系的总和。它可以有许多的买方和卖方自由进出，在商品的价格、条件和可用性上自由讨价还价。再保险市场的形成必须具备一些基本条件，包括发达的原保险市场、完善的现代化通信工具和信息网络、知识和经验丰富的律师、会计师和精算师等专业人员、灵活的汇率制度等。由于再保险商品是一种特殊的商品，因此，再保险市场也是一种具有特殊因素的市场。

首先，再保险市场具有国际性。再保险业务通过国际保险市场趋向国际化。世界上不少国家特别是发展中国家，在保险技术、承保能力等方面，都需依赖国际保险市场。这种联系，大多数都是通过分保形式实现的。随着跨国再保险公司的发展，它们在许多国家的重要城市设立分支机构或代理机构，吸收当地保险人的再保险业务，逐渐形成了国际再保险中心和国际再保险市场。

其次，再保险市场是由再保险买方和卖方以及再保险经纪人组成的。保险人将自己承保的业务分给再保险人，是再保险的卖方。再保险人向保险人承担一部分风险，是再保险的买方。作为国际再保险市场上的中间人，再保险经纪人一方面为分出人安排业务；另一方面向再保险分入人介绍业务。在有些市场，由保险人和再保险人直接进行交易；在另一些市场，则通过经纪人安排国际再保险业务，尤其是伦敦市场，再保险绝大部分由经纪人代理。劳合社经营再保险，全部由经纪人安排。

最后，再保险市场对分散巨大风险有充分的保障。由于广泛经营各类再保险业务，再保险市场积聚大量保险资金，对分散巨大风险有充分的保障。同时，也集结各方面的技术力量，对促进原保险人改进经营管理、在保险技术方面进行协助，都起到积极的作用。

二、世界再保险市场

目前，国际上公认的国际再保险市场主要有伦敦再保险市场、美国再保险市场和欧洲大陆再保险市场。

（一）伦敦再保险市场

英国保险市场是世界上独一无二的双轨市场，它由两个市场构成：一个是以劳合社为代表的以个人承保人组成的保险市场；另一个是由保险公司组成的保险市场称为公司市场。英国的承保技术在国际上具有权威性，许多保险条款被世界各国所仿效，许多新的险种都起源于英国。因此，伦敦再保险市场是随着伦敦作为国际保险中心发展起来的。另外，伦敦作为国际金融中心的地位也促进伦敦再保险市场的发展。在伦敦再保险市场上，再保险的卖方主要是劳合社和经营直接业务的公司，而不是专业再保险人。英国的再保险业务有50%都是由劳合社承保的。劳合社每年高额保费收入的一半来自再保险业务。同时，伦敦再保险市场也是世界再保险市场提供巨灾风险保障的中心，已形成了伦敦超赔分保市场，专门为诸如地震、洪水等巨灾性损失提供全面、稳妥的保障，它还为意外险、责任险等承担分保责任。

（二）美国再保险市场

美国保险市场相当发达，在当今世界保险市场中处于举足轻重的地位。美国再保险市场的主要特点是再保险业务主要来源于国内。为减少美国向国外流出保费，近年来，美国以其雄厚的经济实力，在国内建立保险交易所，组织吸收大量溢额保险，减少分保费外流。与此同时，美国许多再保险人和经营直接业务的公司在世界其他再保险中心设立机构，凭借其强大的资金实力，向其他国家渗透，美国在国际保险市场上的活动和发展十分迅速。

（三）欧洲大陆再保险市场

由于世界最大的专业再保险公司慕尼黑再保险公司和瑞士再保险公司等分属于德国、瑞士等国，因此，欧洲大陆再保险市场在国际范围内影响很大。德国是欧洲大陆最大的再保险中心，其再保险市场在很大程度上是由专业再保险公司控制的，直接在保险公司办理再保险的业务量很有限。慕尼黑再保险公司立足于强大的国内保险市场，再保险业务主要来源于德国境内的保险业务。近年来，它将经营范围扩展到国际上并成为重要的国际性再保险公司。欧洲大陆第二大再保险中心是瑞士。同德国再保险市场一样，瑞士再保险市场也是专业再保险公司占统治地位。但其设在苏黎世的总部和它在世界各地的分支机构，在全世界范围内开展业务，因此，在经营上一开始就具有国际性。

三、中国再保险市场

（一）中国再保险市场的发展历史

中国再保险市场开始于20世纪30年代。当时的再保险业务主要由外商操纵，华商保险公司因实力薄弱，主要通过联合经营，增强对巨额风险的承保能力。中华人民共和国成立初期，主要由中国人民保险公司和中国保险公司接受私营保险企业的分出任务。此外，私营保险公司组成上海民联分保交换处，经营参加该交换处的保险公司的互惠分保，并与在天津成立的华北“民联”订立分保合约，接受其预约分保。1953年，随着私营保险公司合并经营和外商保险公司的退出，再保险市场主体逐渐减少，分保业务逐步演变成由“人保”一家办理国际再保险业务的局面。1959年，我国国内保险业务停办以后，涉外保险业务和国际分保业务由中国人民银行国外业务管理局保险处统一负责。

改革开放以后，1979年恢复了国内保险业务，与此同时，再保险业务也重新由中国人民保险公司经营。随着我国保险体制的改革，1996年2月，中保再保险公司正式成立，从此结束了新中国成立以来无专业再保险公司的历史。1999年，中保再保险公司又改组成中国再保险公司，成为独立的一级法人，经营各类再保险业务。2003年，中国再保险公司实施股份制改革，并于2003年8月18日正式更名为中国再保险（集团）公司，由中再集团作为主要发起人并控股，吸收境内外战略投资者，共同发起并成立了中国财产再保险股份有限公司、中国人寿再保险股份有限公司。

随着我国加入WTO，外资保险公司进入我国保险市场，外资再保险公司也开始进入我国再保险市场。2003年经中国保监会批准设立分公司的慕尼黑再保险公司、瑞士再保险公司、通用科隆再保险公司等相继在中国开业。这三家在国际再保险市场上位列前三名的再保险巨头，对中国再保险市场觊觎已久，随着其分公司的开业，中国再保险市场由中国再保险（集团）公司垄断的局面彻底宣告结束。2007年劳合社再保险（中国）有限公司获准在中国开展业务。

随着金融业对外开放的稳步推进，中国再保险市场规模快速增长，再保险保费收入从2013年的1200多亿元增长至2019年的1576亿元。2020年前11月，再保险公司分保保费收入更是同比增长28.80%，远超直接保险保费6.46%的增速。

2020年8月，银保监会正式批复筹建中国农业再保险股份有限公司（以下简称“中农再”）。中农再由财政部、中再集团、人保财险、平安产险、太平洋产险、国寿财险、中华财险、农业发展银行、北大荒投资控股9家单位共同发起筹建，注册资本161亿元。成立农业再保险公司的政策目标是进一步完善农业保险大灾风险分散机制与农业保险再保险体系。农业再保险公司可以通过有效分散风险，稳定原保险人承保绩效，并以此促进农业保险的普遍可得性，扩大农业保险的覆盖面，逐步提高保障水平。

近年来，银保监会加强了农业保险经营条件管理，鼓励承保机构在西部地区、深度贫困地区开展农业保险业务，鼓励承保机构开发产品，助力乡村振兴。中农再在做好约定分保业务的同时，进一步探索完善市场化业务运行机制，坚持保本微利，加强与承保机构业务合作，引导承保机构积极发展更高保障的农险业务，支持承保机构加大春耕保障类产品创新力度，落实有关监管要求，配合农业保险政策的落地实施。

（二）中国再保险市场发展存在的问题

随着我国保险业的平稳、快速发展，以及我国保险市场的全面对外开放，我国再保险市场获得了长足的发展，再保险经营主体不断增加，业务规模不断扩大，但仍存在一些亟待解决的问题。

1. 中国再保险市场供给主体发展缓慢。1996年在中国人民保险公司进行体制改革的背景下，诞生了我国第一家专业再保险公司。到2021年底，我国只有5家专业性的中资再保险公司，9家外资再保险公司。究其原因：

第一，《保险法》第六十九条规定："设立保险公司，其注册资本的最低限额为人民币2亿元。"根据保险公司管理规定和再保险管理规定"设立人寿再保险公司和非人寿再保险公司的实收货币资本不低于人民币2亿元或等值的可自由兑换货币；设立综合性的再保险公司最低实收货币资本不低于3亿元人民币或等值的可兑换货币"。由此可见，设立再保险公司与设立财产保险公司和人寿保险公司在资本金方面的要求差别不大。

从企业追逐利润的角度看，专业再保险公司与财产保险公司和人寿保险公司的区别在于，再保险公司的客户是数量较少的保险公司，不需要投入大量的人力和物力对各种保险产品进行宣传和必要的售后服务，更不需要大量的保险展业人员进行保险产品的推销。但目前，我国保险市场虽然发展速度比较快，但毕竟还属于初级发展阶段，尤其是中资的保险公司，通常盲目扩大机构的数量，风险管理意识薄弱，造成分保意识较弱，对再保险的需求未被挖掘并释放出来。与人身保险公司相比，再保险业务无法在短期内创造巨大的现金流，获利周期又远比财产保险公司长。对于中资投资者来说，我国再保险体制还不完善，再保险需求不足，成立专业再保险公司并不具备好的时机。对外资类说，除了上述原因外，对中国本土的文化、人文均有一个磨合和适应的过程。因此，现阶段，在我国筹建专业再保险公司对中外投资者的诱惑力有限。

第二，我国保险法虽允许一些资本雄厚的原保险公司经营相关的再保险分入业务，但几乎没有哪一家保险公司把再保险业务作为主要业务来源。一方面，是因为原保险公司通常把再保险作为一种单纯的风险控制手段，安排法定分出业务和高风险的商业分出业务；另一方面，有一定规模的保险公司，其承保能力受资本金限制的同时，保险费规模已经超过了保险监管部门的相关规定，而一些保费收入未达偿付能力上限的小公司，又不具有开展再保险分入业务的能力。整个原保险公司的分入保费规模较小。

因此，我国再保险市场主体发展缓慢的状况在一段时期内还将持续。

2. 中国再保险市场分保需求尚不充沛。保险公司的分出率与承保的风险成正比，与保险公司的资本实力成反比。我国保险市场由于多种原因，对再保险的需求尚未释放出来。我国原保险人对再保险的有效需求还很低，对风险管理的意识不强，对分散风险存在一定程度的投机心理。究其原因，一是保险业仍处于规模扩张、抢占市场的热潮中，财务稳定和长期利润最大化还未成为保险公司的经营理念。保险公司“惜分”意识强烈，尤其是费率高、利润大的业务更不愿分出；二是实力强大的全国性保险公司自以为其业务风险已经在全国范围内分散，所以分保意义不大。

3. 中国再保险业务大量外流。2006 年法定分保取消后，大量的再保险业务尤其是财产再保险业务流向国外。原因主要在于：

第一，根据《保险法》的规定，再保险中，原保险人就其分保业务负有告知义务；同时在相关业务洽谈中分出人要向接受人解释自身业务的整体状况和相关的经验技术。因此，在缺少专业再保险公司的情况下，国内保险公司愿意和与自己无利害冲突的外国公司做分保业务，以防止竞争对手获得自己的经营信息和业务技术。

第二，国内招揽业务成本与分保佣金不同步。我国原保险市场竞争日趋激烈，尤其是一些新成立的保险公司，往往通过降低费率、提高手续费和佣金展业，佣金甚至达到首期保险费的 30%，市场秩序不规范。国内分保佣金仅为 20% 左右，使得分出公司在国内分保业务中处于亏损状态，而国际再保险市场上分保佣金在 32% 左右，国内外分保利益差距如此之大，也是造成保险公司更愿意向国外分保的原因。

第三，再保险市场秩序不规范。再保险接受人接受业务和评估风险主要依靠分出人提供的情况，双方要本着最大诚信原则签订合同。但由于再保险市场秩序不规范和市场竞争，一些公司利用假赔案支出增加再保险摊回，甚至利用特殊手段挖对方的业务，一定程度上削弱了再保险合作的基础，扰乱了市场秩序。

4. 中国再保险市场缺乏健全的监管制度。我国再保险监管制度落后于再保险市场的发展，存在一些缺陷和不足，主要表现在：

第一，再保险市场缺乏明确的市场准入和退出机制。我国保险法中没有对再保险公司的设立授权和组织形式等方面做出明确规定，再保险公司的设立并无明确的法律规范。实际上，除了现有的三家中资专业再保险公司外，其他专业再保险公司的设立尚未提上日程。这就造成我国再保险市场垄断性过强，业务集中在中国再保险公司的纵向分保系统内，不利于原保险公司与再保险公司之间形成市场竞争机制。

第二，商业分保制度不健全。实施多年的法定分保已经取消，但在商业分保方面的法规还十分不健全。现有法规对保险公司分出业务只有自留额的限制、再保险的安排审核等几项粗略的规定，缺乏对分保准备金、资产和负债方面财务管理的要求。我国的再保险监管机构应充分认识到全球市场开放与融合的大趋势，尽早建立我国商业再保险的竞争规则和风险防范体系，而不仅仅局限在法定分保所形成的业务量和监管水平上。

第三，缺乏科学的选择和监管国际再保险人的机制。在发达国家，保险监管机构对国际再保险人的选择有一套严格的方案和标准，便于为原保险公司控制风险，以及有利于分出业务的顺利进行。我国保险监管部门成立的时间较短，无论在技术上还是手段上，都无法与西方发达国家相比。对保险公司在商业分保的选择上敞开了大门，但无法给予相应的控制和指导，完全放权给保险公司，由他们独自承担选择的风险。而再保险市场的复杂性和国际市场的变幻莫测，决定了保险公司自身的先天不足，难免出现失误。我国保险公司由于所选择的国际分保接受人破产而导致自身失误的例子屡屡出现，监管部门作为总监控人的角色没有很好地发挥作用。

第四，缺乏对创新型再保险业务的监管规定。国际再保险产品创新不穷，再保险方式日趋多样化，巨灾风险证券化、财务再保险已经在发达国家普遍出现。再保险组织也出现多样化趋势，专属保险公司、集团保险、共同保险等也得到较快发展。对于创新型的再保险业务，如财务再保险，我国在监管方面还是一片空白。随着全球再保险服务的自由化和国际化，这些新型再保险业务在中国出现和发展也只是时间问题，对监管机构提出了更高的要求。

（三）中国再保险市场的发展思路

1. 鼓励多种形式增加再保险供给主体。针对我国再保险市场主体供给不足、竞争不充分的现状，监管机构应出台政策鼓励多种资本以多种组织形式成立再保险机构，增加再保险市场的供给主体。首先，鼓励民营资本进入再保险市场。再保险市场同其他市场一样，只有保持合理的市场结构，达到较充分的竞争状态，才能使市场健康发展。目前我国再保险市场上只有大型再保险集团或控股公司，缺少专业性、灵活性强的小型再保险公司。引进民营资本组建中小型专业再保险公司，或者通过合资、入股的形式参与再保险公司的经营，不仅能扩大再保险市场的供给主体，还能够进一步挖掘市场潜力，提高再保险市场的经营效率和服务质量。其次，引进实力雄厚的外资再保险公司成立分公司或者合资保险公司。外资再保险公司作为我国再保险市场的供给主体，可以将更多的分保费留在国内，有助于国内再保险市场与原保险市场的繁荣发展；外资再保险公司的专业技术和管理实力雄厚，有助于我们学习国外先进承保技术、交流再保险信息和了解国际惯例。

2. 加强国内保险公司间的合作。我国原保险市场已经形成了竞争的局面，从注册资本只有 2 亿元的小公司到几百亿元的大公司有一百多家，市场竞争激烈，大多数公司本身具备兼营再保险业务的实力。但大多数公司的再保险业务是分出业务，包括中国人寿在内的大公司分入业务也较少。因此应加强原保险公司兼营分保业务的意识，引导各家公司采取互惠交换等互利共赢的方式来经营再保险业务，既能在空间上分散风险，又能维持甚至扩大业务量。发展再保险共保体也是加强保险公司间合作的一种方式。我国一方面自然灾害严重，另一方面巨灾保险缺失。建立巨灾再保险共保体能使国内各家保险公司联合起来，共同承保高风险、高保额业务，有利于我国再保险市场的多元化发展。

3. 建立专业的再保险经纪人制度。建立专业的再保险人经纪人制度，是中国再保险业发展的必要条件。只有形成了再保险经纪人机制，并拥有在国际再保险市场上有影响力的再保险经纪人，才能减少对外国再保险经纪人技术上的依赖，扩大国内再保险公司的市场份额。建立专业的再保险经纪人队伍的途径有：引进再保险经纪人资格认证考试；利用现代信息技术，建立再保险信息网，为再保险经纪人及时了解国际信息提供平台；派遣再保险经纪人到发达国家进行业务学习。

4. 完善再保险监管制度。完善再保险市场准入和退出监管制度。市场准入和退出机制通过立法来规范和统一，需要一系列的制度建设来保障。对于外资的再保险公司，要结合总公司在全球范围的资产并参考信用评级来决定。

加强商业分保的监管制度。对分出业务和分入业务分别监管：对于分出业务，应加强自留额标准的核定，在可能的情况下对不同险种不同公司制定不同的标准；对分入业务，应加强对偿付能力的审核，对于国外的公司可以要求其提供一定的偿付准备金，还要监管其资本流动。

本章总结

1. 再保险是指保险人将自己承保的风险责任的一部分或全部向其他保险人再进行投保的行为。

2. 危险单位是指保险标的发生一次危险事故可能造成的最大损失范围。分出公司根据其自身的偿付能力确定的所能承担的责任限额称为自留额，经过分保由接受公司所承担的责任限额称为分保额。

3. 再保险与原保险既有区别又有联系。再保险是一种独立的业务；再保险是以原保险合同的存在前提。再保险的作用表现在：分散风险；限制责任；扩大承保能力；促进保险业竞争；形成巨额联合保险基金。

4. 再保险的合同形式主要有临时再保险、固定再保险、预约再保险。再保险的业务形式分为比例再保险和非比例再保险两种。比例再保险是以保险金额为基础，计算分担保险责任限额的再保险，主要有成数再保险和溢额再保险、成数和溢额混合再保险三种方式。非比例再保险是以赔款为基础，计算自赔限额和分保责任限额的再保险，主要有险位超赔再保险、赔付率超赔和事故超赔再保险三种方式。

5. 再保险市场是指从事各种再保险业务的再保险交换关系的总和。世界上公认的国际再保险市场主要有伦敦再保险市场、美国再保险市场和欧洲大陆再保险市场。

练习与思考

1. 再保险及其作用是什么？再保险和原保险的关系是什么？

2. 比较三种再保险合同的优点和缺点？

3. 比较成数再保险和溢额再保险的异同？

4. A保险公司与B保险公司签订了“六线”的第一溢额再保险合同，与C保险公司签订了“四线”的第二溢额再保险合同。假设A保险公司的承保金额为1000万元，自留额是100万元，发生赔款200万元。计算分出公司的自负赔款和分入公司的应付赔款是多少？

5. 非比例再保险对分出公司的意义是什么?

6. A保险公司与B保险公司签订巨灾事故超赔再保险合同，自留额是900万元，分保额是550万元。若在一次事故中有3个风险单位受损，分别为500万元、300万元和750万元，则分出公司A和分入公司B各应该赔偿多少?

第十章
保险资金运用

本章提要

对保险公司来说，通过资金运用获取收益，使保险资金得以有效保值增值，是在激烈的市场竞争中生存并取得优势的重要手段。本章将阐述保险资金运用的意义、保险资金的构成和资金运用的主要方式，并对我国保险资金运用的历史、政策和现状进行简要介绍。

学习目标

了解保险资金的特点和保险资金运用的意义。
掌握保险资金运用三原则及其相互关系。
了解保险资金的构成。
掌握保险资金运用的主要方式及其特点。
了解我国目前保险资金运用的基本状况和相关政策法规。

第一节 保险资金

重点提示：保险资金的概念及构成；保险资金的特点。

一、保险资金的概念

对于保险资金的概念，在学术上并没有统一的定义，通常是指保险公司通过各类渠道聚集的各种资金的总和。一般意义上的保险资金包括公司股东投入的资本金、保证金、营运资金、公积金、公益金、未分配盈余、保险保障基金、各种保险准备金和其他资金，如一些临时占用、应支付而尚未支付的资金。按照我国原保监会 2018 年 1 月修订颁布的《保险资金运用管理暂行办法》中对保险资金的界定，

"保险资金，是指保险集团（控股）公司、保险公司以本外币计价的资本金、公积金、未分配利润、各项准备金及其他资金。"可以看出，该办法是从资金来源的角度对保险资金进行的界定。

保险资金是保险企业偿付能力的保证，从一定意义上讲只能运用于补偿被保险人的经济损失和人寿保险合同的给付。但是，由于保险经营活动和保险资金流动过程的特点，保险公司可以通过运用保险资金获取收益，使保险资金保值增值，从而增强保险公司的偿付能力，保证保险合同的履行，进一步保障被保险人的利益。

二、保险资金的构成

保险公司的本源业务是承保业务，但由于其保费收取在前、保险金支付在后的特点所导致的时间差，以及保险费收入负债结构的特殊性，使得保险资金运用成为保险业重要的衍生业务。从保险资金来源角度对保险资金的构成进行分类和研究，对保险资金运用具有十分重要的意义：一是资金来源的规模在客观上决定着保险资金运用的规模；二是各类资金来源的特点及其相互间的关系影响着保险资金运用的形式和结构。例如，长期闲置的资金可以用于长期投资，而短期的资金来源所形成的短期负债则不能用于投资或只宜进行短期投资。对于人寿保险公司与财产保险公司来说，前者的资金来源具有稳定性和长期性特点，而后者的资金来源具有短期性和相对流动性特点，因此寿险公司的资产结构与产险公司的资产结构有一定差异，其资金运用也有区别。另外，各国的保险法律与政策一般都规定保险公司只能运用其货币资金总量中的一部分。因此，无论是从各国的惯例还是从我国的保险法律法规来看，保险公司可以自由运用的保险资金主要由以下几项构成：

（一）资本金

资本金是保险公司的开业资金，也是备用资金，是公司成立之初由股东认缴的股金或政府拨款的金额以及个人拥有的实际资本。各国政府一般对保险公司开业资本金都有最低数额的要求，如我国《保险法》第六十九条规定："设立保险公司，其注册资本的最低限额为人民币 2 亿元。"

对于保险企业来说，资本金的主要功能在于确保开业之初的正常运营之需。同时作为保险公司自有资金，资本金属于企业的所有者权益部分，还可以用来预防公司偿付能力的不足，即在发生特大自然灾害或危险事故后各种准备金不足以支付保险金时，可以动用资本金来承担责任。在正常运营状态下，保险公司的资本金除按规定上缴一定比例的资本保证金外，绝大部分处于闲置状态，虽然在数量上不是保险资金的主要来源，但这部分资金规模上和期限上具有较强的稳定性和长期性，一般可进行长期投资。

（二）非寿险责任准备金

非寿险的基本特点是保险期限为一年或一年以下，又称短期保险，都是补偿性保险，因而，非寿险责任准备金亦具有期限相对较短的特点。非寿险责任准备金是产险公司资金运用的最主要来源，但寿险公司对其经营的非寿险业务也需要提存相应的非寿险准备金。非寿险责任准备金可分为三大部分：

1. 未到期责任准备金。又称未满期保费准备金，是保险公司在一个会计年度内承保的业务，如果会计年度终了而保险期限未满，则应按未到期责任的比例提存供下一会计年度赔付之用的准备金。假定会计年度与日历年度一致，那么，在当年满期的保单所对应的入账保费称为已赚保费，在当年未满期的保单所对应的保费则称未赚保费。由于保费的收取发生在期初，而保险人承担的赔付责任将持续整个保险期间，假设保险事故的发生在保险期间是均匀分布的，那么保险费就可按时间进行比例分摊，未赚保费部分对应的就是未到期责任准备金，即保费准备金。在我国，非寿险业务以当年自留保费的50%提取未到期责任准备金。

2. 赔款准备金。赔款准备金包括未决赔款准备金、已发生未报告赔款准备金和已决未付赔款准备金。

（1）未决赔款准备金。当会计年度结束时，被保险人已提出索赔，但索赔人与保险人之间尚未对这些案件是否属于保险责任以及保险赔付额度等事项达成协议，称为未决赔案。为未决赔案提存的责任准备金即为未决赔款准备金。未决赔款准备金的提存方法有逐案估计法和平均估计法两种。逐案估计法即对未决赔案逐个估计在将来结案时需要支付的赔款数，这个方法较适用于业务量规模较小的保险公司；平均估计法即根据以往的保额损失经验，预先估计出某类业务的每件索赔的平均赔付额，再乘以该类未决索赔的件数，计算未决赔款准备金数额，这种方法较适用于业务规模足够大，索赔件数较多的保险公司。

（2）已发生未报告赔款准备金。有些损失在本会计年度内发生，但索赔要在下一年才可能提出，这些损失因为发生在本会计年度内，仍属本年度支出，故称已发生未报告赔案，为其提存的责任准备金即为已发生未报告赔款准备金。由于已发生未报告赔案件数和金额都是未知的，只能由各家保险公司根据不同业务的不同经验来确定，最简单的办法可用若干年该项赔款额占这些年份年内发生并报告的索赔额的比例来确定提存数。

（3）已决未付赔款准备金。已决未付赔款准备金是对本会计年度内索赔案件已经理算完结，应赔金额也已确定，但尚未赔付或尚未支付全部款项的已决未付赔案提存的责任准备金。该项是赔款准备金中最为确定的部分，只需逐笔计算即可。

3. 总准备金。总准备金是保险公司用于满足年度超常赔付、巨额损失赔付以及巨灾损失赔付的需要而提存的责任准备金。保险公司总准备金一般要按国家保险监管机构的规定，在税前利润中提存，逐年积累而成。提存总准备金是保险公司在时间上分散风险的要求，总准备的积累对于保障被保险人的合法权益，支持保险公司的稳健经营都具有十分重要的意义。

总准备金不用于平时的赔付，只有在当年承保业务经营发生亏损并且当年投资利润也不足以弥补该业务亏损时才可动用，所以，在正常情况下总准备金是不断积累的，经长期积累后数量十分可观。而且总准备金不受企业年度预算或决算的影响，也不像银行存款那样受存款期限的制约，非常适合保险公司做长期资金运用的来源。

（三）寿险责任准备金

寿险责任准备金是经营人寿保险业务的保险公司为保障未来时期履行寿险合同的给付责任，从寿险保费中提存的责任准备金。从理论上讲，提存的责任准备金应等于投保人支付的纯保费及所产生的利息扣除当年应分摊的死亡成本后的余额。国外一般按长期人寿保险单的价值净额提存准备金，我国的通常做法是将本业务年度的寿险收入总额抵补本业务年度的寿险全部支出后的差额全数转入寿险责任准备金，以充分保证被保险人的利益。

寿险合同是具有长期性和储蓄性的合同，寿险投保人一旦投保，需按年缴纳保费直到一定期限，因而寿险保费收入可持续若干年，寿险责任准备金也就成为保险公司的一项长期、稳定的资金来源。对于人寿保险公司来说，责任准备金和到期还本业务收入会占到其负债总额的95%以上，是其可运用资金的主要来源。

（四）其他资金

除以上分析的资本金、准备金之外，保险公司还有一些其他可运用的资金，这部分资金随保险公司业务规模的不同而有所差异，主要包括留存收益和结算中形成的短期负债等。

1. 留存收益。留存收益包括保险公司的资本公积金、盈余公积金以及未分配利润。

（1）资本公积金和盈余公积金。保险公司的资本公积金是指从公司利润以外的收入中提取的一种公积金，主要用于弥补公司亏损、扩大公司业务经营规模或转增公司资本金。盈余公积金是企业按照规定从税后利润中提取的积累资金，包括法定盈余公积金、法定公益金、任意盈余公积金等。

（2）未分配利润。未分配利润是保险公司实现的净利润经过弥补亏损、提取盈余公积金和向投资者分配利润后留存在企业的历年结存的利润，属于股东权益的一部分。这部分资金通常随着保险公司经营规模的扩大而逐步增长，除某些年份因保险费不抵偿付而用于弥补之外，一般可以长期运用。

2. 短期负债。结算中形成的短期负债是指资产负债表中流动负债项下的应付账款、拟派股息等。这笔资金虽然数额不大，且需在短期内归还，但仍可以作为一种补充的资金运用来源。保险公司在运用这笔资金的过程中，应注意它们的变现性和风险性，以避免出现资金的流动性问题。

三、保险资金的特点

从资金来源的角度分析，保险资金具有以下特点：

（一）负债性

由于在业务经营中保费收取和保险金赔付之间存在着“时间差”和“数量差”，使保险公司有大量的资金处于闲置状态。这些资金中除资本金和总准备金外，大都属于保险公司的负债，通常列于资产负债表的负债方，如未到期责任准备金、未决赔款准备金等。随着保险公司规模的不断扩大，这些资金也不断累积，成为保险资金运用的主要资金来源。负债性是保险资金的一个重要性质，正因为这部分资金的负债性，保险公司不能将其作为业务盈余在股东之间进行分配，也不能作为经营利润上交所得税，只能进行投资运用，使之不断增值，以备履行未来的赔偿或给付责任。同时，负债性也决定了保险公司在进行资金运用时必须保证其能够安全返还，否则将影响保险公司的偿付能力。

（二）稳定性

从保险资金的构成来看，首先，资本金是保险公司的自有资金，是股东对保险公司的投资，根据《公司法》的规定，股东一般不能撤回。此外，资本金也是保险公司偿付能力的一个组成部分，如果保险公司的最低偿付能力不足时，应增加资本金，补足差额。

这也说明资本金是保险资金运用中最稳定的资金来源。其次，保险公司的责任准备金，虽然属于保险公司的负债，但只要承保业务持续往复，保险公司始终会拥有一大笔责任准备金沉淀下来，尤其是寿险公司，其责任准备金的积累多为中长期，一般在一年以上，短则几年，长则十几年甚至几十年。可见，只要有效地控制风险，对不同期限、不同规模的资金进行运用并实现其保值与增值是完全可行的。

（三）社会性

保险是通过收取保险费的方式集中社会上的分散资金建立保险基金，当保险责任范围内的自然灾害和意外事故造成损失时给予经济补偿的一种经济保障制度，风险通过这种经济保障制度在社会范围内得以分散。因此，保险责任准备金主要来源于社会上不同保户交纳的保险费，具有广泛的社会性，成为全社会共同后备资金的一个组成部分。一方面，保险的责任准备金会随着社会生产的发展和人们对保险认识的提高不断增加；另一方面，对这部分资金的运用也要体现社会性原则，做到取之于民，用之于民。但与其他形式的社会后备资金相比，保险资金是由专门的保险机构按照不同险种的费率，通过向投保人收取保费的方式建立的一种专门用于补偿被保险人或给付受益人的货币形态的后备金，与其他形式的后备金在性质上存在差异。如财政集中型的国家后备资金，是国家凭借政权力量强制参与国民收入的分配和再分配形成的，是无偿的，体现以国家为主体的分配关系，不存在商品交换关系；而保险资金则体现着保险人与被保险人之间的以等价交换为原则的商品交换关系。可见，保险资金是以等价有偿原则而建立的一种社会后备资金。

第二节 保险资金运用的概念及原则

一、保险资金运用的概念

重点提示：保险资金运用的概念；保险资金运用的原则。

在许多情况下，人们将保险投资与保险资金运用相互混用，但从严格意义上说，这两个概念还是有区别的。一般来说，资金运用是指企业将筹措到的资金以各种手段投入到各种用途上，它关注的焦点是各类资产的合理配置，即资产结构问题。相应来说，由于投资的手段和用途不一样，这些资产给企业带来的回报率及其他权益也不一样，为了在既定的筹资成本下达到回报的最大化，或在既定的回报下实现筹资成本的最小化，必须借助于一整套科学的管理方法和管理手段对公司资金来源和资金运用进行有效的管理，包括预测、计划、控制、分析和核算。所以从会计角度看，资金运用专指企业资金占用和使用情况，既包括企业拥有的各种财产，也包括企业的各种负债。而投资则是企业资金运用的一种主要形式，其范围小于资金运用。由于保险企业经营活动和资金来源的特殊性，决定了保险资金运用的主要目标就是寻找、比较和选择能够给保险企业带来最大投资回报率的资金用途，因而目前在我国多数的理论研究与行业管理中习惯将保险资金运用与保险投资混用。

保险资金运用是指在保险企业经营过程中，利用保险资金聚集与保险赔偿或给付的时间差，以及收费与支付间的价值差，对保险资金加以运用增值，以求稳定经营、分散风险的一种经营活动。

二、保险资金运用的意义

资本只有在运动中才能增值，保险企业将暂时闲置的资金加以运用，以增加利润，这是资本自身的内在要求。虽然保险行业存在的主要目标是转移风险，但由于市场竞争等因素的影响，保险人所收取的保费往往不够支付风险转移的成本，通过保险资金运用所获得的收益进行弥补，可以维持这种风险转移机制的顺利运转，因而资金运用就成为保险企业维系经营的核心业务之一。可以说，没有资金运用就等于没有保险业。通过保险资金运用，保险企业可以扩大保险承保和偿付能力，降低保险费率，增强企业经营的活力，从而更好地服务于被保险人。因此，保险资金运用对于保险企业经营的意义重大。

（一）保险资金运用是应对激烈的市场竞争，维持保险企业经营的重要手段

保险市场竞争的日益加剧是保险资金运用的直接动因。进入20世纪80年代以来，世界保险业面临着严峻的竞争挑战，这种挑战表现在三个方面：一是保险行业内部竞争的加剧。虽然保险市场倡导以保险质量、保险服务为手段的非价格竞争，但是在市场经济条件下，价格竞争始终是保险公司扩大市场份额的最直接最有效的手段。随着各国对保险费率管制的逐步放松，保险公司可以根据市场形势的变化，自由决定保险产品的价格及公司的经营发展战略。在各国保险市场承保能力日趋过剩的情况下，保险公司一方面通过大力开发保险新

产品和新技术，提高产品的技术含量来刺激投保人的保险需求；另一方面采用降低保险产品价格的策略来增加市场竞争优势，扩大市场份额，这就使得保险行业内部竞争日益激烈。二是银行与保险业的合作加剧了保险业的竞争程度。20 世纪 80 年代，银行与保险在“互惠互利”的基础上相互合作，从简单的保险产品销售代理到建立保险子公司以及银行和保险公司相互参股、控股等，最大限度地实现了双方的优势互补。这既符合消费者对商家减少利润和低成本运营的需要，又拓宽了金融产品的销售渠道。银行保险具有客户资源、销售渠道、产品创新等方面的优势，在很大程度上也加剧了保险业竞争的程度，同时银行保险也成为西方发达国家金融保险业发展的趋势。三是保险业竞争的国际化。随着世界经济一体化和金融全球化的发展，保险业竞争国际化已成为一种必然趋势。各国在保险市场开放过程中，虽然都非常注意保护民族保险业，但仍不可避免地受到外国保险公司竞争的威胁。从 90 年代开始，大型的跨国保险公司在新兴经济国家积极拓展保险业务，在拉美和中东欧保险市场，外国保险公司的市场份额已达到 47% 和 41%，在亚洲，外国保险公司的市场份额也达到了 12%，世界寿险市场几乎完全被发达国家的保险公司所垄断。世界保险业竞争的加剧使保险公司的承保利润一直呈下降趋势，甚至出现亏损。为弥补承保业务的亏损，维持保险业的生存和发展，各国都非常重视保险投资，投资收益在保险利润中占有越来越大的比重。

保险公司的经营包括两方面的活动：承保业务和投资业务。随着保险市场竞争的加剧，往往出现承保能力过剩，承保利润下降，甚至承保亏损的局面，只有通过保险资金运用所获取的收益，弥补单纯依靠承保业务所造成的偿付能力不足，从而提升保险企业的市场竞争力，维系保险企业的经营。1996 ~ 2000 年美国保险企业赔付率为 77.5%，费用率为 27.4%，也就是说承保利润是 -4.9%；1996 ~ 1997 年英国保险企业赔付率为 75.4%，费用率为 32.5%，承保利润为 -7.9%。两国的保险企业盈利主要是靠投资，同期净投资收益率美国是 18.8%，英国是 24.6%。

表 10 -1 是 1966 ~ 1980 年美国保险公司承保收益和投资收益的具体情况。从表中我们可以看到，在 1966 ~ 1980 年的 15 年间，美国保险公司承保收益处于总体亏损，15 年间合计的承保收益为 -2.96 亿美元，而合计的投资收益则为 667.74 亿美元。另有一项研究表明，从 1979 ~ 1998 年美国保险企业的承保业务连续 20 年亏损，保险企业的收入主要是靠投资收益，并弥补承保亏损带来的损失。

表 10－1　　美国保险公司承保收益和投资收益情况　　单位：美元

年度	公司数量	承保收益	投资收益	投资收益对承保收益比率	投资收益对保费收入比率	投资收益对投保人盈余比率
1966	1220	386926845	1565946032	4.047	0.074	0.099
1967	1197	193618824	1511594380	7.807	0.066	0.094
1968	1205	－148224790	1928701069	—	0.077	0.108
1969	1212	－529899198	240334335	—	0.087	0.173
1970	1209	77776245	2156013086	27.721	0.069	0.122
1971	1212	1381800492	261816344	1.895	0.077	0.129
1972	1264	1791933814	3100907299	1.730	0.082	0.124
1973	1300	791761321	375628901	4.744	0.092	0.134
1974	1303	－1881371406	3679091245	—	0.084	0.158
1975	1285	－3593959232	4294370245	—	0.09	0.188
1976	1327	－1558551291	5092604736	—	0.089	0.181
1977	1353	1926315435	614513097	3.190	0.069	0.228
1978	1400	2548142724	7346097200	2.833	0.093	0.227
1979	1480	23605762	957969625	405.820	0.11	0.246
1980	1575	－17123071	11596118401	—	0.124	0.245
合计		－29654625	66774065296			

资料来源：Bemard L. Web，Investment Income in Insurance Rate marking。

（二）保险资金运用是保险企业产品创新的内在要求

随着人寿保险公司风险意识的增加，消费者教育水平和保险需求的提高，尤其是证券市场的发展，为寿险业险种的创新创造了极大的空间，变额寿险、分红保险、万能寿险等投资型险种就是保险与证券投资基金相结合的产物。投资型人寿保险既有保险保障功能，又能实现投保人投资意愿，还可规避利差风险，比传统寿险更注重投资收益。这些险种的实施运作需要有多样化的保险资金运用渠道作为支撑，使寿险公司能够按照投保人指定的投资组合方式或根据其委托投资其独立账户中的资金或现金价值，这无疑对保险公司的资金运用方式和水平都提出了更新更高的要求。

（三）保险资金运用可以促进保险业与资本市场的良性互动

发达的保险业意味着积累了巨额稳定的保险资金，有理性的保险市场主体和有效的保险监管体系，对资本市场的发展有极大的推动作用。其一，保险业可以为资本市场提供长期稳定的资金来源，促进资本市场规模的扩大。以国外三大机构投资者在证券市场的比重为例，投资基金占19%，保险资金达43%，养老金达38%，可见，保险资金是资本市场上长期稳定的资金供给者。其二，保险资金进入资本市场可促进市场主体的发育成熟和市场效率的提高。保险公司特别是寿险公司是资本市场上的长期投资者，其投资遵循的首要原则就是安全性，因其长期、稳定和数额巨大，可以大大削弱投机者带来的大幅度波动风险，是稳定市场的重要力量。其三，促进资本市场结构的完善。保险资金在一级市场上承购、包销、购买新证券，刺激一级市场的发展，在二级市场上投资可大大提高资本的流动性，活跃市场。保险公司为了保证自身投资的安全和获取理想的投资收益，必然通过持有人地位和股东身份，增加对证券投资基金和上市公司的话语权、监督权和否决权，从而有利于改善基金公司和上市公司的法人治理结构。

资本市场的发育与成熟对保险业发展有积极的推动作用。首先，资本市场的壮大和成熟可有力地推动保险业发展。在成熟的资本市场中投机性相对较弱，资本资产价格在短期内相对稳定，能够较真实地反映上市公司的价值。这对注重长期投资的巨额保险资金来说，可减少市场价格风险，对保险业的稳定发展有重要的意义。其次，成熟的资本市场利率波动幅度较小，并在很大程度上可以进行合理预期，有利于保险公司减小利率估计失误，避免保险准备金提取不足导致的负债风险，从而保证保险投资来源的稳定。最后，成熟的资本市场可以提供多样化的投资方式，交易中介机构完善，资产清算风险小，可有效地分散保险投资风险，获取稳定高额的投资收益。可见，成熟的资本市场是保险筹集资金最有效的途径，成为推动保险业发展的重要力量。

专栏10－1

日本寿险业的发展与资本市场

日本在资本市场发展的历史长河中积累了丰富的经验，创造了适应日本特定环境、特定文化背景和社会制度的资本市场模式，这种模式不仅有力地支持了日本经济的高速增长，还为日本寿险业的发展做出了独特的贡献。

日本资本市场中“以法人为中心”的股票持有结构应该说是其资本市场影响寿险业发展的最重要也是最独特的因素。第二次世界大战后日本出现的股票持有法人化现象，可以说在整个资本主义发展史上都是独一无二的。1949年个人持股比例曾高达69.1%，法人持股比例仅为15.5%；自1966年起法人持股率开始超过个人持股比率，到1990年法人持股率上升到66.8%，个人持股率下降到23.1%。企业间通过相互吸收对方的浮动股票或新发行的股票，成为彼此稳定的大股东，即所谓的“交叉持股”。而在交叉持股的法人中，寿险公司是一支重要力量，它们与日本大企业相互持有股票，不少寿险公司成为对方稳定的大股东。如下表所示：

日本股票市场机构投资者构成情况（1996 年）

排序	公司	持有股票（亿股）	占股票市场比重（%）
1	日本生命	122.17	2.84
2	住友信托银行	75.94	1.76
3	第一生命	73.63	1.71
4	三菱信托银行	64.31	1.49
5	日本兴业银行	57.23	1.33
6	三井信托银行	48.97	1.14
7	明治生命	48.95	1.14
8	樱花银行	48.48	1.13
9	东洋信托银行	43.05	1.00
10	第一劝业银行	42.65	0.99
	上市总股票数	4307.43	100.00

1996 年日本生命保险公司在全部上市公司股票总数中占有 2.84%，居第 1 位；第一生命占 1.71%，居第 3 位；明治生命占 1.14%，居第 7 位。同时，日本生命还是许多上市公司的大股东，它作为第 1 大股东的上市公司共有 94 家，作为第 2 大股东的上市公司共有 104 家，作为第 1 至第 5 大股东的上市公司合计 450 家。在日本全部上市公司的股票市价总额中，人寿保险公司所占的比重是 13.2%，其中，六大保险公司各自拥有巨额股份并在许多公司中居大股东的地位，具体参见下表：

日本六大人寿保险公司的持股状况（1991 年 4 月）

人寿保险公司（排序）	持股数额（百万日元）	被持股公司数目
日本生命保险公司	9614	1135
第一劝业人寿保险公司	6096	715
住友人寿保险公司	4336	738
明治人寿保险公司	4126	506
昭和人寿保险公司	2748	367
东京海上保险公司	2400	478

日本寿险公司与大企业之间交叉持股的主要目的在于强化公司间的资本联合关系，使两者在相互依赖的基础上建立起长期而稳定的合作关系。作为大股东，寿险公司不需要经过股票市场这一中介就能直接影响相关企业的行为，从

而加强了寿险公司的经济实力，这种密切关系还增强了寿险公司的竞争力，使外国保险公司很难在日本开展业务。到目前为止，外国保险公司在日本的市场占有率还不到3%。

同时，相互持有的这部分股票基本上退出了股票流通市场，长期稳定地为企业所持有。即使某些企业不得已需要出售，也必须事先征得对方企业的认可，待对方企业找到新的稳定股东之后才能出售。所以日本寿险公司以相互持股方式持有的股票具有投资期限长、股权结构相对稳定等特点，主要是作为支配证券运用。同时，由于企业间相互持股使其基本上长期退出了流通市场，相对地减少了市场上的浮动股票，从而具有推动股价上涨的倾向。

日本寿险公司还可以通过影响股票的分红率，加快寿险公司的资本积累。因为这些相互持股、互为股东，彼此之间的红利分配大部分被相互冲销，税后利润依然沉淀在企业内部，有利于寿险公司加快资本积累进程。此外，降低股票分红，抬高股票价格，提高股票的市盈率，寿险公司以较高的溢价发行出售新股，使筹资成本得以降低。

资料来源：根据周骏、张中华、刘冬姣：《保险业与资本市场》，中国金融出版社2004年版，第35页、第36页数据资料整理而成。

三、保险资金运用的原则

保险资金运用关系到广大投保人的切身利益和正常的保险市场秩序，对保险资金运用的管理就显得特别重要。考察世界各国保险公司的资金运用实践，无一例外地要遵循一定的原则，并在法律许可的条件下开展资金运用。由于保险是一种金融活动，具有金融属性和金融功能，同时保险资金又具有与一般金融资金不同的特点，因此，保险资金的运用在遵循一般金融资金运用原则的同时，还具有自身的特点。保险资金运用原则是随着世界保险业和社会经济的发展以及投资环境变化而不断调整和完善的，其中最有影响的是佩格勒于1948年在英国精算师协会上所提的投资原则：投资目标应该是获得最大限度的预期收益，投资应是尽量分散的，投资结构应该多样化，并根据未来趋势选择新的投资，投资既应注意社会收益，又应注意经济效益。可以看出，同其他各种资金的投资相似，保险资金运用既要看到宏观的和长远的利益，也要注重微观的和短期的效益，从而必须遵循一些共同的原则。纵观世界各国保险资金运用的原则，虽然提法各异但都具有共同要求，也就是要保证保险资金运用的安全性、收益性和流动性。

（一）安全性原则

安全性原则是指保险资金运用必须保证其本金安全返还的原则。保险资金的绝大部分是责任准备金，具有共同准备财产的特点，由纯保费积聚而成，在资产负债表上表现为负债项目，而且最终都要实现对被保险人或受益人的返还，所以保险资金运用上要以安全性原则为首要原则。安全性原则的贯彻是实现保险资金数量完整、回流可靠、保证偿付的条件，所以我国《保险法》第一百零六条规定：“保险公司的资金运用必须稳健，遵循安全性原则”。但是任何投资都具有风险，没有风险的投资是不存在的。因此，贯彻安全性原则，要求在保险资金运用时遵循风险管理的程序和要求，认真识别和衡量风险，尤其是高风险投资，运用分散投资的策略以避免风险过于集中，从而达到控制风险的目的。

（二）收益性原则

收益性原则是指获取保险投资收益的能力，它是由保险资金运用的目的所决定的。保险公司收取的保险费，是已考虑了预定利率因素之后的保险商品价格的现值。资金运用的收益率必须超过此预定利率才能保证在预期赔付率下的保险偿付，因此保险公司开展投资活动的直接目的是增加收益即通过投资而盈利。而在实际操作中，投资收益越大意味着风险越大，也就是说，收益性与安全性是一对矛盾，这就要求保险资金运用应以资金安全为条件寻求尽可能高的投资收益，而不是以风险为代价，牺牲安全性去换取高收益。兼顾安全性与收益性是投资技术的重要课题，专业投资人员利用各种工具寻找一个相对合适的平衡点，以此为依据从事保险资金的运用。从结果来看，平衡点是否合适对资金运用成果的影响巨大。

（三）流动性原则

流动性是指在不损失资产价值的前提下保险资金运用所形成的资产迅速变现的能力。由于保险的基本职能是经济补偿，而在保险期限内保险事故的发生具有随机性，为随时满足保险赔偿和给付的需要，保险资产必须具有较强的流动性。财产保险由于保险期限较短，自然灾害和意外事故发生的随机性大，对保险投资的流动性要求较高，而人寿保险的风险相对较小而且分散，再加上寿险核算建立在科学精算的基础上，在正常情况下，每年的业务收入与各项给付都有一定的规律，异常情况较少，因而寿险投资往往可以做中长期投资，而且对资产的流动性要求比财产保险低。但是，投资时资产的流动性越强往往意味着收益性越低，流动资金的收入通常要低于固定投资收益，这就要求保险人根据预先估计的现金流量表对资金运用的结构进行合理安排，将一部分资金投资于流动性较强的项目，一部分资金投资于流动性较低的项目，从总体上确保具有一定的流动性。

保险资金运用的安全性、收益性和流动性三原则之间是相互联系、相互制约的。安全性是收益性的基础，流动性是安全性的保证，收益性是安全性和流动性的最终目标。从总体上讲，安全性和流动性通常是成正比的，流动性越强风险越小、安全性越高，反之亦然。流动性、安全性与收益性成反比，流动性强、安全性好的资产往往收益低，而流动性差、安全性不好的资产盈利能力强。因此，保险资金运用一定要注重安全性、收益性和流动性的合理组合，在保证投资安全性和流动性的前提下，追求最大限度的收益。

第三节 保险资金运用的方式

从理论上说，保险资金运用可以选择资本市场上的任何投资工具。但纵观世界各国保险公司的投资情况发现，它们选择的往往是那些收益性、风险水平及流动性与公司经营战略、产品特色相适应的投资工具，并受到各国保险法律法规的制约和资本市场发达程度的影响，其投资形式虽然多种多样，但主要包括债券、股票、基金、不动产、贷款、银行存款等几种方式。

重点提示： 债券、股票、基金、不动产、银行存款等投资方式的比较。

一、债券

债券的利率固定，利息支付与发行主体的业绩无直接关系，有些发行者还建立了偿债基金，收益有保证，债券的市场价格较稳定，而且债券还是一种流动性较强的证券，证券市场越发达，债券的流动性也越强，因此，长期以来购买债券一直是保险资金运用的主要方式。保险资金一般都有一定比例用于购买政府债券、金融债券和公司债券。在上述三种债券中，政府债券信用度高，风险几乎为零，而且利息可享受免税优惠，但收益率相对较低，在资产组合中的地位不如其他高收益的公司债券，而在对保险资金运用流动性需求日益增加的今天，其在某些国家保险公司资产组合的比例出现了上升的势头；金融债券的信用度也较高，收益率比政府债券还要高一些，但不能要求提前偿还，可以进入市场流通；公司债券的票面利率更高，可以流通转让，其风险比政府债券和金融债券高，存在信用风险，投资者对这些债券不可能拥有完全的信息，只能通过评级判断其信用程度。

从保险公司债券投资的实践来看，它拥有比股票更好的自由流动性和收益安全性，所以债券的行情时刻反映着整个投资市场的全貌。以美国为例，截至2021年底，美国保险业的现金及投资管理规模合计为7.5万亿美元，其中债券投资占比为62.6%。可见，债券投资是美国保险公司有价证券投资的主体项目。

二、股票

股票是股份有限公司公开发行的用以证明投资者股东身份和权益，并据以获得股息和红利的凭证。股票是投资人对发行公司“所有权”的反映，它与债券不同，是一种浮动收益的投资工具，股息的多少与发行公司的经营状况、股利政策密切相关。股票有较好的流动性，只能转让，不能退股，虽然预期收益率可能高于债券，但投资风险比较高。股票通常分为普通股和优先股两种。普通股指每一股份对公司财产都拥有平等权益并能随股份有限公司利润的多少而分取相应股息的股票，没有固定的股息，持有人有权参与公司的经营决策，并可能获得丰厚的股息回报，但因其收益随发行公司的经营状况而变化，以及二级市场上影响因素多而且价格波动大，存在巨大的市场风险。优先股指在分配公司收益和剩余资产方面比普通股具有优先权的股票，其特色在于发行时即已约定了固定的股息率且不受公司经营状况和盈利水平的影响，同时可以优先分派股息和清偿剩余资产，但不能分享超过固定股息率的收益增长份额，表决权亦会受到一定限制。对投资者而言，优先股的意义在于投资收益有保障，收益率一般会高于公司债券及其他债券的收益率。

保险公司进行股票投资的优点在于可转让，方式灵活，能够享有股东所具有的盈余分配权、剩余财产分配请求权、新股认购权、表决权等多项权利，能够获得较高的投资收益。股票投资的缺点在于股票价格的变动往往难以准确预测，风险较高，安全性低于其他有价证券。因此，保险资金投资股票要谨慎，应着眼长线，不宜短线追求暴利。为控制风险，一般各国对保险公司进行股票投资的比例都有所限制，有的国家甚至禁止寿险公司投资于股票。不过，国外保险公司对股票投资的重视程度一直在持续增强，股票投资占西方国家保险资金运用的比重也在不断增加。

三、基金

广义的投资基金即投资组织称为投资公司，是通过发售基金份额，汇集众多分散投资者的资金形成独立的基金财产，委托投资专家（如基金管理人），由投资管理专家按其投资策略统一进行投资管理，并由托管人托管，为众多投资者谋利的投资组织。狭义的投资基金是一种利益共享、风险共担的集合投资方式，是一种间接的投资工具。投资基金集合大众资金，以资产组合方式进行投资，基金份额持有人按其所持份额享受收益和承担风险。根据投资对象可以将基金划分为直接股权投资基金（在我国称产业投资基金、产业基金）和证券投资基金。产业投资基金是一种向特定投资者（通常是机构投资者）筹集资金，主要对未上市企业进行股权投资的集合投资方式；证券投资基金即专门投资于可流通证券的基金，其投资对象既可以是资本市场上的上市股票和债券，也可以是货币市场上的短期票据、金融期货、黄金、期权交易等。保险投资的主要对象是证券投资基金。

与债券、股票两种直接投资方式相比，保险公司购买证券投资基金实际上是一种委托投资行为，即通过购买专门投资管理公司的基金完成投资行为，基金管理公司负责资金的运营，保险公司凭所购基金份额分享证券投资基金的投资收益，同时承担证券投资基金的投资风险。证券投资基金与股票、债券并称为有价证券市场上的三大品种，但它们所反映的关系是有区别的，由此带来的收益和风险亦有所不同。例如，股票反映的是一种产权关系，其收益取决于多种因素的影响，投资收益是不固定的，风险性较大；债券反映的是债权人与债务人之间的借贷关系，双方通常事先确定利率，债务人到期必须还本付息，债权人的收益是固定的；证券投资基金反映的是一种信托关系，除公司型基金外，购买基金券并不是取得所购基金券发行公司的经营权，也不参加证券的发行、销售工作，只是分享基金公司的投资收益或分担其投资风险，同时还可以通过赎买方式抽回基金，故证券投资基金的投资风险要小于股票大于债券，其收益一般也大于债券投资。

四、不动产

不动产投资也就是房地产投资，是保险公司投资购买土地、房产，并从中获取收益的投资形式。保险业对不动产的投资大体包括两类：一类是保险公司因自身经营所需取得的不动产，包括办公楼及附属建筑；另一类是为了取得投资收益而投资的不动产，如投资于可改良或开发的地产，从事与正常营业无关的商业性房地产买卖等。这种投资的优点是保值程度高，其价值一般都是看涨的，往往成为抵御通胀的手段之一。不动产投资还具有长期性特点，对于寿险公司的长期资金运用比较适合，只要投资项目选择准确，便可获得长期、稳定的较高收益回报。但不动产投资流动性弱，单项投资占用资金较大，且因投资期限长，还存在着难以预知的潜在风险。因此，各国保险法规对保险人的不动产投资，尤其是纯粹为收益而进行的不动产投资往往加以严格限制，主要目的是使保险资产保持一定的流动性。

保险公司的不动产投资在 19 世纪中叶的欧洲即已出现，在日本寿险公司资金运用中也曾起到过非常重要的作用。进入 21 世纪以来，该投资方式开始为其他国家的保险公司所重视，如英国保险业投资于不动产的资金占其总资产的20%左右，美国不动产投资占保险业总资产的5%～15%。可见，不动产投资也是保险公司投资的主要项目之一。

五、贷款

贷款是指保险公司作为信用机构，以一定的利率和必须归还等为条件，直接将保险资金提供给需要者的一种放款或信用活动。保险公司进行贷款可以获得利息收入，可以和借款者建立稳定良好的客户关系，促进保险业务的开展。通过与借款者协商贷款利率、期限等还可以实现资产和负债的匹配。另外，还可以提高保险企业的知名度，树立良好的企业形象。保险公司的贷款可以分为信用贷款和抵押贷款两种形式，信用贷款的风险主要是信用风险和道德风险，而抵押贷款的主要风险是抵押物贬值或不易变现的风险。贷款的收益率则取决于市场利率水平。在20世纪70年代之前，贷款曾是日本保险投资最主要的方式，1975年日本保险企业贷款占总资产的比例是70%，到1984年以前贷款占总资产的比例一直在50%以上。但随着证券市场的发展和完善，债券、股票大量发行，贷款投资的比例不断下降，有价证券逐渐成为保险投资的主要方式。

六、银行存款

银行存款是指保险公司将暂时闲置的资金存放于银行等金融机构并获得利息收入的保险资金运用方式，这是最简单的投资方式。这种方式安全性好，流动性强，能满足保险公司保险金支付的需求，但收益率低，不能满足保险资金保值增值的要求。因此，一般除了作为根据现金流量测算确定的日常支付所需外，不应该将太多的资金存在银行。世界上许多国家的保险公司并不把银行存款看作保险投资的一种方式。

专栏10－2

美国、德国和日本寿险公司保险资金配置及收益

（一）美国

根据美国寿险业协会（ACLI）披露的数据，2005～2020年，美国寿险业投资比重最高的资产为债券类，基本在40%以上；其次为股票，占比在30%左右；抵押贷款证券比重持续下降，从2009年的13%降到2020年的7%左右；抵押贷款占比在6%～8%波动。

1. 美国企业债市场发达且利率较高，为寿险业第一大投资标的。自2005年

以来，美国寿险业企业债配置比重在32%～40%，占比最高，这与美国发达的企业债市场有关。据美国寿险业协会（ACLI）数据显示，自20世纪30年代以来，寿险公司一直是美国市场发行的公司债券的最大机构持有者。得益于寿险公司较大的投资体量，美国以私募或直接配售方式（保险公司直接与债券发行公司就发行条款进行谈判）发行的企业债占比非常高，寿险公司是直接配售市场的主要资金提供方。

2. 美国股票市场发达且回报率高，为寿险业第二大投资标的。得益于发达的股票市场，美国寿险业投资股票资产具有可选标的丰富、流动性强、长期看整体回报较高等优势。股票投资是美国寿险业第二大投资，2005年以来其占投资组合比重高达30%。美国寿险业投资收益率如下表所示：

2005～2020年美国寿险业投资收益率 单位：%

年份	2005	2006	2007	2008	2009	2010	2011	2012
收益率	4.90	5.35	5.71	5.71	4.60	4.33	4.35	4.25
年份	2013	2014	2015	2016	2017	2018	2019	2020
收益率	4.20	4.61	4.81	4.50	4.28	4.72	4.57	3.98

数据来源：ACLI，Wind，光大证券研究所。

（二）德国

在利率不断下行的背景下，德国寿险公司通过适当增配风险资产的方式稳定投资收益。2009年固收类、权益类资产配置比重分别为87.1%和5.6%，2020年分别为82.5%和11.9%，固收类资产占比下降4.6%，权益类资产占比上升6.3%。

此外，德国寿险公司不断探索另类投资方式。权益投资中参股投资配置增速快于股票投资：2009年参股投资比重为2.4%，股票投资占比3.2%；而2020年，参股投资占比7.3%，股票投资占比4.6%。2009～2020年德国寿险业资产配置情况如下表所示：

2009～2020年德国寿险业资产配置情况 单位：%

年份	固收	股票	参股投资	房地产	其他投资
2009	87.1	3.2	2.4	3.4	4.0
2010	87.1	3.2	2.3	3.5	3.9
2011	89.5	2.9	2.5	3.5	1.7
2012	89.3	2.7	2.5	3.8	1.7
2013	88.7	3.3	2.4	3.9	1.8
2014	88.5	3.5	2.3	3.9	1.9
2015	87.5	4.3	2.4	3.7	2.2
2016	85.9	4.4	3.7	3.6	2.4

续表

年份	固收	股票	参股投资	房地产	其他投资
2017	86.1	4.7	2.8	3.9	2.4
2018	84.5	4.8	5.7	3.3	1.6
2019	82.0	5.2	6.6	3.6	1.7
2020	82.5	4.6	7.3	3.9	1.8

数据来源：GDV，光大证券研究所。

德国保险业的资产配置体现了追求稳定的原则。2020 年寿险业净投资收益率为 3.74%，较 2007 年降低 0.91%，投资收益率虽不甚亮眼，但波动性较低。

（三）日本

2006~2020 年，日本寿险业有价证券投资占比从 73.7% 增加到 83.2%。其中国债始终为第一大投资标的（占总投资的比重在 22%~44%），海外证券为第二大投资标的（占总投资的比重在 12%~26%）。2007 年，股票投资占比 15%，金融危机后，国内股票投资比重一直维持在 6%~8%。

受低利率环境的影响，日本寿险业投资收益率相对较低，自 2006 年以来均未超过 3%。2005~2020 年日本寿险业一般账户的投资收益率情况如下表所示：

2005~2020 年日本寿险业（一般账户）投资收益率 单位：%

年份	2005	2006	2007	2008	2009	2010	2011	2012
收益率	—	2.45	1.90	0.39	1.86	1.79	1.92	2.36
年份	2013	2014	2015	2016	2017	2018	2019	2020
收益率	2.40	2.58	1.92	1.96	1.76	1.91	1.48	2.75

数据来源：The Life Insurance Association of Japan，光大证券研究所。

资料来源：光大证券；王一峰、郑群怡：低利率环境下的保险资金投资——保险行业系列报告四：基于美日欧经验的保险资金配置研究。

第四节　我国保险资金运用

重点提示：我国保险资金运用方式的规定；我国保险资金运用情况。

一、我国保险资金运用政策的演变

我国的保险资金运用是从 1980 年恢复国内保险业务开始的，随着对保险资金运用认识的加深和我国保险业不同时期发展的需要，国家对保险资金运用的政策也在不断地更新和完善。纵观我国保险业发展历程，对保险资金运用的监管政策经历了“放任—收紧—有限制地放宽”的螺旋式发展历程，保险投资的状况也随着监管政策的变化呈现出混乱期、规范期、开放期和完善期四个发展阶段。

（一）1980～1994 年的混乱无序阶段

这一时期的保险资金运用形式主要是银行存款。我国保险业处于复业阶段，资金总量小，缺乏通过资金运用实现保值增值的理念。另外，1979 年《中国人民银行关于恢复保险业务和加强保险机构的通知》颁布后很长一段时间内，全国只有中国人民保险公司一家保险机构，没有竞争压力，也没有资金运用的需求。1985 年国务院颁布《保险企业管理暂行条例》，明确了由人民银行对保险机构的设立、偿付能力、准备金和再保险等进行监管，但对保险资金运用却没有相关的规定。

由于缺乏制度约束，加上利率上升周期的高收益诱惑，这一时期的中国保险业呈现出一片混乱的投资局面。保险资金乱投资行为始于 20 世纪 80 年代，集中发生在 1992～1995 年。乱投资的领域极为广泛，主要包括信托、证券、信贷、拆借、担保和实体经济等。保险公司投资管理混乱，许多乱投资行为成为腐败的温床，特别是实体投资，案件频发。乱投资行为在全国绝大多数省市均有发生，投资主体包括自总公司以下的各级机构，甚至县级机构。而随着中央政府治理整顿、宏观调控等紧缩政策的实施，保险资金的诸多投资项目收益骤降、损失严重。据统计，某保险公司在此期间进行实体投资 45.57 亿元，60% 成为不良资产，无望收回；对外贷款 56.5 亿元，本息全部损失；拆出资金 4.77 亿元，损失 2.82 亿元，不良率 59%。这一阶段的惨痛教训促使随后颁布的《保险法》对保险投资行为进行了严格的限制。

（二）1995～2008 年的严格规范阶段

1995 年《保险法》颁布实施，取代了《保险企业管理暂行条例》，标志着对保险投资放任不管时代的彻底结束。1995 年《保险法》将保险资金运用严格限制在银行存款、政府债券、金融债券和国务院规定的其他渠道，有效地遏制了乱投资现象，控制了风险。但是随着保费规模的迅速增长，庞大的保险资金与狭窄的投资渠道之间的矛盾日益显现。从 1996 年 5 月开始，我国先后 8 次下调银行存款利率，1 年期年利率由 10.98% 下降到 2002 年的 1.98%，多家保险公司出现利差损。为了缓解保险资金收益率过低的困境，同时为了履行入世承诺，促进保险业与国际接轨，1999 年对保险法做了首次修改（2002 年 1 月 1 日实施），强化了保险监管，对 1995 年《保险法》第一百零五条的限制性规定做了相关的补充，允许保险资金进入同业拆借市场、投资企业债券、投资证券投资基金和向商业银行办理大额协议存款，确定保险资金间接进入证券市场的暂定规模为5%。2003年，允许保险资金投资中央银行票据。2004年年初，允许保险资金投资银行次级定期债务、银行次级债券和可转换公司债券。2004年2月，国务院发布《关于推进资本市场改革开放和稳定发展的若干意见》，明确保险资金可以直接入市。之后，相继出台了由原中国保监会与原中国银监会联合下发的《保险公司股票资产托管指引》《关于保险资金股票投资有关问题的通知》《关于保险机构投资者股票投资交易有关问题的通知》《保险机构投资者股票投资登记结算业务指南》《保险机构投资者股票投资管理暂行办法》等政策性文件，这些文件共同构成了保险资金股票投资的政策框架，为保险资金入市提供了政策依据。2005～2006年，原中国保监会又陆续颁布《保险机构投资者债券投资管理暂行办法》《保险资金间接投资基础设施项目试点管理办法》和《关于保险机构投资商业银行股权的通知》等规范性文件，不断拓宽保险资金运用渠道。2007年7月25日，原中国保监会会同中国人民银行、国家外汇管理局正式发布《保险资金境外投资管理暂行办法》，将保险资金运用拓展到国际市场，允许保险机构运用自有外汇或购汇、总资产15%的资金进行境外投资，从固定收益类拓宽到股票、股权等权益类产品。

（三）2009～2016年的四逐步开放阶段

2009年颁布的新《保险法》大幅度放宽保险资金投资渠道，标志着保险资金运用及监管进入一个新时代。基于新《保险法》的规定，保险公司的资金可运用于下列形式：银行存款；买卖债券、股票、证券投资基金份额等有价证券；投资不动产；国务院规定的其他资金运用形式。2010年8月，原保监会出台了《保险资金运用管理暂行办法》和《关于调整保险资金投资政策有关问题的通知》，允许保险资金投资无担保债和未上市股权等新投资领域。2010年又相继颁发了《保险资金投资不动产暂行办法》和《保险资金投资股权暂行办法》，从细节上规定了不动产投资和股权投资方面的具体规范。2012～2016年，原中国保监会又陆续颁布了一系列保险资金运用政策，主要包括：《保险资金委托投资管理暂行办法》（2012）、《保险资产配置管理暂行办法》（2012）、《保险投资股权和不动产暂行办法》（2012）、《保险资金投资债券暂行办法》（2012）、《保险资金境外投资管理暂行办法实施细则》（2012）、《保监会关于加强和改进保险资金运用比例监管的通知》（2014）、《关于保险资金投资集合信托计划有关事项的通知》（2014）、《中国保监会关于调整保险资金境外投资有关政策的通知》（2015）、《保险公司基础设施债权投资计划管理暂行规定》（2015）、《保险资金投资不动产暂行办法》（2016）等。各项政策的相继出台，进一步拓宽了保险资金运用渠道。同时，保险资金运用也进一步朝市场化迈进：引入了行业外受托管理人，开放了保险资管机构受托资金来源，开启了保险资金与资本市场的全面互通。而全面开放互通也引发了金融嵌套和跨监管套利苗头，暴露出保险资金运用方面潜在的监管漏洞和问题。

（四）2017 年至今的监管完善阶段

这一阶段，保险监管部门开始进一步强化对保险资金运用的监管，出台了一系列的规章细则，如：《中国保监会关于进一步加强保险资金股票投资监管有关事项的通知》（2017）、《保险资金运用管理办法》（2018）、《中国保监会财政部关于加强保险资金运用管理支持防范化解地方政府债务风险的指导意见》（2018）、《中国银保监会办公厅关于保险资金投资集合信托有关事项的通知》（2019）、《中国银保监会办公厅关于印发保险资金参与金融衍生产品交易办法等三个文件的通知》（2020）、《中国银保监会办公厅关于保险资金投资债转股投资计划有关事项的通知》（2020）、《中国银保监会关于保险资金财务性股权投资有关事项的通知》（2020）、《关于保险资金投资公开募集基础设施证券投资基金有关事项的通知》（2021），等等。相关监管政策的出台，使我国逐步建立起了涵盖资产负债管理、大类资产比例、投资管理能力、投资渠道和保险资管公司等较为完善的保险资金运用监管体系，使保险资金运用更加规范有序。

二、我国保险资金运用情况

（一）保险资金运用形式

随着保险资金运用监管新规的逐步出台与实施，我国保险资金运用方式经历了一个逐渐拓展并多样化的过程。目前，我国保险资金运用的方式基本上与国际接轨，主要包括货币类、固定收益类、权益类和另类投资工具等。按照 2018 年 1 月 26 日（原）保监会修订发布的《保险资金运用管理办法》的规定，我国保险资金运用形式主要有：银行存款；买卖债券、股票、证券投资基金份额等有价证券；投资不动产；投资股权；国务院规定的其他资金运用形式。

（二）保险资金运用规模

随着我国保险业的发展，保险业总资产的规模不断壮大。表 10－2 数据显示，2012～2021 年，我国保险业资产规模从 7.35 万亿元增加到24.89万亿元，这表明保险行业规模和抗风险能力明显提高。与此同时，我国保险资金运用规模也呈逐年增长趋势，从2012年的6.85万亿元增加到2021年的23.23万亿元，年均增长率为14.53%，2021年资金运用规模是2012年的3.39倍。

表10－2　2012～2021年我国保险业总资产与保险资金运用情况

单位：万亿元

年份	保险业资产	增长率（%）	资金运用总额	增长率（%）
2012	7.35	22.29	6.85	24.19
2013	8.29	12.70	7.69	12.15
2014	10.16	22.57	9.33	21.39
2015	12.36	21.66	11.18	19.81
2016	15.12	22.31	13.39	19.78
2017	16.75	10.80	14.92	11.41
2018	18.33	9.45	16.41	9.97
2019	20.56	12.18	18.53	12.91
2020	23.30	13.29	21.68	17.02
2021	24.89	6.82	23.23	7.14

资料来源：中国银保监会网站，华宝证券研究创新部。

（三）保险资金运用结构

如表10－3所示，2012～2021年，我国保险资金运用结构发生了显著变化，渐趋优化。其中，债券投资占比最高，且在经历2013～2015年的下降之后，从2016年开始稳定上升，2021年达到39.04%；股权投资比例相对稳定，总体在13%左右，2021年略有降低，为12.70%；银行存款占比呈逐年降低趋势，2021年为11.27%；其他投资占比总体呈现上升趋势。截至2021年末，保险资金通过股票、债券、股权等方式，服务实体经济直接融资规模18.88万亿元，占资金运用余额的81.27%。保险资金已成为我国债券市场第三大机构投资者、股票市场第二大投资者和公募基金最大机构投资者。

表10－3　2012～2021年我国保险资金运用结构　单位：%

年份	银行存款	债券投资	股票和证券投资基金	其他
2012	34.16	44.67	14.94	6.23
2013	29.45	43.42	10.23	16.90

续表

年份	银行存款	债券投资	股票和证券投资基金	其他
2014	27.12	38.15	11.07	23.66
2015	21.78	34.39	15.18	28.65
2016	18.99	33.69	13.91	36.06
2017	15.06	34.05	12.79	40.19
2018	13.58	35.05	12.51	39.08
2019	14.49	34.36	12.58	38.67
2020	13.33	35.48	13.27	37.67
2021	11.27	39.04	12.70	36.99

资料来源：中国银保监会网站，光大证券研究所。

（四）保险资金运用收益率

受资本市场的影响，2012～2021 年我国保险资金运用收益率先升后降，2018 年降到最低点 4.3% 之后，2019～2021 年趋于稳定，2021 年为 5.2%（见图 10－1）。2020 年，保险资金运用累计实现收益约 10987.22 亿元，同比增长 24.51%；财务收益率 5.41%，同比上升 0.47 个百分点；综合收益率 5.98%，同比下降 0.86 个百分点。

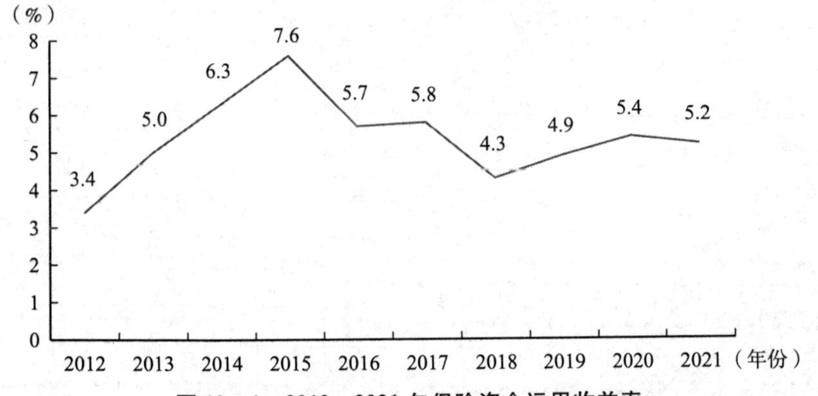

图 10－1　2012～2021 年保险资金运用收益率

资料来源：《2022 中国保险发展报告》。

本章总结

1. 保险资金主要由资本金、非寿险责任准备金、寿险责任准备金及其他资金来源构成。

2. 保险资金运用又称保险投资，是指在保险企业经营过程中，利用保险资金聚集与保险赔付的时间差，以及收费与支付间的价值差，对保险资金运用增值，以求稳定经营、分散风险的一种经营活动。

3. 保险资金运用对于保险企业经营的意义重大。主要表现在，它是应对激烈的市场竞争，维持保险企业经营的重要手段，是保险企业产品创新的内在要求，是促进保险业与资本市良性互动的重要途径。

4. 保险资金运用要遵循安全性、收益性和流动性三项基本原则，注重安全性、收益性和流动性的合理组合，在保证投资安全性和流动性的前提下，追求最大限度的收益。

5. 保险资金运用主要有债券、股票、基金、不动产、贷款、银行存款等几种方式。

练习与思考

1. 为什么要进行保险资金运用？

2. 保险投资于资本市场的重要意义是什么？

3. 保险资金运用可以选择哪些方式？

4. 你认为目前我国的保险资金运用还存在哪些不足？应采取哪些措施加以促进和完善？

第十一章
保险经营效益

本章提要

保险公司作为自主经营、自负盈亏的经济实体，经营的目的是盈利，因此保险公司要提高经营效益。本章主要讨论了保险经营效益的概念、特点以及提高保险经营效益的途径；介绍了衡量保险公司经营效益的一系列指标及初步分析方法、保险公司的财务报表及分析方法。

学习目标

理解保险经营效益的概念、特点及提高保险经营效益的途径。

了解保费收入增长率、赔付率、成本利润率等保险经营效益指标。

了解保险公司的资产负债表、利润表、现金流量表，并对其做初步分析。

第一节　保险经营效益概述

一、保险经营效益的概念

重点提示：保险经营效益的概念；保险经营效益的内容。

追求经营效益是市场经济条件下商业企业的目标。保险公司作为商业经营主体，同样也要追求经营效益的最大化。

所谓保险公司经营效益，是指保险公司以尽可能小的经营成本为社会提供尽可能多的符合需要的社会保障服务。从微观角度看，保险经营效益的实质，就是保险企业所耗费的物化劳动和活劳动的总量与被社会所承认的必要劳动量之间的对比关系。具体而言，保险经营效益就是经营成本与收益之间的对比关系。如果保险收益大于保险经营成本就有保险经营效益，反之，则无经营效益。

经营效益衡量了公司投入和产出之间的关系。也就是说，保险公司通过投入一定的人力和资本，尽可能多地提供社会保障产品，或者在提供同样数量社会保障的条件下，尽可能少地使用人力和资金投入。投入一定的情况下，产出较多就是经济效益较好；反之则经济效益较差。在很多情况下，公司的利润可以在一定程度上反映经济效益的情况。

二、保险经营效益的内容

反映保险企业经营效益的综合性指标是利润。保险公司的经营效益与其他行业相比有其独特的内容与特点。具体而言，保险经营效益的主要内容有：一是以尽可能少的承保成本，获得尽可能多的承保利润，这是保险经营效益的核心内容；二是以尽可能少的投资成本，获得尽可能大的投资收益。这是保险经营效益的重要补充，有利于发挥保险的职能和作用。

可见，经营效益取决于公司在一定时期内投入产出关系的对比。但是，由于保险公司自身经营的特殊性，使得保险公司的经营效益不易衡量。

一方面，保险公司的成本、利润具有预计性。对一般企业而言，成本是确定的。产品销售完毕，销售收入减掉相关成本费用，就可以得到确定的利润。但是对于保险公司而言，尤其是经营长期险业务的寿险公司，成本有很大的预测性和不确定性。保险公司往往是提前预收保险费，这些保费除了有一小部分用于当年的赔付之外，大部分被保险公司以准备金的形式预留在公司内部以应付未来年度的赔付责任。这部分准备金的预留保费是按照损失发生的概率和经营的经验来进行计提的，是对未来损失分布的预测，只能大概地满足未来的赔付需要。在成本不确定的情况下，每个会计年度所计算的承保利润也就具有很大的预计性或者不确定性。如果我们以利润作为衡量保险公司经营效益的指标，则衡量结果会在很大程度上因对成本预测方法的不同而发生变化。

另一方面，保险产品的特点也给保险经营效益的衡量带来了困难。保险公司提供的产品是对社会的风险进行经济保障，实际保障作用的大小是通过保险赔款的多少来具体体现的。因此，从社会角度看，保险公司支付的赔款数量越多其社会效益越大。而赔款支出是保险经营成本的主要组成部分，赔款越多，成本越高，保险公司的利润就会相应减少，从而降低了保险公司自身的经营效益。由此可看出，保险公司自身经营效益和社会效益之间存在此消彼长的矛盾。但是，由于保险具有一定的社会公益性，决定了保险企业不能把谋取自身盈利放在第一位，当保险企业自身效益与社会效益发生矛盾时，首先要考虑和满足社会效益的要求，而不能把利润最大化作为保险企业经营的首要原则。这样，单纯以利润的多少来衡量并不能全面反映保险公司的经营效益情况。

三、提高保险经营效益的途径

（一）提高承保质量，增加保费

提高保险经营效益的首要途径是增加保费收入。在一定条件下，保险公司的经营利润取决于保费收入的增长量。但是，增加保费收入只是提高经营效益的必要条件。因为，保费急速增长而保单质量下降的条件下，保险公司未来风险也会加大，这并不必然会带来公司利润的增长。所以，提高承保质量与提高保费相结合是提高保险经营效益的重要举措。

（二）加强保险公司财务管理

保险经营的特点决定了财务处理对于公司经营效益衡量的重要意义。改变准备金提取的方法将直接影响当年的利润数量，而财务管理中资产的分配对于利润的影响也是非常关键的。例如，对保险基金的资产配置而言，是投资银行储蓄还是投资资本市场，是海外投资还是国内投资，都将直接影响投资收益水平。投资收益作为利润的重要内容，对现代保险公司的发展至关重要，因此是需要特别关注的。

（三）提高保险经营管理水平

在保费收入一定的条件下，保险公司经营效益的高低很大程度上取决于公司的经营管理水平。保险公司经营管理水平直接决定公司的成本高低，并最终影响企业的利润水平。保险公司的成本支出，除了带有预计性的准备金，还有大量的经营费用，这些费用支出是与保险公司经营管理水平直接相关的。一般来说，保险经营管理涉及公司许多方面，包括了财务管理、信息管理、人力资源管理、业务管理等，经营管理水平的提高有利于降低经营管理费用、降低成本，提高经营效益。

（四）提高员工素质

保险行业作为劳动密集型的金融服务业，人力资本质量对于保险公司的经营效益有着重要的意义。通常而言，因为信息不对称，劳动力总存在“偷懒”“卸责”等机会主义行为。一个组织如何避免或者减少组织内个体的这些行为，将直接决定这个组织的发展。通过建立合理的组织结构，实施激发员工的规章制度，建立长效培训机制等方式，将大大提高员工的素质，减少机会主义行为。这对于保险公司的长期健康发展是必不可少的。

第二节　保险公司经营效益指标

重点提示： 保费收入、赔付率、费用率、资金运用、利润等指标的理解和分析。

一、保费收入指标

（一）有关保费收入的几个概念

1. 入账保费。入账保费是指保险公司在一定的时期内签发的保险单项下已经收到的和尚未收到的保费总额。

（1）非寿险入账保费。非寿险的入账保费是指该时期签发保单项下的全部应收的保费，包括已实际收到的保费和尚未实际收到的保费。

（2）寿险入账保费。寿险入账保费按实收保费数额入账，即寿险的入账保费是一定时期内实际收到的保费，应交而逾期未交的保费不入账。

（3）储金性非寿险入账保费。储金性非寿险入账保费是指储金在本年度内所产生的利息。

2. 应收保费。应收保费是权责发生制条件下的概念。它是指已经入账即已经记录为本期保费收入，但尚未实际收到的保费。

3. 实收保费。实收保费即保险企业在一定时期内实际收到的保费，它包括已记录为上期保费收入但实际是在本期收到的保费，而不包括记为本期保费收入但尚未实际收到的保费。公式为：

本期实收保费 = 本期入账保费 + 本期初应收保费 − 本期末应收保费

其中，本期初应收保费，就是上期末的应收保费。

4. 已赚保费。已赚保费又称已到期保费，指保险业务中，某一年度中可以用于当年赔款支出的保费收入。

已赚保费 = 入账保费 + 上年转回未赚保费 − 本年提取未赚保费

在寿险业务中，用于给付的不仅有保费收入，还有利息和投资收入，所以一般不使用已赚保费的概念。储金性非寿险业务中，每一年度的赔款支出只用当年的保费收入支付，所以由储金在每一年度所生利息转入的当年保费收入，全部是已赚保费。

5. 未赚保费。未赚保费又称未到期保费，指保险业务中，某一年度的入账保费中应该用于支付下一年度发生赔款的费用。因此，未赚保费就是入账保费中与保险责任尚未终止的那部分业务相对应的保险费。寿险、储金性非寿险一般不使用未赚保费的概念。

（二）保费收入指标

保费收入是衡量保险公司发展规模的客观尺度，同时也是提高经营效益的基础。在一定条件下，保费收入的数量和增长速度决定了保险公司经营的规模和发展态势。保费收入的衡量指标可以从发展速度、人均规模上进行量化，通常使用的指标有保费收入增长率和人均保费收入。

1. 保费收入增长率。保费收入增长率衡量了保险公司在一定的经营时期内报告期保费与基期保费收入的增长情况。计算公式为：

$$保费收入增长率=\frac{报告期保费收入-基期保费收入}{基期保费收入}\times 100\%$$

2. 人均保费收入。人均保费收入衡量了保险公司经过一定经营时期后，平均每个员工创造的保费数量。该指标越高，说明该公司员工的经营业绩越好，有利于提高保险公司的经营效益。计算公式为：

$$本年度人均保费收入=\frac{本年度保费收入}{本年度平均职工人数}$$

其中，本年度平均职工人数是年初职工人数与年末职工人数的平均数。

保费收入指标虽然可以客观地衡量一家保险公司的经营规模状况，但是保费收入高并不必然隐含着公司的经营效益高。例如，有些公司保费收入增长速度很快，人均保费数量很大，但由于在承保环节工作不到位，这些保单将来面临较大的赔付可能性。因此，仅用保费指标并不能如实反映公司的经营效益。

（三）保费收入增长分析

1. 保费收入增长的比较分析。保费收入增长的比较分析，是把某一时期（报告期）的保费收入与以前时期（基期）的保费收入进行比较的分析方法，包括保费收入增长额分析、保费收入增长率分析和保费收入的长期动态分析。

保费收入增长额是报告期保费收入与基期保费收入的差额；保费收入增长率是报告期保费收入增长额与基期保费收入的比率；保费收入的长期动态分析是根据连续若干年度的保费收入数据，计算其同比增长率和环比增长率，以观察保费收入在一个较长时期内的变动趋势。

2. 保费收入增长的因素分析。保费收入增长的因素分析步骤如下：

（1）建立保费收入与各因素之间的数学模型，即建立保费收入的计算公式：

$$P = A \times S \times R$$

其中，P 为某一险种在一定时期内的保费收入；A 为该险种的总承保数量；S 为该险种的平均保险金额（以下简称“年均保额”），S = 总保险金额/总承保数量；R 为该险种的平均保险费率（以下简称“年均费率”），R = 保费收入/总保险金额。

（2）分别收集报告期和基期的保费收入、承保数量、保险金额，计算报告期和基期的年均保额和平均费率。

设某保险公司 2021 年（报告期）和 2020 年（基期）人身意外保险的承保数量、保险金额、保费收入资料如表 11－1 所示。

表 11－1　　2020 年和 2021 年某公司承保意外伤害保险的相关资料

年份	2021	2020
承保人数（人）	5316725	4964255
保险金额（元）	10909346	8477403
保费收入（千元）	22692	17493

根据上述资料，分别计算出 2020 年和 2021 年的平均保额和平均费率，如表 11－2 所示。

表 11－2　　平均保额和平均费率计算表

年份	2021	2020
平均保额（元/人）	2051. 89	1707. 69
平均费率（‰）	2. 074	2. 063

（3）分别依次用报告期的各因素替代基期的相应因素将计算结果与未用该因素替代的计算结果相减，其差额即为该因素对保费收入的影响。

设基期的保费收入、承保数量、平均保额、平均费率分别为 P_0、A_0、S_0、R_0，报告期的保费收入、承保数量、平均保额、平均费率分别为 P_1、A_1、S_1、R_1。

①承保数量变化对保费收入的影响是：

$$A_1 \times S_0 \times R_0 - A_0 \times S_0 \times R_0 = (A_1 - A_0) \times S_0 \times R_0$$

用表 11－2 中的数据计算，则有：

$(5316725-4964255)\times1707.69\times2.063‰=1241739$（元）

这说明，由于2021年的承保人数比2020年增加352479人，使得保费收入增加了1241739元。

②平均保额变化对保费收入的影响为：

$$A_1\times S_1\times R_0-A_1\times S_0\times R_0=A_1\times(S_1-S_0)\times R_0$$

用表11-2中的数据计算，则有：

$5316725\times(2051.89-1707.69)\times2.063‰=3775324$（元）

这说明，由于每个被保险人的平均保险金额提高了344.20元，使得保费收入增加了3775324元。

③平均保险费率的变化对保险费收入的影响为：

$$A_1\times S_1\times R_1-A_1\times S_1\times R_0=A_1\times S_1\times(R_1-R_0)$$

用表11-1中的数据计算，则有：

$5316725\times2051.89\times(2.074‰-2.063‰)=1200003$（元）

这说明，由于平均费率提高了0.011个千分点，使得保费收入增加了1200003元。

二、赔付率指标

（一）有关赔款支出的几个基本概念

1. 已付赔款。已付赔款是指保险人已向被保险人或受益人支付的赔款额。

2. 未决赔款。未决赔款是指在保险有效期间内已经发生的损失，但尚未处理或已处理但尚未确立最后赔款金额、也未办理给付手续的赔款。为承担未决赔款的保险责任，保险企业应该提取相应的未决赔款准备金。

3. 承受的赔款。承受的赔款是指保险企业在一定时期内应付的赔款，既包括已付赔款，又包括未决赔款。

承受的赔款 = 已付赔款 + 今年提取的未决赔款准备金 − 上年提转的未决赔款准备金

（二）赔付率指标

赔付率是评价保险业务的经营状况、衡量保险企业经营效益的重要指标。赔付率指标包括简单赔付率和综合赔付率。简单赔付率是一个时期内的赔款支出占保险费收入的百分比。计算公式为：

赔付率 =（已决赔款 + 未决赔款）/ 保费收入 ×100%

综合赔付率是保险公司已发生赔款支出与已赚保费的比率。已发生赔款支出包括赔款支出、分保赔款支出与未决赔款准备金提转差，并扣除摊回赔款支出与追偿款收入；已赚保费包括当期保费收入和分入保费，并扣除分出保费和未到期责任准备金提转差。计算公式为：

综合赔付率＝已发生赔款/已赚保费×100%＝（赔付支出－摊回赔付支出＋提取未决赔款准备金－摊回未决赔款准备金）/（当期保费收入－分出保费＋分入保费－未到期责任准备金提转差）×100%

赔付率指标反映了保险公司对被保险人的经济损失或损害提供经济补偿或给付的保障程度。通过衡量该指标，可以分析实际损失与预期损失之间的偏差程度以及保险费率的准确程度；通过与全社会平均保险赔付率的比较，还可以了解本公司承保业务的经营水平。但保险赔付率不应过高或者过低。保险赔付率过高，从保险公司自身来讲，其承保利润减少，甚至亏损，表明其经营水平低，管理急需改善；赔付率过低，虽然保险公司的承保利润可能会有所提高，但从社会角度看，消费者得不到应有的经济保障，其对保险公司甚至整个保险行业的信任度下降，不利于保险公司的竞争和保险业的长远发展。

（三）赔付率变动的因素分析

将赔付率计算公式的分子、分母同除以年度平均有效保额。则可得：

$$赔付率=\frac{保额损失率}{平均费率}\times 100\%$$

其中，年平均有效保额＝1/2（本年承保金额＋上年承保金额）。

公式表明，赔付率取决于保额损失率和有效保单平均费率两个因素。利用该公式，可以对影响赔付率变动的因素进行分析，即测定保额损失率、平均费率的变动对入账保费赔付率的影响程度。

1. 保额损失率的影响。保额损失率的变动对入账保费赔付率影响的计算公式为：

$$\frac{本年保额损失率-上年保额损失率}{上年平均费率}$$

2. 平均费率的影响。平均费率的变动对入账保费赔付率影响的计算公式为：

$$\frac{本年保额损失率}{本年平均费率}-\frac{上年保额损失率}{上年平均费率}$$

三、费用率指标

（一）费用率

费用率亦称“综合费用率”，是保险公司经营费用净支出与已赚保费之间的比率。其中经营费用净支出包括：营业费用、手续费支出、佣金支出、营业税金及附加、分保费用支出和保险保障基金，并扣除摊回分保费用。计算公式是：

综合费用率=(业务及管理费+手续费及佣金支出+分保费用+税金及附加+保险保障基金-摊回分保费用)/已赚保费×100%

（二）费用降低率的分析

费用降低率是某一时期（报告期）的费用率与以前某一时期（基期）的费用率相比较的差额。通过费用降低率的分析，能反映保险公司经营管理水平的变化。其计算公式为：

综合费用降低率=报告期综合费用率-基期综合费用率

营业费用降低率=报告期营业费用率-基期营业费用率

在上述指标中，如果费用降低率越低，则说明保险经营管理水平提高幅度越大。

四、保险成本率指标

保险成本率是指在一定的经济、技术和经营环境下，保险公司每经营一定额度的保险金额与所耗费的保险成本量之间的比率。保险公司的主要成本即对发生了保险事故的被保险人所进行的赔偿和给付。除此之外，还有公司为了提供保险产品所需花费的费用。公司要想获利，它的保费收入和投资收入必须超过其赔付和营业费用。保险成本率的计算公式为：

$$保险成本率=\frac{赔款支出+费用支出+其他支出}{保费收入}\times 100\%$$

保险成本率是考核保险公司经营成本的主要指标，是与保险成本利润率和保险赔付率相联系的配套指标。无论是保险成本利润率还是赔付率的实现，都要耗费一定的成本，都必须以成本为基础。因此，对保险成本利润率和赔付率的考核，都必须以成本率的考核为前提。该指标的意义在于，可以对保险公司经营成本进行核算，有利于公司经营管理水平的提高和成本的降低。

五、保险资金运用指标

保险资金的运用是保险公司经营过程中的重要内容，也是现代保险业的新的利润增长点。保险公司的经营状况很大程度上依赖于保险资金运用的效果。通常，体现保险资金运用状况的指标有两个：保险资金运用率和保险投资收益率。

资金运用率是指保险公司在一定时期内投资总额占全部资产的比例，计算公式为：

$$资金运用率=\frac{投资总额}{全部资产}\times 100\%$$

保险投资收益率是指保险公司在一定时期内投资所获得的收益占投资资产的比例，计算公式为：

$$投资收益率=总投资收益/投资资产平均余额\times 100\%$$

该指标为保险公司保险资金运用收益情况提供了一个衡量的标准，借以评价各个保险公司的保险资金运用的情况，以便于各个保险公司之间的比较。并且，运用保险投资收益率指际，可以促进保险资金的运用能力、水平和收益率的提高。通过对各个保险公司之间的指标比较可以看出保险公司之间的竞争态势，指标低于平均收益率水平的保险公司，需要提高其保险资金运用能力，否则将可能在竞争中被淘汰。随着保险资金运用渠道的不断拓宽，这一指标具有越来越重要的意义。

六、利润指标

（一）利润

保险公司的经营目标是获取利润。利润是指在一定时期内，通过保险公司的业务经营活动，以其全部财务收入抵补全部财务支出后的结余。利润是企业生存和发展的原动力。利润指标是考核保险公司经济效益的综合指标，包括利润率、成本利润率和人均利润。

1. 利润率。利润率是指保险公司在某一年利润总额与该年度营业收入总额之间的比率。计算公式为：

$$利润率=利润总额/(保费收入总额+其他收入总额)\times 100\%$$

2. 成本利润率。成本利润率是保险公司利润总额与经营成本总额的比率。计算公式是：

$$成本利润率=利润总额/成本费用总额$$

成本利润率指标考核了保险公司获得利润的能力，同时又是衡量保险公司经营水平的综合性指标，具有对保险公司综合考核的意义。

3. 人均利润。人均利润是指在某一年度内保险企业平均每个职工所创造的利润。它是衡量保险企业每个职工平均创造多少经济效益的综合性指标。

$$人均利润=\frac{某年度实现的利润}{该年度平均职工人数}$$

（二）非寿险与寿险利润分析

1. 非寿险业务利润增长因素分析。非寿险业务利润的计算公式为：

利润 = 保费收入 + 转回责任准备金 − 提存责任准备金
− 赔款支出 − 费用支出 + 投资及利息收益
= 已赚保费 − 赔款支出 − 费用支出 + 投资及利息收益

上述公式表明，非寿险业务利润的多少，取决于已赚保费、已赚保费赔付率、已赚保费费用率、已赚保费利息率等几个因素。利用上述公式，可以对非寿险业务利润的变动进行因素分析，即测定各因素对利润变动的影响。

2. 寿险业务利润分析。寿险业务利润的计算公式为：

利润 = 毛保费收入 + 年初责任准备金 + 利息 − 保险金给付
− 费用支出 − 年末责任准备金

寿险业务的利润主要来源于：

（1）死差益。即预定死亡率高于实际死亡率使寿险业务产生的利润。当预定死亡率低于实际死亡率产生的亏损称为死差损。

（2）利差益。即由于实际收益率高于预定利率使寿险业务产生的利润。当实际收益率低于预定利率时，产生利差损。

（3）费差益。即由于实际费用率低于预订费用率使寿险业务产生的利润。而当实际费用率高于预订费用率时，产生费差损。

第三节 保险公司财务报表

重点提示：资产负债表、利润表和现金流量表的理解和分析。

保险公司财务报表是对保险公司财务状况、经营成果、现金流量的结构性表达。它是根据企业日常会计核算收集、加工、汇总而成的完整报告体系，用来反映公司资产、负债和所有者权益的情况以及一定期间的经营成本和财务状况的变动信息。

财务报表分析的主要作用是为相关当事人提供有价值的财务信息。对于投资者而言，通过报表分析可以了解公司的投资能力；对于保户而言，可以通过报表分析了解公司的偿债能力和流动性；对于公司本身而言，报表分析可以帮助其实现经营管理的目标；对于监管部门而言，财务报表分析是实现监管的重要手段，公司法定偿付能力的监管很大程度上依赖于这种分析方法。保险公司财务报表一般包括资产负债表、损益表、现金流量表以及其他附注报表。

一、资产负债表

资产负债表是反映公司某一特定日期财务状况的报表。该表揭示了公司在某个时点上的资产、负债、所有者权益以及它们之间相互关系的状态。该表也反映了保险公司所掌握的经济资源的总量，保险公司偿还债务的能力，股东的权益份额，以及公司未来的财务趋向。

资产负债表一般有两种格式，即账户式和报告式。

（一）账户式资产负债表

账户式资产负债表（也称左右式），是按照“T”字形账户的形式设计的资产负债表，将资产列在左边，负债及所有者权益列在右边，左右两边总额相等。

资产负债表中的资产分为金融资产和非金融资产，基本上是按流动性（变现能力）大小排列，流动性大的排在前，流动性小的排在后。负债分为金融负债和非金融负债，基本上是按偿还期限长短排列，偿还期限短的排在前，偿还期限长的排在后。所有者权益是按永久程度的高低排列，永久程度高的排列在前，永久程度低的排列在后。

账户式资产负债表的优点在于，能使资产和权益的恒等关系一目了然，尤其是易于比较流动资产和流动负债的数额和关系，但要编制比较资产负债表则颇为不便，尤其是3年期、5年期的比较资产负债表更为困难。此外，由于左资产、右权益的格式占据了不少横行空间、一些项目难以加括弧注释。我国保险会计实务中习惯于采用账户式资产负债表。资产负债表的具体格式如表11－3所示。

表11－3　　账户式资产负债表

编制单位：　　年　月　日　　单位：元

资产	期末余额	年初余额	负债和所有者权益	期末余额	年初余额
资产：			负债：		
货币资金			短期借款		
拆出资金			拆入资金		
交易性金融资产			交易性金融负债		
衍生金融资产			衍生金融负债		
买入返售金融资产			卖出回购金融资产款		

续表

资产	期末余额	年初余额	负债和所有者权益	期末余额	年初余额
资产：			负债：		
应收利息			预收保费		
应收保费			应付手续费及佣金		
应收代位追偿款			应付分保账款		
应收分保账款			应付职工薪酬		
应收分保未到期责任准备金			应交税费		
应收分保未决赔款准备金			应付赔付款		
应收分保寿险责任准备			应付保单红利		
应收分保长期健康险责任准备金			保户储金及投资款		
保户质押贷款			未到期责任准备金		
定期存款			未决赔款准备金		
可供出售金融资产			寿险责任准备金		
持有至到期投资			长期健康险责任准备金		
长期股权投资			长期借款		
存出资本保证金			应付债券		
投资性房地产			独立账户负债		
固定资产			递延所得税负债		
无形资产			其他负债		
独立账户资产			负债合计		
递延所得税资产			所有者权益（或股东权益）：		
其他资产			实收资本（或股本）		
			资本公积		
			减：库存股		
			盈余公积		
			一般风险准备		
			未分配利润		
			所有者权益（或股东权益）合计		
资产总计			负债和所有者权益（或股东权益）总计		

（二）报告式资产负债表

报告式资产负债表（也称上下式），指垂直列示资产、负债和所有者权益项目的一种格式，即上资产、下权益格式。

报告式资产负债表的优缺点和账户资产负债表相反，其优点是便于编制比较资产负债表，可在一张表内，平行列示相邻若干期的资产负债表，而且易于用括弧旁注方式证明某些特殊项目；缺点是资产与权益间的恒等关系并不一目了然。目前，许多西方国家保险公司会计实务中采用报告式资产负债表。

二、利润表

利润表是反映公司一定期间经营成果的会计报表。它是根据“收入 - 费用 = 利润”的平衡公式，按一定标准和顺序将一定期间的收入、费用和利润等各项具体会计要素适当排列而成。从利润表上，可以反映出一个公司的经营成果，是一张时期报表即动态报表。不同时期的报表是可以叠加的，比如去年和今年的利润表可以叠加起来，计算出两年的利润总和。利润表分单步式和多步式两种结构。

（一）单步式利润表

单步式利润表将所有的收入及所有的费用和支出分别汇总，两者相抵得出本期净利润。单步式利润表在计算利润时只有一个步骤，结构简单，但不能反映利润的构成情况，不能向报表使用者提供较为详细的分类信息，在进行比较分析时不是很方便。

（二）多步式利润表

目前保险公司多采用多步式利润表。多步式利润表是根据收入和费用相互配比的原则，按照利润的构成因素分为营业利润、利润总额、净利润、每股收益几个步骤，按性质加以归类，按利润形成的主要环节列示一些中间性利润指标，分步骤计算当期损益。多步式利润表的具体格式如表 11 - 4 所示。

表 11 - 4　　利润表

编制单位：　　　　年　　月　　日　　　　单位：元

项目	本期金额	上期金额
一、营业收入		
已赚保费		

续表

项目	本期金额	上期金额
保险业务收入		
其中：分保费收入		
减：分出保费		
提取未到期责任准备金		
投资收益（损失以“－”号填列）		
其中：对联营企业和合营企业的投资收益		
公允价值变动收益（损失以“－”号填列）		
汇兑收益（损失以“－”号填列）		
其他业务收入		
二、营业支出		
退保金		
赔付支出		
减：摊回赔付支出		
提取保险责任准备金		
减：摊回保险责任准备金		
保单红利支出		
分保费用		
营业税金及附加		
手续费及佣金支出		
业务及管理费		
减：摊回分保费用		
其他业务成本		
资产价值损失		
三、营业利润（损失以“－”号填列）		
加：营业外收入		
减：营业外支出		
四、利润总额（损失以“－”号填列）		
减：所得税费用		
五、净利润（损失以“－”号填列）		
六、每股收益		
（一）基本每股收益		
（二）稀释每股收益		

多步式利润表能够清晰地反映各类收入和成本费用项目之间的内在联系，可提供比单步式利润表更详细的信息，有利于分析和比较各个项目的增减变动对利润的影响。

三、现金流量表

虽然资产负债表反映了公司某一时点的资产、负债和所有者权益的总量和结构，但它没有说明其资产、负债和所有者权益发生变化的原因。利润表能够反映公司一定时期内的经营成果，说明其利润状况，但它不能保证公司继续经营所需的现金。因此，仅仅编制资产负债表和利润表是不够的。

现金流量表是反映公司在一定时期内经营活动、投资活动、筹资活动等对现金及现金等价物产生影响的会计报表。该表反映了公司在一定时期内有关现金和现金等价物流入流出的信息。通过对现金流量表的分析，可以评估公司在未来会计期间的现金力量，评价公司偿付债务及支付公司投资者报酬的能力，了解公司本期净利润与经营活动现金流量发生差异的原因等。

现金流量表由两部分组成：第一部分是现金流量正表，是报表的基本部分，反映各项经济活动现金流量和净流量；第二部分是报表的补充资料和附注，包括将净利润调节为经营活动现金流量、不涉及现金收支的重大投资和筹资活动、现金及现金等价物净变动情况。

（一）现金流量正表

现金流量正表是现金流量表的主体，公司一定会计期间现金流量的信息主要由正表提供。正表采用报告式的结构，按照现金流量的性质，依次分类反映经营活动产生的现金流量、投资活动产生的现金流量和筹资活动产生的现金流量，最后汇总反映公司现金及现金等价物净增加额，如表 11 - 5 所示。

表 11 - 5　　现金流量表

编制单位：　　　　年　　月　　日　　　　单位：元

项　目	本期金额	上期金额
一、经营活动产生的现金流量		
收到原保险合同保费取得的现金		
收到再保险业务现金净额		
保户储金及投资款净增加额		
收到其他与经营活动有关的现金		

续表

项 目	本期金额	上期金额
经营活动现金流入小计		
支付原保险合同赔付款项的现金		
支付手续费及佣金的现金		
支付保单红利的现金		
支付给职工以及为职工支付的现金		
支付的各项税费		
支付其他与经营活动有关的现金		
经营活动现金流出小计		
经营活动产生的现金流量净额		
二、投资活动产生的现金结算流量		
收回投资收到的现金		
取得投资收益收到的现金		
收到其他与投资活动有关的现金		
投资活动流入现金小计		
投资支付的现金		
质押贷款净增加额		
购置固定资产、无形资产和其他长期资产支付的现金		
支付其他与投资活动有关的现金		
投资活动现金流出小计		
投资活动产生的现金流量净额		
三、筹资活动产生的现金流量		
吸收投资所收到的现金		
发行债券收到的现金		
收到其他与筹资活动有关的现金		
筹资活动现金流入小计		
偿还债务支付的现金		
分配股利、利润或偿付利息支付的现金		
支付其他与筹资活动有关的现金		
筹资活动现金流出小计		
筹资活动产生的现金流量净额		
四、汇率变动对现金及现金等价物的影响		
五、现金及现金等价物净增加额		
加：期初现金及现等价物余额		
六、期末现金及现金等价物余额		

（二）现金流量表补充资料

现金流量表补充资料包括三部分：（1）将净利润调节为经营活动现金流量（即按间接法编制的经营活动现金流量）；（2）不涉及现金收支的重大投资和筹资活动；（3）现金及现金等价物净变动情况，如表11－6所示。

表11－6　　现金流量表补充资料

补充资料	本期金额	上期金额
1. 将净利润调节为经营活动现金流量		
净利润		
加：资产减值准备		
提取未到期责任准备金		
提取保险责任准备金		
固定资产折旧		
无形资产摊销		
长期待摊费用摊销		
处置固定资产、无形资产和其他长期资产的损失（收益以“－”号填列）		
固定资产报废损失（收益以“－”号填列）		
公允价值变动损失（收益以“－”号填列）		
利息支出（收入以“－”号填列）		
投资损失（收益以“－”号填列）		
递延所得税资产减少（增加以“－”号填列）		
递延所得税负债增加（减少以“－”号填列）		
存货的减少（增加以“－”号填列）		
经营性应收项目的减少（增加以“－”号填列）		
经营性应付项目的增加（减少以“－”号填列）		
其他		
经营活动产生的现金流量净额		
2. 不涉及现金收支的重大投资和筹资活动		
债务转为资本		
一年内到期的可转换公司债券		
融资租入固定资产		
3. 现金及现金等价物净变动情况		
现金的期末余额		
减：现金的期初余额		
加：现金等价物的期末余额		
减：现金等价物的期初余额		
现金及现金等价物的净增加额		

本章总结

1. 保险公司经营效益是指保险公司以尽可能小的经营成本为社会提供尽可能多的符合社会需要的社会保障服务。

2. 对保险经营效益可以下列指标进行衡量。保费收入指标可从人均保费收入的绝对数量和增长速度两个方面考察保险公司的保费增长；赔付率指标则是将赔款支出与保费收入联系起来衡量公司的赔付状况；成本利润率指标则是利用保险价格、保险成本衡量企业获利能力；保险成本率是对公司经营成本进行核算的指标；资金运用率指标按照投资收益占投资总额的比重，考察了公司使用资金的情况。

3. 保险公司的财务报表是反映公司资产、负债和所有者权益的情况以及一定期间的经营成本和财务状况的会计报表，主要包括资产负债表、利润表、现金流量表以及其他附注报表。

练习与思考

1. 经营效益的概念、特点分别是什么？

2. 公司提高其经营效益的途径主要有哪些？

3. 保险公司经营效益的指标是什么？

4. 什么是已赚保费？已赚保费与保险公司经营效益有何关系？

5. 分析保险公司的经营效益状况。

6. 简述保险公司的资产负债表、利润表、现金流量表等财务报表的概念。

第十二章
保 险 市 场

本章提要

本章主要讨论了保险市场的概念、构成要素和模式；介绍了保险公司的组织形式、内部组织机构及其设立、变更等；介绍了保险中介人的概念与种类；讨论了保险需求、供给以及影响保险供求的各种因素，简单介绍了中国保险市场的有关情况。

学习目标

理解和掌握保险市场基本概念、特点及其构成要素与模式。

了解保险公司的组织形式、内部组织结构等。

了解保险中介人的概念与种类，保险市场的监管等。

理解保险需求、供给的概念及影响保险供求的因素。

第一节　保险市场概述

重点提示：保险市场的概念、构成要素；保险市场的特点。

一、保险市场的概念

保险市场是指保险商品交换关系的总和，它是由保险参与各方形成的，交易对象是各种保险产品。理解保险市场可从其内涵和外延两方面来把握。保险市场的内涵指与保险交易过程有关的全部条件和交易的结果，包括保险产品的设计和销售、核保、保费缴纳、索赔和理赔、保险中介与风险管理服务等；保险市场的外延指它的交易或地域范围。

保险市场是沟通保险人、保险中介人和投保人、被保险人、受益人的桥梁，是提供和接受因自然灾害或意外事故造成保险责任范围内的经济损失或人身损害补偿或给付联系的场所。从狭义上讲保险市场就是在一定时间、一定地点交易保险商品的场所；从广义上讲，保险市场是指促进保险业务交易实现的诸多环节，包括保险人、保险中介人、被保险人、投保人、受益人、保险管理者在内的整个市场运行机制。

早期典型的保险市场出现在英国伦敦的伦巴第街，后来，随着“劳合社”海上保险市场的形成，参与保险交易的供给双方日渐清晰。传统的保险交易一般在某一固定的保险交易场所内或某一地域展开，或者围绕一些核心地点形成若干保险集中交易的场所。前者如英国特许皇家保险交易所、劳合社、美国 CATEX 保险交易所，后者如集中了百余家跨国保险公司的伦敦保险市场、纽约曼哈顿的纽约保险市场等。随着科技的发展和经济全球化的进程，保险业快速发展，承保技术变得非常复杂，竞争也日趋激烈，保险产品的销售出现区域化和全球化的特征，保险中介和风险管理服务逐渐兴盛。世界保险市场实现了从传统外延型保险市场向现代内涵型保险市场的转变。现代意义上的保险市场完全突破了有形市场的约束，包括了所有有形和无形的保险产品交易关系。

二、保险市场的构成要素

无论是财产保险市场，还是人身保险市场，其构成要素如下：首先是为保险交易活动提供各类保险商品的卖方或供给方；其次是实现交易活动的各类保险商品的买方或需求方；最后就是具体的交易对象——各类保险商品。后来，保险中介方也渐渐成为构成保险市场不可或缺的因素之一。这些要素归纳起来构成了保险市场必须具备的两大要素，这就是保险市场的主体和客体。

（一）保险市场的主体

一个完整的保险市场，其市场主体一般由供给方、需求方、中介以及监管方四类活动主体构成。保险供给方称为保险人或承保人，保险人一般以公司的形式存在，也有许多以非公司的形式存在。保险人承保的目的可能是通过承保风险获取经营利润，也可能是分散保险人内部成员面临的风险。保险需求方包括投保人、被保险人和受益人，需求方投保行为源于寻求合适的风险管理措施。保险中介人作为保险合同双方的媒介，为保险业务开展提供专业性服务，可以是自然人、也可能是专门的组织。保险监管方一般是政府组织，借助政府的强制力量维护市场秩序，实现其监管目标。

1. 保险商品供给方。保险商品的供给方是指在保险市场上，提供各类保险商品，承担、分散和转移他人风险的各类保险人。他们以各类保险组织形式出现在保险市场上，如国有形式、私营形式、合营形式、合作形式等。

2. 保险商品需求方。保险商品的需求方是指在一定时间、一定地点等条件下，为寻求风险保障而对保险商品具有购买意愿和购买力的消费者的集合。保险商品的需求方就是保险营销学所界定的“保险市场”即“需求市场”，它由有保险需求的消费者、为满足保险需求的缴费能力和投保意愿三个主要因素构成。

3. 保险市场中介方。保险市场中介方包括活动于保险人与投保人之间，充当保险供需双方媒介，把保险人和投保人联系起来并建立保险合同关系的人，如保险代理人和保险经纪人，也包括独立于保险人与投保人之外，以第三者身份处理保险合同当事人委托办理的有关保险业务的公证、鉴定、理算、精算等事项的人，如保险公证人（行）或保险公估人（行）、保险律师、保险理算师、保险精算师、保险验船师等。

（二）保险市场的客体

保险市场的客体是指保险市场上供求双方交易的对象，即保险商品。其形式是保险合同，保险合同实际上是保险商品的载体，其内容是保险事故发生时提供经济保障的承诺。保险商品是一种无形商品，具有非渴求性，且其消费与保险服务具有不可分割性（详见第二章第一节）。

三、保险市场的特点

保险市场的特点是由保险市场交易对象的特殊性所决定的。保险市场的交易对象是一种特殊形态的商品，因此，保险市场也具有其自身的特殊性。

（一）保险市场是直接风险交易市场

保险市场是直接的风险交易市场是就其交易对象而言的。保险市场的交易对象与其他市场有明显的不同。一般市场的交易对象是商品或劳务关系；保险市场的交易对象是保险商品，而保险商品与风险相关联——风险的客观存在是保险产生和发展的前提条件。因此，保险市场的交易就表现为投保人为转嫁风险而向保险人购买保险、保险人集聚和分散风险的过程。没有风险，投保人或被保险人就没有风险保障需求。“无风险，无保险”，所以保险市场是直接的风险交易市场。

（二）保险市场是非即时结清市场

所谓即时结清市场是指市场交易一旦结束，供需双方立即能知道交易结果的市场。无论是商品经济发展的初期还是当今发达的商品经济社会，大部分消费品市场的买卖活动仍旧是现场看货，现场购物，现场银货两清。即使是金融市场，虽然其债权信物关系的实现往往要有一定的“时间差”，通过“时间差”债权人得到相应的利益。但由于利率事先确定，借贷双方在交易完成时也是能够立即知道交易结果的。而保险交易活动，由于风险的不确定性使得保险双方在买卖保险时都不能确定其交易结果，即投保人在买保险时不能确定未来是否会获得保险赔付，而保险人在卖保险时也不能确定将来是否要对某一具体保险标的承担赔付责任，因而需要通过签订保险合同来明确双方的权利与义务。但是，保险合同的签订并不意味着保险交易的结束，恰恰是保险人履行赔付责任的开始，最终的保险交易结果取决于保险合同约定的保险事故（事件）是否发生。因此，保险市场是非即时结清市场。

（三）保险市场是特殊的“期货”交易市场

保险市场上任何一笔保险交易活动的完成，都是保险人对未来风险事故（事件）发生所导致的经济损失或人身损害进行赔偿或给付的承诺。而保险人是否履约取决于保险合同约定时间内是否发生了合同约定范围内的损失或损害。只有在保险期间发生了保险责任范围内的损失或损害，保险人才对被保险人进行补偿或给付。因此，保险双方交易的实际上是一种“灾难期货”，保险市场是特殊的期货交易市场。

（四）保险市场是政府积极干预性市场

由于保险具有广泛性的社会性，保险业的经营活动直接影响广大公众的利益，它所承担的是未来的损失赔偿责任，政府有责任保证保险人、保险中介人的偿付能力，以保障广大投保人、被保险人和受益人的利益。同时政府的监督管理对保护投保人、被保险人、受益人获得合理的保险条件和费用支付条件是必不可少的，所以即使在实行自由经济的国家，政府对保险业仍实行严格的监督和控制。如保险单格式、保险费率、各项责任准备金、资金运用等都受到政府的监督管理。

四、保险市场模式

经济学家罗宾逊（J. Robinson）将产业市场结构分成四类，即完全竞争、垄断竞争、寡头垄断和完全垄断。这一分类已成为经济学理论的经典。据此，保险市场也可分为四类。

（一）完全竞争市场模式

完全竞争市场模式是指在一个保险市场上有数量众多的保险公司，任何公司都可以自由进出市场。从理论上讲，这一模式应具备如下条件：①该市场有大量的保险供给者和保险需求者，其中任何人都只占市场的很小份额，任何人都不可能影响市场价格；②所有保险供给者提供的保险产品一致，需求者对保险产品的需求也没有差异，供给者与需求者的产权独立、明晰；③保险供给者和保险需求者对保险市场充分了解，信息是对称的；④任何公司都可以自由进入和退出保险市场；⑤交易成本为零。从经济学意义上讲，完全竞争市场是资源配置最优的市场。但是由于以上条件十分苛刻，实际上不可能都实现。因此，完全竞争市场只是一种理想化的市场。

（二）完全垄断市场模式

完全垄断市场模式是指一个国家或地区保险市场完全由一家保险公司所控制的市场状况，进入壁垒非常高。这家公司可以是国有公司也可以是私营公司。在这种市场状态下的保险公司，由于没有竞争的压力，也就缺乏改善保险产品、提高服务质量、降低保险费率的动力，垄断者可以凭借其垄断地位获得垄断利润。这一市场模式还有两种变形：一种是专业型垄断模式，即在一个国家的保险市场上，虽然存在着两家或两家以上的保险公司，但它们各自垄断某类保险业务；另一种是地区型垄断模式，即在一个国家保险市场上，同时存在两家或两家以上的保险公司，但它们各自垄断某一地区的保险业务，相互间没有业务交叉。

（三）垄断竞争市场模式

垄断竞争模式下的保险市场，大小保险公司并存，少数大公司在市场上取得垄断地位。这是一种既有垄断趋势，又有竞争成分的市场模式，是一种常见的市场形态。其主要特点是：①保险供给者数量多，彼此之间竞争激烈；②保险供给者提供的保险产品有差别，营销方式也有不同；③市场集中度低。一般来说，在完善的市场监管下，垄断竞争市场中的各保险公司可充分利用自己的优势，规划有竞争力的保险产品，制定合理的费率，开展保险宣传和促销活动，并树立自己的良好形象，从而提高市场竞争力。从经济学意义上讲，垄断竞争市场的效率次于完全竞争市场的效率。

（四）寡头垄断市场模式

寡头垄断市场模式是指在一个保险市场上，只存在少数相互竞争的保险公司，这少数几家保险公司所占的业务、资产、利润等方面的份额都很高，市场的垄断势力很强，进入和退出的壁垒较高。有经济学家认为，在寡头垄断市场中，仅有的少数几家大公司为了避免相互竞争而造成两败俱伤，往往采取公开或不公开的“合谋”行为，控制产量，操纵价格，形成市场垄断，从而损害消费者的利益。

第二节　保险公司

一、保险公司的组织形式

重点提示：保险公司的组织形式；保险公司设立、变更和终止的法律规定。

保险公司是指依法设立的专门经营风险、提供保险保障的企业。在各国保险市场上，保险公司的组织形式有很多种。按照公司经营的主体，可分为国营保险组织和民营保险组织；按照公司经营的目的，可以分为营利性保险组织和非营利性保险组织。一般来说，各国保险公司的组织形式主要有：

（一）国有独资保险公司

国有独资保险公司是国家授权投资机构或国家授权的部门单独投资设立的保险有限责任公司。其基本特征为：投资者的单一性，财产的全民性，投资者责任的有限性。因为只有一个股东，即出资者只有国家一人，故而也称为“一人保险公司”。国有独资保险公司不设立股东会，只设立董事会、总经理和监事会。因属国家所有，决定了国有独资保险公司具有以下优点：资金雄厚，给被保险人以安全感；多为大规模经营，风险较分散，业务稳定；一般采用固定费率，且费率较低；在公平经营基础上，注重社会效益，有利于实施国家政策。

（二）股份保险公司

股份保险公司是将全部资本分成等额股份，股东以其所持股份为限对公司承担责任，公司则以其全部资产对公司债务承担责任的企业法人，又称保险股份有限公司。股份保险公司的性质为组织资合性、资本股份性。由于保险公司是经营风险的企业，又是通过向社会公众收取保费进行赔付，其经营的好坏直接关系到社会的稳定，因此与一般股份公司相比，保险股份公司要求的资本金高，设立保险公司的注册资本的最低限额为人民币2亿元，且保险公司的注册资本必须为实缴货币资本。

1. 保险股份公司的特点。保险股份公司有自身的特点，主要包括以下三个方面：

（1）保险股份公司是典型的资合公司。股东以其持有股份对公司承担责任，公司的所有权与经营权相分离，有利于提高经营管理效率，增加保险利润，进而扩展保险业务，使风险更加分散，经营更加安全，对被保险人的保障更强。

（2）保险股份公司通常发行股票（或股权证）筹集资本，比较容易筹集大额资本，使经营资本充足，财力雄厚，有利于业务扩展。

（3）保险股份公司采取确定保险费制，比较符合现代保险的特征和投保人的需要，为业务扩展提供了便利条件。

2. 保险股份公司的优缺点。保险股份公司具有风险分散、规模庞大的优点，一般具有雄厚的财力，对被保险人的保障较大。因而许多国家的保险业法也规定，经营保险业者必须采用股份公司的形式。

保险股份公司的不足之处在于：

（1）公司的控制权操纵在股东之手，经营目的是为投资者攫取利润，被保险人的利益容易被忽视。

（2）对保险金的赔付，往往附以较多的限制性条款。

（3）对那些风险较大、利润不高的险种，保险股份公司往往不愿意开办。

保险股份公司的组织机构主要由权力、经营和监督三种机构组成。股东大会是保险公司的权力机构，公司的重大问题由股东大会决定。董事会是保险公司的经营管理机构，直接负责公司的经营管理事务。董事会对股东会负责，并向股东会报告工作，提出建议方案、执行决议等。监事会是保险公司的监督机构，负责检查公司财务；对公司高级管理人员的行为进行监督，当有违法或损害公司利益行为时，要求其予以纠正；提议召开股东大会等。

（三）相互保险组织

相互保险组织是为参加保险的成员之间相互提供保险的一种组织，主要包括相互保险公司和相互保险社两种形式。

1. 相互保险公司。相互保险公司是保险业特有的公司组织形式，是由所有参加保险的人自己设立的保险法人组织。相互保险公司具有如下特点：

（1）相互保险公司的投保人具有双重身份。相互保险公司是所有参加人为自己办理保险的需要而合作成立的法人组织，每个成员既是投保人和被保险人，同时又是保险人，只要交纳保险费，就可以成为公司会员，而一旦解除保险关系，其会员资格也随之消失。

（2）相互保险公司不以营利为目的。相互保险公司是一种非营利性的互助合作保险组织，公司以其成员交纳的保险费来承担全部保险责任，并以此为依据参与公司盈余分配，弥补公司亏损。公司的经营成果完全由社员分享，剩余收益或向社员分配，或分别摊还，或拨作公积金或准备金。

相互保险公司的内部组织机构由社员大会、董事会、监事会组成。社员大会是最高权力机构；社员大会选举产生董事会，由董事会任命公司高级管理人员，指定评议委员会作为业务经营执行机构；监事会是业务监督机构。

相互保险公司的组织形式比较适宜于人寿保险。目前，进入世界500强的寿险公司中，有近一半是相互保险公司。

2. 相互保险社。相互保险社是由一些有相同保险需求的人员组织起来成为一个集体，集体中一个成员遭受损失，由其他成员共同分担的保险组织形式。这种形式是最早出现的保险组织，也是保险组织的最原始形态，但目前在欧美国家仍然普遍存在，如伦敦保赔协会、人寿保险的友爱社（英国）、同胞社（美国）等。相互保险社具有以下特征：

（1）相互保险社的社员之间互相提供保险。相互保险社的每个社员都为其他社员提供保险，也获得其他社员提供的保险。

（2）相互保险社无股本，其经营资本的来源仅为社员缴纳的分担金。

（3）相互保险社的保险费采取事后分摊制，事先并不确定。相互保险社的成员预缴保险费，多退少补。社员投保时，预缴一部分保费，待保险事故发生时，再按照保险给付金的大小，由社员分摊。

（四）保险合作社

保险合作社是由一些对某种风险具有同一保障要求的人，自愿集股设立的保险组织，依合作的原则从事保险业务。它是同股份有限公司与相互保险公司并存的一种保险组织，一般属于社团法人，是非营利性机构。它以较低的保费来满足社员的保险需求，社员与投保人基本上是一体的。

1. 保险合作社的特点。保险合作社有以下特点：

（1）保险合作社由社员共同出资入股设立。保险合作社是一种非营利性的保险组织，它是由社员共同出资入股设立，被保险人只能是社员，社员只能是自然人，社员对保险合作社的权利以其认购的股金为限。

（2）保险关系的建立必须以成为保险合作社社员为条件。只有保险合作社的社员才能作为保险合作社的被保险人，但是社员也可以不与保险合作社建立保险关系，保险关系的消灭不会导致社员身份的丧失。

（3）保险合作社采取固定保险费制，事后不补，不足时从营运准备金中扣除。

2. 保险合作社与相互保险公司的比较。由于保险合作社与相互保险公司都属于合作保险，二者有很多共性：如均为非营利保险组织；保险人相同，投保人即为社员；决策机关相同，均为社员大会或社员代表大会；责任损益的归属相同，均为社员等。但二者也存在区别，主要表现在：

（1）保险合作社属于社团法人，而相互保险公司属于企业法人。

（2）就经营资金的来源而言，相互保险公司的经营资金为基金；保险合作社的经营资金包括基金和股金。

（3）保险合作社与社员间的关系比较永久，社员认缴股本后，即使不投保仍与合作社保持关系；相互保险公司与社员间，保险关系与社员关系则是一致的，保险关系建立，则社员关系存在；反之，则社员关系终止。

（4）就适用的法律而言，保险合作社主要适用《保险法》及合作社法的有关规定；相互保险公司主要适用《保险法》的规定。

（五）个人保险组织

个人保险组织是自然人充当保险人的保险组织。由于个人资本能力和信誉有限，全球个人保险组织很少。目前，世界上只有劳合社是个人保险组织，劳合社并不是一个保险公司，而是一个保险市场或保险社团。劳合社的每个社员就是一个保险人，每个保险人对自己承保业务负责。

（六）其他保险组织

除了上述保险的组织形式外，还有一些特殊的保险组织形式，如自我保险安排、专属保险公司等。

1. 自我保险安排。有些所有者，特别是大公司、市政当局和其他公共单位并不将风险转移给外部独立的承保人，而是自己为自己面对的潜在风险进行保险。真正采取自我保险安排的实体使用商业保险人能使用到的一切原理和方法：单独设立一笔充足的流动资金作为保险基金；定期向该保险基金注入充足的保费；如同将风险转移给外部独立保险人一样，采取损失控制措施。大型公司通常还设立专门的保险部门，由了解保险理论和实务的专业管理人员管理。

公司使用自我保险安排可能源于三项原因：（1）比使用外部保

险成本低；（2）难以为公司所需险种找到合适的承保人；（3）避免泄露商业机密。只要保证了足够的安全性，自我保险安排比商业保险的成本更低。它避免了支付展业费（佣金）、保费税及其他税项、商业保险公司预期的利润。在高利率时期机会成本较商业保险低，因为对于那些在未来几个月甚至几年中都不会有损失赔付的险种，通过自我保险安排而不是对外支付保费将资金留在公司内部。自我保险安排是否合理需要经过一段较长的时间才能检验出来。例如对火灾这类损失发生频率很低的险种来说，比较 20 年期的自我保险安排和商业保险的成本并不能得出哪个更好，因为一次火灾事故的损失就可能远远超过 20 年期间支付的保费总和。

自我保险安排使用于多种风险和危险，如火灾险、汽车伤害险、员工赔偿险及其他一些险种。损失频率越高，损失程度越低，自我保险安排就越可行。一般来说，一个稳妥的自我保险安排应由公司承担自留额内的损失，再由商业保险公司提供超额保险。值得注意的是，在责任保险中理赔的公平性难以把握，大多数行业都希望至少有一部分责任风险由专业保险人承保。如在处理员工赔偿问题时有些雇主希望由第三方出面协商以降低雇员的道德风险。

2. 专属保险公司。专属保险公司是由非保险业的大型企业或企业集团投资设立的附属保险机构，该机构主要为母公司的风险进行承保。

自 1950 年以来，专属保险公司的设立逐渐受到重视。如跨国公司业务规模庞大，资产分散在许多不同的国家，其选择在保险税负较轻的国家或地区设立专属保险公司，不仅减少了税负，还可获得独立保险人难以提供的保障。

专属保险公司的优点有：（1）较低的保险成本；（2）损失赔付前可动用分配基金；（3）提供稳定的保险市场；（4）更加重视自身的风险控制措施；（5）险种更全，且无除外责任；（6）在再保险市场上以较优惠的价格为那些很难投保的风险获得限制较少的再保险。

节税是设立专属保险公司最基本的原因。以美国为例，税法规定公司不能将自保基金作为费用从税前扣除，但支付给保险公司的保费就可以。某些情况下，向专属保险公司支付的保费允许税前扣除。但有时还需要一个保险公司做出面业务公司。公司首先从保险公司处获得保单，然后向本公司的自保公司进行再保险。出面业务公司通常承保部分风险并提供一些重要服务。由于对再保险业务的税收和监管规定不像原保险业务那么严格，母公司就能够对保费作税前扣除了。专属保险公司一般设立在税收较为优惠的地区，如英属百慕大规定：凡缴付给专属保险公司的保费可从所得税中扣除；专属保险公司的保险收益可以免缴或缓缴所得税。百慕大集中了全世界约 70% 的专属保险公司。需要注意的是，有的专属保险公司是由多个母公司合资成立的。许多专属保险公司也向不属于母公司所有的非保险公司出售保险，这增加了全球的承保能力，也为母公司创造了新的利润源泉。

二、保险公司的组织构架

保险公司的组织构架是保险公司正常运作所必需的功能部门。保险公司是经营风险的企业，其主要业务包括两大部分：一是承保业务；二是投资业务。承保业务是通过向投保人收取保费形成保险基金，用于对保险责任范围内的事故进行赔付；投资业务是对保险承保业务过程中形成的主要以各种准备金存在的暂闲资金加以运用以实现资金的保值增值的活动。保险公司的运作需要其内部各功能部门的有机联系和相互协作。从寿险和健康险保险公司来看，主要包括营销、精算、核保、客户服务、理赔、投资、会计、法律、人力资源和信息系统等部门。

（一）营销部门

保险营销是以保险为商品，旨在满足被保险人的风险保障需要、实现保险企业经营目标而进行的一系列活动。保险营销部门的职责主要是进行保险市场调研、选择目标市场、产品开发与设计（包括开发新产品和对现有产品的改进）、保险营销渠道的选择、保险产品促销策略的选择等。

（二）精算部门

保险精算是依据经济学的基本原理和知识，利用现代数学方法，对各种保险经济活动未来的财务风险进行分析、估价和管理的应用科学。通过保险精算为保险公司的经营管理、决策提供科学方法和基础。精算部门的主要职责是进行风险评估、厘定保险费率、计提各种准备金、计算保单现金价值、进行资产评估、财务分析、保险产品的适销性分析和利润分析、偿付能力的衡量等。

（三）核保部门

核保是保险人对投保申请进行评估、鉴定和选择，以决定是否接受投保，并在接受风险的情况下，决定保险费率的过程。因此，核保部门的主要职责是根据投保单、体检报告书等内容对保险标的进行风险评估和选择，从而确保实际的事故发生率不超过厘定费率时预期的水平。通常情况下，由核保部门和精算部门共同建立核保准则和标准。

（四）客户服务部门

保险公司的客户服务部主要是为客户提供服务的部门，其主要职责是提供信息咨询、帮助解释保单术语，进行有关被保险人住址、受益人及保费缴纳等事项的变更，处理保单贷款和保单现金价值的选择，寄送缴纳保费通知、业绩及红利分配报告书，收取保费等。

（五）理赔部门

理赔是对被保险人或受益人提出的索赔请求进行处理的行为。因此，理赔部门的主要职责是受理并审查索赔申请，审核保险责任和进行损失调查，计算赔付金额及损余处理，向被保险人或受益人支付保险金，进行代位追偿。

（六）投资部门

保险公司投资部门的主要职责是进行保险资金运用环境尤其是金融市场的调查，根据公司董事会制定的投资方针和决策进行投资活动。

（七）会计部门

保险公司会计部门的主要职责是根据保险会计准则编制和发布会计报告，管理公司职工薪金，监督保险公司的财务预算，保存保险公司财务结果和公司有效运作的记录等。

（八）法律部门

保险公司法律部门的主要职责是确保公司的各项经营活动遵守国家的各项法律法规，研究国家法律法规并制定公司的具体实施措施，向理赔人员提供建议，与会计部门共同确定公司的纳税责任，处理投资协议，代表公司对外处理有关法律事宜，帮助设计保单格式及内容等。

（九）人力资源部门

人力资源部门主要负责制定公司有关员工的雇用、培训和解聘制度及其实施，制订公司岗位和薪酬方案，根据国家劳工法制订和管理员工的福利计划。

（十）信息系统部门

保险公司信息系统部门主要负责开发和维护公司的计算机系统，提供准备财务报表所需数据，保存公司业务记录，进行分析和选择公司使用的程序和系统。

三、保险公司的设立

我国《保险法》第六条规定："保险业务由依照本法设立的保险公司以及法律、行政法规规定的其他保险组织经营，其他单位和个人不得经营保险业务。"也就是说，经营商业保险业务的只能是依法设立的保险公司，未经法定部门批准的任何单位和个人不得经营商业保险业务。

（一）设立保险公司的条件

我国《保险法》第六十八条规定，设立保险公司应当具备下列条件：主要股东具有持续盈利能力，信誉良好，最近三年内无重大违法违规记录，净资产不低于人民币 2 亿元；有符合本法和《中华人民共和国公司法》规定的章程；有符合本法规定的注册资本；有具备任职专业知识和业务工作经验的董事、监事和高级管理人员；有健全的组织机构和管理制度；有符合要求的营业场所和与经营业务有关的其他设施；法律、行政法规和国务院保险监督管理机构规定的其他条件。

（二）设立保险公司的程序

设立保险公司除了要具备上述条件外，还要履行一定的申请程序。

1. 申请。申请设立保险公司，应当向国务院保险监督管理机构提出书面申请，并提交下列材料：

（1）设立申请书。申请书应当载明拟设立的保险公司的名称、注册资本、业务范围等。

（2）可行性研究报告。

（3）筹建方案。

（4）投资人的营业执照或者其他背景资料，经会计师事务所审计的上一年度财务会计报告。

（5）投资人认可的筹备组负责人和拟任董事长、经理名单及本人认可证明。

（6）国务院保险监督管理机构规定的其他材料。

2. 筹建。在接到申请书后，保险监管机构根据有关政策、法律和行政法规进行初步审查合格后，要通知申请人批准筹建。申请人按照《保险法》和《公司法》的有关规定进行保险公司的筹建。保险监管机构对保险公司筹建申请批准期为 6 个月。经保险监管机构批准筹建的保险公司应在一年内完成筹建工作。筹建期内不得从事任何保险业务活动。筹建工作完成后就可向保险监管机构提出开业申请。

3. 开业。筹建工作完成后，申请人具备《保险法》第六十八条规定的设立条件的，可以向国务院保险监督管理机构提出开业申请。国务院保险监督管理机构应当自受理开业申请之日起六十日内，作出批准或者不批准开业的决定。决定批准的，颁发经营保险业务许可证；决定不批准的，应当书面通知申请人并说明理由。

经批准设立的保险公司及其分支机构，凭经营保险业务许可证向工商行政管理机关办理登记，领取营业执照。保险公司及其分支机构自取得经营保险业务许可证之日起六个月内，无正当理由未向工商行政管理机关办理登记的，其经营保险业务许可证失效。

四、保险公司的变更和终止

（一）保险公司的变更

保险公司依法设立后，在其存续期间内，凡是依法对以下重要情况进行变动均须报经保险监管机构批准：

（1）变更名称。

（2）变更注册资本。

（3）变更公司或者分支机构的营业场所。

（4）撤销分支机构。

（5）公司分立或者合并。

（6）修改公司章程。

（7）变更出资额占有限责任公司资本总额5%以上的股东，或者变更持有股份有限公司5%股份以上的股东。

（8）国务院保险监督管理机构规定的其他情形。

保险公司更换董事长、总经理，属于公司的重大事项，必须报经保险监管机构批准。保险监管机构对保险公司董事长和总经理有严格的任职资格条件，更换的董事长和总经理必须符合关于金融机构高级管理人员任职资格的条件。

（二）保险公司的终止

1. 保险公司的解散。保险公司的解散是指保险公司停止开展业务活动，开始处理未了事务，通过办理清算行为，使保险公司作为法人的资格消灭。

保险公司因分立、合并需要解散，或者股东会、股东大会决议解散，或者公司章程规定的解散事由出现，经国务院保险监督管理机构批准后解散。经营有人寿保险业务的保险公司，除因分立、合并或者被依法撤销外，不得解散。保险公司解散，应当依法成立清算组进行清算。

2. 保险公司的破产。《中华人民共和国企业破产法》第二条规定："企业法人不能清偿到期债务，并且资产不足以清偿全部债务或者明显缺乏清偿能力的，依照本法规定清理债务。企业法人有前款规定情形，或者有明显丧失清偿能力可能的，可以依照本法规定进行重整。"

《保险法》第九十条的规定："保险公司有《中华人民共和国企业破产法》第二条规定情形的，经国务院保险监督管理机构同意，保险公司或者其债权人可以依法向人民法院申请重整、和解或者破产清算；国务院保险监督管理机构也可以依法向人民法院申请对该保险公司进行重整或者破产清算。"

破产财产在优先清偿破产费用和共益债务后，按照下列顺序清偿：（1）所欠职工工资和医疗、伤残补助、抚恤费用，所欠应当划入职工个人账户的基本养老保险、基本医疗保险费用，以及法律、行政法规规定应当支付给职工的补偿金；（2）赔偿或者给付保险金；（3）保险公司欠缴的除第（1）项规定以外的社会保险费用和所欠税款；（4）普通破产债权。破产财产不足以清偿同一顺序的清偿要求的，按照比例分配。

经营有人寿保险业务的保险公司被依法撤销或者被依法宣告破产的，其持有的人寿保险合同及责任准备金，必须转让给其他经营有人寿保险业务的保险公司；不能同其他保险公司达成转让协议的，由国务院保险监督管理机构指定经营有人寿保险业务的保险公司接受转让。转让或者由国务院保险监督管理机构指定接受转让前款规定的人寿保险合同及责任准备金的，应当维护被保险人、受益人的合法权益。

保险公司依法终止其业务活动，应当注销其经营保险业务许可证。

第三节　保险中介人

重点提示：保险代理人、保险经纪人和保险公估人的概念、作用及相关规定。

一、保险中介人概述

保险合同的订立和履行是一个非常复杂的过程，在这个过程中涉及方方面面的知识和问题。如投保过程就涉及识别风险、估算损失、选择保险人、选择保险险种、确定保险金额、对保险合同的内容和条款如何理解、投保后如何加强防灾防损、如何解决保险合同履行过程中所出现的纠纷等。与此同时，多数的投保人和被保险人缺乏保险方面的知识和经验，因此在保险合同的签订和履行过程中，就需要一些介于保险人和投保人（或被保险人）之间的中介人向投保人或被保险人提供这方面的帮助。

保险中介人又称保险辅助人，是专属从事保险销售或者理赔、业务咨询、风险管理活动安排、价值评估、损失鉴定与理算等经营活动，并依法收取佣金或手续费的组织或个人。保险中介人的主体形式多样，但主要包括保险代理人、保险经纪人和保险公估人，他们在保险业务发展中扮演着非常重要的角色。

二、保险代理人

（一）保险代理人的概念

根据《保险法》第一百一十七条规定：“保险代理人是根据保险人的委托，向保险人收取佣金，并在保险人授权的范围内代为办理保险业务的机构或者个人。保险代理机构包括专门从事保险代理业务的保险专业代理机构和兼营保险代理业务的保险兼业代理机构。”保险代理人是保险人的代表，代表的是保险人的利益。根据有关法规的规定，保险代理人所代理的业务范围主要包括招揽和受理业务、收取保险费等。

（二）保险代理人的种类

根据我国《保险法》的规定，我国保险代理人分为专业代理人、兼业代理人和个人代理人。

1. 专业代理人。专业代理人是专门从事保险代理业务的保险代理公司。专业代理人是具有独立法人资格的保险代理人，其组织形式通常为有限责任公司。保险专业代理人的业务范围包括：代理销售保险单；代理收取保险费；保险和风险管理咨询服务；代理保险人进行损失的勘查和理赔；保险监管部门批准的其他业务。

2. 兼业代理人。兼业代理人是受保险人的委托，在从事自身业务的同时，指定专人为保险人代办保险业务的单位。根据我国有关法律规定，保险兼业代理人从事保险代理业务应遵守国家的有关法律法规和行政规章，遵循自愿和诚实信用原则；保险兼业代理人在保险人授权范围内代理保险业务的行为所产生的法律责任，由保险人承担。兼业代理人的业务范围包括：代理销售保险单；代理收取保险费。

3. 个人代理人。个人代理人是根据保险人的委托，向保险人收取代理手续费，并在保险人授权的范围内代为办理保险业务的个人。

根据我国有关法律规定，个人代理人的业务范围主要包括代理销售保险单和代理收取保险费。但个人代理人不得办理企业财产保险业务和团体人身保险业务，不得签发保险单，任何个人不得兼职从事个人保险代理业务。

（三）保险代理人的法律规定

由于保险代理人只是保险人的代表，而且其收入的高低，决定于其为保险人招揽的业务量的多少，再加上保险代理人的水平参差不齐，所以保险代理人所招揽的业务往往质量难以保证。受利益的驱使，还会发生保险代理人与投保人一起蒙骗保险人的情况。所以各国对保险代理人一般都有严格的管理制度。《保险法》第一百二十五条规定：“个人保险代理人在代为办理人寿保险业务时，不得同时接受两个以上保险人的委托。”第一百二十六条规定：“保险人委托保险代理人代为办理保险业务，应当与保险代理人签订委托代理协议，依法约定双方的权利和义务。”第一百二十七条规定：“保险代理人根据保险人的授权代为办理保险业务的行为，由保险人承担责任。保险代理人没有代理权、超越代理权或者代理权终止后以保险人名义订立合同，使投保人有理由相信其有代理权的，该代理行为有效。保险人可以依法追究越权的保险代理人的责任。”

三、保险经纪人

（一）保险经纪人的概念

按照《保险经纪人监管规定》第二条的规定，保险经纪人是指基于投保人的利益，为投保人与保险公司订立保险合同提供中介服务，并依法收取佣金的机构，包括保险经纪公司及其分支机构。由此可见，保险经纪人是投保人的代表，是为投保人投保服务的，受投保人或被保险人的委托，为投保人选择保险人、制订投保计划、选择保险险种、办理投保手续、代缴保险费和索取赔款等。作为为投保人或被保险人服务的中介机构，保险经纪人对保险市场的情况非常了解，对各个保险人的情况也非常了解，他们有着非常丰富的保险知识和经验，能为自己的服务对象提供优秀的保险服务。根据我国《保险法》的规定，保险经纪人必须具备保险管理部门所规定的条件，取得经营资格，才能为投保人或被保险人提供服务。

（二）保险经纪从业人员的资格

保险经纪从业人员是在保险经纪人中，为投保人或者被保险人拟订投保方案、办理投保手续、协助索赔的人员，或者为委托人提供防灾防损、风险评估、风险管理咨询服务、从事再保险经纪等业务的人员。由于保险经纪人是代表被保险人、投保人、保险受益人的利益，为其提供保险咨询服务及必要的保险险种条款解释，其一手托两家的特殊地位，决定了所负责任更大，因此许多国家的保险法对保险经纪从业人员的资格都予以严格规定。通常规定保险经纪从业人员除具备一定保险专业知识外，还需要具备一些特定的条件和资格，并经过金融机构审核及政府有关部门批准，才可在保险市场上从事业务。我国《保险经纪人监管规定》（2018 年）第三十二条规定："保险经纪人应当聘任品行良好的保险经纪从业人员。有下列情形之一的，保险经纪人不得聘任：（一）因贪污、贿赂、侵占财产、挪用财产或者破坏社会主义市场经济秩序，被判处刑罚，执行期满未逾 5 年；（二）被金融监管机构决定在一定期限内禁止进入金融行业，期限未满；（三）因严重失信行为被国家有关单位确定为失信联合惩戒对象且应当在保险领域受到相应惩戒，或者最近 5 年内具有其他严重失信不良记录；（四）法律、行政法规和中国保监会规定的其他情形。"第三十三条规定："保险经纪从业人员应当具有从事保险经纪业务所需的专业能力。保险经纪人应当加强对保险经纪从业人员的岗前培训和后续教育，培训内容至少应当包括业务知识、法律知识及职业道德。"

（三）保险经纪人的特征和法律地位

保险经纪人的法律地位与普通商业经纪人大致相同，但不同的是民法中经纪人的劳动报酬原则是由买卖双方均摊。而保险经纪人劳动报酬，由保险人依据保费收入的一定比例支付。

保险经纪人的法律地位与保险代理人不同。经纪人是投保人和被保险人的代表，在投保人和被保险人的授权范围内，其行为可以约束投保人和被保险人，而不能约束保险人。经纪人所已知的应假定为投保人和被保险人已知，而不能推定为保险人已知，除非经纪人已将所知告诉保险人。

保险经纪人以自己的名义从事保险中介服务活动，承担由此产生的法律后果。当投保人因经纪人的过失而招致损害，经纪人在法律上须负赔偿责任。

四、保险公估人

（一）保险公估人的概念

《保险公估人监管规定》（2018 年）第二条规定，保险公估，是指评估机构及其评估专业人员接受委托，对保险标的或者保险事故进行评估、勘验、鉴定、估损理算以及相关的风险评估。保险公估人是专门从事上述业务的评估机构，包括保险公估机构及其分支机构。保险公估机构包括保险公估公司和保险公估合伙企业。

（二）保险公估人的法律地位

保险市场公估人既不是保险人、保险中介人的代理人，也不是被保险人、投保人、保险受益人的代理人，而是站在公证角度的独立的第三者。他们凭据专业的技术知识和保险市场经验及保险专业知识，对客观实际作出实事求是、恰当的判断和证明。这种保险市场公证没有法律效力，但它却可作为保险公司在承保和理赔时的客观依据，同时也可以作为诉讼时法院判案的依据。

保险公估人可以按照委托合同的规定向委托人领取报酬，但因其过错造成委托人损失的，应承担赔偿责任。《保险法》第一百二十九条规定："保险活动当事人可以委托保险公估机构等依法设立的独立评估机构或者具有相关专业知识的人员，对保险事故进行评估和鉴定。接受委托对保险事故进行评估和鉴定的机构和人员，应当依法、独立、客观、公正地进行评估和鉴定，任何单位和个人不得干涉。前款规定的机构和人员，因故意或者过失给保险人或者被保险人造成损失的，依法承担赔偿责任。"

第四节　保险市场供给与需求

重点提示：保险供给与需求概念的理解；影响保险供给与需求的因素。

一、保险供给

保险供给是保险人在一定时期内通过保险市场愿意并有能力提供给全社会的保险商品数量。保险供给可以行业承保能力来表示，它是各个保险企业承保能力的总和。

保险供给包括供给总量和结构。保险商品供给结构体现为险种结构，体现为各种保险品种所提供的经济保障额度；供给总量是指全社会所提供的保险供给的总量，即全社会所有保险人对社会经济所担负的危险责任的总量，即所有承保的保险金额之和。

（一）影响保险总供给的因素

影响保险总供给的因素主要有：

1. 保险资本量。保险供给是由全社会的保险公司和其他保险组织所提供的，而保险公司经营保险业务必须有一定数量的经营资本。在以偿付能力为核心的监管体系下，保险公司的承保能力很大程度上取决于资本实力，资本额越大，承保能力和偿付能力越强，可能提供的保险商品的规模也越大。在一定时期内，社会总资本的量是一定的。因而能用于经营保险的资本量在客观上也是一定的。因此，这个有限的资本量在客观上制约着保险供给的总规模。在一般情况下，可用于经营保险业的资本量与保险供给呈正相关关系。

2. 保险供给者的数量和素质。通常保险供给者的数量越多，意味着保险供给量越大。在现代社会中，保险供给不但要讲求数量，还要讲求质量。而保险质量的提高，关键在于保险供给者的素质。保险供给者素质高，许多新险种就容易开发出来，推广得出去，从而扩大保险供给。

3. 经营管理水平。由于保险业本身的特点，在经营管理上要有相当的专业水平和技术水平，即在风险管理、险种设计、业务选择、再保险分出分入、准备金的提存、费率厘定，以及人事管理和法律知识等方面均要具有一定的水平。其中任何一项水平的高低，都会影响保险的供给，因而这些水平高低与保险供给呈正相关关系。

4. 保险价格。保险供给是通过保险市场进行的。由于在保险成本及其他因素一定的条件下，保险价格越高，则保险营业利润率越高。从理论上讲，保险商品价格与保险供给呈正相关：保险商品价格越高，则保险商品供给量越大；反之，则越小。反映保险供给量变化对保险商品价格变化敏感程度的指标是保险供给的价格弹性，它是保险商品供给量变化的百分数与保险商品价格变化的百分数之比，表示保险价格变化对保险商品供给变化影响的程度。

5. 保险成本。保险成本一般包括赔付的保险金、佣金、工资、房屋的租金、管理费用等。对保险人来说，如果保险成本低，在保险费率一定时，保险供给量就会增加。显然，在一般情况下，保险成本与保险供给呈负相关关系，保险成本越高，保险供给量就越小；反之，保险供给量就越大。

6. 保险市场竞争。保险市场竞争对保险供给的影响是多方面的，保险竞争的结果，会引起保险公司数量上的增加或减少，从总的方面来看会增加保险供给；同时，保险竞争使保险人改善经营管理，提高服务质量，开辟新险种，从而扩大保险供给。

7. 政府的政策。政府的政策在很大程度上决定保险业的发展，决定保险经营的性质，决定保险市场竞争的性质，也决定了保险业的发展方向。如果政府对保险业采用扶持政策，则保险供给增加；反之，若采取限制发展的政策，则保险供给减少。

同时，监管政策影响保险供给。在严格的经营行为监管模式下，保险公司的产品类别、条款、费率厘定、销售范围等受监管机构控制，企业自主性较小，这使供给能力受到较大限制。而在以偿付能力为核心的监管模式下，保险公司的经营策略及产品结构等由市场决定，企业灵活性大，这有利于提高企业的供给能力。

（二）保险供给弹性

保险供给弹性是指保险供给对其影响因素变动的反映程度，通常指的费率弹性，即保险费率变动引起的保险供给量的变动，其表达公式为：

$$E_s = \frac{\Delta S/S}{\Delta P/P}$$

其中，S 表示保险供给量，ΔS 表示保险供给量变动，P 表示保险费率，ΔP 表示保险费率变动。经验数据证实了保险供给与保险费率呈正相关关系。E_s 的取值反映出保险费率对保险产品供给的影响程度，其绝对值值越大，说明费率上升导致保险供给的增加量越大。

由于各保险商品的有机结构、保险对象、设计的难易程度等诸因素的影响，使得保险供给弹性表现出不同的情况：供给无弹性，无论保险费率如何变动，保险商品供给量都保持不变；供给无限弹性，即使保险费率不再上升，保险商品供给量也无限增长；供给单位弹性，保险费率变动的比率与其供给量变动比率相同；供给富于弹性，表明保险商品供给量变动的比率大于保险费率变动的比率；供给缺乏弹性，表明保险商品供给量的变动比率小于保险费率变动的比率。

二、保险需求

保险需求指在一定的费率水平上，保险消费者从保险市场上愿意并且有能力购买的保险商品数量。保险需求包括保险商品的总量需求和结构需求。其中，保险商品的结构需求是各类保险商品占保险商品需求总量的比重，如财产保险保费收入占全部保费收入的比率、财产保险和人身保险各自内部的结构。

（一）影响保险总需求的因素

影响保险总需求的因素较多，主要有：

1. 风险因素。保险商品服务的具体内容是各种客观风险，无风险则无保险。因此风险的客观存在是保险需求产生的前提。保险需求总量与风险因素存在的程度呈正相关：风险因素存在的程度越大、范围越广，保险需求的总量也就越大；反之，保险需求量就越小。

2. 社会经济与收入水平。保险是社会生产力发展到一定阶段的产物，并且随着社会生产力的发展而发展。一方面，经济发展带来保险需求的增加；另一方面，收入水平的提高也会带来保险商品需求总量和结构的变化。衡量保险需求量变化对收入变化反映程度的指标是保险需求收入弹性。它是保险需求变化的百分数与收入变化的百分数之比，表示收入变化对需求变化影响的程度。保险需求的收入弹性一般大于0，即收入的增长引起对保险需求更大的比例增长。但不同险种的收入弹性不同。

3. 保险商品价格。保险商品价格是保险费率。保险需求主要取决于可支付保险费的数量。保险费率与保险需求一般呈负相关关系，保险费率越高，则保险需求量越小；反之，则越大。反映保险需求量变化对保险商品价格变化影响程度的指标是保险需求的价格弹性，它是保险商品需求变化的百分数与保险商品价格变化的百分数之比，表示保险价格变化对保险商品需求变化影响的程度。不同险种的价格弹性不同。

4. 人口因素。人口因素包括人口总量和人口结构。保险业的发展与人口状况有着密切的联系。人口总量与人身保险的需求呈正相关，在其他因素一定的条件下，人口总量越大，对保险需求的总量也就越多；反之，就越少。人口结构主要包括年龄结构、职业结构、文化结构、民族结构等。由于年龄风险、职业风险、文化程度和民族习惯不同，对保险商品需求也就不同。

5. 利率。利率对需求的影响主要体现在保单预定利率变动对费率的影响上。如市场利率下降会引起保单预定利率调低，产品费率会相应上升，使短期内需求减少；反之亦然。

利率变化也会引起各类金融资产相对价格的变动，在一定程度上改变人们的资产选择，导致对保险的需求发生变化。如市场利率下降，可能促使消费者更多地以保险替代储蓄作为未来生活保障的资金来源，使保险需求增加。

6. 社会保障体系。社会保障体系的完善程度对寿险和医疗保险需求有较大影响。在生产力发展水平一定的条件下，社会福利水平越高，居民对医疗、养老等险种的商业性需求越少。

7. 科技进步。一方面，科技进步提高了人类抵御和防范风险的能力，使一些风险因素减小或消失，抑制了相应的保险需求；另一方面，科技进步带来了很多新的风险，也将一些不可保风险转化成可保风险，对保险业提出了新的保障和补偿需求。

此外，商品经济的发展程度、强制保险的实施等也对保险需要有一定的影响。保险需求与商品经济的发展程度呈正相关，商品经济越发达，则保险需求越大；反之，则越小。强制保险是政府以法律或行政的手段强制实施的保险保障方式。凡在规定范围内的被保险人都必须投保，因此，强制保险的实施人为地扩大了保险需求。

（二）保险需求弹性

保险需求弹性是指保险需求对其影响因素变动的反映程度，通常用需求弹性系数表示，即：

$$E_d = \frac{\Delta D/D}{\Delta f/f}$$

其中，D 表示保险需求，ΔD 表示保险需求的变动，f 表示影响保险需求的某一因素，Δf 表示影响保险需求的该因素的变动。如保险费率和消费者收入是影响保险需求的两个最重要的因素，f 表示保险费率时称 E_d 为费率弹性，f 表示消费者收入时称 E_d 为收入弹性。

1. 保险需求的费率弹性。保险需求的费率弹性是指由于保险费率的变动而引起的保险需求量的变动，它反映了费率变动对保险需求的影响程度。用公式表示为：

$$E_P = \frac{\Delta D/D}{\Delta P/P}$$

式中：D——保险需求

ΔD——保险需求变动

P——保险费率

ΔP——保险费率的变动

2. 保险需求的交叉弹性。保险需求的交叉弹性指相关的其他商品的价格变动引起的保险需求量的变动，它取决于其他商品对保险商品的替代程度和互补程度，反映了保险需求量对替代商品或互补商品价格变动的反应程度。用公式表示为：

$$E_x = \frac{\Delta D/D}{\Delta P_g/P_g}$$

式中：D——保险需求

ΔD——保险需求变动

P_g——替代商品或互补商品价格

ΔP_g——替代商品或互补商品价格的变动

一般而言，保险需求与替代商品的价格呈正方向变动，即交叉弹性为正，且交叉弹性越大替代性也越大。保险需求与互补商品价格呈反方向变动，即交叉弹性为负。

三、保险市场供求平衡

保险市场的供求平衡，是指在一定费率水平下，保险供给等于保险需求的状态。这时保险市场达到均衡，如图 12－1 所示的 E 点。

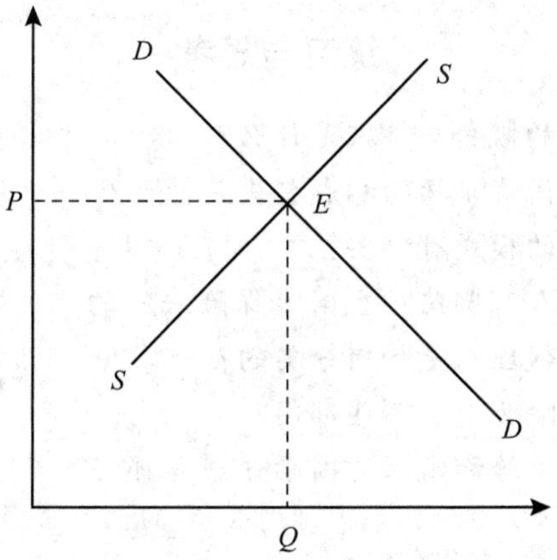

图 12－1 保险市场供给与需求平衡示意

保险市场的供求平衡，受市场竞争程度的制约。市场竞争程度影响费率水平的高低，因此，不同竞争程度的保险市场的供求平衡状态是不同的。在均衡状态下的费率称为均衡费率，保险需求量称为均衡需求量。在保险市场达到均衡状态后，如果外在因素导致市场费率高于均衡费率，保险需求就会缩小，迫使供给缩小以维持市场平衡；反之，如果市场费率低于均衡费率，则保险供给缩小，迫使需求下降以实现新的市场平衡。

需要注意的是，保险市场供求平衡包括供求的总量平衡和结构平衡两个方面。总量平衡是指供给和需求的总规模平衡。结构平衡是指供给的结构和需求的结构匹配，具体表现在市场提供险种与消费者需求险种相适应、保险费率与消费者承受能力相适应以及保险产业与国民经济产业结构相适应等。

本章总结

1. 保险市场是指保险商品交换关系的总和，它是由保险参与各方形成的，交易对象是各种保险产品。需求方、供给方、中介方形成保险市场的主要活动主体。保险市场模式可以分成四类，即完全竞争、垄断竞争、寡头垄断和完全垄断。

2. 保险公司的组织形式有国有独资保险公司、股份保险公司、相互保险组织、保险合作社等。

3. 保险代理人、保险经纪人、保险公估人是保险中介的主要形式。

4. 保险供给是保险人在一定时期内通过保险市场可能提供给全社会的保险商品数量。保险需求指在一定的费率水平上，保险消费者从保险市场上愿意并且有能力购买的保险商品数量。在一定费率水平下，保险供给等于保险需求的状态，称为保险市场供求平衡。

练习与思考

1. 保险市场的概念与特征是什么？
2. 简要分析保险市场的构成要素是什么？
3. 保险市场的模式有哪些？
4. 保险中介人有哪些？我国《保险法》的相关规定有哪些？
5. 我国保险代理人是如何分类的？
6. 典型的保险公司有哪些部门？
7. 影响保险供给和需求的因素分别有哪些？

第十三章
保 险 监 管

本章提要

保险监管是指一国政府通过法律和行政手段对保险市场参与者的监督管理。保险监管对于保险市场健康有序的运行必不可少。本章主要介绍保险监管的目标和机构、保险监管的模式和手段、保险监管的内容等。

学习目标

掌握保险监管的概念，了解保险监管的目标。
熟悉保险监管机构的类型，掌握保险监管的模式、方式与手段。
掌握保险监管的内容。
了解我国保险监管的核心。

第一节　保险监管概述

一、保险监管的概念

重点提示：保险监管目标；我国保险监管机构的职责。

保险监管是指一个国家的保险监督管理部门为了维护保险市场秩序，保护被保险人及社会公众的利益，依法对本国保险业进行的监督和管理。即国家的保险监督管理部门依照法律、行政法规对在境内注册登记的从事保险活动的公民、法人和其他组织及其行为进行监督和管理。

国家对保险业的监管，主要是通过制定各种保险法律、法规，由专司保险监管职能的机构依据法律和行政授权对保险业进行宏观指导与管理，以保证保险法规的贯彻执行。

在市场经济条件下，保险监管实际上体现的是国家对保险业的干预行为。因此，保险监管是以法律和政府权力为依据的强制行为，保险市场经营主体必须接受保险监管部门的监督与管理。但是，保险监管的范围和内容仅限于商业保险领域内的保险经营活动。保险监管的对象包括保险人（保险公司及其分支机构）和保险中介人（包括保险代理人、保险经纪人和保险公估人）。

二、保险监管目标

（一）保证保险公司有足够的偿付能力

偿付能力是指保险公司偿还到期债务的能力，即保险公司对保单持有人履行经济补偿和给付保险金的能力。保证保险公司的偿付能力、防止保险经营的失败是保险监管的基本目标，也是保险监管的核心。《保险法》第一百零一条规定："保险公司应当具有与其业务规模和风险程度相适应的最低偿付能力。保险公司的认可资产减去认可负债的差额不得低于国务院保险监督管理机构规定的数额；低于规定数额的，应当按照国务院保险监督管理机构的要求采取相应措施达到规定的数额。"《保险公司偿付能力管理规定》第四条规定："保险公司应当建立健全偿付能力管理体系，有效识别管理各类风险，不断提升偿付能力风险管理水平，及时监测偿付能力状况，编报偿付能力报告，披露偿付能力相关信息，做好资本规划，确保偿付能力达标。"为确保保险公司偿付能力充足，应建立以风险为基础的动态偿付能力监管标准和监管机制，对保险公司偿付能力进行综合评价和监督检查，并依法采取监管措施。现行有关资本金、保证金、各种准备金、最低偿付能力、承保限额、法定再保险等方面的规定及财务报告与检查制度等，都是为了实现这一目标而制定的。

（二）防止利用保险进行欺诈

利用保险进行欺诈不当得利，违反了商业保险保障经济秩序正常稳定的初衷。针对保险行业的特殊性，国家把防止、打击保险市场中的欺诈行为作为监管的目标之一，以维护保险市场的正常秩序。保险欺诈主要来自保险公司的欺诈行为、投保人或被保险人的欺诈行为和非法保险活动。

保险公司的欺诈行为主要表现为：缺乏必要的偿付能力或超出核定的业务经营范围；利用拟订保险条款和保险费率的专业优势误导投保人或被保险人，甚至逃避其应承担的保险责任以及非法经营等。为了防止上述行为的发生，各国保险法都进行严格规定，通过规定保险公司经营范围、保险条款及法律责任等相应的监管措施加以防范和监管。

投保人或被保险人的欺诈行为主要表现为利用保险谋取不当利益。例如通过故意制造保险事故；或事故发生后不采取积极施救措施，任损失扩大或故意夸大损失等。其目的就是骗取保险赔款，获取额外经济利益。对这些行为，各国一般通过《保险法》规定的保险利益原则、损失补偿原则、保险人责任免除等加以控制和防范。

（三）维护保险市场的公平合理

通过制定保险法律法规并由监管部门监督执行，给保险市场主体营造公平公正的交易环境、维护合理的价格和公平的保险条件是保险监管的重要目标之一。在保险业的发展过程中，各方之间的关系都要公平合理。一是保险公司与投保人、被保险人之间的关系要公平合理，即保险费率要与保险标的所面临的风险程度及保险人所提供的保障程度相适应；二是投保人之间的关系要公平合理，即投保人对保险成本的分摊要公平合理，也就是保险人对面临相同风险程度的被保险人应采取同一费率；三是保险公司之间的关系要公平合理，即保证各保险公司在同等条件下公平竞争，防止不正当竞争和恶性竞争。要维持各方关系的公平合理需要对保险进行有效监管。

（四）提高保险公司的经济效益和社会效益

通过国家监管，使保险业适度规模经营，减少资金占用，扩大承保范围，提高保险公司的经济效益。在现代经济中，保险保障对社会经济发展是必不可少的。当保险企业的经济效益与社会效益发生冲突时，国家通过干预、管理和协调来达到两者的统一。

三、保险监管机构

保险监管机构是指享有保险监督管理权力并实施监督和管理行为的政府部门或机关。

（一）保险监管机构的类型

从国际上看，各国保险监管机构形式多样，大致有三种类型。

1. 设立独立的保险监管部门。国家设立一个独立的政府部门，该部门的职责仅为保险监管。如美国，在各州设有保险监督官办公室，不隶属于其他政府部门，仅负责保险监管。

2. 由某一政府部门负责保险监管。该部门虽为保险监管部门，但还承担其他职责。保险监管一般也不是该部门最主要的职责。如日本曾由大藏省负责保险监管，我国曾由财政部、中国人民银行负责保险监管。

3. 由金融监管部门统一对金融业进行监管。由于金融混业经营趋势日益凸显，与此相适应，一些国家（如英国、德国等）实行了一体化的监管模式，由统一的金融监管部门实施对金融业（包括保险业）的监管。这种模式有利于各个金融监管机构之间的分工与协调，分享信息和经验，减少重叠性监管，并有效地避免监管真空与漏洞，有利于提高监管效率，进而实现金融业的公共政策目标。

（二）我国保险监管机构

1998 年 11 月成立的中国保险监督管理委员会是我国早期的保险监管机构。2018 年 3 月，第十三届全国人大第一次会议批准将中国银行业监督管理委员会和中国保险监督管理委员会的职责整合，组建中国银行保险监督管理委员会，是国务院直属事业单位。2018 年 4 月 8 日，中国银行保险监督管理委员会正式挂牌。

中国银行保险监督管理委员会贯彻落实党中央关于银行业和保险业监管工作的方针政策和决策部署，在履行职责过程中坚持和加强党对银行业和保险业监管工作的集中统一领导。主要职责是：

1. 依法依规对全国银行业和保险业实行统一监督管理，维护银行业和保险业合法、稳健运行，对派出机构实行垂直领导。

2. 对银行业和保险业改革开放和监管有效性开展系统性研究。参与拟订金融业改革发展战略规划，参与起草银行业和保险业重要法律法规草案以及审慎监管和金融消费者保护基本制度。起草银行业和保险业其他法律法规草案，提出制定和修改建议。

3. 依据审慎监管和金融消费者保护基本制度，制定银行业和保险业审慎监管与行为监管规则。制定小额贷款公司、融资性担保公司、典当行、融资租赁公司、商业保理公司、地方资产管理公司等其他类型机构的经营规则和监管规则。制定网络借贷信息中介机构业务活动的监管制度。

4. 依法依规对银行业和保险业机构及其业务范围实行准入管理，审查高级管理人员任职资格。制定银行业和保险业从业人员行为管理规范。

5. 对银行业和保险业机构的公司治理、风险管理、内部控制、资本充足状况、偿付能力、经营行为和信息披露等实施监管。

6. 对银行业和保险业机构实行现场检查与非现场监管，开展风险与合规评估，保护金融消费者合法权益，依法查处违法违规行为。

7. 负责统一编制全国银行业和保险业监管数据报表，按照国家有关规定予以发布，履行金融业综合统计相关工作职责。

8. 建立银行业和保险业风险监控、评价和预警体系，跟踪分析、监测、预测银行业和保险业运行状况。

9. 会同有关部门提出存款类金融机构和保险业机构紧急风险处置的意见和建议并组织实施。

10. 依法依规打击非法金融活动，负责非法集资的认定、查处和取缔以及相关组织协调工作。

11. 根据职责分工，负责指导和监督地方金融监管部门相关业务工作。

12. 参加银行业和保险业国际组织与国际监管规则制定，开展银行业和保险业的对外交流与国际合作事务。

13. 负责国有重点银行业金融机构监事会的日常管理工作。

14. 完成党中央、国务院交办的其他任务。

15. 职能转变。围绕国家金融工作的指导方针和任务，进一步明确职能定位，强化监管职责，加强微观审慎监管、行为监管与金融消费者保护，守住不发生系统性金融风险的底线。按照简政放权要求，逐步减少并依法规范事前审批，加强事中事后监管，优化金融服务，向派出机构适当转移监管和服务职能，推动银行业和保险业机构业务和服务下沉，更好地发挥金融服务实体经济功能。

第二节 保险监管的模式、方式与手段

一、保险监管模式

重点提示：保险监管模式特点；保险监管的方式。

保险监管模式对保险业良好、有序发展起着至关重要的作用。由于所处环境和监管目的等不同，各国都会采取与本国保险业发展相适应的保险监管模式。根据市场干预程度、监管机构的设置、监管内容和监管方式的不同，保险监管模式可进行不同分类。

（一）严格监管模式和松散监管模式

1. 严格监管模式。严格监管模式是以偿付能力和市场行为为监管核心的监管。这种监管模式对保险公司的市场行为、偿付能力和信息披露的监管都非常严格，监管部门对费率、条款、保单利率、红利分配等均有明文规定，并在投放市场前受到严格和系统的监督，或由保险监管部门加以审批。在欧洲单一保险市场建立以前，以德国为首的多数国家大都采用这一监管模式。我国目前也实行该

模式。

2. 松散监管模式。松散监管模式的监管核心是对偿付能力的监管。在这种监管形式下，保险公司在确定费率和保险条件时享有很大的余地，监督者的精力集中于公司的财务状况和偿付能力上，只要公司能够保证这一点，它们的经营一般不会受到更多干预。在欧洲，英国和荷兰长期使用这一制度。

（二）统一监管模式、一级多元辅助监管模式和二级多元制衡监管模式

1. 统一监管模式。统一监管模式是指保险监管业务集中于中央某一机构，该机构不仅负责监管跨区域保险公司，还监管只从事区域业务的保险公司。

2. 一级多元辅助监管模式。一级多元辅助监管模式是指保险监管由不同的中央政府机构管理。如法国，直接承保业务由商业部负责，再保险业务由财政部负责，两机构各司其职又相互合作。

3. 二级多元制衡监管模式。二级多元制衡监管模式一般运用于联邦制国家，比如美国、加拿大，中央和地方在各自领域和职责范围内享有同等的保险监管权力。

（三）市场行为监管模式和偿付能力监管模式

1. 市场行为监管模式。市场行为监管模式是保险监管机构对保险公司的保险经营活动过程进行的监管，包括对保险公司的设立、费率厘定、保单条款的设计、保险资金运用及再保险等经营行为的监管。市场行为监管的核心是保险费率的监管。

2. 偿付能力监管模式。保险公司偿付能力监管一般是通过设立偿付能力指标体系进行监控，对于偿付能力指标符合监管规定的公司，监管机构并不干预其正常经营。

目前，我国保险业实行严格监管模式，监管核心是偿付能力、市场行为和公司治理结构。我国保险业实行较严格监管的理由在于：在英、美和其他奉行自由主义的市场经济国家，其保险业的发展也经历了很长时期的严格监管的过程。西方发达国家放松保险监管的前提条件在于：消费者的保险意识和产品的鉴别能力强，保险企业的微观自律机制、保险行业组织的协调机制和政府的监管能力都达到了相对成熟的阶段。而从我国的实际情况看，这些条件基本上都不具备。因此，现阶段及未来的一定时期内，有必要对我国保险业实行严格监管。

二、保险监管的方式

（一）公告管理方式

公告管理方式又称公示主义，是指国家对保险公司的经营不作任何直接的监督和干预，对保险业务经营的优劣也不予任何评价，仅规定保险公司必须按照政府规定的格式及内容，定期将资产负债、营业结果以及其他有关事项呈报给政府的主管机关并予以公告。

该种方式是政府对保险市场进行监管的各种方式中最为宽松的一种，其优点是为保险业的发展提供了较大的自由空间，保险公司的组织形式、保险合同的格式、保险资金运用等，均由保险公司自我管理，国家不多加干预，保险公司能够在较宽松的市场环境中自由发展。该种方式的缺点是一般公众对保险业的优劣评判标准不易准确掌握，对不正当的经营行为无能为力。因此，这种监管方式的采用必须以保险公司具有相当的自我约束能力、社会各界具有较强的保险意识并对保险人经营有正确的判断为前提。随着现代保险业的发展，竞争日趋激烈，这种监管方式因不利于切实有效地保护消费者利益而被许多国家放弃。

（二）规范管理方式

规范管理方式又称准则主义，是指由政府制定一系列有关保险经营的准则，并监督执行。如对最低资本金的要求、资产负债表的审核、资本金的运用、违反法律的处罚等均有明确规定。但对保险公司的业务经营、财务管理和人事等方面则不加干预。因此，监管部门对保险人是否确实遵守了这些准则，仍只停留于形式上的审查，而非深入公司内部进行连续不断的监督检查。

规范管理方式较公告管理方式更加注重保险经营形式上的合法性，并不涉及保险业经营管理的实体，即只要形式上合法，监管机构便不加干预。不过，由于保险技术复杂等原因，有关法律法规难以适用于所有保险机构，这种方式有时容易流于形式。该方式适用于保险法规比较严密和健全的国家采取。

（三）实体管理方式

实体管理方式又称批准主义，指国家制定完善的保险监管规则，国家保险监管机构根据国家法律赋予的权力，对保险企业的设立、经营、财务、业务及破产清算等进行全方位、全过程的有效监督和管理。

实体管理方式追求彻底有效的监督和管理，赋予国家保险管理机关以较高的权威和灵活处理的权力，同时还辅之以规范管理的某些措施。目前大多数国家采用此种监管方式，如日本、美国、德国、中国等。

三、保险监管手段

（一）法律手段

法律手段是指以国家制定法律、法规等形式来调整保险市场上的各种关系。作为保险监管手段的法律，通常是指保险法规及有关经济方面的法律。这是目前采用较多的一种保险监管手段。这种监管手段要求国家有较为完善的保险监督管理法律体系，保险监管机关根据法律规定，对保险企业、保险市场进行全面有效的监管，包括保险企业的设立、经营、变更、解散和清算等，旨在制裁不法经营及违法经营，进而提高保险业的整体声誉，维护社会公众的利益。

（二）经济手段

经济手段是国家运用财政、税收、信贷等各种经济杠杆，正确处理各种经济关系来对保险业进行管理。用经济手段管理保险市场，客观上要做到遵循经济规律，遵守等价交换原则，充分发挥市场、价格、竞争等作用，讲求经济效益。

（三）行政手段

行政手段是指依靠行政机构的权力，通过下达行政命令和行政规定等形式强制干预保险活动。如经济体制转型前的大多数社会主义国家均采用过。虽然商品经济并不绝对排斥国家和政府对经济的行政管理，甚至有时还要凭借这种手段为保险事业的发展创造良好的外部环境和社会条件，及时纠正干扰保险市场正常秩序的不良倾向，但要使保险市场真正充满生机和活力，使保险企业真正成为独立核算、自主经营、自负盈亏、自我发展与自我约束的现代化企业，就必须尽量减少和弱化行政干预手段。

第三节　保险监管的内容

随着中国保险业的快速发展，保险市场竞争日趋激烈，保险监管机构加大了对保险业的监管力度，逐步探索建立了以偿付能力监管、市场行为监管和公司治理结构监管为核心的现代保险监管体系。

重点提示： 保险公司偿付能力监管；市场行动监管的内容；保险公司治理结构监管的内容。

一、保险公司偿付能力监管

（一）保险公司的偿付能力

偿付能力是保险公司对保单持有人履行赔付义务的能力，即保险公司按照保险合同的约定对保险责任范围内的事故造成的损失进行赔偿或人身保险事件发生时给付保险金的能力。

从保险监管角度看，保险公司的偿付能力一般分为实际偿付能力和最低偿付能力。前者是指某一时点上保险公司认可资产和认可负债的差额；后者是指由保险法或保险监管机构颁布相关规定来确定的保险公司必须具备的偿付能力。按照我国《保险公司偿付能力管理规定》的规定，保险公司实际偿付能力是指保险公司的实际资本，保险公司最低偿付能力是指保险公司的最低资本。

1. 实际资本。实际资本是指保险公司在持续经营或破产清算状态下可以吸收损失的财务资源。实际资本等于认可资产减去认可负债后的余额。

认可资产是指处置不受限制，并可用于履行对保单持有人赔付义务的资产。依据《保险公司偿付能力监管规则第 1 号：实际资本》的相关规定，认可资产主要包括现金及流动性管理工具（库存现金、活期存款、通知存款、货币市场基金、买入返售金融资产、商业银行票据和拆出资金）、投资资产（定期存款、协议存款、政府债券、金融债券、企业债券、公司债券、权益投资、资产证券化产品、保险资产管理产品、商业银行理财产品、信托计划、基础设施投资、投资性房地产、衍生金融资产、其他投资资产等）、长期股权投资（对子公司、合营企业和联营企业的权益投资）、再保险资产（应收分保准备金、应收分保账款和存出分保保证金等）、应收及预付款项（应收保费、应收利息、保单质押贷款、应收股利、预付赔款、存出保证金、其他应收和暂付款项等）、固定资产（自用房屋、机器设备、交通运输设备、在建工程、办公家具等）、独立账户资产（投资联结保险等各投资账户中的投资资产）、其他认可资产（使用权资产、由经营性亏损引起的递延所得税资产以外的递延所得税资产）和应急资本等。

认可负债是指保险公司无论在持续经营状态还是破产清算状态下均需要偿还的债务，以及超过监管限额的资本工具。《保险公司偿付能力监管规则第 1 号：实际资本》规定，认可负债主要包括保险合同负债（未到期责任准备金和未决赔款责任准备金）、金融负债（卖出回购证券、应付返售证券、保户储金及投资款、衍生金融负债等)、应付及预收款项（应付保单红利、应付赔付款、预收保费、应付分保账款、应付手续费及佣金、应付职工薪酬、应交税费、存入分保保证金、租赁负债等)、预计负债（按照企业会计准则确认、计量的或有事项的有关负债)、独立账户负债（保险公司对投资联结保险等提取的投资账户负债)、资本性负债（保险公司发行的资本工具按照银保监会有关规定不能计入资本的部分）和其他认可负债（递延所得税负债、现金价值保证、所得税准备等)。

2. 最低资本

最低资本是指基于审慎监管目的，为使保险公司具有适当的财务资源，以应对各类可资本化风险对偿付能力的不利影响，银保监会要求保险公司应当具有的资本数额。《保险公司偿付能力监管规则第2号：最低资本》第五条规定：“保险公司最低资本由三部分组成：(一）可资本化风险最低资本，即保险风险、市场风险、信用风险对应的最低资本；（二）控制风险最低资本，即控制风险对应的最低资本；（三）附加资本，包括逆周期附加资本、系统重要性保险机构的附加资本以及其他附加资本。”

（二）保险公司偿付能力监管

保险公司偿付能力监管是指保险监管机构对保险公司的偿付能力实行的监督和管理。国际上对偿付能力的监管主要侧重于以下三个方面：一是对准备金的评估；二是对资产价值的评估与认可；三是偿付能力额度的确定。我国偿付能力监管是在借鉴国外先进经验的同时，结合我国国情，特别是我国保险特殊的发展历程逐步实施的。中国银保监会于2021年1月15日发布了《保险公司偿付能力管理规定》，2021年12月30日发布了《保险公司偿付能力监管规则（Ⅱ)》（以下简称《规则Ⅱ》)。尤其是《规则Ⅱ》的实施，是银保监会贯彻落实第五次全国金融工作会议精神和打好防范化解重大金融风险攻坚战决策部署、补齐监管制度短板的重要举措，对于防范和化解保险业风险、维护保险市场安全稳定运行、推动保险业高质量发展、保护保险消费者利益都具有重要意义，也标志着我国偿二代二期工程建设的顺利完成。

1. 偿付能力监管指标。依据《保险公司偿付能力管理规定》，偿付能力监管指标主要包括核心偿付能力充足率、综合偿付能力充足率和风险综合评级。

（1）核心偿付能力充足率。核心偿付能力充足率是核心资本与最低资本的比值，用于衡量保险公司高质量资本的充足状况。核心资本，是指保险公司在持续经营和破产清算状态下均可以吸收损失的资本。

（2）综合偿付能力充足率。综合偿付能力充足率是实际资本与最低资本的比值，用于衡量保险公司资本的总体充足状况。

（3）风险综合评级。风险综合评级是对保险公司偿付能力综合风险的评价，用于衡量保险公司总体偿付能力风险的大小。按照《保险公司偿付能力监管规则第 11 号：风险综合评级（分类监管）》第十七、十九条的规定，中国银保监会及其派出机构通过评估保险公司的操作风险、战略风险、声誉风险和流动性风险，结合其核心偿付能力充足率和综合偿付能力充足率，对保险公司总体风险进行评价，确定其风险综合评级，分为 A 类、B 类、C 类和 D 类四个监管类别。

A 类公司：偿付能力充足率达标，且操作风险、战略风险、声誉风险和流动性风险小的公司。根据风险由小到大进一步细分为 AAA 类公司、AA 类公司和 A 类公司。

B 类公司：偿付能力充足率达标，且操作风险、战略风险、声誉风险和流动性风险较小的公司。根据风险由小到大进一步细分为 BBB 类公司、BB 类公司和 B 类公司。

C 类公司：偿付能力充足率不达标，或者偿付能力充足率虽然达标，但操作风险、战略风险、声誉风险和流动性风险中某一类或几类风险较大的公司。

D 类公司：偿付能力充足率不达标，或者偿付能力充足率虽然达标，但操作风险、战略风险、声誉风险和流动性风险中某一类或几类风险严重的公司。

保险公司同时符合以下三项监管要求的，为偿付能力达标公司：

第一，核心偿付能力充足率不低于 50%；

第二，综合偿付能力充足率不低于 100%；

第三，风险综合评级在 B 类及以上。

不符合上述任意一项要求的，为偿付能力不达标公司。

2. 偿付能力监管措施。对于偿付能力不达标的保险公司，中国银保监会及其派出机构将根据保险公司的风险成因和风险程度，依法采取针对性的监管措施，以督促保险公司恢复偿付能力或在难以持续经营的状态下维护保单持有人的利益。同时，对 A 类、B 类、C 类和 D 类公司依法采取有针对性的差别化监管政策。

（1）对偿付能力充足率不足公司的监管。按照《保险公司偿付能力管理规定》第二十六条的规定，对于核心偿付能力充足率低于 50% 或综合偿付能力充足率低于 100% 的保险公司，中国银保监会应当采取以下第一项至第四项的全部措施：

第一，监管谈话；

第二，要求保险公司提交预防偿付能力充足率恶化或完善风险管理的计划；

第三，限制董事、监事、高级管理人员的薪酬水平；

第四，限制向股东分红。

中国银保监会还可以根据其偿付能力充足率下降的具体原因，采取以下第五项至第十二项的措施：

第五，责令增加资本金；

第六，责令停止部分或全部新业务；

第七，责令调整业务结构，限制增设分支机构，限制商业性广告；

第八，限制业务范围、责令转让保险业务或责令办理分出业务；

第九，责令调整资产结构，限制投资形式或比例；

第十，对风险和损失负有责任的董事和高级管理人员，责令保险公司根据聘用协议、书面承诺等追回其薪酬；

第十一，依法责令调整公司负责人及有关管理人员；

第十二，中国银保监会依法根据保险公司的风险成因和风险程度认为必要的其他监管措施。

对于采取上述措施后偿付能力未明显改善或进一步恶化的，由中国银保监会依法采取接管、申请破产等监管措施。

（2）对A、B、C和D类公司的差异化监管。按照《保险公司偿付能力监管规则第11号：风险综合评级（分类监管）》第二十三至二十七条的相关规定，银保监会在市场准入、产品管理、资金运用、现场检查等方面，对A、B、C、D四类保险公司实施差异化监管政策。

①对B类公司，银保监会可根据公司存在的风险，采取以下一项或多项具有针对性的监管措施，包括但不限于：风险提示；监管谈话；要求限期整改存在的问题；进行专项现场检查；要求提交和实施预防偿付能力充足率不达标或完善风险管理的计划。

②对核心偿付能力充足率或综合偿付能力充足率不达标的C类公司，除可采取对B类公司的监管措施外，银保监会还可以根据《保险公司偿付能力管理规定》采取针对性的监管措施。

对操作风险、战略风险、声誉风险、流动性风险中某一类或某几类风险较大的C类公司，除可采取对B类公司的监管措施和针对性的监管措施外，还可采取以下监管措施：

对操作风险较大的C类公司，针对公司存在的具体问题，对其公司治理、内控流程、人员管理、信息系统等采取相应监管措施；

对战略风险较大的C类公司，针对公司产生战略风险的原因，采取相应监管措施；

对声誉风险较大的C类公司，针对公司产生声誉风险的原因，采取相应监管措施；

对流动性风险较大的C类公司，针对公司产生流动性风险的原因，根据《保险公司偿付能力监管规则第13号：流动性风险》有关规定采取相应监管措施。

③对D类公司，除可采取对C类公司的监管措施外，还可以根据情况采取接管以及银保监会认为必要的其他监管措施。

二、保险公司市场行为监管

市场行为监管是指对保险公司的经营活动过程进行的监管，主要包括对保险机构的设立、公司高管的任职、保单条款、保险费率、保险资金运用及再保险等经营行为的监管。其中，监管的核心内容是对保险费率的监管。

（一）保险机构的监管

国家对保险机构的监管，是指国家对保险业的组织形式、保险企业的设立、停业清算、保险从业人员资格以及外资保险企业等方面的监督和管理。

1. 保险机构的组织形式。纵观各国的保险立法，对保险机构的组织形式规定各不相同。如美国规定保险公司的组织形式主要是股份有限公司和相互公司两种；英国除股份有限公司和相互保险社外，还允许劳合社采用个人保险组织形式。其中，股份有限公司是各国保险机构普遍采用的组织形式。根据我国《保险法》和《公司法》的有关规定，保险公司应当采取股份有限公司和国有独资公司的形式。

2. 保险公司的设立。保险公司除了在组织形式上应合法外，其设立还必须遵循法定的程序。我国《保险法》规定：设立保险公司应当经国务院保险监督管理机构批准，应当具备规定的相应条件，应当向国务院保险监督管理机构提出书面申请，经过申请、审批、筹建、开业、注册登记等一系列法定程序后才能正式营业。

对于违反《保险法》的规定，擅自设立保险公司或者非法经营商业保险业务的，由保险监督管理机构予以取缔，没收违法所得，并处违法所得一倍以上五倍以下的罚款；没有违法所得或者违法所得不足二十万元的，处二十万元以上一百万元以下的罚款。

设立保险公司，其注册资本的最低限额为人民币两亿元，且注册资本必须为实缴货币资本。国务院保险监督管理机构根据保险公司的业务范围、经营规模，可以调整其注册资本的最低限额，但不得低于两亿元的限额。有关保险公司设立、变更和终止的详细内容见第十二章第二节第三、四个问题。

（二）经营业务的监管

对保险公司经营业务的监管，是指国家通过颁布法律或行政命令，规定保险公司可以经营业务种类和范围。对此，我国《保险法》第六条规定："保险业务由依照本法设立的保险公司以及法律、行政法规规定的其他保险组织经营，其他单位和个人不得经营保险业务。"第九十五条规定了保险公司的业务范围为：人身保险业务，包括人寿保险、健康保险、意外伤害保险等保险业务；财产保险业务，包括财产损失保险、责任保险、信用保险、保证保险等保险业务；国务院保险监督管理机构批准的与保险有关的其他业务。保险人不得兼营人身保险业务和财产保险业务。但是，经营财产保险业务的保险公司经国务院保险监督管理机构批准，可以经营短期健康保险业务和意外伤害保险业务。保险公司应当在国务院保险监督管理机构依法批准的业务范围内从事保险经营活动。

《保险法》第一百六十条规定："保险公司违反本法规定，超出批准的业务范围经营的，由保险监督管理机构责令限期改正，没收违法所得，并处违法所得一倍以上五倍以下的罚款；没有违法所得或者违法所得不足十万元的，处十万元以上五十万元以下的罚款。逾期不改正或者造成严重后果的，责令停业整顿或者吊销业务许可证。"

（三）保险条款、费率的监管

《保险法》第一百三十五条规定："关系社会公众利益的保险险种、依法实行强制保险的险种和新开发的人寿保险险种等的保险条款和保险费率，应当报国务院保险监督管理机构批准。国务院保险监督管理机构审批时，应当遵循保护社会公众利益和防止不正当竞争的原则。其他保险险种的保险条款和保险费率，应当报保险监督管理机构备案。"第一百三十六条规定："保险公司使用的保险条款和保险费率违反法律、行政法规或者国务院保险监督管理机构的有关规定的，由保险监督管理机构责令停止使用，限期修改情节严重的，可以在一定期限内禁止申报新的保险条款和保险费率。"

（四）再保险的监管

从整个社会的角度来说，保险企业是专门处理风险的部门。从保险企业自身的角度来说，它也有控制风险的问题。保险企业控制风险的一个重要方面是分散风险，而分散风险的主要途径是再保险。在现代保险业中，保险企业普遍采用再保险方式分散风险，再保险已成为世界保险业稳定发展的重要条件与基础。因此，对再保险进行监管是保险监管的一项重要内容。

我国《保险法》第一百零二条规定："经营财产保险业务的保险公司当年自留保险费，不得超过其实有资本金加公积金总和的四倍。"第一百零三条规定："保险公司对每一危险单位，即对一次保险事故可能造成的最大损失范围所承担的责任，不得超过其实有资本金加公积金总和的百分之十；超过的部分应当办理再保险。"第一百零五条规定："保险公司应当按照国务院保险监督管理机构的规定办理再保险，并审慎选择再保险接受人。"

（五）保险中介人的监管

保险中介人的监管是指对保险代理人、保险经纪人和保险公估人的监管。《保险公司管理规定》第五十三条规定："保险机构应当建立保险代理人的登记管理制度，加强对保险代理人的培训和管理，不得唆使、诱导保险代理人进行违背诚信义务的活动。"第五十四条规定："保险机构不得委托未取得合法资格的机构或者个人从事保险销售活动，不得向未取得合法资格的机构或者个人支付佣金或者其他利益。"《保险法》第一百二十六条规定："保险人委托保险代理人代为办理保险业务，应当与保险代理人签订委托代理协议，依法约定双方的权利和义务。"

（六）保险投资的监管

保险投资是现代保险业得以生存和发展的基础。同时，由于保险公司是经营风险的企业，其资金运用状况，直接影响着公司的赔付能力，因而许多国家的保险法都对保险公司资金运用的原则、范围、比例和方向等作了明文的限制性规定。我国《保险资金运用管理办法》第六条规定：保险资金运用限于下列形式：（一）银行存款；（二）买卖债券、股票、证券投资基金份额等有价证券；（三）投资不动产；（四）投资股权；（五）国务院规定的其他资金运用形式。

三、保险公司治理结构监管

（一）公司治理结构的概念

公司治理结构是一种联系并规范股东（财产所有者）、董事会、高级管理人员权利和义务分配，以及与此有关的聘选、监督等问题的制度框架。简单地说，就是如何在公司内部划分权力。良好的公司治理结构，可解决公司各方利益分配问题，对公司能否高效运转、是否具有竞争力，起到决定性的作用。我国公司治理结构是采用"三权分立"制度，即决策权、经营管理权、监督权分属于股东会、董事会或执行董事、监事会。通过权力的制衡，使三大机关各司其职，又相互制约，保证公司顺利运行。

2004 年，国际保险监督官协会约旦年会提出，把公司治理结构监管纳入保险监管体系。保险监督官协会和经合组织先后发布了一系列相关指导文件，如《保险公司治理结构核心原则》等，并提出了偿付能力、市场行为和治理结构为三支柱的监管模式。2006 年，原中国保监会颁发了《关于规范保险公司治理结构的指导意见（试行)》，对规范我国保险公司治理结构进行了规定。2017 年，原中国保监会印发《保险公司合规管理办法》，进一步完善了保险公司合规管理制度。

为推动银行保险机构提高公司治理质效，促进银行保险机构科学健康发展，中国银保监会 2021 年 6 月 2 日颁发并实施了《银行保险机构公司治理准则》。

（二）保险公司治理结构监管的内容

对保险公司治理的监管主要是要明确公司内部决策的权利和义务关系。

1.《保险监管核心原则》的相关规定。按照国际保险监督官协会《保险监管核心原则》的规定，保险公司治理结构监管主要包括以下内容：

（1）对董事会的监管。董事会是保险公司经营行为的最终负责人，因而是公司治理结构的重点。在现代公司治理结构中，董事会不仅负责公司策略的制定、公司重要决策以及重要事项的决定，还要负责公司高级管理人员的任命，因而董事会的作用非常重要。运作规范、决策高效的董事会是建立完善的保险公司治理结构的首要条件。

（2）对高层管理人员的监管。高级管理人员是公司具体经营行为的执行者，其行为是否合法合规，是否存在舞弊行为等对公司治理具有重大影响，因而同样也是公司治理结构的一个重要环节。

（3）内部控制。内部控制是公司各项管理工作的基础，公司以其经营目标为基础、以防范经营风险为目的，通过制定一系列制度来对公司内部的各种业务活动进行管理和控制。有效的内部控制能够及时发现业务经营中的风险，并采取措施进行管理和控制，从而确保公司的业务经营能实现公司的经营目标，因而有效的内部控制是公司治理结构有效运行的重要保障。

（4）信息披露。信息披露是指公司定期将反映其业务经营、财务状况以及偿付能力等方面的信息向社会公众公开的行为。由于经营者与所有者之间的分离使股东与管理者之间出现信息不对称，同样产品供给者与产品购买者之间也会存在信息的不对称，为了使公司利益相关者均能得到公平对待，加强对公司的信息披露监管从而提高公司的透明度对于建构完善的公司治理机构非常重要。

2. 我国保险公司治理结构监管的内容。2021 年 6 月 2 日，中国银保监会颁发了《银行保险机构公司治理准则》（以下简称《准则》），这是我国银行保险机构共同遵循的公司治理纲领性监管制度，并首次将党的领导与公司治理有机融合的要求正式写入监管制度。《准则》明确了各治理主体的职责，强化了治理机制运行的规范性，重点包括：明确股东的权利义务、股东大会的职权、股东大会会议及表决等相关规则；强调董事特别是独立董事的选任、职责及履职保障，明确董事会及其专门委员会的组成、职权及会议表决等要求；规范监事选任履职以及监事会、高管层的设置和运行；要求保险机构完善激励约束机制，健全信息披露制度与机制，加强风险管理与内部控制及内外部审计。中国银保监会及其派出机构通过实施行政许可、现场检查、非现场监管、评估等方式，对银行保险机构公司治理实施持续监管。

保险公司治理结构监管的主要内容有以下四个方面：

（1）资格管理和培训。保险公司董事、监事和高级管理人员，应当在任职前取得银保监会或其派出机构核准的任职资格。保险公司董事、监事或者高级管理人员在任职期间犯罪、受到监察机关重大处分或者受到其他行政机关重大行政处罚的，保险公司应当自知道或者应当知道判决或者行政处罚决定之日起 10 日内，向银保监会或其派出机构报告。保险公司被整顿、接管期间，或者出现重大风险时，负有直接责任的董事、监事或者高级管理人员，在被整顿、接管或者重大风险处置期间，不得到其他保险公司担任董事、监事或者高级管理人员。保险公司董事、监事和高级管理人员应当按照银保监会的规定参加培训。

（2）非现场检查。①保险公司股东大会、董事会的重大决议，应当在决议作出后 30 日内报告监管机构。②保险公司董事会应当每年向保险监管机构提交内控评估报告。内控评估报告应当包括内控制度的执行情况、存在问题及改进措施等方面的内容。③保险公司董事会应当每年向保险监管机构提交风险评估报告。风险评估报告应当对保险公司的偿付能力风险、投资风险、产品定价风险、准备金提取风险和利率风险等进行评估并提出改进措施。④保险公司董事会应当每年向保险监管机构提交合规报告。合规报告应当包括重大违规事件、合规管理存在的问题及改进措施等方面的内容。

（3）现场检查。银保监会及其派出机构承担现场检查任务的部门负责现场检查的立项和组织实施，提出整改、采取监管措施和行政处罚的建议，通过约谈、后续检查和稽核调查等方式对被查机构整改情况进行评价，并就现场检查情况及时与相关部门进行沟通。被调查单位和个人应当配合，如实说明有关情况，并提供有关文件、资料，不得拒绝、阻碍和隐瞒。根据工作需要，可以采取线上检查、函询稽核等新型检查方法。

（4）沟通机制。中国银保监会认为有必要的，可以列席保险公司股东大会、董事会及其专业委员会的会议，可以直接向保险公司股东反馈监管意见。

专栏 13－1

保险创新及监管不力导致 AIG 危机

美国国际集团（American International Group，AIG）是一家以美国为基地的国际性跨国保险及金融服务集团，是全美最大的寿险和医疗保险商、第二大财产和意外伤害险保险商，也是当今世界最大的上市公司之一。AIG 在 2006 年的销售收入高达 1130 亿美元，公司在全球 130 个国家雇用了 11.6 万员工。公司对外签发的保单总数达 8100 万份，保单总值高达 1.9 万亿美元。公司承保了约 18 万家大中小型企业，这些企业的总员工数高达 1.06 亿人。

AIG 的资产组合虽然进行了多元化配置，但公司所有亏损几乎都集中在 AIGFP 公司。正如美联储主席伯南克所称，这家于 1987 年创建的公司利用了监管体系的巨大差异，形成了一个依附于大型保险公司的对冲基金，其持有了总额高达 2.7 万亿美元的衍生产品组合。AIGFP 以衍生产品组合方式提供了数十亿美元的保险业务。但若此组合发生违约，由此形成的赔偿责任是公司实际偿付能力的许多倍。危机之前，金融专家和监管者都未预计到正在迫近的违约范围如此之广。AIG 的无抵押保险综合业务由财政部储蓄监管司（Office of Thrift Supervision）监管，而该机构的主要职责是监管储蓄和贷款机构，而非保险机构。这导致 AIG FP 的业务实际上处于无人监管状态。

在 2008 年的金融危机中，虽然保险机构不是始作俑者，但其发行的信用违约掉期合约（CDS）充当了危机传导的载体，AIG 大量发出的 CDS 使其陷入财务困境。很难量化评估损害的程度，但 AIG 事件的影响非常之大，因为数以百万计的美国人都购买了 AIG 的保险产品以及一系列不同类型的储蓄产品。AIG 严重亏损导致它先后数次接受美国政府数千亿美元的救援资金。政府控制的股权一度达到了 80%。

对 CDS 的监管对防范金融危机至关重要。然而，CDS 作为一种场外交易的金融衍生品，不在保险的监管范围之内。由于监管缺位，CDS 业务的拨备长期不足，致使这些保险机构在危机发生时陷入了流动性危机。

资料来源：马榕：《金融危机对保险监管的启示》，载《时代金融》2012 年第 36 期。

本章总结

1. 保险监管是指国家保险监督管理部门依照法律、行政法规的规定对在境内注册登记的从事保险活动的公民、法人和其他组织及其行为进行监督和管理。保险监管的目标是保证保险人有足够的偿付能力，防止利用保险进行欺诈，维护合理的价格和公平的保险条件，提高保险企业的经济效益和社会效益。

2. 根据市场干预程度、监管机构的设置、监管内容和监管方式的不同，保险监管模式包括严格监管模式和松散监管模式、统一监管模式和一级多元辅助监管模式及二级多元制衡监管模式、市场行为监管模式和偿付能力监管模式、机构性监管模式和功能性监管模式等。保险监管的方式有公告管理方式、规范管理方式和实体管理方式。

3. 保险监管核心是偿付能力、市场行为和公司治理结构。保险公司偿付能力监管是指保险监管机构对保险公司的偿付能力实行的监督和管理。市场行为的监管主要内容有机构准入、业务范围、条款费率、再保险业务、保险中介人和保险投资等方面的监管。保险公司治理结构监管包括对董事会的监管、对高层管理人员的监管、内部控制和信息披露。

练习与思考

1. 保险监管的概念及目标是什么？
2. 保险监管模式、方式和手段有哪些？
3. 保险业监管的主要内容包括哪些？

第十四章 社会保险

本章提要

本书前面各章叙述的主要是商业保险。本章将引入与商业保险不同的另一类特殊形式的保险——社会保险，概括讲述社会保险的概念、功能、特点、原则，并对社会保险的五个重要项目——养老保险、医疗保险、失业保险、工伤保险、生育保险的给付条件、给付标准、筹资模式等进行介绍。

学习目标

掌握社会保险的概念与特点。
掌握社会保险的功能和原则。
了解养老保险和医疗保险的给付条件、给付标准及筹资模式。
了解工伤保险的基本原则与内容。
了解失业保险的给付条件、给付原则和筹资模式。
了解生育保险的给付条件和给付内容。

第一节 社会保险概述

重点提示：社会保险的概念；社会保险的特点；社会保险的实施原则。

一、社会保险的概念

社会保险是指国家通过立法强制实行的，由劳动者、企业（雇主）以及国家三方共同筹资，建立保险基金，对劳动者因年老、疾病、生育、残废、失业、死亡等原因丧失劳动能力或暂时失去工作时，给予劳动者本人或供养直系亲属物质帮助的一种社会保障制度。社会保险是一种社会再分配制度，具有保障劳动者基本生活、维护社会安定和促进经济发展的作用。

社会保险是一个复杂的概念，它涉及政治学、经济学、社会学、伦理学、法学等多个领域。同时，社会保险也是一个动态的概念，社会保险制度随着社会经济环境的快速变迁而不断变革，其概念和内容也在不断变化。

二、社会保险的功能

（一）有利于保证劳动力再生产的顺利进行

劳动危险是客观存在的，劳动者在劳动过程中，不可避免地会遇到疫病、意外伤害以及失业的威胁，影响身体健康和正常的劳动收入，从而使劳动力再生产过程受到影响。社会保险使劳动者在遇到上述情况时可以获得必要的物质保障，使劳动力再生产得以顺利进行。医疗保险对劳动者提供医疗费补贴和必要的治疗服务，相当于劳动力的修理费用；生育保险使女职工能早日恢复劳动力，也使新的劳动力延续；失业保险提供的保险金和专业培训，有利于保护劳动力不致因失业而萎缩和落伍。生产的发展不仅取决于劳动力的维持，还取决于劳动者素质的提高。社会保险可以减轻享受者的家庭负担，从而将一部分钱用于本人和家属的智力投资。此外，社会保险还可以通过调整制度规定，如待遇水准、费用分配、项目范围等，对劳动力的生产、分配、使用和调整起到间接的调节作用。这些措施从宏观和微观上对社会劳动力的再生产起到了保证和促进作用，使社会经济能够有一个稳定的发展环境。

（二）有利于稳定社会生活

在任何社会形态里，劳动都是人们获得物质生活来源的主要手段。而一旦人们丧失劳动能力或失去工作机会时，就无法通过劳动来获得报酬，本人及家属的生活也无法维持。在现代社会中，伴随着生活社会化和分工协作的发展，劳动危险的发生概率和致害程度也日益加剧。当为数众多的劳动者面临种种不同的劳动危险和收入损失而得不到及时解决时，就会形成一种社会不安定的因素。社会保险制度的存在，使劳动者可以获得基本的生活保障，从而在很大程度上消除了社会不安定因素。社会保险制度还有效地调节了社会收入分配差距，在缓解社会矛盾、促进社会稳定和经济发展方面起到了积极的作用。

（三）有利于改善就业结构，加速产业结构调整

实施社会保险制度的国家，一方面，要求企业主对职工承担一定

的保险责任；另一方面，社会保险机构也通过保险基金上给予企业支持。在经济危机时期，向雇主支付职业调整费和职业发展费，在职工技术和教育方面对雇主给予帮助，如提供与职业培训有关的技能和经验、开设职业课程、承担部分培训费用等。这些措施，既有助于提高劳动者的素质，改善就业结构，扩大就业机会，也促进了企业的发展。

（四）有利于促进社会公平分配，刺激社会需求

社会保险是国家通过法律保证下的经济手段，对社会个人消费品的分配实行直接的干预。这种干预的基本目标，是调节个人收入中的差距，使之保持在一个适度的水平上，从而满足人们对社会公平的普遍要求。这个基本目标的实现，有助于消除社会矛盾，协调劳动者之间的关系，保持社会和经济的稳定发展。国家通过各种税收征集保险费，再分配给低收入者或者丧失收入来源的劳动者，帮助他们共渡难关，这不仅能弥补工资分配在“事实上的不平等”，还在某种程度上实现了社会公平分配。更为重要的是，社会保险还能够在一定程度上刺激社会需求，保持供求平衡。因为经济的不景气与消费水平的下降有着密切的联系。通过社会保险形式，可以将社会财富的一部分转移到广大低收入者手中。随着低收入者的收入增加，他们的需求也会相应扩大，并增加消费，由此提高全社会的总体需求水平，防止供给相对过剩引起的萧条现象。

三、社会保险的特点

（一）强制性

社会保险是国家通过立法强制实施的，劳动者个人和单位都必须依照法律的规定参加。社会保险的缴费标准和待遇项目、保险金的给付标准等，均由国家或地方政府的法律、法规统一规定，劳动者个人作为被保险人一方，对于是否参加社会保险、参加的项目和待遇标准等，均无权选择和更改。强制性是实施社会保险的制度保证。只有这样，才能确保社会保险基金有可靠的来源。

（二）非营利性

社会保险不以营利为目的，以实施社会政策为目的。社会保险也需要精算，但不以经济效益作为社会保险项目运作的依据。社会保险出现赤字时，由国家财政负责。

（三）权利和义务基本对等

社会保险并不遵循权利和义务的完全对等，社会保险金的给付一般不与个人劳动贡献直接关联。领取社会保险金者要对社会做出贡献，但领取保险金的数量与做出的贡献并不完全对等。因为社会保险是一种收入再分配制度，社会保险分配制度是以有利于低收入阶层为原则的，满足低收入者的基本生活需要。

（四）普遍性

社会保险对于劳动者具有普遍的保障性。不论被保险人的年龄、就业年限、收入水平，一旦丧失劳动能力或者失业，政府按照法律提供收入损失补偿，以保障其基本生活需要。社会保险通常为劳动者提供医疗护理、伤残康复、职业培训和介绍、老年服务等多方面的服务。实施社会保险的根本目的是保障大多数劳动者的基本生活需要，由此实现社会秩序的稳定。

四、社会保险的实施原则

（一）公平合理原则

公平合理原则是指社会保险的享受者只有确定发生了年老、疾病、生育、伤残、死亡或失业等情况，并符合法律规定，才能享受社会保险待遇。它对缴纳了保险费的职工来说是人人有权，机会均等；但并不能确保每个缴费者都能享受到该待遇。为了保证其公平性，一是要统一立法，使待遇基本一致，二是在社会保险法规定范围内的劳动者和单位，均强制其参加社会保险。

（二）量力而行原则

社会保险制度的建立与发展要与国情、国力相适应，做到需要与可能相结合。因为社会保险是对个人消费品的分配，社会可供分配的消费品的数量取决于生产力发展水平。社会保险的项目和水平如果超过生产力的发展水平，就会影响生产的发展；反之，又会使社会保险因缺少可靠的物质基础而陷入困境。

（三）统筹兼顾原则

社会保险的建立、发展和完善受多方面因素的影响和制约，在实施过程中一定要做到统筹兼顾。既要重视社会保险的普遍保障性，又要考虑到国家的财政经济状况；既要考虑照顾重点，又要兼顾各地区、各部门、各种所有制及各种不同收入水平劳动者的利益分配，以形成合理的格局和待遇水平层次。

（四）补偿与预防结合原则

补偿是指事故发生后的补偿；预防是指事故发生前的预防。社会保险制度在劳动者符合领取保险金条件时，按照法律规定给予经济补偿，是事后补偿。同时也要在国民经济、社会管理中积极发挥预防性的能动作用，做到事前预防。如对于参加工伤保险的单位，事故发生率高者，可以提高保险费；事故发生率低者，可以降低保险费。对领取失业保险金的个人，在领取失业保险金期间提前就业者，可以给予一定的再就业补助金，以鼓励失业者早日就业。

第二节　社会保险项目

重点提示：社会保险项目种类；基本状况。

一、养老保险

养老保险是指国家通过立法，使劳动者在年老而丧失劳动能力时，可以获得物质帮助以保障晚年基本生活需要的社会保险制度。养老保险是社会保险体系的核心内容，因为它的影响面大、社会性强，直接关系到社会的稳定和经济的发展，所以受到了各国政府特别重视。

（一）养老保险的给付条件

在绝大多数国家，养老保险的给付条件都是复合性的，即被保险人必须符合两个以上的条件，才可以享受老年社会保险金。

养老保险给付的基本条件通常是：（1）被保险人必须达到规定的年龄；（2）被保险人缴足一定期间的保险费或服务满一定年限；（3）被保险人必须完全退休；（4）给付与服务年限无关，但规定被保险人必须是永久居民，或本国公民，或在国内居住满一定期限。上述条件并非要求全部满足，不同国家的侧重不同，因此，各方面的要求也不一致。

（二）养老保险的给付标准

养老保险金的标准形式是年金制度，即保险金按月或按年支付，而不是一次性给付。由于社会经济是不断发展变化的，一次性给付的保险金易受到各种社会的、经济的因素的冲击，由此影响到被保险人的实际生活水平，使养老保险不能起到应有的作用。

世界各国养老保险金的给付标准很不一致，大体上说，可分为以下两大类，五种形式：

1. 以工资为基础进行计算。这种方式强调工资的作用，即强调工龄或服务年限的长短、缴纳保险费工资的多少。目前世界上大多数国家均采用这种方法。这一类型又有三种形式：

（1）统一报酬比例。即年金与工资收入成正比。年金的计算按照最近几年平均工资的一定比例来计算。

（2）基本比例加补充比例。即以平均工资收入的一定百分比为基本给付率，然后，每超过最低投保年限一年，则另加一定比例。

（3）倒比例法。即工资越高，规定比例越低；工资越低，规定比例越高。

2. 以生活费为基础计算年金。这一制度通行于社会保险较为发达的国家。它又有两种形式：

（1）全国居民按照统一数额给付，给付数额随生活费用指数的变动进行调整。

（2）规定一个基础年金，在此基础上，附加给付比例。例如规定基础年金为100元，单身为这一基数的95%，已婚夫妻为基数的150%等。

（三）养老保险的筹资模式

目前，世界各国实行的养老保险制度大致有三种筹资模式，即现收现付制度、完全积累制度和部分积累制度。

1. 现收现付制度。现收现付制度是根据需要支付的养老保险金数额来确定基金的提取数额，即将当期所收保险费用于当期的给付，使保险财务收支保持大体平衡的一种财务制度。在社会保险制度实行的早期阶段，绝大多数国家的养老保险项目采取这种财务制度。

该制度的特点表现在：第一，养老保险负担为代际转嫁，即由在职职工负担已经退休职工的养老金；第二，提取基金的数额和比例逐年变化；第三，不考虑储备，费率较低，易于建立制度；第四，由于没有积累基金，不需要考虑如何使基金保值增值。但这一制度也有明显的缺陷：因为没有准备金，必须经常重估财务结构，调整费率。一般情况下，由于人口结构趋于老化、福利水平的刚性等原因，费率会逐渐提高。日益提高的费率在实际征收时难以迅速实现，以致出现财务困难。同时，从分配关系看，现收现付制度导致代际间的再分配关系，在职职工赡养退休一代，会加深代际矛盾。随着年龄结构的老化，隐性债务规模迅速增长，该制度可能无法维持，因此，从20世纪80年代开始，一些国家已经对现收现付制度进行改革。

我国养老保险长期实行现收现付制度。人口老龄化、在职人员提前退休等因素导致隐性债务规模快速增长的问题十分突出。我国退休人员与在职人员的比例由 20 世纪 50 年代的 1∶400 上升为 20 世纪 90 年代末的 1∶4 左右。这说明领取养老金的人口的比例在逐年增长，而提供养老金的人的比例在逐年下降。而且，由于中国在 20 世纪 70 年代实行严格的计划生育政策，同时由于医疗保健水平的提高导致人口寿命的延长，这一问题更加严峻。为解决现收现付制度存在的上述问题，国务院于 1997 年颁布了《关于建立统一的企业职工基本养老保险制度的决定》，实行了以社会统筹和个人账户相结合的混合型养老保险制度。

2. 完全积累制度。完全积累制度的具体形式为储备基金式，是对影响费率的相关因素进行长期测算后，确定一个可以保证在相当长的时期内收支平衡的平均费率，并将社会保险费全部形成社会保险基金的一种财务制度。具体做法是：从职工开始工作开始，就建立起个人老保险账户，由单位和个人逐年向国家社会养老机构缴纳保险费，实行多缴多保，自给自足。职工到了法定退休年龄时，就可以从个人账户积累的储备基金中，以年金的形式领取养老保险金。

这一制度的优点是：有基金的积累，在人口老龄化的情况下能保持保险费率的相对稳定，有足够的基金，理论上不存在支付危机；个人对自己负责，不会引起代际转嫁负担的社会矛盾；易于积累起大量的建设资金，从长远来看，也减轻了国家和企业的负担。该制度的缺点在于：保险基金积累时间长，一方面易受通货膨胀的影响，另一方面也面临保值增值的压力；被保险人之间的资金不能调剂，很难保证每个人到晚年都有基本的生活保障；制度运行之初就要求较高的费率。目前世界上实行这种制度的国家较少。

3. 部分积累制度。这种制度是介于现收现付制度和完全积累制度之间的一种模式。即在现收现付制度的基础上，建立个人账户储备金，实行养老基金的部分积累。在初始时，它的费率高于现收现付制度而低于完全积累制度，而准备金会多于现收现付制度而少于完全积累制度。该模式兼顾了前两种模式的优点，是在迎接人口老龄化和初始的高保费制度中寻找一条中间道路，因此在 1964 年的国际社会保险专家会议上受到推崇。

从 20 世纪 80 年代始，世界上多数国家进行社会保险制度改革，实行部分积累制度。通常做法是将原现收现付制度所交保费的一小部分积累于个人账户制度，或者在原来制度基础上提高费率，并将增量部分全部积累于个人账户。1997 年，中国建立的社会养老保险制度也采取了这种混合财务制度，即社会统筹与个人账户制度相结合的社会养老保险制度。

二、医疗保险

医疗保险是社会保险中最古老的保险项目，首创于德国。在现行各国制定的社会保险法规中，一般称社会医疗保险为健康医疗保险，或国民健康保险，旨在将健康保险的对象覆盖到全体国民。

（一）医疗保险的概念

医疗保险是国家和社会根据一定的法律法规，为向保障范围内的劳动者提供患病时基本医疗需求保障而建立的社会保险制度。

医疗保险中的疾病系指一般疾病，其发病原因与劳动无直接关系，因此，它属于福利性质和救济性质的社会保险；医疗保险的对象一般是劳动者，也有的包括家属。实行医疗保险的目的在于使劳动者患病后能够尽快得到治疗和康复，恢复劳动能力，重新回到生产和工作岗位。

（二）医疗保险的给付方式

按照各国的通常做法，医疗保险的给付方式包括现金给付和医疗给付两种。

1. 现金给付。现金给付又可分为疾病现金给付、残疾现金给付和死亡现金给付。

（1）疾病现金给付。疾病现金给付是指对出现疾病的被保险人给付现金。它包括给付期限和给付标准两个方面的内容。关于给付的期限，各国有不同的做法，到底多长为宜，取决于本国的具体国情和财力。1969 年国际劳工大会规定，给付不少于 52 周，并对有希望治愈者继续给付。目前许多国家将给付期限定为 39～52 周，也有些国家规定长达 2～3 年。有的国家甚至不规定给付期限。关于给付的标准，各国规定也不相同。国际劳工大会 1969 年规定为被保险人原有收入的 60%，有些国家则规定为 80%、90%，甚至 100%。

（2）残疾现金给付和死亡现金给付。残疾现金给付和死亡现金给付是指对因疾病致残或死亡的被保险人给付现金。这两种给付情形与因伤害致残或死亡的给付条件大体一致。大多数国家都规定，如果被保险人领取疾病现金给付已达到最高期限而疾病尚未痊愈时，现金给付可改为残废年金。

2. 医疗给付。医疗给付是指以医疗服务的形式给被保险人以实际保障。由于经济发展水平和医疗水平的不同，各国所能提供的医疗服务种类和水平也有很大的差异。一般来说，医疗服务至少应包括各科的治疗、住院治疗及供应必要的药物，也有些国家提供专门的人员服务如家中护理服务和病人使用的辅助器具。

（三）我国的医疗保险制度

我国的社会医疗保险由基本医疗保险和大额医疗救助、企业补充医疗保险和个人补充医疗保险三个层次构成。其中，基本医疗保险包括城镇职工基本医疗保险和城乡居民基本医疗保险。

城镇职工基本医疗保险由国家、用人单位和职工按照国家规定共同缴纳基本医疗保险费，建立医疗保险基金，参保人员患病就诊发生医疗费用后，由医疗保险经办机构给予一定的经济补偿，以避免或减轻劳动者因患病、治疗等所带来的经济风险。

城乡居民基本医疗保险是将城镇居民基本医疗保险和新型农村合作医疗两项制度进行整合而建立的城乡居民统一的基本医疗保险制度。按照《国务院关于整合城乡居民基本医疗保险制度的意见》的规定，城乡居民医保制度的参保范围包括城镇居民医保和新农合所有应参保（合）人员，即覆盖除职工基本医疗保险应参保人员以外的其他所有城乡居民；实行个人缴费与政府补助相结合为主的筹资方式；对参保人员发生的住院和门诊医药费用提供保障。

三、失业保险

失业保险是指被保险人在受到本人所不能控制的社会或经济因素的影响造成失业时，由社会保险机构根据事先约定，给付被保险人保险金，以维持其最基本的生活水平的社会保险。

（一）失业保险的给付条件

失业保险的根本目的在于保障非自愿失业者的基本生活，促使其重新就业。为避免该制度在实施过程中产生逆选择，各国均规定了保险给付，即享受失业保险待遇的资格条件。这些条件如下：

1. 失业者必须符合劳动年龄条件。准确地说，失业者必须是处于法定最低劳动年龄与退休年龄之间的劳动者，才能享受失业保险金。这样规定的原因是为了保护未成年儿童，使之健康成长。各国均明文规定，严禁使用童工。未成年人不参加社会劳动，也就不存在失业问题；老年人不负有法定的社会劳动义务，因为他们已经为社会做出了自己的贡献，并可享受养老保险金，故也不应该列入失业保险保障的范围。可见，失业保险为失业后的补助措施，是在职保险。

2. 失业者必须为非自愿失业。非自愿失业是指非出于本人意愿，由非本人能力所能控制的各种社会或经济的客观原因所导致的失业。它通常包括以下四种情况：（1）季节性失业，这是一种暂时性的过渡失业。(2)摩擦性失业，一般是指由于企业经营不善倒闭引起的失业。(3)不景气失业，这是由于经济的不景气所导致的就业机会缺乏而引起的失业。(4)结构性失业，指由于生产方式和结构的变化，工人无法满足新的生产技术的要求而产生的失业。为了防止失业者养成懒惰及依赖心理，各国均规定，对于自愿失业者、过失免职者、拒绝工作者以及因劳资纠纷参加罢工导致失业者，不给付失业保险金；有时规定一个较长的等候期。

3. 失业者必须满足一定的资格条件。为了贯彻社会保险权利和义务对等的基本原则，各国一般规定失业者还必须满足缴纳保险费的期限、投保年限、就业期限和居住期规定等规定。

4. 失业者必须具有劳动能力和就业愿望。失业保险所保障的是那些积极劳动力中的失业者。失业者是否具备劳动能力，由职业介绍所或失业保险主管机构根据申请报告或申请人的体检报告来确定。由于疾病、生育、伤残或年老而离开工作者，属于社会保险其他分支的保障对象。为了检验失业者的就业意愿，各国在有关法律中作了相关规定，主要包括以下几点：

(1) 失业者必须在规定期限内到职业介绍所或失业保险机构进行登记，要求重新工作。

(2) 失业期间需定期与失业保险机构联系，并报告个人情况。这样规定是为了进行失业认定。失业保险机构审核后发放保险金，并及时掌握失业者就业意愿的变化，向其传递就业信息。

(3) 接受职业训练和合理的工作安排。若失业者予以拒绝，则失业保险机构可以认定其无再就业意愿，并停止保险金的发放。在处理合理的就业这一问题时，失业保险机构主要考虑的问题是当事人的年龄、工作时间的长短、失业时间、劳动力状况，以及新安置的工作与失业前职业的相关性，即劳动特点、工作能力、工作收入、技术业务类型与转业训练科目等。

（二）失业保险的给付原则

在确定失业保险给付水平时，从保障的目的出发，各国普遍遵循以下原则：

1. 给付标准一般低于失业者在职时的工资水平，并在一定时期内给付。给付标准如果过高，既增加失业保险的财务负担，又会使失业者滋生懒惰或依赖心理，坐吃失业保险金而不愿意重新就业，从而导致逆选择。超出给定期限，则按照社会救济的水平给付。

2. 确保失业者及家属的基本生活需要。劳动者失业后，失业保险是其主要的收入来源。因此，失业者及其家属的生活水平也由保险金给付水平确定。为维护失业者的正常生存，保护劳动力，失业保险应向其提供基本生活的保障。

3. 在发挥社会保险功能的同时维护权利与义务对等的原则。劳动者失业后获得基本生活保障的权利，需以其向社会尽劳动义务、缴纳保险费为前提。因此，失业保险给付应与被保险人的工龄、交费年限和原工资收入相联系，使工龄长、交费次数多、原工资收入高的失业者获得较多的失业保险金。

（三）失业保险的具体给付

根据以上三个原则，在具体确定失业保险给付时，需要考虑两个方面的内容：一是给付期限；二是给付比率。

1. 给付期限。由于失业发生在一定时期内，因此，失业保险不可能像其他社会保险分支那样对被保险人进行无限期的给付，而是根据平均失业时间确定一个给付期限。从这个意义上说，失业保险属于短期社会保险。

关于失业保险的给付期限，大多数国家都有限制，一般为半年。有些国家还规定，在给付期限满后，如果被保险人的收入或财产在一定标准之下，还可以获得失业补助或其他救济金。有些国家依据被保险人失业前的就业时间或缴费次数来决定给付期限的长短。

2. 给付比率。关于失业保险的给付比率，各国规定不尽相同，其计算方式也各异。主要有两种情况：

（1）工资比率制。即失业保险金以被保险人在失业前一定时期内的平均工资收入，或某一时点上的工资收入为基数，依据工龄、受保年龄、工资水平或缴费年限，确定百分比计发。其中，工资基数又分为工资总收入和标准工资、税后工资几种。而计算的百分比又有固定、累进、累退三种方式。此外，一些国家还规定了工资基数的最低额和最高额。

（2）均一制。即对符合资格条件的失业者，一律按相同的绝对额进行给付，而不论失业者失业前工资的高低。

（四）失业保险基金的筹集方式

目前，绝大多数国家的失业保险采取现收现付的筹资方式，即当期的保费收入用于当期的保险金给付。同时，随着给付情况的变化而调整费率，调整时间为 1 年、3 年或 5 年。采用此种方式，不需要为将来提存准备金，从而使未来保险金给付的现值等于未来保险费收入的现值，因而责任准备金为零。但是，为了应付实际风险发生率及给付率的不利变化，增加失业保险制度的安全性，一般要提存特别风险准备金，以满足紧急需要。

该筹集方式有两个缺陷：一是必须经常重估财务结构，调整费率，因而在操作上不甚方便；二是管理上或者政治上的原因可能影响保险费率的调整，由此造成财政困难。为了解决这些问题，各国一般在法律上明文规定采用弹性费率制，授权主管机构根据失业保险财务收支的实际状况来适当调整费率，以满足实际开支的需要。

四、工伤保险

（一）工伤保险的定义

工伤保险又称职业伤害保险，它是以劳动者在劳动过程中发生的各种意外事故或职业伤害为保障风险，由国家或社会给予因公伤、接触职业性有毒有害物质等而致残者、致死者及其家属提供物质帮助的一种社会保险。

工伤保险对于在现代化生产条件下的劳动者具有特别重要的意义和作用。高新技术在生产中的应用，对人类社会发展和社会经济的繁荣起到了巨大的作用；但与此同时，各类工业伤害和职业病也相继大量发生。因此，建立工伤保险给予伤残者以经济补偿和提供生活保障是很有必要的。

社会保险旨在保障职工的基本生活，故工伤补偿的范围通常需要有严格的界定。对直接影响职工本人及其家属生活，直接影响实现劳动力再生产所需的费用——工资收入，工伤补偿保险将给予适当补偿；而对于职工的其他收入，如兼职收入则不给以补偿。

对于工伤的定义，各国解释不一。根据我国劳动保险条例的有关规定，因工伤残是指在执行日常工作及执行单位领导临时指定或同意的工作，或是在紧急情况下未经领导指定而从事有利于单位的工作，以及在从事发明或技术改造工作时负伤或因故致残。还有，职工在参加有组织的社会政治活动、支农劳动、抢险救灾、维护社会秩序，以及乘坐单位班车上下班途中发生的非因本人过失的伤残，也属于因工伤残的范围。

职业上的疾病依其发生的状态及性质，可以分为两类：一类为因灾害发生的疾病。如由于企业发生火灾，职工被烧伤，这属于一种灾害性疾病；另一类为工作上处理或接触特殊物质，或者在特殊工作环境中长期工作而引起的慢性中毒等疾病。此类非因灾害所引起的疾病为职业病。为了便于对职业病的认定，各个实施工伤社会保险的国家通常都规定有职业病的种类及适用范围，我国也有相关的规定。

（二）工伤保险的基本原则

工伤保险是基于各国劳工法而建立起来的一种社会保险制度。在发展的初期，工伤保险主要遵循过失责任原则，即赔偿以雇主是否有过失为条件。但雇主很容易运用“风险已知原则”“雇员疏忽原则”来保护自己。[①] 目前，虽然各国的工伤保险在具体内容上有所差异，但基本原则是大致相同的。一般来说，通常遵循以下原则：

1. 无过失原则或绝对责任原则。所谓无过失原则或绝对责任原则是指在各种损害事故中只要不是受害人自己故意行为所致，受害者都应该得到赔偿。它与一般民事损害赔偿原则有所区别。为了使职工在工作中得到更充分的安全保障，更充分地维护劳动者的权益，许多国家的劳工法均规定对工伤事故按照无过失责任或绝对责任原则来处理。也就是说，工伤损失由雇主来承担，并不以企业或雇主是否有过失为要件，而是以社会政策和劳动政策为基础。

2. 强制原则。由于工伤事故的数量惊人，受害者众多，由此带来的后果常常是职工的伤残或死亡，导致其本人以及受其供养的家庭成员陷入生存困难。这一问题仅靠企业或雇主的力量显然无法解决，因为单个企业要受到经济能力及破产、停产的影响。只有依靠国家制定完备的工伤社会保险法规和政策，并强制建立社会化的工伤保险基金，才可能真正保障劳动者的权益。因此，在实行工伤保险的国家，都有专门的保险立法，政府则需要强有力的行政手段来确保立法的贯彻执行。

3. 损害赔偿原则。工伤保险不同于养老保险，受害者付出的不仅仅是劳动的代价，而且是身体与生命的代价。因此，工伤保险应坚持损失赔偿的原则来制定给付标准。也就是说，工伤保险除了要考虑伤害程度、伤害性质、职业康复与激励等多项因素外，还要考虑受害者发生伤害前的收入水平、家庭负担等。因而在各种社会保险中，工伤保险待遇的总体水平是最高的。

4. 工伤原则。一般来说，劳动者的伤亡可以分为因工与非因工两类。前者是指由于执行公务、为社会或所在单位工作而受到的职业伤害所致，后者则与职业无关。因此，对工伤事件实行社会保险制度，对非工伤事件则只能采取社会救济的办法。

（三）工伤保险的基本内容

工伤保险的内容主要包括性质区分、伤害程度鉴定和现金给付标准等。

1. 性质区分。社会保险机构首先要区分事故的性质，即区分工

---

① 风险已知原则是指如果雇员知道，或者应当知道某一工作条件是有危险的，但依然承担了这份工作，那么，由于这一条件引发了伤害，雇主不负赔偿责任。雇员疏忽原则是指如果一次事故中有雇主的责任，也有雇员自己的部分责任，那么，不论雇员自己的责任有多小，雇主都可以免于承担赔偿责任。

伤与非工伤。对工伤事故按照社会保险的规定来办理，对非工伤事故只能按照非工伤事故的规定来处理。工伤保险享受的是社会赔偿保险待遇；非工伤保险享受的是社会救济待遇，这两者不能混同。

2. 伤害程度鉴定。工伤事故发生后，需要专门的机构来进行伤害程度鉴定。一般而言，有“暂时丧失劳动能力”“永久丧失劳动能力”“部分丧失劳动能力”“全部丧失劳动能力”等几种情况。各国关于伤害程度鉴定的标准不统一，这也是工伤保险中技术性最强、要求十分严格的一环。

3. 现金给付标准。现金给付旨在保障被保险人及其家属因伤害事故所导致的收入减少或中断的损失，它主要包括暂时伤残给付、伤残年金和死亡给付三项。

（1）暂时伤残给付。劳动者因受伤而损失的工资收入，由社会保险机构给予相当的补偿，以维持其基本生活。它主要考虑给付标准、给付期限和给付等待期等问题。①给付标准。一方面要考虑劳动者的生活水平；另一方面还要考虑各关系方的负担能力。1964 年国际劳工大会将其标准规定为原有工资的 60%。②给付期限。大多数国家规定为 26 周，最长的超过 52 周。同时，许多国家还规定，医疗期满还需继续治疗的，可以延期。还有一些国家没有治疗期限规定，直到伤愈为止。③给付等待期。等待期是劳动者受伤后，必须经过相当的期间才能获得现金给付。1964 年国际劳工大会要求保险机构在被保险人丧失劳动能力的第一天起就必须支付暂时伤残金，不需要任何等待期，目前多数国家接受了这一规定。

（2）伤残年金。伤残是指永久性伤残。永久性伤残又分为永久性全部伤残和永久性部分伤残。永久性全部伤残指永久性丧失全部工作能力，其给付一般采用年金制，给付金额为本人过去收入的 66% ~ 75%。永久性局部伤残指永久性丧失部分工作能力，其给付标准一般以伤残部位的轻重为依据，许多国家都以法令规定了局部伤残的对照表。

（3）死亡给付。死亡给付包括死者的丧葬费用和遗属给付。丧葬费用一般为一次性的；遗属给付有一次性给付和年金两种，但大多采用年金形式。给付标准一般按照被保险人的平均工资数额的百分比计算，或者按照年金数额的百分比计算。一般规定，给付不得低于工资最高限额的 33% ~50%，年金给付总额不得超过被保险人的工资总额。

五、生育保险

生育保险是在妇女劳动者因生育子女暂时中断劳动时，由社会保险机构给予必要的物质保障的一种社会保险。

（一）生育保险的给付条件

生育保险的给付条件一般包括三点：（1）被保险人在产假期间不再从事任何有报酬的工作，雇主也停发了工资；（2）被保险人所缴纳的保险费的时间必须在规定标准之上；（3）被保险人在产前的工作时间必须达到一定的年限要求。我国根据社会发展和计划生育政策的需要，规定生育保险的给付对象必须是达到结婚年龄、符合计划生育政策而生育的女职工。

（二）生育保险的给付内容

各国生育保险待遇一般分为现金给付和医疗给付两种。现金给付多为一次性给付及短期生育补助金，它主要包括生育津贴、生育补助费和看护津贴等。关于生育现金给付的标准，大多数国家都规定为工资的100%。医疗给付是指对产妇提供助产医疗服务，通常包括：一般医师治疗；住院及必要的药物供应；专科医师治疗；生育照顾；牙医治疗；病人运送及家庭护理服务等。

需要说明的是，我国从2016年启动了生育保险和基本医疗保险合并实施试点，国务院办公厅于2019年3月25日发布了《关于全面推进生育保险和职工基本医疗保险合并实施的意见》，遵循保留险种、保障待遇、统一管理、降低成本的总体思路，推进两项保险合并实施，实现参保同步登记、基金合并运行、征缴管理一致、监督管理统一、经办服务一体化。通过整合两项保险基金及管理资源，有利于强化基金共济能力，提升管理综合效能，降低管理运行成本，建立适应我国经济发展水平、优化保险管理资源、实现两项保险长期稳定可持续发展的制度体系和运行机制。

本章总结

1. 社会保险是指通过国家立法的形式，以劳动者为保险对象，以劳动者的年老、疾病、伤残、失业、死亡、生育等特殊事件为保障内容，以政府强制实施为特点的一种保障制度。

2. 社会保险的功能主要有保证社会劳动力再生产的顺利进行、稳定社会生活、改革就业结构、促进社会公平分配、刺激需求。社会保险具有强制性、普遍性、非营利性、权利与义务基本对等的特征。其实施的基本原则是：公平合理原则、量力而行原则、统筹兼顾原则、补偿与预防结合原则。

3. 养老保险是指国家通过立法，使劳动者在因年老而丧失劳动能力时可以获得物质帮助以保障晚年基本生活需要的保险制度。医疗保险是国家和社会根据一定的法律法规，为向保障范围内的劳动者提供患病时基本医疗需求保障而建立的社会保险制度。失业保险是指被保险人在受到本人所不能控制的社会或经济因素的影响，由此造成失业时，由社会保险机构根据事先约定，给付被保险人保险金，以维持其最基本的生活水平的保险。

4. 工伤保险又称职业伤害保险，它是以劳动者在劳动过程中发生的各种意外事故或职业伤害为保障风险，由国家或社会给予因公伤、接触职业性有毒有害物质等而致残者、致死者及其家属提供物质帮助的一种社会保险。

5. 生育保险是在妇女劳动者因生育子女暂时中断劳动时，由社会保险机构给予必要的物质保障的一种社会保险。

练习与思考

1. 社会保险的概念及特征是什么？
2. 社会保险具有哪些功能？
3. 养老保险的筹资方式有哪些？
4. 失业保险的主要筹资方式是什么？
5. 简述社会医疗保险与商业医疗保险的区别？
6. 社会工伤保险为什么采取绝对责任制？

参考文献

1. 袁宗蔚:《保险学: 危险与保险》, 三民书局 1990 年版。

2. [美] 小阿瑟·威廉姆斯、理查得·M. 汉斯:《风险管理与保险》, 中国商业出版社 1990 年版。

3. 刘茂山:《保险学原理》, 南开大学出版社 1998 年版。

4. [美] 特瑞斯·普雷切特、琼·丝米特、海伦·多平豪斯、詹姆斯·艾瑟林:《风险管理与保险》, 中国社会科学出版社 1998 年版。

5. 周骏、张中华、刘冬姣:《保险业与资本市场》, 中国金融出版社 2004 版。

6. 蒲成毅、潘晓君:《保险案例评析与思考》, 机械工业出版社 2004 年版。

7. 张洪涛、庄作瑾:《人身保险案例分析》, 中国人民大学出版社 2006 年版。

8. 李冰清:《保险投资》, 南开大学出版社 2007 年版。

9. 兰虹:《保险学基础》, 西南财经大学出版社 2010 年版。

10. 钟明:《保险学》, 上海财经大学出版社 2015 年版。

11. 许谨良:《财产保险原理与实务》, 上海财经大学出版社 2015 年版。

12. 郑功成、孙蓉:《财产保险》, 中国金融出版社 2015 年版。

13. 兰虹:《财产与责任保险》, 西南财经大学出版社 2016 年版。

14. 许谨良:《保险学原理》, 上海财经大学出版社 2017 年版。

15. 魏华林、林宝清:《保险学》, 高等教育出版社 2017 年版。

16. 王绪瑾:《保险学》, 高等教育出版社 2017 年版。

17. 唐东升、张霞:《保险理论与实务》, 北京理工大学出版社 2017 年版。

18. 王朝华、刘东、吴晓雅:《保险学原理与实务》, 对外经济贸易大学出版社 2017 年版。

19. 李丹:《保险学原理与实务》, 中国林业出版社 2017 年版。

20. 杨忠海:《保险学原理》, 清华大学出版社 2018 年版。

21. 蒋虹:《人身保险》, 对外经济贸易大学出版社 2018 年版。

22. 张虹、陈迪红:《保险学原理》清华大学出版社 2018 年版。

23. 孙蓉:《保险法概论》，西南财经大学出版 2019 年版。

24. 魏丽、杨建垒:《保险学》，东北财经大学出版社 2019 年版。

25. 陈冬梅:《财产与责任保险》，复旦大学出版社 2019 年版。

26. 庹国柱:《保险学》，首都经济贸易大学出版社 2019 年版。

27. 刘素春、于新亮:《财产与责任保险》，经济科学出版社 2020 年版。

28. 孙祁祥:《保险学》，北京大学出版社 2021 年版。

29. 郭蕙兰、李辉、张建深:《财产与责任保险》，中国社会科学出版社 2021 年版。

30. 刘金章、王晓珊:《人寿与健康保险》，清华大学出版社 2021 年版。

31. 刘冬娇:《人身保险》，中国金融出版社 2022 年版。

32. 朱南军、吴诚卓:《保险资金运用制度演进与完善》，载《中国金融》2022 年第 3 期。